ULRICH SCHNABEL

DIE VERMESSUNG DES GLAUBENS

Forscher ergründen,
wie der Glaube
entsteht und warum
er Berge versetzt

Pantheon

FSC
Mix
Produktgruppe aus vorbildlich bewirtschafteten Wäldern und anderen kontrollierten Herkünften

Zert.-Nr. SGS-COC-001940
www.fsc.org
©1996 Forest Stewardship Council

Verlagsgruppe Random House FSC-DEU-0100
Das für dieses Buch verwendete
FSC-zertifizierte Papier *Munken Pocket* liefert
Arctic Paper Munkedals AB, Schweden.

Der Pantheon Verlag ist ein Unternehmen der
Verlagsgruppe Random House GmbH.

Erste Auflage
Juli 2010

Umschlaggestaltung: Jorge Schmidt, München
Bildredaktion: Annette Mayer
Satz: DTP im Verlag
Druck und Einband: GGP Media GmbH, Pößneck
Printed in Germany
ISBN 978-3-570-55130-1

www.pantheon-verlag.de

Inhalt

Für meine Tochter Hannah –
die mich nach Kräften vom Schreiben abhielt
und dafür mit ihrem Lachen wärmte.

PROLOG

Wenn es Gott nicht gäbe, müsste man ihn erfinden.

Voltaire

Der falsche Streit

Wenn es um unseren Glauben geht, sind wir alle Experten.

Zumindest glauben wir das.

An kaum etwas hängen wir so sehr wie an unseren nicht beweisbaren Überzeugungen. Egal, ob wir an einen allmächtigen Gott, an Buddhas Erleuchtung oder an einen blinden Materialismus glauben, fast immer halten wir unsere Sichtweise für die einzig wahre und seligmachende. Nur manchmal, wenn wir aus unserem gewohnten Trott gerissen werden – bei Schicksalsschlägen, plötzlichen Lebensveränderungen oder Reisen in fremde Kulturen –, kann uns der Verdacht kommen, dass unsere scheinbar selbstverständlichen Überzeugungen gar nicht so felsenfest begründet sind, wie wir meinen. Vielleicht stellen wir fest, dass der größte Teil unseres Weltbilds kulturell geformt ist; dass wir hauptsächlich das glauben, was schon unsere Eltern glaubten, was Freunde, Fernsehen oder Zeitungen vermitteln und was in unserer Gesellschaft als Konsens gilt.

Ein Paradebeispiel dafür liefert ein Erlebnis des amerikanischen Anthropologen Pascal Boyer, der das afrikanische Volk der Fang erforscht. Bei einem Universitätsdinner in Cambridge erzählt Boyer, der gerade aus Afrika zurückgekehrt ist, den anwesenden Gästen von den merkwürdigen Glaubensvorstellungen dieses Stammes in Kamerun. Die Fang sind fest von der

Existenz böser Geister und Hexen überzeugt. Sie glauben, dass diese nachts umherfliegen, um das Blut bestimmter Menschen zu vergiften oder deren Ernte zu vernichten; und dass sie sich hin und wieder zu gemeinsamen Festessen treffen, bei denen sie ihre Opfer verzehren und künftige Attacken planen. Wer daran Zweifel äußert, bekommt von seinem afrikanischen Gesprächspartner unweigerlich zu hören, er kenne aber jemanden, der jemanden kenne, der tatsächlich schon einmal nachts gesehen habe, wie eine Hexe auf einem Bananenblatt über sein Dorf flog.

Als Boyer seinen Bericht beendet hat, dreht sich ein katholischer Theologe zu ihm und sagt freundlich: »Genau das macht die Anthropologie so interessant und so schwierig: Sie müssen jetzt erklären, wie Leute *an so einen Unsinn* glauben können.« Boyer ist perplex. Dem guten Theologen scheint gar nicht in den Sinn zu kommen, dass seine eigene Religion ebenso unglaublich erscheint – zumindest wenn man sie mit den Augen der Fang betrachtet. »Die Frage ›Wie können Menschen *an so etwas* glauben?‹ trifft eigentlich auf alle Glaubensschattierungen zu«, weiß Boyer. Als der Anthropologe einmal versuchte, den Fang das Christentum zu erklären, schlugen ihm ganz ähnliche Reaktionen wie in Cambridge entgegen. »Die Fang waren sehr überrascht, als sie erfuhren, dass alles Unglück in diesem Tal der Tränen angeblich von zwei frühen Vorfahren herrührte, die vor langer Zeit in einem schönen Garten eine exotische Frucht gegessen hatten.« Auch das Prinzip der Dreieinigkeit Gottes – dass drei Personen in Wahrheit eine Person waren und doch drei Personen blieben – fanden die Afrikaner bizarr; von der unbefleckten Empfängnis und anderen christlichen Wundern ganz zu schweigen. »Natürlich gibt es für jede dieser Ansichten eine Menge erklärender, dogmatischer Lehrsätze«, resümiert

Boyer, »aber ich vermute, dass die Fang diese Erklärungen jeweils genauso mysteriös fänden wie die ursprünglichen Aussagen.«

Welcher Glaube also ist der wahre? Diese Frage führt direkt in Teufels Küche. Denn um sie beantworten zu können, müsste es möglich sein, einen übergeordneten Standpunkt einzunehmen, eine »Vogelperspektive hoch über den konfliktdurchfurchten Glaubenslandschaften der Gegenwart«, wie der Münchner Theologe Friedrich Wilhelm Graf sagt. Dies aber ist keinem Menschen möglich. Wie immer wir die Gretchenfrage nach der Religion beantworten: Wir tun dies stets aus einem bestimmten religionskulturellen Kontext heraus, als soziale Wesen, die selbst von dieser Frage betroffen sind und gewisse, wenn vielleicht auch unbewusste Glaubensvorstellungen hegen. Und Hand aufs Herz: Wundern wir uns insgeheim nicht alle darüber, warum es so viele falsche oder unsinnige Religionen auf der Welt gibt – und warum nur wir (und unsere Freunde) das Richtige glauben?

Vielleicht kann man die Frage nach der Religion am ehesten mit jener nach dem Wesen der Liebe vergleichen. Was immer wir unter Liebe verstehen – unsere Haltung dazu ist bestimmt von den Erfahrungen, die wir im Laufe unseres Lebens damit gemacht haben. Für eine Braut vor dem Hochzeitsaltar mag die Liebe ein Zukunftsversprechen sein, für einen soeben Geschiedenen vielleicht nur noch eine zerplatzte Illusion; und die Mutter einer Großfamilie dürfte die Liebe mit anderen Augen sehen als ein verknallter Teenager. Und doch hat jede dieser Ansichten ihre Berechtigung. Denn in der Liebe, wie im Glauben, geht es nicht so sehr um eine einzig richtige Wahrheit, sondern darum, was dieses Gefühl in uns bewirkt, wozu es uns motiviert – und was es im größeren Rahmen für das Zusammenleben mit anderen Menschen oder die Erhaltung unserer Spezies, bedeutet.

AUF DEM MOSESBERG

Wie es um religiöse Wahrheit bestellt ist und wo man sie findet, erfuhr ich selbst erstmals als junger Rucksacktourist auf dem Berge Sinai. Halb aus Abenteuerlust, halb aus religiösem Interesse heraus hatte ich beschlossen, eine Nacht auf jenem biblischen Schicksalsberg zu verbringen, auf dem Gott angeblich Moses die Zehn Gebote diktiert und seinen Bund mit dem Volk Israel geschlossen hatte (Exodus 34). Egal, ob man an diese Überlieferung glaubt oder nicht – unzweifelhaft hatte hier, auf der Sinai-Halbinsel zwischen Ägypten und Israel, einst die Geschichte des Monotheismus begonnen. Wer weiß, dachte ich, vielleicht wird einem dort auch heute noch spirituelle Inspiration zuteil?

Der Aufstieg ist mühsam. Vom letzten bewohnten Flecken, dem Katharinenkloster am Fuß des Berges, führen Tausende von Steinstufen hinauf in eine felsige Mondlandschaft, in der keine Farbe, kein Laut die Sinne ablenkt. Da ist viel Zeit, seinen Gedanken nachzuhängen. Was mich auf dem Gipfel des »Mosesbergs«, des *Gabal Mūsā*, wie ihn die Araber nennen, wohl erwartet? Fast unwillkürlich kommt einem die biblische Überlieferung in den Sinn, derzufolge unter »Donnern und Blitzen« und dem »Ton einer sehr starken Posaune« damals eine Gottheit »auf den Berg herabfuhr im Feuer« und das Volk der Juden nachhaltig beeindruckte.

Doch als ich in der einbrechenden Dämmerung die Spitze des 2285 Meter hohen Sinai erreiche, erwarten mich weder Donnerschlag noch Posaunentöne, sondern nur das Blitzgewitter unzähliger Fotoapparate. Im Laufe des Tages sind ganze Touristenhorden aufgestiegen, die nun im rötlichen Dämmerlicht versuchen, sich vor der biblischen Kulisse zu verewigen. Und sie alle wollen eine Nacht auf dem sagenumwobenen Gipfel verbringen – da wird es nichts mit bewusstseinserweiternden Erfahrungen. Stattdessen verbringt man die Nacht mit Palaver und Witzen über die »heiligste Bedürfnisanstalt der Welt«; als solche hat der zuständige Erzbischof 1979 den Sinai bezeichnet, nachdem dort oben eine Toilette installiert worden war.

Am Fuß des Sinai: das Katharinenkloster

Inspiration wird uns erst am nächsten Tag, nach dem Abstieg, zuteil. Beim Besuch des knapp 1500 Jahre alten Katharinenklosters am Fuß des Berges macht einer der griechisch-orthodoxen Mönche deutlich, worin die religiöse Kraft dieses Ortes wirklich besteht. Auf ihrem Klosterrundgang kommt die Besuchergruppe unweigerlich vor jenem Dornbusch zu stehen, in dem sich, der Bibel zufolge, der Allmächtige in einer brennenden Flamme Moses offenbarte. »Genau hier« sei Gott auf die Erde gekommen, sagt der schwarz gekleidete Mönch – und provoziert damit eine kritische Rückfrage. Woher er das denn wisse?, begehrt ein Tourist zu wissen. Es sei ja nicht einmal klar, ob Moses je gelebt habe, geschweige denn, ob er sich ausgerechnet hier aufgehalten hätte. Doch der Mönch lässt sich durch die Skepsis keine Sekunde aus der Ruhe bringen. Es sei durchaus möglich, dass dies nicht der exakte, in der Bibel bezeichnete Platz sei, sagt der gläubige Mann gelassen. Dennoch befinde man sich auf geweihtem Boden: Der über anderthalb Jahrtausende dauernde Gottesdienst im Katharinenkloster habe diesen Flecken Erde inzwischen zweifellos heilig gemacht.

Diese Antwort ist ebenso pragmatisch wie klug. Die Wirkungsmacht einer Religion lässt sich nun einmal nicht mit der Frage nach ihrer historisch-wissenschaftlichen Wahrheit einfangen, sondern wird in ihrem Einfluss auf das menschliche Verhalten sichtbar. Und das Heilige ist nicht als materielle Eigenschaft eines Ortes, einer Situation oder einer Person dingfest zu machen, sondern gleicht eher einem flüchtigen Glanz, der sich über jene legt, die ganz und gar frei von egoistischen Motiven zum Wohle des großen Ganzen handeln.

Ob einst ein Prophet namens Moses *tatsächlich* durch den Sinai wanderte und einen brennenden Dornbusch sah, ist aus heutiger Sicht nicht nur unbeantwortbar, sondern sogar beinahe irrelevant. Wesentlich ist, dass der *Bericht* von diesen Erlebnissen seit Jahrtausenden die Menschen beschäftigt, dass er ihr Denken und ihre Moralvorstellungen beeinflusst hat und dass sein Echo fortwirkt in den drei monotheistischen Weltreligionen und selbst in den politischen Spannungen, die das biblische Palästina bis heute erschüttern. Die Person Moses mag vielleicht nur eine Erfindung gewesen sein, eine Kunstfigur jüdischer Schriftgelehrter, die in dieser Lebensgeschichte eine Entwicklung verdichteten, die sich im Nahen Osten über einen sehr viel längeren Zeitraum hingezogen hat. Nichtsdestotrotz hat der Mythos von Moses im Laufe der Zeit eine Realität gewonnen, die weit über jene einer menschlichen Existenz hinausgeht.

Mit dem Berg Sinai verhält es sich dagegen umgekehrt: Dieser Schauplatz des biblischen Dramas ist ohne Zweifel real, lässt sich besichtigen und noch heute besteigen. Doch über die religiösen Kräfte, die hier einst wirkten, sagt die Felsenwüste nichts mehr aus. Heute ist dieser Ort, nüchtern betrachtet, zur Touristenattraktion herabgesunken. Wer ihn besucht, findet nur das vor, was ihm sein Weltbild zu sehen erlaubt. Ein Gläubiger erblickt vielleicht ein großartiges Bühnenbild, auf dem er vor seinem geistigen Auge den biblischen Mythos in Szene setzen kann; ein Atheist dagegen sieht lediglich Steine.

QUANTEN UND RELIGIÖSE WAHRHEITEN

Die Wirklichkeit des Glaubens hängt also ganz davon ab, mit welchem Blick wir sie betrachten. Deshalb werden Diskussionen über religiöse Fragen oft auch mit so viel Erbitterung geführt: Wie kann es sein, fragen wir uns, dass unser Gegenüber von so falschen Prämissen ausgeht – wo doch unsere eigenen so offenkundig vor Augen liegen?

An dieser Stelle mag ein ungewöhnlicher Vergleich weiterhelfen. Denn mit einem ganz ähnlichen Problem hatte die Physik in den Zwanzigerjahren des vergangenen Jahrhunderts zu kämpfen: Als die Forscher erstmals ins Innere der Materie vordrangen, zeigten die atomaren Objekte höchst paradoxe Verhaltensweisen, die sich – je nach Experiment – diametral zu widersprechen schienen. Mal verhielten sich Elektronen und Protonen wie kleine, feste Kugeln, mal wie unendlich ausgedehnte Wellen; mal schienen sie an einem Ort lokalisierbar, mal an vielen Stellen gleichzeitig zu sein – je nachdem, welche Messapparatur die Physiker verwendeten. Nach langen, hitzigen Debatten über die »wahre« Natur der atomaren Realität mussten die Wissenschaftler schließlich einsehen, dass diese mit unseren üblichen Begriffen einfach nicht vollständig zu erfassen ist.

Daran hat sich bis heute nicht viel geändert. Den Physikern ist es zwar gelungen, eine mathematische Beschreibung zu entwickeln (die sogenannte Quantentheorie), mit deren Hilfe sich das Ergebnis von Experimenten genau berechnen lässt. Doch was auf einer tiefer liegenden Ebene genau vor sich geht, lässt sich allenfalls mit Wahrscheinlichkeitsangaben beschreiben. Die Frage, wie sich zum Beispiel ein einzelnes Atom verhält oder was es eigentlich *ist*, blendet man in einem Quantenlabor daher besser aus. Was zählt, sind die messbaren Resultate. Alles andere ist Spekulation.

Zugegeben, eine solche Methode ist nicht die übliche Art, sich religiösen Glaubenssätzen zu nähern. Doch auf ganz ähnliche Weise beschäftigt sich dieses Buch mit den Religionen. Es erörtert also *nicht* die Frage, ob Gott nun existiert oder nicht, ob Shiva tatsächlich tanzt und wie das buddhistische Nirwana genau beschaffen wäre. Vielmehr steht die Frage nach der Rückwirkung solcher Vorstellungen auf den Menschen im Vordergrund; es geht also in erster Linie um das *Verhalten* der Gläubigen und den *Akt* des Glaubens, und nicht so sehr um dessen Gegenstand. Denn diese Herangehensweise erlaubt die wissenschaftlich saubere Analyse eines Themas, das sich sonst wissenschaftlicher Betrachtung weitgehend entzieht.

Natürlich kann man gegen einen solch pragmatisch-nüchternen Zugang einwenden, dass er das eigentliche Wesen der Religion gar nicht erfasse. Das Geheimnis des Glaubens, werden viele sagen, liege doch, ähnlich wie das der Liebe, auf einer Ebene, die mit logischen Argumenten alleine nicht zu erreichen sei. Und damit haben sie natürlich recht.

Doch mit welchem Mittel wäre jene »andere Ebene« überhaupt zu erreichen (außer im persönlichen Erleben)? Schließlich besteht das Wesen von Prinzipien wie Gott, Allah oder Nirwana ja gerade darin, dass sie das menschliche Fassungsvermögen übersteigen. Und einer höheren Ordnung, die per definitionem jeden Begriff übersteigt, ist nun einmal mit keinem Mittel des menschlichen Geistes vollständig beizukommen. Dennoch haben durch die Jahrhunderte hindurch Dichter, Mystikerinnen,

Philosophen und Theologen (und wenige Theologinnen) immer wieder versucht, in ihrer jeweils eigenen Sprache Beschreibungen für das Unbeschreibbare zu liefern, mal in poetischer, mal in philosophischer, mal in dogmatischer Form. Dieses Buch will dafür einen wissenschaftlichen Rahmen liefern.

Es berichtet von Forscherinnen und Forschern, die sich auf neue, unkonventionelle Weise mit dem Zustandekommen des religiösen Glaubens, seinen Wirkungen und Nebenwirkungen beschäftigen. Es erklärt, warum sich das Streben nach Transzendenz durch alle Zeiten und Kulturen zieht, worin die Berge versetzende Kraft des Glaubens besteht und weshalb religiöse Traditionen ebenso zur Befreiung wie zu einem fanatischen Fundamentalismus führen können. Doch vor allem zeigt es, dass religiöse Erlebnisse und Vorstellungen nicht notwendig in Konflikt mit der Wissenschaft geraten, sondern sich in einer modernen Sprache neu formulieren und verstehen lassen.

DIE GEBURT DER GLAUBENSFORSCHUNG

Aber bilden Wissenschaft und Religion nicht zwei streng getrennte Kategorien? Schließen sich nicht vorurteilsfreie Forschung und Glaube gegenseitig aus? Eine ganze Reihe von Wissenschaftlern, allen voran der britische Biologe Richard Dawkins, erwecken derzeit diesen Eindruck. Diese »neuen Atheisten« haben der Religion den Krieg erklärt und lassen in ihren Büchern und Reden keinen Zweifel daran, dass man entweder der wissenschaftlichen Vernunft folgen kann oder in blindem, unwissenschaftlichem Glauben versinkt.

Dabei ist dieser Gegensatz alles andere als zwingend. Sicher, ein buchstabengetreuer Glaube an die Bibel – etwa an die Erschaffung der Welt in sieben Tagen – erscheint im Lichte der modernen Wissenschaft ebenso unhaltbar wie die Annahme der afrikanischen Fang, nachts flögen Hexen durch ihr Dorf. Doch wer solche Erzählungen wortwörtlich nimmt und sie nicht als metaphorische Berichte von schwer fassbaren Erscheinungen versteht, begeht denselben Fehler wie viele religiöse Fundamentalisten. Beide reduzieren Religion auf ein System von dogmatischen Lehrsätzen, an die man strikt zu glauben hat. Sie verkennen jedoch das eigentliche Wesen der Religion als einer Kraft, die den Menschen gerade über diesen Horizont der eigenen, beschränkten Erkenntnisfähigkeit hinauszuführen versucht. Von diesen Grenzen der Vernunft und von dem, was jenseits davon liegt, ist im Folgenden die Rede.

Noch vor zehn, zwanzig Jahren postulierten Soziologen das allmähliche Ende der Religion in den säkularen Gesellschaften des Westens. Die Entkirchlichung in Europa schien ihnen das Modell für die Entwicklung in der ganzen übrigen Welt. Inzwischen müssen sie verwundert zur Kenntnis nehmen, wie sehr sie sich getäuscht haben. Nicht nur, dass religiöse Strömungen und Kräfte außerhalb von Europa so vital wie eh und je sind und die Religion auf die Bühne der Weltpolitik mit Macht zurückgekehrt ist. Plötzlich sieht sich selbst der säkulare Westen wieder mit Glaubensfragen konfrontiert; äußerlich geht es um die Entscheidung, wie mit den Ansprüchen und Vorstellungen anderer religiöser Kulturen umzugehen sei, innerlich stellt sich die Frage nach den eigenen religiösen Überzeugungen und ihren Wurzeln.

Diese »Rückkehr der Religion«, von der allenthalben die Rede ist, beeinflusst auch die Wissenschaft. Während sich bis vor einiger Zeit hauptsächlich geisteswissenschaftliche Fächer mit dem Thema Religion befassten – etwa die Soziologie, die Kulturwissenschaft, die Philologie und natürlich die Theologie –, haben in den vergangenen Jahren zunehmend auch Vertreter(innen) anderer Disziplinen begonnen, sich mit religiösen oder spirituellen Fragestellungen zu beschäftigen. Das Spektrum reicht von Arbeiten über den anthropologischen Ursprung religiöser Systeme bis zu ökonomischen Analysen religiöser Gemeinschaften, von Studien zur Neurobiologie der Meditation bis hin zu medizinischen Erkenntnissen über die Auswirkungen des Glaubens auf Körper und Psyche. Wer diese Entwicklung beobachtet, mit den Forscher(innen) redet und ihre zum Teil hitzigen Debatten verfolgt, kann sich des Eindrucks nicht erwehren, momentan die Geburt eines neuen wissenschaftlichen Feldes zu erleben: Seine Bezeichnung ist zwar noch auf keiner Visitenkarte zu finden, am ehesten scheint mir jedoch dafür der Name »Glaubensforschung« angemessen.

Die Erkenntnisse dieser Glaubensforschung sind oft aufregend und überraschend, zuweilen aber auch kritikabel. Nicht jede Behauptung, die in den vergangenen Jahren mit großem Trara hinausposaunt wurde – etwa die angebliche Entdeckung eines »Gottes-Gens« oder eines »Gottes-Moduls« im Gehirn –, hält, was sie verspricht. Es lohnt sich also, nicht nur kritisch gegenüber der Religion, sondern auch gegenüber der Wissenschaft zu sein. Auf diese – möglichst unvoreingenommene – Weise wird im Folgenden von den biologischen Prädispositionen des Glaubens die Rede sein und von mystischen Erfahrungen im Labor, von den frühesten Anfängen der Religion und der Kunst der Schamanen, von Nahtoderfahrungen und der heilenden Kraft des Glaubens, von Experimenten zur religiösen Barmherzigkeit ebenso wie von der modernen Seelenforschung. Gleichermaßen werden die Schattenseiten der Religiosität thematisiert, die Tendenz zu Intoleranz und Fanatismus in religiösen Gemeinden und die Mechanismen, die in Sekten wirken. Dabei ist die Reihenfolge der verschiedenen Kapitel zwar aufeinander abgestimmt, aber nicht zwingend vorgegeben. Jedes der großen Hauptkapitel kann auch für sich allein gelesen werden.

Dieses Buch stellt allerdings nicht nur erstaunliche Experimente und spannende Theorien vor, sondern erzählt auch von den Personen, die hinter diesen Arbeiten und Gedanken stehen. Denn es gibt wohl keinen Forschungsgegenstand, der persönlicher wäre als der des Glaubens. Und so lassen sich die Erkenntnisse der Glaubensforscher und -forscherinnen kaum von ihren Protagonisten trennen, von ihren Hoffnungen und ihren prägenden religiösen Erfahrungen. Daher finden sich zwischen den großen Hauptkapiteln jeweils Gespräche, Portraits und Begegnungen mit besonderen Menschen, die alle Erhellendes zum Verständnis des religiösen Erlebens beizutragen haben. Diese Begegnungen lassen sich nicht nur als Unterbrechung und Überleitung lesen, sondern auch als Beispiele dafür, wie Menschen heute ihre – ganz unterschiedlichen – Glaubensvorstellungen leben. Vielleicht kann die Lektüre auf diese Weise sogar ein tieferes Verständnis von Religiosität wecken und eine Ahnung vermitteln, wie ein moderner, aufgeklärter Glaube heute aussehen kann.

WIRKUNGEN, RISIKEN UND NEBENWIRKUNGEN

Weil diese menschliche Komponente vom Thema Religion nicht zu trennen ist, soll an dieser Stelle auch ein kleines Credo stehen. Denn ohne Zweifel hat die Ansicht des Verfassers – selbst wenn er sich um Unvoreingenommenheit bemüht – die Darstellung beeinflusst und scheint zwischen den Zeilen immer wieder auf. Es ist daher nur fair, an dieser Stelle den eigenen Standpunkt offenzulegen, damit die Leser wissen, mit wem sie es zu tun haben.

Einerseits bin ich als Physiker und Zeitungsredakteur hauptberuflicher Zweifler. In beiden Metiers ist blinder Glaube verpönt, weder Journalisten noch Physiker sollten Aussagen ungeprüft vertrauen. Andererseits bin ich religiös sozialisiert, zähle christliche Pastoren und Missionare zu meiner Verwandtschaft und buddhistische Nonnen und Mönche zu meinen Freunden. In der Zen-Meditation habe ich eine Form der religiösen Praxis gefunden, die meinen Neigungen und meinem Naturell entgegenkommt. Im Zen wird nicht von einem Glauben ausgegangen, weder an übernatürliche Kräfte noch überweltliche Wesenheiten, sondern die Selbstbeobachtung und Konzentration auf den gegenwärtigen Moment praktiziert (Zen-Buddhismus wird daher von manchen auch gar nicht als »Religion« im üblichen Sinne bezeichnet, sondern eher als pragmatische Bewusstseinstechnik). Und doch finden sich tiefliegende Gemeinsamkeiten zwischen Zen-Praxis und Christentum: In beiden geht es darum, die übliche Ich-Bezogenheit aufzugeben und über unsere beschränkte Alltagssicht der Wirklichkeit hinauszugehen.

Im Laufe einer rund zwanzigjährigen Beschäftigung mit dem Zen-Buddhismus haben sich allerdings nicht nur positive Parallelen zum Christentum gezeigt, sondern auch so manche negative. Buddhistische Schulen haben zum Teil mit ganz ähnlichen Schwierigkeiten wie christliche Kirchen zu kämpfen – mit Machtintrigen und politischen Erwägungen, hierarchischen Konflikten und Auseinandersetzungen um die »reine« Lehre; kurzum, mit jenen menschlichen Problemen, die man von allen religiösen Institutionen kennt. Es mag sein, dass solche Faktoren bei der einen Glaubensrichtung ausgeprägter zutage treten als bei anderen; ganz frei davon ist keine Religion. Daher stellt sich in jeder religiösen Tradition immer wieder neu die Frage, was der religiöse Kern und was soziales Beiwerk ist; und, in einem fundamentaleren Sinne, wie man die befreiende von der einengenden Qualität der Religion unterscheidet. Wann geht wahres religiöses Streben in verbohrten Fundamentalismus über? Was ist im Namen der Religion erlaubt oder sogar geboten – und wo muss man ihr Grenzen setzen?

Diese Fragen sind nicht nur von persönlichem Interesse, sondern auch weltpolitisch von Brisanz. *Die Vermessung des Glaubens* ist daher ein Versuch, dieses Spannungsfeld auszuleuchten und mithilfe von wissenschaftlichen Erkenntnissen, Interviews und Analysen die positiven wie die negativen Wirkungen von Religion nüchtern zu benennen.

Der religiöse Glaube lässt sich – wie im ersten Kapitel deutlich wird – zweifellos mit einem extrem potenten medizinischen Wirkstoff vergleichen. Manchmal vermag er Menschen von großem Leid zu heilen; doch bei falscher Anwendung oder Dosierung können massive Nebenwirkungen auftreten, die zum

Teil schrecklicher sind als die ursprüngliche Krankheit, die er kurieren soll. Da hilft es, vorher den Beipackzettel zu lesen. Die nötigen Informationen über biologische Wirkmechanismen, Risiken und mögliche Dosierungen finden Sie auf den folgenden Seiten. Alle Angaben erfolgen nach bestem Wissen und Gewissen, ein Verfallsdatum ist bislang nicht bekannt. Sollte die Lektüre massive Glaubenszweifel auslösen, fragen Sie Ihren Priester oder Guru. Eine Erleuchtungsgarantie kann leider nicht übernommen werden.

Allen Lesern, den gläubigen wie den ungläubigen, wünsche ich eine inspirierende Lektüre.

Ulrich Schnabel, im Mai 2008

I. DIE MEDIZIN DES GLAUBENS

Wenn euer Glauben auch nur so groß ist wie ein Senfkorn,
dann werdet ihr zu diesem Berge sagen:
Rück von hier nach dort!, und er wird wegrücken;
Nichts wird euch unmöglich sein.

Matthäus 17, 20

1 Eine wundersame Genesung

Ist es wirklich ein Wunder? Marie-Simon Pierre ist davon überzeugt. »Nichts ist unmöglich für Gott«, sagt die französische Nonne mit dem strahlenden Lächeln und den dicken Brillengläsern. »Und wenn du glaubst, wirst du die Herrlichkeit Gottes sehen.«

Seit 2001 litt die Ordensfrau von der katholischen Kongregation der Kleinen Schwestern in Puyricard bei Aix-en-Provence an dem Parkinson-Syndrom. Im Laufe der Zeit waren die Symptome immer schlimmer geworden, das unbeherrschbare Zittern, die Steifheit der Gelenke und die Schmerzen, bis schließlich ihr linker Arm nahezu vollständig gelähmt war. Die Linkshänderin konnte kaum noch einen Stift halten, die einfachsten Arbeiten fielen ihr schwer. Doch im März 2007 präsentierte sich auf einer Pressekonferenz der katholischen Kirche in Aix-en-Provence eine gelöste und völlig verwandelte Marie-Simon Pierre und erzählte den staunenden Reportern, wie ihre Symptome auf wundersame Weise verschwanden – dank der unaufhörlichen Gebete ihrer Mitschwestern und ihres unerschütterlichen Glaubens an Papst Johannes Paul II.

Der Heilige Vater, der selbst am Parkinson-Syndrom gelitten hatte, war ihr stets ein Vorbild gewesen. Als er am 2. April 2005 starb, sei das zunächst ein Schock für sie gewesen, erzählte die Nonne. »Ich hatte das Gefühl, als ob alles zusammenbräche, als ob ich einen Freund verloren hätte, der mich verstanden und mir die Kraft gegeben hatte weiterzumachen.« Von da an sei es ihr von Tag zu Tag schlechter gegangen. »Ich sah mich schwinden, ich konnte nicht mehr schreiben.« Doch im Mai leitete der neue Papst Benedikt XVI. offiziell das Verfahren zur Seligsprechung seines Vorgängers ein, und die Schwestern ihres Ordens beschlossen, ohne Unterlass zu dem Verstorbenen zu beten und um Marie-Simon Pierres Heilung zu bitten.

Zunächst ohne Erfolg. Anfang Juni hatten sich die Krankheitssymptome sogar so sehr verschlimmert, dass Marie-Simon Pierre ihre Vorsteherin bat, sie von ihren Arbeitspflichten zu entbinden. Doch diese ermahnte sie, noch ein wenig durchzuhalten: »Johannes Paul II. hat sein letztes Wort noch nicht gesprochen.« Während dieser Unterredung hatte die Nonne in

Die katholische Nonne
Marie-Simon Pierre

der Tat das Gefühl, der Geist des Verstorbenen sei irgendwie präsent. Mit großer Mühe versuchte sie, dessen Namen auf ein Blatt Papier zu schreiben, doch sie brachte nur ein unleserliches Gekrakel zustande. In der Nacht darauf allerdings – exakt zwei Monate nach dem Hinscheiden von Johannes Paul II. – war es der Parkinson-Kranken plötzlich, als ob eine innere Stimme zu ihr sagte: »Nimm deinen Stift und schreibe.« Und da habe sie auf einmal wieder lesbar schreiben können! Danach sei sie in tiefen Schlaf gefallen, und am nächsten Morgen, so berichtet die Nonne, seien ihre Schmerzen wie weggeblasen gewesen. Sie habe erst gebetet und dann beschlossen, ihre Medikamente abzusetzen. Als sie einige Tage später ihren Neurologen aufsuchte, habe der »mit Erstaunen das Verschwinden aller Anzeichen« der Parkinson-Krankheit diagnostiziert.

Monatelang wurde Marie-Simon Pierres Genesungsbericht von Ärzten und Vertretern der katholischen Kirche geprüft, bis sie den Fall schließlich publik machten. Seither gilt die Geschichte der französischen Nonne im Vatikan als wichtiger Beleg in dem Verfahren, das zur Selig- und Heiligsprechung von Johannes Paul II. führen soll. Denn dazu muss man diesem posthum die Fähigkeit nachweisen, ein echtes Wunder bewirkt zu haben – wobei ein Wunder laut Definition des zweiten Konzils die »Bestätigung der Gegenwart von Gottes Reich auf der Erde« ist, auf den Einfluss des Verstorbenen hindeuten muss und im Rahmen der derzeitigen wissenschaftlichen Erkenntnis nicht erklärbar sein darf. Für Marie-Simon Pierre besteht allerdings schon jetzt kein Zweifel daran, wem sie ihre spontane Genesung zu verdanken hat: »Wenn du glaubst, wirst du die Herrlichkeit Gottes sehen.«

PAPIERKÜGELCHEN UND ANDERE WUNDER

Solche Geschichten sind für viele gläubige Christen ein schlagender Beweis dafür, dass eine göttliche Instanz allen Zweifeln zum Trotz existiert und dass sie – wenn man nur fest genug an sie glaubt – hilfreich und heilend in das irdische Geschehen eingreifen kann. Insbesondere in der katholischen Kirchenhistorie ist immer wieder von solchen Wunderheilungen die Rede. So pilgern jedes Jahr Hunderttausende in das kleine Städtchen Lourdes am Fuß der französischen Pyrenäen, um dort, am heiligen Quell in der Grotte von Massabielle, Genesung oder wenigstens Seelenfrieden zu finden. Und 2007 sprach Papst Benedikt XVI. den brasilianischen Franziskanermönch Antonio Galvao heilig, der im 18. Jahrhundert seine Mitmenschen angeblich dadurch heilte, dass er auf Papierstreifen lateinische Gebete notierte, sie zu kleinen Kügelchen rollte und diese den Kranken gab. Die »Wunderpillen« sollen in Brasilien seither über 5000 Menschen geholfen haben: Nierensteine verschwanden, Depressionen wurden geheilt und kinderlose Ehepaare bekamen Nachwuchs. Bis heute werden in dem von Bruder Galvao gegründeten Luz-Kloster in São Paulo papierene Wunderkügelchen an die Gläubigen verteilt.

Alles nur Aberglaube? Dass es eine enge Beziehung zwischen dem Heiligen und dem Heilenden gibt, wird nicht nur in der katholischen Tradition betont. Auch Protestanten verehren Jesus Christus als den »Heiland«, der Blinde sehend, Lahme gehend und Tote wieder lebendig machen konnte. Und bei indigenen Völkern ist es bis heute selbstverständlich, dass der Schamane den Kontakt zu Göttern und Geistern vor allem deshalb herstellt, weil er nur mit ihrer Unterstützung Kranke zu heilen vermag.

In den vergangenen Jahren hat sich auch die medizinische Forschung für die Frage zu interessieren begonnen, ob die Religion tatsächlich heilsam wirken kann – und wenn ja, wie dies zu erklären wäre. Allein zwischen 2000 und 2002 erschienen mehr als 1100 wissenschaftliche Artikel, Studien und *reviews*, die sich mit der Beziehung zwischen Religion und Gesundheit befassten. Zwanzig Jahre zuvor, so hat der amerikanische Mediziner und Psychiater Harold Koenig ermittelt, wurden im gleichen Zeitraum nur 101 Artikel zu diesem Thema publiziert – die Wissenschaft von der religiösen Gesundheit scheint geradezu zu explodieren. Und einer der umtriebigsten Vertreter dieser neuen Forschungsrichtung ist Harold Koenig selbst. Der amerikanische Mediziner hat an der Duke University in Durham (North Carolina) das Center for the Study of Religion/Spirituality and Health gegründet und verbreitet in Büchern wie *The Healing Power of Faith* die Botschaft von der heilenden Kraft des Glaubens. »Die überwiegende Zahl aller Studien belegt, dass eine religiöse Zugehörigkeit und Praxis tatsächlich zu besserer Gesundheit führt«, behauptet Koenig. Religiöse Menschen litten weniger unter Angst und Depression, konsumierten weniger Drogen, hätten einen niedrigeren Blutdruck, ein stärkeres Immunsystem und häufig eine höhere Lebenserwartung.

Diese frohe Botschaft freut allerdings nicht jeden Mediziner. Manche reagieren sogar regelrecht allergisch darauf. »Die Belege für solche Behauptungen sind extrem dürftig und wenig überzeugend«, wettert der Psychologe und Verhaltensmediziner Richard P. Sloan vom Columbia Presbyterian Hospital in

New York. »Dass eine religiöse Zugehörigkeit zu besserer Gesundheit führt, ist keinesfalls erwiesen. Man könnte höchstens sagen, dass es da eine Verbindung gibt.« Wenn Harold Koenig so etwas wie der Messias der »Religionsmedizin« ist, dann gibt Sloan den Antichristen. In seinem Buch *Blind Faith* (Blinder Glaube) kämpft er gegen die »unheilige Allianz zwischen Religion und Medizin«. Für ihn sind die meisten Studien zu dem Thema das Papier nicht wert, auf dem sie gedruckt wurden.

Sloan hat sich die Mühe gemacht, sämtliche Studien nachzuprüfen, die Harold Koenig in zwei Kapiteln seines *Handbook of Religion and Health* erwähnt (dabei wählte Sloan jene Kapitel, die sich mit seinem eigenen Arbeitsgebiet, Herzkreislauferkrankungen und Bluthochdruck, beschäftigten). Er kam zu dem Schluss, dass von 89 Studien ganze vier methodologisch stringent seien. Bei allen anderen dagegen waren die Ergebnisse verfälscht durch statistische Unsauberkeiten, falsche Studienanlagen oder schlechte Auswertung. Häufig waren die Bedingungen der Doppelblindheit (das heißt weder der Arzt noch der Patient wissen, ob das Medikament echt oder ein Placebo ist) nicht eingehalten worden; die Probanden durften zum Beispiel selbst entscheiden, ob sie in die Untersuchungs- oder in die Kontrollgruppe eingeteilt wurden – schon alleine dieses Wissen kann ein Studienergebnis massiv beeinflussen.

Tatsächlich besteht ein grundlegendes Problem der »Religionsmedizin« darin, dass viele Forscher, die auf diesem Feld arbeiten, nicht wirklich unvoreingenommen sind. Oft sagen die religionsmedizinischen Studien mehr über den Glauben der beteiligten Wissenschaftler aus als über objektive Wirkungen: Werden etwa die positiven Effekte eines christlichen Lebenswandels nachgewiesen, dann stecken in den allermeisten Fällen christlich eingestellte Mediziner dahinter; hört man, dass Buddhisten besonders zufrieden und ausgeglichen seien, stammt die Untersuchung höchstwahrscheinlich aus dem Labor des Dalai-Lama-Schülers Richard Davidson; werden dagegen förderliche Wirkungen Transzendentaler Meditation nachgewiesen, kommt die Studie mit ziemlicher Sicherheit aus der Maharishi University in Fairfield (Iowa). Das heißt nicht per se, dass diese Art von Forschung wertlos wäre. Aber man wünschte sich doch mitunter eine Art Stiftung Glaubenstest, die ohne Scheuklappen verschiedene religiöse Praktiken gegeneinander ins Rennen schickte. Genesen Buddhisten schneller vom Herzinfarkt als Katholiken? Leiden Hindus weniger unter Depressionen als Moslems? Sind orthodoxe Juden entspannter als Reformjuden oder umgekehrt? Die Ergebnisse solcher Studien wären vermutlich höchst interessant – und würden mächtig für Zündstoff sorgen.

Höchstwahrscheinlich würde sich dabei aber herausstellen, dass die meisten Glaubenseffekte auf ziemlich irdische Ursachen zurückgehen: Wer frühmorgens in den Gottesdienst geht, sitzt abends weniger lang in der Kneipe; wer Fastenzeiten befolgt, beim Essen maßhält und auf Drogen verzichtet, befolgt damit nicht nur bestimmte religiöse Gebote, sondern auch medizinisch sinnvolle Verhaltensregeln; und wer sich in einer religiösen Gemeinschaft engagiert, fühlt sich sozial aufgehoben und weniger isoliert – vor allem im Alter ein unschätzbarer Vorteil.

So gesehen, kann man in einigen Fällen durchaus von einem medizinischen Nutzen des Glaubens reden. Die Religion schützt zwar nicht vor Herzinfarkten, Knochenbrüchen oder Krebs. Sie hat aber einen Einfluss auf die psychische Befindlichkeit. Der Krebsmediziner Arndt Büssing, der an der Universität Witten-Herdecke eine Arbeitsgruppe für »Spiritualität und Medizin« leitet, stellt jedenfalls fest: »Eine spirituelle Grundhaltung beziehungsweise religiöse Praxis scheint in der Tat einen günstigen Einfluss auf den Krankheitsumgang zu haben. ›Spirituelles Wohlbefinden‹ kann zudem insbesondere bei Patienten in finalen Krankheitsstadien vor Depressivität und Verzweiflung schützen. Aber es gibt keine Studie, die valide belegt, dass eine spirituell-religiöse Praxis zu einem längeren Überleben oder gar zu einer Heilung führen könnte.« Auch Büssing sieht den positiven Effekt der Religiosität eher in »bestimmten Verhaltens- und Ernährungsweisen«, im psychologischen Rückhalt sowie im »sozialen Eingebundensein«.

SCHARFSCHÜTZEN UND GEBETSFORSCHER

Doch gibt es über solche relativ leicht erklärbaren Effekte hinaus, die vermutlich auch bei langjährigen Mitgliedern von Sportvereinen zu beobachten wären, nicht doch eine spezifisch *religiöse* Gesundheitskomponente? Wie sonst wären wundersame Genesungen wie jene von Marie-Simon Pierre zu erklären? Profitieren Gläubige möglicherweise von Effekten, in denen eine übersinnliche, höhere Dimension aufscheint, gar die »Bestätigung der Gegenwart von Gottes Reich auf der Erde«, die etwa die katholische Kirche für möglich hält? Und wenn es so wäre: Kann die Wissenschaft darüber überhaupt irgendetwas aussagen?

Theoretisch wäre es immerhin denkbar, dass bei jeder Wunderheilung ein höheres Wesen seine Hand im Spiel hat. Allerdings entzieht sich die Existenz einer solchen Entität nun einmal jeder wissenschaftlichen Untersuchung. Das macht die These vom göttlichen Einfluss zwar nicht von vornherein unsinnig, schmälert aber ihren wissenschaftlichen Wert beträchtlich. Denn in der Wissenschaft gilt für gewöhnlich ein Sparsamkeitsprinzip, das als »Ockhams Rasiermesser« bekannt ist (benannt nach Wilhelm von Ockham, 1285–1349) und das da lautet: Von mehreren Theorien, die den gleichen Sachverhalt erklären, ist jeweils die einfachste vorzuziehen, das heißt jene, die am wenigsten unüberprüfbare Annahmen enthält. Und die Gottestheorie muss leider (bis auf weiteres) als wissenschaftlich unüberprüfbar gelten.

Und wie steht es mit der Frage, ob die Gebete *anderer* Menschen bei der Genesung helfen – wovon zum Beispiel Marie-Simon Pierre überzeugt ist? So erstaunlich es auch scheinen mag: Diese These lässt sich tatsächlich wissenschaftlich auf den Prüfstand stellen.

Im Jahr 1988 erregte der amerikanische Herzspezialist Randolph Byrd Aufsehen mit der Behauptung, er habe erstmals einen medizinischen Nachweis für einen positiven Einfluss von Fürbittegebeten gefunden. Dazu hatte Byrd am San Francisco General Hospital den Genesungsprozess von 393 Herzkranken untersucht und die Patienten in zwei Gruppen eingeteilt: Für die Mitglieder der ersten beteten jeden Tag tiefgläubige »wiedergeborene Christen« außerhalb des Hospitals, die anderen Patienten mussten ohne diesen Beistand auskommen und dienten als Kontrollgruppe. Weder die Kranken noch die behandelnden Ärzte wussten, wer zu welcher Gruppe gehörte. Doch nach einiger Zeit stellte Byrd fest, dass bei den Mitgliedern der »Gebetsgruppe« tatsächlich positive Effekte im Vergleich zur

Kontrollgruppe auftraten. Damit war für ihn erwiesen, dass »Fürbittegebete zum jüdisch-christlichen Gott« einen eindeutigen medizinischen Effekt hätten.

Bald regte sich jedoch Kritik an Byrds Deutung. Denn der Kardiologe hatte einen Fehler gemacht, der unter Statistikern als »das Dilemma des texanischen Scharfschützen« bekannt ist: Das zu suchende Ergebnis wird nicht vor der Untersuchung festgelegt, sondern erst im Nachhinein, in Kenntnis des tatsächlichen Resultats definiert – das entspricht der Haltung eines Schützen, der zunächst auf ein Scheunentor ballert und danach um das Einschussloch fein säuberlich eine Zielscheibe malt. So war auch Byrd vorgegangen. Statt von vornherein klar zu definieren, welche Beschwerden durch die Gebete genau gelindert werden sollten, hatte er reichlich wahllos 26 verschiedene Faktoren überprüft – von der Anzahl der eingenommenen Medikamente über die notwendigen ärztlichen Interventionen bis hin zur Häufigkeit von Komplikationen etwa durch Lungenentzündung. Nur bei sechs dieser 26 Variablen zeigten sich (kleine) Unterschiede zwischen Gebets- und Kontrollgruppe – doch genau auf diese sechs Faktoren stützte Byrd am Ende seine aufsehenerregende Aussage. Wirklich überzeugend ist das nicht.

Ähnliche Kritik wurde auch an anderen Fürbittestudien laut, die in den 1990er-Jahren einen positiven Einfluss von Gebeten auf Schwangerschaftsprobleme oder von schamanistischen Heilzeremonien auf weit entfernte Aidspatienten nachzuweisen meinten. Auch diese Untersuchungen gelten heute als methodisch fragwürdig.

Um die Frage nach dem Gebetsnutzen ein für alle Mal zu beantworten, wurden daher Anfang des 21. Jahrhunderts zwei groß angelegte neue Untersuchungen gestartet. Zum einen verfolgte Michael Krucoff vom Medical Center der Duke University den Heilungsprozess von 700 Herzpatienten, wobei für die Hälfte gebetet wurde (und zwar nicht nur von Christen, sondern auch von Muslimen, Juden und Buddhisten) und für die andere Hälfte nicht. Etwa zur selben Zeit nahm Herbert Benson von der Harvard Medical School eine noch größere Studie mit 1802 Patienten in sechs Krankenhäusern in Angriff, die alle Bypassoperationen erhielten. Benson und seine Mitstreiter teilten ihre Probanden dabei nicht nur in zwei, sondern sogar in drei Gruppen ein: Die erste erfuhr, dass gläubige Christen für sie jeweils vierzehn Tage lang ein Gebet für »eine erfolgreiche Operation und eine schnelle Genesung ohne Komplikationen« sprechen würden; die zweite erhielt die Auskunft, für sie würde *eventuell* gebetet (tatsächlich aber wurden für sie dieselben Formeln gesprochen), und nur die dritte blieb als Kontrollgruppe ohne Gebete.

Insbesondere Bensons Ergebnisse wurden in der Fachwelt mit Spannung erwartet, denn der Gründer des Mind/Body Medical Institutes in Harvard genießt nicht nur unter Medizinern, sondern auch unter Spiritualitätsanhängern großes Ansehen. Wer jedoch auf einen Fingerzeig Gottes gehofft hatte, wurde herb enttäuscht. Weder Krucoffs noch Bensons Daten zeigten irgendeinen positiven Einfluss der Gebete. Schlimmer noch: In der Benson-Studie traten die meisten Komplikationen ausgerechnet bei denjenigen Patienten auf, die wussten, dass für sie gebetet wurde. 59 Prozent von ihnen hatten nach ihrer Operation mit Schwierigkeiten zu kämpfen, in der Kontrollgruppe ohne Gebete waren es dagegen nur 51 Prozent (und 52 Prozent bei jenen, die im Unklaren gelassen wurden).

Haben Gebete also nicht nur keine Wirkung, sondern *verschlimmern* sie unter Umständen sogar noch die Krankheit derjenigen, für die sie gedacht sind? Nicht nur für Gläubige war dieses Ergebnis verstörend, sondern auch für Benson und seine Kollegen. Sie beeilten sich, öffentlich klarzustellen, dass damit keinerlei Aussage über die Existenz oder Nichtexistenz Gottes getroffen wäre. Auch sage die Studie nichts über die Macht jener Gebete aus, die vom Kranken *selbst* oder von dessen Angehörigen und Freunden gesprochen würden. Die Tatsache, dass ein Team von Fremden für ihre Gesundheit gebetet habe, könnte die Patienten vielleicht verunsichert haben, meinte der Co-Autor Charles Bethea. Möglicherweise hätten sich die Kranken gefragt: »Bin ich so krank, dass sie ein Team zum Beten herbeirufen müssen?«

DIE WIRKUNG DES GOTTESBILDES

Aus solchen Studien kann man also eines schließen: Die Annahme, durch Gebete für fremde Menschen ließe sich irgendeine Art von unabhängig vorhandener, göttlicher Energie mobilisieren, ist falsch. Zumindest im Kontext wissenschaftlicher Studien lässt sich ein solch externer Einfluss auf Kranke nicht beobachten. Doch es wäre voreilig, damit den Gebeten oder anderen Heilungszeremonien jede Wirkung abzusprechen. Denn auf individueller, subjektiver Ebene können sie sehr wohl einen Effekt haben. Der mag zwar nur im Kopf des Patienten (respektive des Betenden) auftreten, ist darum aber nicht weniger real. Das bestätigt auch Bensons Studie. Denn das Wissen, dass für sie gebetet wurde, beeinflusste die Mitglieder seiner ersten Gruppe ja durchaus; allerdings interpretierten sie diese Tatsache offenbar nicht als günstiges, sondern eher als unheilvolles Vorzeichen (»Ich bin so krank, dass für mich gebetet werden muss«). Und damit verkehrte sich die Wirkung der Gebete ins Negative.

Wer den Einfluss von Gebeten oder religiösen Praktiken auf einen Krankheitsverlauf erforschen will, tut also gut daran, genau nach der Einstellung des jeweiligen Patienten zu fragen. Das zeigen zum Beispiel auch die Ergebnisse des Religionswissenschaftlers und Psychologen Sebastian Murken, der an der Universität Trier arbeitet. Er und seine Mitarbeiter haben in der Onkologischen Rehabilitationsklinik in Bad Kreuznach die Rolle der Religiosität bei der Bewältigung von Brustkrebs untersucht und dabei festgestellt, dass Religion zwar helfen kann – aber nur unter bestimmten Bedingungen.

Eine hilfreiche Stütze im Glauben fanden Murkens Studie zufolge jene Patientinnen, die hochreligiös waren und ein positives Gottesbild hatten. Nach dem Motto »Was der Herr tut, ist wohlgetan« konnten sie selbst ihrer Krankheit einen Sinn abgewinnen, sie annehmen und konstruktiv damit umgehen. Wer dagegen das Bild eines strengen, strafenden Gottes im Herzen trug, litt in der Klinik verstärkt unter Angst- und Depressionszuständen; diese Patientinnen machten sich eher religiös begründete Vorwürfe und setzten sich damit noch zusätzlich unter Druck. Und die unentschiedenen Vertreterinnen einer »mittleren Alltagsreligiosität« waren in der Klinik vor allem von Verunsicherung und Zweifeln geplagt. Der Glaube kann also, je nach Einstellung, sowohl eine positive wie eine negative Wirkung haben. Zu ganz ähnlichen Resultaten gelangte auch der

Psychologe Kenneth Pargament von der Bowling Green State University im US-Staat Ohio. Er beobachtete fast 600 Patienten mit den unterschiedlichsten Erkrankungen, von leichten Magenbeschwerden bis hin zu Krebs. Nach zwei Jahren stellte Pargament fest: Diejenigen, die meinten, Gott würde sie mit der Krankheit bestrafen, hatten ein um 30 Prozent erhöhtes Risiko, innerhalb des Beobachtungszeitraums zu sterben. Es kommt also sehr auf die individuelle Vorstellung an, die sich jemand von Gott macht. Wer darunter vor allem ein liebevolles, vergebendes Prinzip versteht, kann daraus im Krankheitsfall durchaus Trost und psychische Unterstützung ziehen. Wer Gott dagegen als strenge, richtende Instanz interpretiert, leidet möglicherweise noch zusätzlich.

Diese Erkenntnis der Religionsmedizin fasst Sebastian Murken in einem prägnanten Satz zusammen: *»Eine Religion hilft vor allem denen, die stark daran glauben, dass sie ihnen hilft.«*

Als Beispiel für diesen positiven Rückkopplungseffekt des Glaubens kann sicherlich Marie-Simon Pierre gelten. Die tiefgläubige Nonne fühlte sich durch die Gebete ihrer Mitschwestern nicht unter Druck gesetzt, sondern empfand sie als zusätzliche Hilfe und Unterstützung. Man darf auch davon ausgehen, dass ihr Gottesbild durchweg positiv war. Von ihrer Vorsteherin wurde sie zusätzlich in ihrer Annahme bestärkt, dass der verstorbene Papst ihr ebenfalls wohlgesinnt war. All das dürfte sie im Glauben an den hilfreichen Einfluss ihrer Religion bestätigt haben. Und weil sie fest daran glaubte, dass die Gebete und der Papst ihr helfen würden, halfen sie offenbar am Ende wirklich.

Wie aber lässt sich das genau verstehen? Welche Mächte treten da in Kraft? Warum scheint der Glaube zwar nicht gerade Berge, aber doch Krankheiten versetzen zu können?

2 Die Heilkraft der Erwartung

Im November 2007 flackert das Foto von Marie-Simon Pierre auf einer Tagung in der Evangelischen Akademie Tutzing durch den Raum. Dort haben sich allerdings nicht Theologen und Kirchenvertreter versammelt, sondern Mediziner, Neuropsychologen und Verhaltensforscher aus Europa, den USA, Israel und Kanada. Auch sie beschäftigen sich mit wundersam erscheinenden Heilungen und der Kraft des Glaubens, doch ihnen geht es nicht um die Herrlichkeit Gottes, sondern um knallharte Biomedizin, um Neurotransmitter, Stresshormone und die Statistik doppelblinder Studien. Denn die drei Dutzend Wissenschaftler, die sich hier am Starnberger See zusammengefunden haben, gehören zu den wichtigsten Vertretern der Placeboforschung. Sie beschäftigen sich alle mit der irritierenden Tatsache, dass oft schon der bloße Glaube an eine hilfreiche Therapie oder ein Medikament ausreicht, um bei Patienten dramatische Besserungen hervorzurufen. Und ihre Tagung ist das erste große Treffen einer jungen Zunft, die zunehmend an Bedeutung gewinnt. »Als ich vor acht, neun Jahren zum ersten Mal einen Vortrag über Placebowirkungen hielt, war das ein Symposium mit zwei Sprechern«, erinnerte sich der italienische Neurologe und Placeboforscher Fabrizio Benedetti, einer der Mitorganisatoren der Tagung. Doch in den vergangenen Jahren sei das Interesse an dieser Form der »Glaubensmedizin« sprunghaft gestiegen.

Dabei wissen Ärzte seit langem, dass schon die Hoffnung auf Heilung einen heilsamen Effekt hat. Als einer der Ersten wies dies der amerikanische Anästhesist Henry Beecher nach, der im Zweiten Weltkrieg in einem Lazarett an der Front arbeitete. Dort wurde den verwundeten Soldaten zur Linderung ihrer Schmerzen Morphin verabreicht. Doch wie das in Kriegszeiten so ist – eines Tages ging das Schmerzmittel aus, und Nachschub war nicht in Sicht. Als die gepeinigten Kranken immer dringender um Erleichterung baten, verfiel Beecher in seiner Not auf einen billigen Trick: Er spritzte eine einfache Kochsalzlösung und machte den Soldaten weis, sie bekämen ihr gewohntes Schmerzmittel. Der Trick funktionierte. Viele Kranke berichteten erleichtert, dass ihre Schmerzen endlich nachgelassen hätten.

Unter dem Titel *The Powerful Placebo* veröffentlichte Beecher 1955 die erste wissenschaftliche Abhandlung über dieses Phänomen. Doch bei vielen Fachkollegen stieß er auf Skepsis. Die Heilkraft der Einbildung schien allen naturwissenschaftlichen Prinzipien Hohn zu sprechen. Dem Begriff »Placebo« (abgeleitet vom lateinischen: *Ich werde gefallen*) haftete lange Zeit ein negatives Image an, weil er eine unspezifische Wirkung bezeichnete, die im Klinikalltag schwer zu packen war und den Pharmafirmen ihre Medikamentenstudien verfälschte.

Doch seit einigen Jahren ändert sich diese Wahrnehmung. Zum einen können Neurowissenschaftler mit modernen bildgebenden Verfahren die Mechanismen der Placebowirkung immer besser nachweisen; zum anderen zeigen sich in ausgeklügelten Studien ständig neue Anwendungsfelder für eine gezielte Nutzung dieser Heilkraft des Nichts.

Einige der frappierendsten Erkenntnisse dazu stammen von Benedetti selbst, der an der Universität Turin dem Placeboeffekt seit langem auf der Spur ist. Er hat zum Beispiel gezeigt, dass sich mit Scheinpräparaten in manchen Fällen 30 bis 50 Prozent der normalerweise verabreichten Medikamente einsparen lassen. Es genügt, dass harmlose Zuckerpillen oder eine simple Kochsalzlösung den Kranken als wirkungsmächtige Medikamente angepriesen werden – schon lassen sich damit Schmerzen und verschiedene andere Krankheitssymptome reduzieren.

Aber nicht nur die Wirkung von Placebos, sondern auch die *echter* Medikamente lässt sich durch entsprechende Suggestionen beeinflussen. Wenn Benedetti etwa seinen Patienten ein Schmerzmittel anpries und es ihnen höchstpersönlich verabreichte, war die Wirkung erheblich größer, als wenn er dieselbe Menge des Medikaments einfach aus einer Infusionsmaschine tropfen ließ, ohne dies den Patienten vorher mitzuteilen. Ähnliches geschah bei einer »versteckten Behandlung«, bei der ein Wirkstoff hinter einem Wandschirm über eine Kanüle in den Arm des Patienten appliziert wurde. Wenn der Proband nicht sah, *ob und wann* er das Mittel bekam, wurde es nahezu wirkungslos. Bei einer versteckten Behandlung, so stellte Benedetti fest, müssen Schmerzmedikamente erheblich höher dosiert werden als normalerweise üblich.

Als der Italiener diese Befunde in der Zeitschrift *Nature Neuroscience* zum ersten Mal vorstellte, reagierten viele Pharmakologen entsetzt. Denn das hieß im Klartext: Ob und wie Pharmaka wirken, hängt in entscheidendem Maße von der Wahrnehmung oder Einstellung des Patienten ab. Fehlt der Glaube, kann die schönste Droge ihre Wirkung verlieren. Umgekehrt gilt: Ist die Hoffnung nur groß genug, kann selbst ein Gift zum Heilmittel werden. Das belegte ein Versuch mit schwangeren Frauen, die unter Übelkeit litten. Sie bekamen eine Arznei, die angeblich die Symptome rasch beseitigen sollte. Und tatsächlich taten die beruhigenden Worte der Ärzte ihre Wirkung: Viele der Schwangeren fühlten sich bald besser und gaben an, ihr Magen hätte sich beruhigt. Was sie nicht wussten: In Wahrheit hatte man ihnen ein Brechmittel verabreicht! Doch die Erwartung der Patientinnen hatte dessen gewöhnliche Wirkung prompt ins Gegenteil verkehrt.

Für Placeboforscher ist daher der biblische Hinweis auf die Berge versetzende Kraft des Glaubens kein frommer Wunsch, sondern ein medizinischer Effekt, der eine rational erklärbare biologische Grundlage hat. »Wunderheilungen sind kein Voodoo, wir können sie erklären«, sagt der Medizinpsychologe und Verhaltensimmunbiologe Manfred Schedlowski. »Wir kennen zwar noch nicht die einzelnen biochemischen Abläufe bei jedem Patienten, aber wir wissen grundsätzlich, wie der Glaube eine Heilung steuern kann: Eine starke Erwartungshaltung verändert die Gehirnchemie, Botenstoffe werden ausgeschüttet, und diese Veränderungen werden über das Nervensystem an den Körper weitergeleitet, wo sie häufig genau die gewünschten Wirkungen in Gang setzen.«

Schedlowski erforscht seit zehn Jahren die psychosozialen Umstände von Therapien und ihre Auswirkungen auf den Körper. Was als hochtheoretische Grundlagenarbeit begann, hat nach Ansicht des Medizinpsychologen inzwischen große klinische Bedeutung: »Auch wenn ich mich damit weit aus dem Fenster lehne, behaupte ich, dass man durch gezielt eingesetzte Verhaltensinterventionen einen Großteil der spezifischen pharmakologischen Wirkung von Medikamenten ersetzen kann.« In welchem Umfang das geschehen kann, hat der Forscher selbst in Aufsehen erregenden Versuchen an Ratten demonstriert: Er verabreichte den Tieren zunächst mehrere Tage lang Cyclosporin A, ein starkes Medikament zur Unterdrückung des körpereigenen Abwehrsystems, und gab ihnen gleichzeitig eine spezielle Zuckerlösung zu trinken. Nach einigen Wiederholungen assoziierten die Tiere beide Reize so stark miteinander, dass schon die Zuckerlösung ausreichte, um die immunsuppressive Wirkung zu erzielen: Als Schedlowski den Ratten das schlagende Herz eines fremden Tieres einpflanzte, konnte er dieses alleine mit der Zuckerlösung bis zu hundert Tage am Leben erhalten. Normalerweise würde das Fremdorgan vom Immunsystem postwendend abgestoßen, doch das Placebo genügte, um die entsprechende Hormonkaskade in Gang zu setzen und das Abwehrsystem zu unterdrücken – genauso, als ob der Forscher Cyclosporin A verabreicht hätte. Möglicherweise, so spekuliert Manfred Schedlowski, ließe sich auf diese Weise auch beim Menschen die Medikamentengabe nach Transplantationen massiv verringern.

ERWARTUNG UND KONDITIONIERUNG

Diese Konditionierung – die einer Art Pawlow'schem Reflex entspricht – ist allerdings nur eine Form der Placebowirkung. Die Forscher wissen heute, dass bei dem sogenannten Placeboeffekt noch eine ganze Reihe weiterer Komponenten eine Rolle spielen: Da wären neben der Erwartungshaltung des Patienten auch das Verhalten des Arztes oder Therapeuten und schließlich der gesamte Bedeutungsrahmen, in dem eine Behandlung sich abspielt. Wer voller Hoffnung zum Doktor eilt und glaubt, dass ihm dort geholfen werde, fühlt sich oft schon durch diese Erwartung besser. Die Aussicht auf eine Linderung der Beschwerden unterbricht den Strom negativer Gedanken, die um das Leiden kreisen und es damit oft noch nähren. Und wenn der Arzt dem Patienten Vertrauen einflößt und ihm den Glauben an eine Heilung wiedergibt, führt das nicht nur zu einer Entspannung, sondern kann Selbstheilungskräfte in Gang setzen. Diese lassen sich zusätzlich aktivieren, wenn der Patient das Gefühl hat, in ein bedeutungsvolles Ritual eingebunden zu sein, das möglicherweise auch Angehörige oder Freunde einschließt und damit die soziale Dimension seines Lebens berührt.

Alle diese Faktoren wirken einzeln oder auch zusammen und lösen unterschiedliche körperliche Reaktionen aus. So werden zum Beispiel durch Konditionierungsprozesse vor allem autonome Körperfunktionen wie Hormonausschüttung oder Immunfunktionen beeinflusst, die weitgehend unbewusst ablaufen. Die Erwartungshaltung eines Patienten dagegen (sein Glaube, wenn man so will) wird bewusster verarbeitet und wirkt sich eher auf die Wahrnehmung von Schmerzen und anderen subjektiven Krankheitssymptomen aus. Daher sollte man weniger von *dem* Placeboeffekt sprechen, als vielmehr von den verschiedenen psychosozialen Wirkungen, die unter diesem recht schwammigen Begriff zusammengefasst werden.

Ebenso falsch wäre es, ein Placebo immer nur mit einer wirkstofflosen Pille zu assoziieren. Im Gegenteil, placeboartige Effekte lassen sich auch bei Operationen und Akupunktur-Behandlungen nachweisen, bei Psychotherapien genauso wie bei medizinischen Versuchen – kurzum, bei jeder ärztlichen Intervention, die zu einer Veränderung des subjektiven Befindens eines Beteiligten führen kann. Damit ist der Placeboeffekt, anders als viele Ärzte meinen, kein störender Faktor, sondern ein essentieller Bestandteil jeder Therapie; denn auch die Wirkung echter Medikamente wird durch eine entsprechende Erwartungshaltung meist verstärkt. Deshalb wirken Medikamente, die neu auf den Markt kommen, häufig besonders gut; nach einigen Jahren aber verliert sich der Neuigkeits-Bonus, die Erwartungshaltung sinkt und mit ihr der pharmakologische Effekt.

Auch negative Wirkungen gibt es, die einzig und allein der Kraft der Vorstellung geschuldet sind. In diesem Fall sprechen die Forscher vom *Noceboeffekt.* So ist es für die Pharmaindustrie ein echtes Problem, dass Medikamententests immer wieder von Teilnehmern abgebrochen werden, die über unerträgliche Nebenwirkungen klagen – obwohl sie ein wirkungsloses Placebo erhalten haben und eigentlich gar nichts spüren sollten. Doch die Lektüre des Beipackzettels des echten Medikaments (den sie sehr wohl zu lesen bekamen) reichte aus, die dort beschriebenen Symptome hervorzurufen.

Denn jede Information beeinflusst unsere mentale Bewertung einer Situation. Man stellt sich – meist ohne sich dessen bewusst zu sein – auf bestimmte Veränderungen ein (Zu- oder Abnahme von Schmerzen, Besserung oder Nebenwirkungen), nimmt diese gleichsam im Geiste vorweg; dementsprechend ändert sich die Biochemie des Gehirns. Und diese beeinflusst wiederum über die entsprechenden Nervenbahnen die periphere Physiologie. Dort werden somit genau jene körperlichen

Veränderungen in Gang gesetzt, die man sich zuvor vorgestellt hat – eine Art neuronale *self-fulfilling prophecy*.

Der Placeboeffekt ist deshalb vor allem bei Krankheiten zu erwarten, die eine starke psychische oder psychosomatische Komponente haben: Dazu gehören Allergien, das Reizdarm-Syndrom, alle Arten von Schmerzerkrankungen wie zum Beispiel Rückenbeschwerden – und das Parkinson-Syndrom, unter dem Marie-Simon Pierre litt.

ENDLICH WIEDER SCHLITTSCHUH LAUFEN!

Das Parkinson-Syndrom scheint für die Heilkraft des Glaubens geradezu prädestiniert. Denn dic sogenannte Schüttellähmung wird ausgelöst durch das Absterben von Zellen in der Substantia nigra, einer Struktur im Mittelhirn, die den Botenstoff Dopamin herstellt. Der daraus resultierende Mangel an Dopamin führt zu den bekannten Parkinson-Symptomen – Muskelzittern, Starre bis hin zur Lähmung. Zur Behandlung des neurologischen Leidens wird daher häufig der dopaminähnliche Wirkstoff L-Dopa verordnet. Allerdings kann man die körpereigene Dopamin-Produktion auch ankurbeln, indem man das sogenannte Belohnungszentrum im Hirn anregt. Denn in diesem Bereich um den Nucleus accumbens finden sich besonders viele Dopaminrezeptoren. Wird dieser Bereich gezielt stimuliert, das haben Tierversuche gezeigt, erhöht sich die Dopamin-Ausschüttung.

Dabei ist es vor allem die *Aussicht* auf eine Belohnung, welche die Dopamin-Ausschüttung in Gang setzt. Der Erwartungshaltung eines Parkinson-Patienten kommt damit eine besondere Bedeutung zu. Wenn die Kranken nur glauben, eine wirksame Therapie zu erhalten, fühlen sie sich oft prompt besser. So erging es auch jenen Patienten, die an der University of Colorado zum Schein operiert wurden. Die Ärzte erklärten ihnen, bei der Operation würden neue fötale Zellen ins Gehirn gespritzt, die das von Parkinson befallene Hirn verjüngten und somit die Krankheit bekämpften. Tatsächlich aber wurden nur zwölf Patienten die heilenden Zellen eingespritzt, bei achtzehn anderen simulierten die Mediziner den Eingriff und bohrten die Schädeldecke lediglich zum Schein an. Zwar waren die Probanden vorab aufgeklärt worden, dass sie an einem Versuch teilnähmen, bei dem nur ein Teil tatsächlich operiert würde. Doch keiner der Patienten wusste, zu welcher Gruppe er gehörte. Alle wurden in den Operationssaal geschoben, nach allen Regeln der Kunst betäubt und eine Zeit lang behandelt.

Ein Jahr später befragte die Psychologin Cynthia McRae die Teilnehmer der Studie nach dem Erfolg des Eingriffs. Dabei stellte sie erstaunt fest: Für das Wohlergehen der Patienten war es unerheblich, ob sie wirklich operiert worden waren oder nicht. Wichtig war einzig und allein, zu welcher Gruppe die Kranken zu gehören *glaubten*. Wer meinte, nur eine Scheinoperation erhalten zu haben, fühlte sich schlechter, die anderen erheblich besser – »unabhängig davon, welche Behandlung sie tatsächlich erhalten hatten«, bilanzierte McRae. Eine Patientin berichtete zum Beispiel froh, sie könne seit der Operation endlich wieder wandern und Schlittschuh laufen. Verblüfft musste sie erfahren, dass sie zu jenen gehörte, deren Kopf nur zum Schein angebohrt worden war.

Dass es sich bei solchen Besserungen des Befindens nicht nur um Einbildung handelt, sondern dass diesen handfeste materielle Veränderungen im Hirn zugrunde liegen, konnten die Parkinson-Forscher A. Jon Stoessl und Raúl de la Fuente-Fernández sogar mit der Positronen-Emissions-Tomografie (PET) sichtbar machen.[1] Auch sie machten ihren Patienten weis, ein Parkinson-Medikament zu erhalten und spritzten in Wahrheit Kochsalzlösung. Und auch nach dieser Scheintherapie fühlten sich einige Patienten prompt besser. Die PET-Aufnahmen zeigten, dass in deren Gehirn vermehrt Dopamin ausgeschüttet wurde, und zwar gerade im Belohnungszentrum. Schon die Aussicht auf eine heilsame Wirkung hatte das Hirnzentrum offenbar derart angeregt, dass es jene Botenstoffe freisetzte, die dann den gewünschten Effekt bewirkten.

Stoessl und Fuente-Fernández beobachteten allerdings auch, dass es große individuelle Unterschiede zwischen den einzelnen Patienten gab. Bei den einen wurde viel Dopamin freigesetzt (worauf sie sich entsprechend besser fühlten), bei anderen weniger (was das Befinden nur unwesentlich beeinflusste). »Es scheint so zu sein, als ob die Stärke des Placeboeffekts von der Höhe der Erwartungen abhängt, dass es einem bald tatsächlich besser gehen wird«, sagt Jon Stoessl. Mit anderen Worten: Je größer der Glaube an das vermeintliche Medikament, umso stärker dessen Wirkung.

WAS ALZHEIMER-PATIENTEN VERGESSEN

Kann man von den Ergebnissen dieser Experimente auch auf die Wirkung des *religiösen* Glaubens rückschließen? Ist etwa das »Wunder« von Marie-Simon Pierre einfach auf ihre positive Erwartungshaltung gegenüber Gott, Papst und Gebet zurückzuführen? Immerhin legt die Placeboforschung die Vermutung nahe, dass es nicht so sehr auf das *Objekt* des Glaubens ankommt, sondern vielmehr auf den *Akt* des Glaubens. Denn dieser ist es, der die Erwartungshaltung erzeugt und damit die Selbstheilungskräfte aktiviert.

Für diese Interpretation finden sich sogar in der Bibel Hinweise. Denn wann immer Jesus einen Kranken heilt, etwa die »blutflüssige Frau« (Lukas 8,48) oder den Blinden (Lukas 18,42), spricht er dem Evangelium zufolge die magische Formel: »Dein Glaube hat dir geholfen« (und nicht, wie man etwa erwarten könnte, »Gott hat dir geholfen«). Und immer wieder wettert er gegen die »Kleingläubigen«, die nur deshalb scheitern, weil ihnen das rechte Vertrauen fehlt.

Auch der Parkinson-Forscher Raúl de la Fuente-Fernández sieht einen Zusammenhang zwischen Glauben und Heilung. Es könne gut sein, dass die französische »Wundernonne« einfach einen massiven Placeboeffekt erfahren habe, meint der Spanier. Aber es sei heikel, über solche Verbindungen zu spekulieren. Zu groß ist die Gefahr, dass Gläubige sich in ihren tiefsten Empfindungen verletzt fühlen und einen Generalangriff auf ihre Religion vermuten. Ähnlich argumentiert sein Kollege Jon Stoessl von der University of British Columbia im kanadischen Vancouver. »Religion und der Placeboeffekt haben viel gemeinsam«, sagt Stoessl. »Schon der Ursprung des

Wortes Placebo ist der katholischen Messe entlehnt; und wahrscheinlich könnte man jede Wunderheilung auf die Placebowirkung zurückführen. Doch wenn es um Glaubensdinge geht, wird es schwierig zu argumentieren; man kann andere Leute sehr leicht verletzen, vor allem auch wegen der (ungerechtfertigten) abwertenden Assoziationen, die mit dem Placebobegriff verbunden sind.«

Dazu kommt eine grundsätzliche Schwierigkeit: Jede Krankheits- (und damit auch Heilungs-)geschichte trägt höchst individuelle Züge, und gerade die aufsehenerregenden Fallgeschichten sperren sich gegen eine Verallgemeinerung. Wunderheilungen lassen sich nun einmal nicht *en gros* untersuchen – die Einzigartigkeit macht ja gerade ihren besonderen Status aus. Und selten werden plötzliche Genesungen so ausführlich dokumentiert, dass sich alle Einflussgrößen nachvollziehen lassen.

Auch Marie-Simon Pierre wird seit ihrer Pressekonferenz im März 2007 durch ihren Orden ziemlich von der Öffentlichkeit abgeschirmt. Für Journalisten oder externe Fachleute ist es kaum möglich, sich selbst ein Bild davon zu machen, ob ihre Parkinson-Symptome wirklich dauerhaft verschwunden sind (ob es also eine echte *Heilung* war) – oder ob sie nur eine vorübergehende *Besserung* erfahren hat und die Krankheit möglicherweise zurückkehrt. Offiziell heißt es, Marie-Simon Pierre arbeite nun für ihren Orden in der Pariser Entbindungsstation Sainte-Félicité und es gehe ihr weiterhin gut. Natürlich ist diese Restriktion verständlich, schließlich hat die Nonne ein gutes Recht darauf, nicht zum Objekt journalistischer Neugierde zu werden. Doch das macht es nicht einfach für unabhängige Forscher, den Fall zu beurteilen.

So kommt es, dass die Religion auf den Tagungen der Placeboforscher allenfalls in den abendlichen Gesprächen an der Bar eine Rolle spielt. Dort lässt sich zum Beispiel Fabrizio Benedetti zu der Bemerkung hinreißen, dass beim Placeboeffekt ja die Erwartungshaltung eine entscheidende Rolle spiele – »und welche Erwartung könnte größer sein als der Glaube an die Erlösung im Himmel?«

Und der Hirnforscher Jon-Kar Zubieta, der an der University of Michigan die neuronalen Mechanismen der Placebowirkung erforscht, schlägt vor: »Man müsste zur Wirkung des religiösen Glaubens ein Experiment machen.« Doch dann fügt er hinzu: »Aber es ist nicht einfach, ein Versuchsdesign zu entwerfen, und es ist nicht einfach, die richtigen Versuchspersonen zu finden. Und es ist auch nicht einfach zu definieren, wonach man eigentlich genau sucht.«

Die Parallelen zwischen Religion und Placebowirkung sind jedoch kaum von der Hand zu weisen. Denn nicht nur die Erwartungshaltung spielt in beiden Fällen eine entscheidende Rolle, sondern auch die Konditionierung auf bestimmte Schlüsselreize. Sowohl in der Religion als auch in der Placeboforschung geht es um einen Akt des Vertrauens – im einen Falle um das Vertrauen in eine göttliche Dimension, die objektiv nicht beweisbar ist; im anderen Falle um das Vertrauen in einen Wirkstoff oder eine Therapie, die objektiv nicht vorhanden ist.

Ein weiterer Hinweis kommt aus der Alzheimer-Forschung. Dort hat man beobachtet, dass Patienten, deren neurochemische Regelkreise um das Belohnungszentrum degenerieren, auf Placebobehandlungen nicht mehr ansprechen. Und genau diese Patienten verlieren oft jegliches Interesse an Religion. Beide Phänomene dürften dieselbe Ursache haben. Denn bei solchen

Kranken bricht der gesamte Mechanismus der Erwartungshaltung zusammen. Daher lassen sie sich von Zuckerpillen oder Scheinoperationen nicht mehr beeinflussen. Ebenso verliert die Aussicht auf ein Leben nach dem Tod für sie an Bedeutung, selbst wenn sie früher tiefgläubig waren.

DIE BLAUPAUSE DER GESUNDHEIT

Auch von einem erkenntnistheoretischen Standpunkt aus betrachtet, liegt es nahe, dass im religiösen Glauben die Mechanismen der Placebowirkung zum Tragen kommen. Schließlich nehmen wir ja nie die Wirklichkeit *an sich* wahr, sondern stets nur unser geistiges Abbild davon. Wir hören, sehen, riechen und registrieren das, was unsere Sinne uns vermitteln, und alle diese Eindrücke laufen durch den Filter unserer Interpretation. Dabei werden sie mit Vorannahmen, bisherigen Erfahrungen und Rückmeldungen aus unserer Umwelt abgeglichen, sodass am Ende in unserem Kopf ein Modell der Welt entsteht, das möglichst mit unserem bisherigen Wissen und unseren Erwartungen übereinstimmt. Weil dies so ist und dieses Modell im Kopf auch auf den Körper zurückwirkt, können Gedanken eine so große Kraft entwickeln.

Wem diese Betrachtung zu abstrakt erscheint, der möge sich nur einmal einen bestimmten körperlichen Zustand vorstellen: beispielsweise ein erregendes sexuelles Erlebnis oder eine Situation, in der man in Todesangst gerät (wem die Phantasie dazu fehlt, der begebe sich einfach ins nächstbeste Kino). Er wird schnell feststellen: Wenn das geistige Bild intensiv genug ist, erzeugt der Körper die dazugehörigen Symptome von ganz allein. Der Puls beschleunigt sich, die Hände werden feucht, der Magen verkrampft sich – selbst wenn man die ganze Zeit reglos im Kinosessel sitzt. Denn Geist und Körper sind eben nicht getrennt, wie man im Abendland im Anschluss an die Philosophie des René Descartes lange Zeit glaubte, sondern in einer intensiven Wechselwirkung begriffen, die es praktisch unmöglich macht, den Körper eines Menschen unabhängig von dessen Geist zu begreifen – und umgekehrt.

Die Kraft des Placeboeffekts (man könnte auch sagen: der Glaubensmedizin) beruht demnach wesentlich auf einer Veränderung im Weltbild des Patienten. Hat er sich vorher als leidend erlebt, wird durch die Interaktion mit dem Arzt und dessen Behandlung die Vorstellung einer Besserung geweckt, eine geistige Imagination, die sich in chemische Signale übersetzt und damit jene Selbstheilungskräfte aktiviert, die am Ende den gewünschten Zustand herbeiführen. Die Placeboforscherin Karin Meißner vom Institut für Medizinische Psychologie der Universität München drückt das so aus: Im Gehirn werde gleichsam die »Blaupause der Gesundheit« abgerufen. Denn jedes Organ und jeder körperliche Zustand werde im Gehirn sehr genau repräsentiert. Allerdings ist diese Wechselwirkung keine Einbahnstraße; über die Nervenbahnen gelangen entsprechende Impulse vom Gehirn auch zum Körper zurück. Allein die Vorstellung eines veränderten Körperzustandes wirkt daher auf eine Weise auf den Körper zurück, dass dieser sich gemäß der Vorstellung verändert.

Eine Ahnung davon, wie mächtig diese Kraft der Vorstellung ist, vermittelt ein Versuch, den die Harvard-Psychologin Ellen Langer mit Hotelangestellten im amerikanischen Boston anstellte. Langer predigte nämlich den Zimmermädchen aus vier Hotels, ihre tägliche Arbeit sei ein wahres Fitnessprogramm – sie müssten sich dessen nur bewusst sein. Täglich fünfzehn Hotelzimmer in jeweils zwanzig bis dreißig Minuten zu putzen, das würde den Kreislauf in Schwung bringen und hätte gesundheitsfördernde Effekte. Allein diese suggestiven Worte bewirkten ein kleines Wunder. Der frisch erworbene Glaube an die positive Wirkung ihrer Arbeit führte dazu, dass die Zimmermädchen in vier Wochen im Schnitt zwei Pfund Gewicht verloren, dass ihr systolischer Blutdruck um zehn Prozent und der Body-Mass-Index um einen Drittelpunkt sanken – obwohl sie genauso weiterarbeiteten wie zuvor. Zugleich beobachtete Langer als Kontrollgruppe die Zimmermädchen aus drei anderen Hotels, die ebenso viel arbeiteten, aber keine speziellen Hinweise erhielten. Dort änderte sich, wie zu erwarten war, nichts.

Lassen sich aus solchen Beobachtungen und Studien etwa auch Regeln für einen erfolgreichen Glauben ableiten, ein Patentrezept für Wunderheilungen gar? Solchen Fragen wird das folgende, letzte Medizin-Kapitel nachgehen.

3 Von der Unberechenbarkeit der Gnade

Im Juli 2007 lief eine kuriose Meldung über die Nachrichtenticker: In der rumänischen Stadt Timisoara wollte ein verurteilter Straftäter Gott vor Gericht verklagen. »Während meiner Taufe«, schrieb Mircea Pavel in seiner Klageschrift, »bin ich einen Vertrag mit dem Beschuldigten eingegangen, der mich vor dem Bösen bewahren sollte.« Doch Gott habe seinen Teil dieses Vertrags nicht eingehalten. Denn Pavel muss derzeit wegen Mordes eine zwanzigjährige Haftstrafe absitzen. Dafür wollte er »den genannten Gott, wohnhaft im Himmel und in Rumänien vertreten durch die orthodoxe Kirche«, haftbar machen. Das Gericht zeigte sich wenig beeindruckt: Gott sei keine juristische Person und habe nicht einmal eine Adresse, argumentierte die Staatsanwaltschaft. Die Klage wurde deshalb postwendend abgewiesen.

Diese Geschichte ist nicht nur aus juristischer Sicht bemerkenswert, sondern auch aus theologischer. Denn sie verdeutlicht, dass Verpflichtungen im religiösen Bereich stets nur vom Menschen ausgehen können, niemals jedoch vom Gegenstand des menschlichen Glaubens. Gott gibt nun einmal keine Garantie, er unterliegt nicht der Logik eines Gebrauchtwagenhändlers. Kein Gläubiger kann ihn für ausstehende Leistungen haftbar machen oder ihm unterlassene Lieferungen in Rechnung stellen. Das gilt auch für den Umgang mit Krankheiten. Selbst der feste Glaube an ein Wunder garantiert nicht, dass dieses wirklich eintritt. Eben darum erregen ja Fälle wie jener von Marie-Simon Pierre so viel Aufsehen: Weil sie so selten sind. Für diese Unwägbarkeit gibt es im christlichen Sprachgebrauch den schönen Begriff der Gnade. Diese *kann* den Gläubigen zuteil werden; doch fest damit rechnen sollte man nicht. Denn die Gnade, so sehen es Christen, liege letztlich in Gottes Hand und ist somit dem menschlichen Zugriff entzogen.

Wie steht die Sache aus Sicht der Placeboforschung? Lassen sich mit ihrer Hilfe medizinische »Wunder« verlässlicher planen, liefert sie jene Garantie, die dem religiösen Glauben abgeht? Leider nein. Denn ebenso wenig, wie religiöse Mirakel vorhersehbar sind, lassen sich Placeboeffekte beim einzelnen Individuum prognostizieren. Manche Menschen sprechen auf Scheinbehandlungen extrem gut an, bei anderen verpufft das Prinzip Hoffnung ergebnislos. Zwar hat die Forschung über die Jahre festgestellt, dass die Placebowirkung im Mittel 20 bis 50 Prozent beträgt – bei Einzelnen kann sie allerdings auch sehr viel höher oder niedriger liegen. Was die »Placebosensitiven« von den »Nichtsensitiven« unterscheidet, ist weitgehend ungeklärt. Frauen reagieren nicht stärker als Männer, Ingenieure nicht anders als Hausfrauen, und selbst zwischen Alt und Jung scheint es keine signifikanten Unterschiede zu geben. Klar ist nur: Die individuellen Differenzen sind enorm. Zudem kann sich die Empfänglichkeit für Placebos von Krankheit zu Krankheit unterscheiden.

Und noch etwas macht den Placeboeffekt so schwer berechenbar: Er hängt – ähnlich wie die Wirkung religiöser Glaubenssätze – sehr von der Person desjenigen ab, der die therapeutische Botschaft übermittelt. Offenbar üben manche Ärzte allein durch ihre Persönlichkeit einen extrem positiven Effekt auf ihre Patienten aus – unabhängig davon, welche Methoden sie zum Einsatz bringen. Das gilt übrigens nicht nur für Placebobehandlungen, sondern auch für ganz normale Therapien. So hat sich in groß angelegten Tests, die die Effektivität verschiedener Psychotherapien miteinander vergleichen sollten, gezeigt, dass die Therapie*form* letztlich völlig bedeutungslos ist. Worauf es vor allem ankommt, ist die *Person* des Therapeuten. Die guten haben mit jeder Methode Erfolg, die schlechten mit keiner.

Zum Teil lässt sich diese Wirkung der »Droge Arzt« gezielt verbessern und einsetzen: Wenn sich Mediziner Zeit für ihre Patienten nehmen, aufmerksam zuhören und so Vertrauen schaffen, steigert das – insbesondere bei psychosomatischen Beschwerden – deutlich die Effektivität einer Behandlung. Darüber hinaus gibt es auch einen Charismaeffekt, der nicht so leicht zu imitieren ist, wie der Placeboforscher Ted Kaptchuk von der Harvard Medical School feststellte: Als er den Einfluss des Arztverhaltens auf die Wirkung von Scheinbehandlungen untersuchte, bestätigte er zunächst den bekannten Befund: Je ausführlicher sich die Ärzte mit den Patienten befassten, indem sie etwa länger mit ihnen redeten, verständnisvoll nickten oder sie freundschaftlich am Arm fassten, umso besser war die Placebowirkung. Allerdings gab es da auch die »Superheiler«. Diese Ärzte erzielten selbst dann, wenn sie ihre Patienten schnell und wortkarg abfertigten, mehr Wirkung als ihre Kollegen, die alle Register zogen. »Worin die Qualität dieser ›Superheiler‹ liegt, wissen wir leider nicht«, räumt Kaptchuk ein. Nicht einmal

Videoanalysen förderten deren Geheimnis zutage, und auch die Ärzte selbst vermochten nicht genau zu sagen, worauf ihre heilsame Wirkung zurückzuführen wäre.

So bleibt also trotz aller Erkenntnisse der Placeboforschung noch immer ein Rest des Unerklärlichen. Die Psyche eines jeden Menschen ist nun einmal zu individuell und zu komplex, um so einfach berechnet werden zu können wie eine Maschine. Ob und wie sehr sich durch entsprechende Suggestionen die Selbstheilungskräfte eines Menschen aktivieren lassen, kann daher nie mit Sicherheit vorhergesagt werden.

Auch jene Heerscharen von Kranken, die jedes Jahr in den französischen Wallfahrtsort Lourdes pilgern, wissen um die Unwägbarkeit der Gnade. Seit dem 11. Februar 1858, als an der Grotte von Massabielle angeblich die heilige Maria der vierzehnjährigen Bernadette Soubirous erschien, gilt das Wasser der dortigen Quelle als heilträchtig. Zahllose Geschichten ranken sich um deren schmerzlindernde Kraft, und für manchen unheilbar Kranken ist Lourdes die letzte Hoffnung. Doch rein statistisch gesehen stehen die Chancen, dort eine Wunderheilung zu erleben, nicht besonders gut. In den vergangenen hundertfünfzig Jahren haben mehrere Millionen Hilfesuchende den Wallfahrtsort besucht; im selben Zeitraum wurden dem Medizinischen Büro von Lourdes knapp 7000 Genesungen gemeldet; und davon wiederum hat die römisch-katholische Kirche bis heute ganze 67 Heilungen als Wunder anerkannt. Die Wahrscheinlichkeit auf eine Wunderheilung in Lourdes beträgt demnach – grob über den Daumen gepeilt – etwa eins zu hunderttausend.

Gottesdienst in der Grotte von Lourdes

Pragmatisch denkende Mediziner verweisen angesichts dieser Zahlen darauf, dass an solchen Heilungen nichts Wunderbares sei. Denn in etwa demselben Bereich liege zum Beispiel auch die Rate von Spontanheilungen bei Krebs – und die könnten schließlich überall auftreten, im Krankenhaus ebenso wie in einer südfranzösischen Höhle. Diese nüchterne Denkweise übersieht aber zwei entscheidende Punkte: Zum einen erschöpft sich die Bedeutung eines Wallfahrtsorts nicht in der Statistik zurückgegangener Krankheitssymptome. Und zum anderen ist eine sogenannte Spontanheilung meist ebenso schwer zu erklären wie ein religiöses Wunder.

DEM TOD INS ANTLITZ SCHAUEN

Für den jungen Mann war es das Todesurteil. Die Diagnose hieß Krebs, und die Ärzte gaben ihm nur noch wenige Jahre zu leben. Obwohl er mehrfach operiert und bestrahlt wurde, wucherten die Krebszellen weiter, und der Kranke hatte sich schon in sein unausweichliches Schicksal ergeben. Da hörte er von einer neuen Methode, die Carl und Stephanie Simonton, ein amerikanischer Strahlentherapeut und eine Psychotherapeutin, entwickelt hatten. Die zwei Pioniere der sogenannten Psychoonkologie empfahlen, stärker als bisher die Psyche in den Kampf gegen den Krebs einzubeziehen. So legten sie den Patienten nahe, den wuchernden Zellen mit Visualisierungsübungen zu begegnen und sich hilfreiche farbige innere Bilder ins Bewusstsein zu rufen; zum Beispiel sollten sie sich vorstellen, wie die Helferzellen des Immunsystems Jagd auf die Krebszellen machten oder, eher symbolisch, wie ein weißer Ritter einen Drachen in ihrem Inneren bekämpft.

Dem jungen Mann schien dies wie ein Lichtstrahl in der Dunkelheit. Er setzte sämtliche Pillen und Bestrahlungen ab (wovon Psychoonkologen strikt abraten), praktizierte monatelang intensiv diese Übungen und suchte zugleich in einer Psychotherapie nach verborgenen Auslösern der Erkrankung. Allmählich kehrte die Hoffnung zurück, und zum Erstaunen der Ärzte hörten die Wucherungen der Krebszellen auf. Nach einigen Monaten entwickelten sie sich sogar zurück, bis er tatsächlich wieder gesund war – aus medizinischer Sicht unbegreiflich.

Die wundersam erscheinende Heilung seines Freundes war für den Redakteur und Regisseur Joachim Faulstich ein Schlüsselerlebnis. »Dieser erstaunliche Fall hat meine Vorstellung von dem, was möglich ist, grundlegend verwandelt«, schreibt Faulstich in seinem Buch *Das heilende Bewusstsein*, in dem er sich mit »Wunder(n) und Hoffnung an den Grenzen der Medizin« auseinandersetzt. Der mehrfach preisgekrönte Autor von Fernsehdokumentationen trägt in dem gründlich recherchierten Buch eine ganze Reihe ähnlicher Fälle von Spontanheilungen zusammen und sucht nach deren gemeinsamen Ursachen. Dabei stößt Faulstich auf zwei grundlegende Erkenntnisse. Erstens wird ihm klar, dass jeder Fall einzigartig ist und es derzeit kaum möglich ist, ein verbindendes Muster in den verschiedenen Krankengeschichten zu finden. Und zweitens musste er im Laufe der Beschäftigung mit seinem Thema »auch lernen, dass die Methoden der Psychoonkologie genauso wenig einen Erfolg garantieren können wie die harten Waffen der Schulmedizin. Jede Heilung ist ein besonderer, individueller Fall, eine Geschichte mit Höhen und Tiefen, ein dramatischer Kampf auf Leben und Tod.«

Dennoch bemüht sich Faulstich, Gemeinsamkeiten herauszuarbeiten und wenigstens »eine vorsichtige Deutung« vorzuschlagen. Dazu greift er unter anderem auf die Arbeit des japanischen Psychosomatikers Hiroshi Oda zurück, der in einem mehrjährigen Projekt an der Universität Heidelberg über hundert Fälle von Spontanremissionen bei Krebs gesammelt und analysiert hatte. Dabei stellte Oda fest, dass es offenbar drei unterschiedliche Strategien der Patienten gab, auf die diese selbst ihre Heilung zurückführten:

Eine Gruppe vertraute auf eine Strategie der Abwehr und des Kampfes. Sie sahen den Krebs als Eindringling, als Feind, gegen den sie alle verfügbaren Mittel aktivierten, schulmedizinische ebenso wie psychologische, und den sie mit unbedingtem Lebenswillen aus ihrem Körper vertreiben wollten.

Eine zweite Gruppe dagegen berichtete von einer »Geschichte der Gottesgnade«. Ihre Krankheit interpretierten die Betroffenen als Schicksalsschlag und Prüfung, auf die sie mit einer verstärkten Hinwendung zu ihrem (vorher schon vorhandenen) Glauben antworteten. Diese Patienten brachen meist alle konventionellen Behandlungsmethoden ab, vertrauten dafür auf eine höhere Macht – und interpretierten rückblickend ihre Genesung als Zeichen der Gnade.

Die dritte Gruppe von »Spontangeheilten« wiederum suchte die Ursachen der Erkrankung in sich selbst. Sie begannen oft eine Psychotherapie und veränderten häufig ihr Leben von Grund auf. Der Krebs wurde für sie zum Anlass einer intensiven Selbsttransformation – und dieser schrieben sie am Ende ihr Überleben zu.

Hiroshi Odas Untersuchung zeigt, dass die innere Haltung eines Menschen während einer lebensbedrohlichen Krankheit von großer Bedeutung ist. Sie macht aber ebenso deutlich, wie unterschiedlich diese Haltungen sein können. Vielleicht, so schreibt Faulstich, gehe es letzten Endes vor allem darum, »dass jeder Mensch das ihm Gemäße tut, im Einklang mit sich selbst, mit seinem persönlichen Bild der Welt, mit seinen individuellen Wünschen und Hoffnungen«. Ein tief religiöser Mensch wird sich demnach ganz natürlich der Kraftquelle seines Glaubens zuwenden; doch einem lebensfrohen Atheisten im Krisenfall die Religion ans Herz zu legen (wie es einige übereifrige Mediziner in den USA mittlerweile praktizieren), ist etwa so sinnvoll, als wollte man einen Nichtschwimmer plötzlich für das Tiefseetauchen begeistern.

Die Lektüre verschiedener Fallgeschichten lehrt aber noch etwas anderes: Mitunter tritt eine Wendung zum Besseren genau in jenem Moment ein, in dem sich die Kranken der Möglichkeit ihres Todes zum ersten Mal vollständig stellen. So war etwa ein einundsechzigjähriger Mann an einem Bronchialkarzinom erkrankt, dessen Wucherungen trotz Operation schnell voranschritten. Als die Onkologen mit ihrem Latein am Ende waren, entließen sie den Mann nach Hause, wo ihn seine Frau bis zu seinem Tod pflegen wollte. Als ihm die Endlichkeit seines Lebens vollends zu Bewusstsein gekommen war, beschloss der Patient, sein Testament aufzusetzen. Wort für Wort formulierte er gemeinsam mit seiner Frau den Text und fühlte sich schon allein dadurch erleichtert. In den folgenden Tagen, so beschrieb er es, habe er dann gespürt, wie es langsam »bergauf ging«; er kam zu Kräften, und nach einigen Monaten war der Tumor vollständig verschwunden.

»Sich der Erkenntnis zu stellen, dass vielleicht nur noch wenig Zeit verbleibt, gehört zu den schwersten Prüfungen des Menschen«, kommentiert Faulstich, »aber das Durchschreiten des Tores, weg von der Illusion körperlicher Unsterblichkeit und hin zur Erkenntnis des Endlichen, ist auch ein Schritt in die Freiheit.« Eine solche Transformation ist selbstverständlich keine *Garantie* auf eine Genesung oder auch nur auf eine Besserung von Krankheitssymptomen. Aber dass es in jedem Falle wohltut, seelisch mit sich ins Reine zu kommen – auch wenn sich dadurch nur das psychische Befinden bessern mag –, ist leicht einzusehen.

STEH AUF UND WANDLE!

Ist dies auch die Erklärung für die Heilung von Jean Pierre Bély? Im medizinischen Büro von Lourdes ist seine Geschichte als das vorerst jüngste »offizielle« medizinische Wunder registriert worden, das die Kirche anerkennt. Bély, ein Krankenpfleger, der seit Jahren an multipler Sklerose litt, traf im Oktober 1987 im Rollstuhl in Lourdes ein. Seine Krankheit, die mit schweren Lähmungen einhergeht, gilt ab einem bestimmten Stadium als unheilbar, und dieses Stadium hatte Bély definitiv erreicht. Er war teilweise gelähmt und bettlägerig, konnte seinen Alltag ohne fremde Hilfe nicht mehr bewältigen und war wenige Monate zuvor als hundertprozentiger Invalide anerkannt worden. In Lourdes angekommen, verschlechterte sich sein Zustand sogar noch, und seine Begleiter fürchteten, er könne die Reise nicht überleben. Doch als er am letzten Tag seiner Pilgerfahrt zur Grotte gefahren wurde und dort die Krankensalbung erhielt (die früher auch Letzte Ölung genannt wurde), fühlte er nach eigenen Worten plötzlich »außergewöhnlichen Frieden, tiefe Freude und innere Ausgeglichenheit«. Aller Stress, alle Ängste und Sorgen fielen von ihm ab. »Mir war, als würde ich schweben.«

Die Krankenträger brachten ihn in sein Zimmer zurück, wo er zunächst eine große innere Kälte wahrnahm und dann eine Wärme in den Zehen aufsteigen spürte, »wie ein weit entferntes Licht, das größer wird, wärmt und Leben gibt«. In der folgenden Nacht hatte er plötzlich das unwiderstehliche Verlangen aufzustehen und bat die Nachtschwester, ihm zu helfen. »Und ich bin zum ersten Mal gegangen. Ich machte meine ersten Schritte nachts, wie ein Baby, das Laufen lernt.« Bély ließ seinen

Rollstuhl stehen, kehrte nach Hause zurück und suchte dort seinen Hausarzt auf, der fast in Ohnmacht fiel. Und der Briefträger erklärte gegenüber der örtlichen Zeitung: »Jetzt sehe ich mich gezwungen, an den lieben Gott zu glauben.« 1999, zwölf Jahre nach dieser wundersamen Genesung, wurde Bély vom medizinischen Büro zu Lourdes offiziell als Geheilter anerkannt – als 67. und vorerst letztes Beispiel eines echten Wunders.

Interessant an dieser Geschichte ist allerdings nicht nur die plötzliche Besserung von Bélys Krankheit, sondern es sind auch die Umstände seiner Genesung. Denn der Krankenpfleger war nicht zum ersten Mal in Lourdes gewesen. Schon in früheren Stadien seiner Krankheit hatte er mehrfach die Wallfahrt angetreten, ohne besonderen Erfolg. Doch um eine rein körperliche Besserung ging es ihm am Ende offenbar gar nicht mehr. Als er im Oktober 1987 nach Lourdes kam, hatte er sich mit seiner Krankheit abgefunden. Schließlich war ihm erst wenige Monate zuvor eine Schwerbehindertenrente zugesprochen worden, und seitdem stand ihm jeden Tag eine Hilfskraft zur Seite, der sichtbare Beweis für die Endgültigkeit der Erkrankung. Und statt auf ein medizinisches Wunder hoffte der strenggläubige Katholik nun vielmehr darauf, dass sein Wunsch nach Vergebung seiner Sünden erhört würde. »Ich habe mir nicht speziell die Heilung gewünscht«, erinnert sich Bély. »Als ich zur Grotte gebracht wurde, habe ich zu Gott gesagt: Du kennst mich, du verstehst es, mir das Beste zu geben.«

Vielleicht war es ja gerade diese innere Haltung des Aufgebens, des Sich-Versöhnens mit seinem Schicksal, die in Bély jene heilenden Kräfte geweckt hat? Eine solche innere Transformation, ob sie nun auf einen starken Glauben oder auf bedeutungsschwere Ereignisse zurückgeht, ist in jedem Falle hilfreich. Wer lernt, sich mit dem Unvermeidlichen abzufinden, dem Leiden oder dem Tod ins Antlitz zu schauen, hat ihm damit bereits einen Teil seines Schreckens genommen; denn solange wir uns dem Tod nicht stellen, nähren wir damit unsere dunklen Phantasien und Ängste, die unbewusst eine Art Noceboeffekt auslösen können. Diese Ängste ins Bewusstsein zu heben, kann demnach tatsächlich heilsam sein. Dies ist vermutlich auch der Grund, warum die Beichte (dort, wo sie noch praktiziert wird) als so befreiend empfunden wird: Sie holt ans Licht, was sonst im dunklen Untergrund der Psyche unheilvoll vor sich hingärt. Schon vor hundert Jahren schrieb der Religionspsychologe William James, dass es für viele Menschen ein tiefes Bedürfnis sei, ihre »Schale des Geheimnisses« zu öffnen, »damit der abgekapselte Abszess aufplatzen kann und Erleichterung bringt; selbst wenn das Ohr, das die Beichte abnimmt, ihrer nicht würdig wäre.« Denn nicht um die Beurteilung durch einen anderen gehe es, sondern um die Versöhnung mit sich selbst, meinte James. »Für den, der seine Sünden bekennt, ist die Zeit der Täuschungen vorbei: Die Wirklichkeit hat ihn wieder.«

Möglicherweise ist die Hoffnung auf eine solche innere Transformation auch das, was heute die meisten Pilger nach Lourdes lockt. In erster Linie suchen sie nicht körperliche Heilung, sondern Heilung der Seele. Sie wollen sich mit ihrer Erkrankung versöhnen und dadurch im psychischen Sinne wieder zu einer ganzen – also heilen – Person werden. Dass eine solche psychische Ganzwerdung innere Blockaden lösen und damit auch Selbstheilungskräfte freisetzen kann, dass sich dadurch sozusagen die »Blaupause der Gesundheit« aktivieren lässt, erscheint im Lichte der modernen Placeboforschung verständlich. Die Forschung wie die Erfahrung lehren allerdings, dass es dabei keinerlei Zwangsläufigkeit gibt. Vielmehr steht man einem Paradox gegenüber, das Joachim Faulstich auf den Begriff gebracht hat: »Die Voraussetzungen für eine unerwartete Heilung sind nicht leicht zu erfüllen, und die wichtigste ist sicher, eine Heilung zwar jederzeit für möglich zu halten, sie aber niemals zu erwarten.«

HOFFEN UND AUFGEBEN

Eine Heilung für möglich halten, sie aber nicht erwarten – das hieße, eine Hoffnung zu entwickeln, die mit einem Akt der Selbstaufgabe einhergeht; eine Art von fröhlicher Schicksalsergebenheit, die sich von den Sorgen und Nöten des Ichs nicht mehr niederdrücken lässt, sondern eine Stütze außerhalb der eigenen Existenz findet. Einen solchen Einstellungswandel bewusst herbeiführen zu wollen, ist schwierig. Die religiösen Traditionen jedoch stellen Bilder bereit, die man als mächtige Werkzeuge für eine solche innere Transformation begreifen kann: Das Bild etwa eines liebevollen Gottes, eines »Hirten«, der seine Gläubigen zwar auf verschlungenen Pfaden führt, sie aber am Ende doch »auf einer grünen Aue weidet«, wie es im Buch der Psalmen (23,2) heißt. Wer an eine solche Instanz glaubt, kann sich zugleich aufgeben und doch hoffen; er kann wie Jean Pierre Bély beten: »Du kennst mich, du verstehst es, mir das Beste zu geben« – und sich damit einerseits von sämtlichen negativen Gefühlen (Versagensangst, Enttäuschung) frei machen und andererseits eine denkbar positive Erwartungshaltung aufbauen. Und was eine solche vertrauensvolle Erwartungshaltung bewirken kann, hat die Placeboforschung zur Genüge gezeigt.

Sind religiöse Vorstellungen – etwa die eines hilfreichen, heilenden Gottes – damit nichts anderes als gigantische Placebos? Entsprechen sie den Zuckerpillen, mit denen Ärzte mitunter ihre Patienten hinters Licht führen, zu deren eigenem Besten? Diese Frage zu stellen, heißt folgende Antwort zu provozieren: Selbst wenn es so wäre, dürften sich Gläubige unter keinen Umständen diesen Gedanken gestatten. Denn Vertrauen kann man schließlich nur zu einem Gott aufbauen, der als real existierend erscheint. Ihn sich als Placebo vorzustellen, würde seine Wirkung mit einem Schlag zunichtemachen. Zugleich würde damit vielen Menschen eine Kraft genommen, die sie als segensreich empfinden. Wer das tut, muss wissen, was er an die Stelle dieser Hoffnung setzt.

Ganz abgesehen davon, wäre da noch folgende Überlegung: Wenn ein Glaube an etwas Nicht-Vorhandenes Dinge in Gang zu setzen vermag, die bei nüchterner Betrachtung gar nicht möglich wären – legitimiert sich dann dieser Glaube nicht durch den Erfolg im Nachhinein selbst? Hätte etwa die Nonne Marie-Simon Pierre nicht so ein festes Papst- und Gottvertrauen gehabt, wäre es vermutlich gar nicht zu dieser dramatischen Besserung ihres Parkinson-Syndroms gekommen. Und vermutlich ist es ein Glück, dass sie die neurobiologischen Mechanismen der Placeboforschung nicht kannte; sonst hätten womöglich eben diese Mechanismen bei ihr nicht gewirkt. So gesehen, darf man die Genesung in Aix-en-Provence wohl doch getrost als Wunder bezeichnen.

GRETCHENFRAGEN

Und was glauben Sie?

Bisher war in diesem Buch viel von der Kraft des persönlichen Glaubens die Rede, wenig allerdings von der Religion oder gar den Eigenheiten verschiedener Religionen. Bevor daher in den folgenden Kapiteln die Licht- und Schattenseiten der Religiosität weiter ausgeleuchtet werden, ist eine kurze Orientierung angebracht. Worüber reden wir genau, wenn wir das Allerweltswort »Religion« benutzen? Was haben Glauben und Religion miteinander zu tun – und was halten eigentlich *Sie* selbst für glaubhaft?

In dem einleitenden Prolog wurde ja versprochen, dass dieses Buch nicht nur von Fakten, sondern auch von Begegnungen mit inspirierenden Personen lebt. Und in diesem Kapitel sollen Sie der ersten dieser Personen begegnen – sich selbst! Schließlich kann Ihnen niemand besser Auskunft über Ihre Glaubensüberzeugungen und -prämissen geben, über Ihre bewussten wie verborgenen religiösen Neigungen. Um Sie zu einer solchen Selbsterforschung anzuregen, findet sich am Ende dieses Kapitels ein spielerischer Religionstest, der verschiedene Gewissensfragen und die dazugehörigen Antworten der großen Weltreligionen vorstellt. Dabei gibt es selbstverständlich kein »Richtig« oder »Falsch«. Der Test sollte nicht als Prüfung, sondern nur als eine Möglichkeit verstanden werden, sich die eigenen Glaubenspositionen zu vergegenwärtigen.

EINE FRAGE DER DEFINITION: WAS IST RELIGION?

Doch beginnen wir zunächst mit einer Begriffsklärung: Was ist das überhaupt, Religion? Diese Frage ist gar nicht so leicht zu beantworten. Zwar haben wir instinktiv alle eine bestimmte Vorstellung von Religion. Doch werden wir gebeten, eine eindeutige Definition abzugeben, geraten wir leicht ins Schwimmen. Hängt Religion etwa an der Vorstellung eines allmächtigen Gottes? Offenbar nicht, wie die »gottlose« Religion des Buddhismus beweist. Besteht das Wesen einer Religion vielleicht darin, dass sie vor allem Trost vermittelt? Auch nicht wirklich, denn häufig schüren religiöse Vorstellungen (wie etwa jene vom Fegefeuer) erst die Angst, die sie zu heilen vorgeben.

Nicht einmal die Etymologie des Wortes Religion ist eindeutig. Abgeleitet wird der Begriff *religio* üblicherweise vom lateinischen Verb *religare*, das soviel wie »an- oder zurückbinden« bedeutet. Demzufolge wäre Religion die Rückbindung des Menschen an eine höhere Wirklichkeit. Es gibt allerdings auch eine alternative Deutung. Schon Cicero führte die *religio* auf das Verb *relegere* zurück, was soviel wie »wieder auflesen, wieder aufsammeln« heißt. Diese Deutung weist vor allem auf den Aspekt der rituellen Wiederholung religiöser Handlungen hin.

So ist es kein Wunder, dass es bis heute keine allgemein akzeptierte Definition des Begriffs Religion gibt. Je nachdem aus welcher Perspektive man ihn betrachtet, kann er zur Bezeichnung höchst unterschiedlicher Dinge dienen. Für Philosophen war Religion nach Kant entweder eine »Denknotwendigkeit« oder eine »Denkmöglichkeit«. Für den Soziologen Émile Durkheim war Religion »ein einheitliches System von Glaubensvorstellungen und Praktiken in Bezug auf das Heilige«, für Sigmund Freud eine Massenneurose, für Erich Fromm eine »Institution, mit der ihr eigenen Hierarchie und ihren Dogmen, verbunden mit einem gewissen Autoritarismus«, während Ethnologen wie Clifford Geertz Religionen eher als kulturelle Zeichen- und Symbolsysteme interpretierten. Solche *funktionalistischen Religionsdefinitionen* werden allerdings von vielen Theologen zurückgewiesen, weil sie ihrer Meinung nach das Wesentliche der Religion gar nicht erfassen. Sie bevorzugen eher *substanzialistische Deutungen*, die Religion in Bezug auf etwas »Transzendentes«, auf das »Absolute« oder »Heilige« definieren. Von dem evangelischen Theologen Friedrich Schleiermacher stammt die Definition, Religion sei der »Sinn und Geschmack für das Unendliche« oder auch das »Gefühl schlechthinniger Abhängigkeit«. Der Religionswissenschaftler Gustav Mensching bezeichnete Religion als »erlebnishafte Begegnung mit dem Heiligen und antwortendes Handeln des vom Heiligen bestimmten Menschen«, während der katholische Theologe Johann Baptist Metz vom »Einbruch des göttlichen Heils« sprach, der die Unendlichkeit des Immer-weiter-so durchbreche. Von Metz stammt auch die kürzeste Formel der Religion, die einfach lautet: *Unterbrechung*.

So unterschiedlich also schon die Begriffe von Religion sind, so kompliziert wird die Lage, sobald man anfängt, von Religionen im Plural zu reden. Denn schließlich war *religio* lange Zeit ein normativer Begriff der christlichen Theologie, und als Inbegriff aller »wahren« Religion galt selbstverständlich das Christentum. Als im 18. und 19. Jahrhundert die ersten christlichen Missionare in die Neue Welt oder nach Asien reisten, nahmen sie diesen Religionsbegriff unreflektiert mit. Allerdings stellten sie bald fest, dass ihre abendländischen Kriterien in der Fremde oft nicht griffen. Sie sahen sich einer verwirrenden Vielfalt religiöser Überzeugungen gegenüber, bizarren Riten und Bräuchen kleiner Stammesgemeinschaften ebenso wie ausgefeilten philosophischen Systemen wie etwa dem Buddhismus. Und bei näherem Hinsehen mussten sie erstaunt zur Kenntnis nehmen, dass selbst der Buddhismus, obwohl er auf einen historischen Gründer zurückgeht, kein einheitliches Glaubenssystem darstellt. In Indien, Sri Lanka oder Thailand wird er anders praktiziert als in Japan oder Korea. Den asiatischen Buddhisten selbst, die kaum länderübergreifenden Kontakt hatten, war das damals noch gar nicht aufgefallen. Erst durch die Begegnung mit westlichen Gelehrten kam die Frage auf, was denn die »ursprüngliche« buddhistische Religion ausmache.

Umgekehrt hatten die Fremden zum Teil dieselben Schwierigkeiten mit dem Christentum. Auch diese Religion weist nämlich aus der Sicht Außenstehender eine derartig verwirrende Vielfalt auf, dass sie von ihnen kaum als einheitliche Kategorie wahrgenommen wird. So benutzt man etwa in Korea oder Japan für das protestantische und katholische Christentum bis heute zwei verschiedene Begriffe. In afrikanischen Ländern wie dem Kongo oder Angola, die offiziell als christlich gelten, haben sich dagegen merkwürdige Mischformen entwickelt. Dort finden manche Gläubige nichts dabei, neben ihrem Christentum auch traditionelle Rituale zur Besänftigung von Hexen oder verstorbenen Vorfahren zu praktizieren. Soll man das nun Religion oder eher Aberglaube nennen?

Diese Beispiele zeigen jedenfalls eines: Der Religionsbegriff ist alles andere als präzise. Wir Westler sind gewohnt, mit Religion das zu assoziieren, was aus unserer eigenen Kultur bekannt ist. Bezogen auf andere Kulturen verbirgt sich im Religionsbegriff dagegen meist eine bestimmte Zuschreibung, die aus der jeweiligen Innenperspektive ganz anders wahrgenommen wird.

Aus solchen Gründen hat der Religionsforscher Wilfred Cantwell Smith schon 1963 gefordert, den widersprüchlichen Begriff *Religion* in der wissenschaftlichen Literatur völlig aufzugeben. Stattdessen schlug Smith vor, dafür lieber von *Glaube* (faith) und von *gesammelter religiöser Tradition* (cumulative tradition) zu reden. Mit dem ersten Begriff, dem Glauben, wollte Smith das persönliche Erleben kennzeichnen – die »wesentliche menschliche Qualität, eine transzendente Dimension wahrzunehmen, zu fühlen und in Bezug darauf zu handeln«. Der zweite Begriff, die *gesammelte religiöse Tradition* dagegen, bezöge sich auf alle äußerlich sichtbaren Aspekte – Tempel, Rituale, Schriften, Mythen, moralische Gebote, soziale Institutionen etc. –, die dazu dienen, den Glauben zu fördern und ihn weiterzugeben. Mit dieser Unterscheidung wäre der Streit zwischen funktionalistischen und substanzialistischen Religionsdefinitionen gegenstandslos. Und noch etwas würde klar: Anders nämlich als der Begriff Religion, der fälschlicherweise eine feste, unwandelbare Größe suggeriert, macht die Rede von der »gesammelten religiösen Tradition« deutlich, dass solche Systeme sich historisch entwickeln und verändern.

Wenn also künftig von »Religion« die Rede ist, empfiehlt es sich, Smith' Unterscheidung im Hinterkopf zu behalten. Denn Glaube und Tradition, die zwei Pfeiler der Religion, sind eben unterschiedliche, wenn nicht gar widersprüchliche Aspekte.

Während es der Tradition vor allem darum zu tun ist, ein Glaubenssystem zu bewahren und vor Veränderungen zu schützen, stellt der persönliche Glaube die wesentlichen Fragen immer wieder neu und kann auf diese Weise eine anarchische Kraft entfalten, die das vorhandene System verändert, sprengt und zu neuen Traditionen führt – wie Religionsstifter von Buddha über Jesus bis Martin Luther immer wieder bewiesen haben.

Dass solche revolutionären Impulse am Ende oft wieder zu religiösen Institutionen führen, die irgendwann nur noch ihre eigene Wahrheit gelten lassen, gehört zur permanenten Ironie der Religionsgeschichte. Dies zeigt, wie tief verwurzelt der Wunsch des Menschen nach sicheren Überzeugungen ist, nach einer Wahrheit, an der man sich festhalten und die man im Notfall auch gegen andere verteidigen kann.

Kaum jemand hat diese dunkle Kehrseite der religiösen Tradition prägnanter dargestellt als Fjodor Dostojewski in seiner großartigen Erzählung vom *Großinquisitor* (im fünften Buch seines Romans *Die Brüder Karamasov*). In dieser Geschichte, die im Sevilla des 16. Jahrhunderts spielt, kommt Jesus plötzlich leibhaftig auf die Erde zurück. Das Volk jubelt ihm zu, er heilt Kranke, verströmt Liebe – und der Großinquisitor hat nichts Eiligeres zu tun, als den wiedererstandenen Christus postwendend in den Kerker zu werfen. Die nächtliche Unterhaltung der beiden im Gefängnis sollte zur Pflichtlektüre jedes Religionsunterrichts gehören. Denn obwohl Christus bis zuletzt schweigt, wird hier der Konflikt zwischen dem Freiheitsimpuls des Glaubens und dem Sicherheitsbedürfnis, das die Kirche vermittelt, dramatisch auf die Spitze getrieben.

»Statt das Gewissen zu beherrschen, hast Du es nur noch tiefer gemacht«, wirft der Großinquisitor Jesus vor. »Hast du vergessen, dass Ruhe, dass der Tod sogar dem Menschen lieber seien als die freie Wahl zwischen Gut und Böse?« Die Menschen seien nun einmal schwächer und kleinmütiger als Jesus von ihnen gedacht habe. Und seinem heldenhaften Beispiel in der Wüste, als er den Versuchungen des Teufels widerstand, könnten nur die wenigsten folgen. Daher habe die Kirche, rechtfertigt sich der Greis, den Menschen das Gewissen abgenommen und an dessen Stelle die Autorität gesetzt – wohl wissend, dass sie damit die Botschaft Jesu verriet. »Und die Menschen sind froh, dass wir sie abermals führen wie eine Herde und dass wir aus ihren Herzen die furchtbare Gabe wieder stahlen, die ihnen soviel Qual gebracht hat.« Am Ende antwortet Christus dann doch, ohne Worte, aber mit einer Geste, die den Inquisitor bis ins Innerste erbeben lässt ...[2]

WIE SICH DIE RELIGIONSLANDSCHAFT VERÄNDERT

Heute zeigt sich mehr denn je, wie dynamisch und wandelbar unsere Begriffe von Religion sind. Glaubensvorstellungen blühen auf oder werden zurückgedrängt, setzen sich durch oder verlieren an Bedeutung. Alleine in den vergangenen hundert Jahren hat sich die Weltkarte des Glaubens dramatisch verändert – während das Christentum in Europa an Boden verloren hat, verzeichnet es in Afrika oder Lateinamerika ein gewaltiges Wachstum –, und die Prognose ist nicht allzu gewagt, dass sich im Zuge der Globalisierung die Glaubenslandschaft noch weiter differenzieren wird. Schon heute wechseln laut Umfragen

44 Prozent der Bürger Amerikas wenigstens einmal in ihrem Leben den Glauben. Der Einzug des Islam in Europa, das Erstarken charismatischer evangelikaler Bewegungen oder das Interesse vieler Abendländer am Buddhismus zeugen schon heute davon.[3]

Die Vielzahl der Anbieter auf dem Markt der »Lebensbewältigungsstrategien« hat mittlerweile zu einer verwirrenden Unübersichtlichkeit in Glaubensfragen geführt. Da wächst das Bedürfnis nach Orientierung. Schon kursieren im Internet diverse »Religionstests«, mit deren Hilfe Ratsuchende »ihre« passende Religion herausfinden sollen. »Selbst wenn *Sie* nicht wissen, welchen Glauben Sie haben, der Belief-O-Matic™ weiß es«, verspricht etwa die englischsprachige Webseite *www.beliefnet.com*. Die Ergebnisse solcher Tests sind mal mehr, mal weniger aussagekräftig und hängen entscheidend davon ab, welche Fragen gestellt und welche Antworten zur Auswahl angeboten werden.

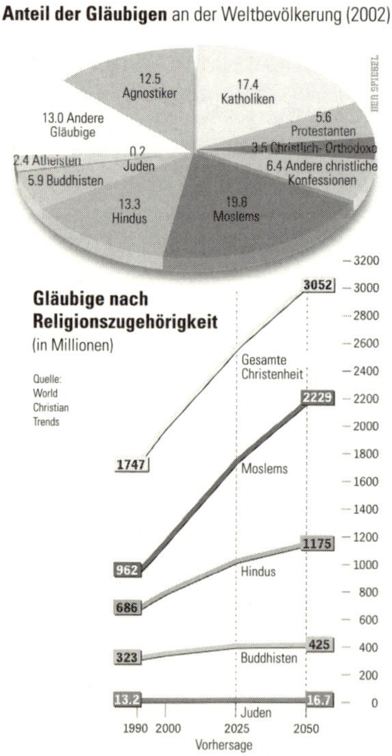

Verteilung der Gläubigen

Die Willkürlichkeit beginnt schon mit der Grobkategorisierung der verschiedenen Weltreligionen. Versteht man darunter nur die fünf Glaubensrichtungen, die im Westen am bekanntesten sind (Christentum, Islam, Judentum, Hinduismus und Buddhismus)? Oder zählt man dazu auch den sogenannten »chinesischen Universismus« – ein Dachbegriff für den in China und auf Taiwan verbreiteten Daoismus und den Konfuzianismus –, der geschätzte 75 Mio. Anhänger und damit mehr als das Judentum hat? Und was ist mit kleineren Glaubensgemeinschaften wie Baha'i oder dem Sikhismus? Überdies gibt es auch *innerhalb* jeder Religion zahlreiche Untergruppen, die sich in ihren Glaubensansichten zum Teil drastisch unterscheiden. Wer etwa von »Christen« spricht, müsste eigentlich genau differenzieren, ob er Protestanten oder Katholiken meint, Quäker, Sieben-Tage-Adventisten und so weiter.

Man sieht: Das Entwerfen eines Religionstests wird schnell zu einer komplexen Wissenschaft, die einen ins Zentrum aktueller Glaubensfragen führt. Religionen haben nun einmal keine fixierte Identität, und manche Religionswissenschaftler meiden heute wegen der Definitionsprobleme selbst den Begriff der »Weltreligionen« und sprechen lieber von »Religionen der Welt«.

Dennoch ist der Versuch reizvoll, die Unterschiede der verschiedenen religiösen Traditionen anhand einiger ihrer zentralen Aussagen deutlich zu machen. Schließlich zwingt einen das Nachdenken über solche Themen auch dazu, sich existenziellen Grundfragen zu stellen, die man sonst gerne im Ungefähren belässt. Allerdings sollte man die Sache spielerisch angehen und sich der Grenzen und Unzulänglichkeiten eines solchen

Frage-Antwort-Spiels bewusst bleiben.

Zur Einstimmung und zur Überprüfung der eigenen Position sei daher im Folgenden ein kleiner Test präsentiert, der uns mit zentralen religiösen Fragen konfrontiert und dazu mögliche Antworten verschiedener religiöser Traditionen anbietet. Dass dieser Test[4] keinerlei Anspruch auf theologische Korrektheit oder wissenschaftliche Vollständigkeit erhebt, versteht sich nach dem Gesagten von selbst. Das Wichtigste ist auch nicht die Auflösung (die sich am Ende dieses Kapitels befindet), sondern der Prozess der Selbsterforschung, der durch diese Fragen in Gang kommt. Daher kann der eine oder die andere durchaus mehrere Antworten zu einer Frage als stimmig empfinden.

UND WAS GLAUBEN SIE?

Zehn existenzielle Fragen – und die Antworten großer Weltreligionen.

1. **Am Anfang die Frage nach dem Beginn: Wie ist die Welt entstanden?**
   a) Das Universum ist unendlich. Es wird zyklisch immer wieder neu geboren.
   b) Aus der Einheit entstand die Vielheit und daraus die Gegensätze, welche das Leben erzeugten.
   c) Gott schuf Himmel und Erde.
   d) Aus Leerheit wird Form, aus Form wird Leerheit. Materie ist nur die Manifestation einer absoluten Realität.
   e) Die Welt entstand im Urknall vor ca. 14 Milliarden Jahren.

2. **Ob es ein höheres Wesen gibt? Niemand vermag es zu beweisen, aber welche Vorstellung von »Gott« könnten Sie für sich akzeptieren?**
   a) Etwas, höher als der Himmel.
   b) Gott ist ein Einziger, ein souveräner Herrscher. Weder hat er Kinder gezeugt, noch ist er selber gezeugt worden. Keiner kann sich mit ihm messen.
   c) Er ist zu mehreren und doch nur einer.
   d) Es gibt unzählige Formen des Göttlichen, doch sie sind nur Aspekte und Funktionen des einen transzendenten Gottes.
   e) Der Ewige lässt sich nicht denken.
   f) »Gott« ist eine Erfindung des Menschen, die sich aber im Laufe der Geschichte als verzichtbar erwiesen hat.

g) Die Frage ist müßig. Der Mensch muss selbst zur Einsicht in die illusionäre Natur aller Dinge kommen.

3. Die existenzialistische Frage schlechthin: Woher komme ich?

a) Aus der Verschmelzung von Ei- und Samenzelle.
b) Aus Erde und Lehm.
c) Aus dem Wort Gottes.
d) Aus der Unwissenheit.
e) Aus einer früheren Existenz.
f) Aus der Sünde.
g) »Der Himmel redet nicht, und doch gehen die vier Zeiten ihren Gang, und alle Dinge werden erzeugt.«

4. Warum lebe ich?

a) Um mich vom Leiden zu lösen.
b) Um meinem Leben selbst einen Sinn zu geben.
c) Um Gottes Willen zu suchen und sich diesem Willen zu ergeben.
d) Um, aus freiem Willen, Gutes zu tun.
e) Um das erhabene Beispiel des Himmels nachzuahmen.
f) Um mich auf die Prüfung für die Ewigkeit vorzubereiten.
g) Um den Zyklus der Wiedergeburten zu beenden.

5. Warum gibt es das Böse in der Welt?

a) Weil der Mensch von Geburt an mit der Erbsünde behaftet ist.
b) Weil der Satan überall lauert.
c) Weil der Mensch die Wahl zwischen gutem und schlechtem Verhalten hat.
d) Soziologie, Psychologie und Kriminologie arbeiten noch an der Beantwortung dieser Frage.

e) Das Böse ist eine Illusion. Letztlich existiert nur die höchste Realität.
f) Weil der Mensch eine Tendenz zur Gier, Verblendung und Unwissenheit hat.
g) Wertungen wie »gut« und »böse« sind kennzeichnend für das beschränkte Denken der Narren. Der Weise dagegen weiß, dass »Gut« und »Böse« sich gegenseitig bedingen.

6. Einfache Glaubenssätze – wählen Sie einen fürs Poesiealbum:

a) »Handle stets so, dass die Maxime deines Willens jederzeit zugleich als Prinzip einer allgemeinen Gesetzgebung gelten könnte.«
b) »Du kannst alles besitzen und wirst doch das Himmelreich nicht Dein Eigen nennen können.«
c) »Schreite nicht überheblich einher. Weder kannst Du ein Loch in die Erde machen, noch die Berge an Höhe erreichen.«
d) »Ich will nicht Erlösung, noch Geld und Wohlstand. Gib mir die Gesellschaft der Heiligen!«
e) »Worte ohne Taten sind wie ein Baum ohne Wurzeln – ein Windstoß, und er fällt um.«
f) »Alles Leben ist Leiden.«
g) »Tue nichts, und alles ist getan.«

7. Was ist der Weg zum Heil?

a) Ein erfülltes Leben, Gesundheit, Freunde, Liebe und Erfolg.
b) Tue Gutes und bete um die Gnade Gottes.
c) Glaube, Gebet und die Sakramente der Kirche.
d) Es reicht, Gottes Gesetz und den Worten seines Propheten zu folgen.

e) Der Mensch soll sich eingliedern in die Harmonie von Himmel und Erde.
f) Es gibt keinen besseren Weg zu Gott als durch das Herz eines Mitmenschen.
g) Durchschaue die illusionäre Natur unserer egoistischen Begierden.
h) Es gibt viele Wege zum Heil. Jede Handlung kann richtig oder falsch sein, je nach Zeit, Kultur und Umständen. Am sichersten ist es, die überlieferten religiösen Praktiken und Rituale auszuführen.

8. Und was ist die größte Sünde?

a) Keine größere Schuld gibt es als die Billigung der Begierden, kein größeres Übel, als sich nicht zu bescheiden zu wissen, kein schlimmeres Unheil als die Sucht nach Gewinn.
b) Die Gnade Gottes nicht anzunehmen.
c) Unglauben.
d) Unwahrhaftigkeit, Stolz, Zorn, Trug und Gier.
e) Das Verharren in der selbstverschuldeten Unmündigkeit.
f) Sich ein Bildnis von Gott zu machen.
g) Eine Sünde im christlichen Sinne gibt es nicht. Aber alle Laster, die zum Egoismus führen, bringen Leid hervor.

9. Die Realitäten des Lebens und des Glaubens sind oft verwirrend. Woran soll man sich orientieren?

a) Wahrheit kann nicht beansprucht, sondern muss ewig gesucht werden.
b) In religiösen Fragen wende ich mich an die weisen Lehrer meiner überlieferten Tradition.
c) Die wahre Kirche ist unsichtbar. Auch die höchsten Vertreter

meiner Religion können nur auf die göttliche Wahrheit hinweisen – in der Hoffnung, dass sie sich dem individuellen Glauben erschließt.

d) Die Heilige Schrift ist das unverfälschte Wort Gottes und enthält alles, was der Mensch zur »Rechtleitung« braucht.
e) Es gibt zwar ein göttliches Gesetz, das auch niedergeschrieben ist – aber es muss immer wieder, je nach wechselnden Bedingungen, neu ausgelegt werden.
f) Das eigene Wissen und Gewissen. Der Preis der Freiheit ist die Ungewissheit.
g) Die höchste Instanz in Glaubensfragen ist der Papst.

10. Zu guter Letzt die ewige Frage: Was erwartet mich nach meinem Tod?

a) Als Glaubender werde ich wieder auferstehen.
b) Die Seele des Menschen ist unsterblich. Nur Gott kennt ihre zukünftige Form.
c) Wenn der Schöpfer mich auflöst und meinen linken Arm in einen Hahn verwandelt, so werde ich zur Nacht die Stunden rufen; wenn er mich auflöst und verwandelt meinen rechten Arm in eine Armbrust, so werde ich Eulen zum Braten herunterschießen.
d) Mein Lebenswandel bestimmt, in welcher Form meine Seele wiedergeboren wird – so lange, bis sie den Zustand der Erlösung erreicht.
e) Wenn man noch nicht das Leben kennt, wie soll man da den Tod kennen?
f) Nichts.

AUFLÖSUNG DES RELIGIONSTESTS:

1. Wie ist die Welt entstanden?

a) Hinduismus
b) Chinesischer Universismus
c) Christentum, Judentum, Islam
d) Buddhismus (auch Hinduisten könnten so antworten)
e) Atheismus

2. Welche Vorstellung von »Gott« könnten Sie für sich akzeptieren?

a) Chinesischer Universismus
b) Islam
c) Christentum
d) Hinduismus
e) Judentum
f) Atheismus
g) Buddhismus

3. Die existenzialistische Frage schlechthin: Woher komme ich?

a) Atheismus
b) Islam
c) Judentum
d) Buddhismus (auch mit Hinduismus kompatibel)
e) Hinduismus (wird auch von manchen Buddhisten geteilt)
f) Christentum
g) Chinesischer Universismus

4. Warum lebe ich?

a) Buddhismus
b) Atheismus
c) Islam
d) Judentum
e) Chinesischer Universismus
f) Christentum
g) Hinduismus

5. Warum gibt es das Böse in der Welt?

a) Christentum
b) Islam
c) Judentum
d) Atheismus
e) Hinduismus
f) Buddhismus
g) Chinesischer Universismus

6. Einfache Glaubenssätze – wählen Sie einen fürs Poesiealbum

a) Atheismus (Kants kategorischer Imperativ)
b) Christentum
c) Islam
d) Hinduismus (ein Vers des Bhakti-Heiligen Tukârâm)
e) Judentum (aus dem Talmud)
f) Buddhismus
g) Chinesischer Universismus

7. Was ist der Weg zum Heil?

a) Atheismus

b) Christentum (Protestantismus)
c) Christentum (Katholizismus)
d) Islam
e) Chinesischer Universismus
f) Judentum
g) Buddhismus
h) Hinduismus

8. Und was ist die größte Sünde?

a) Chinesischer Universismus (Lao-tse)
b) Christentum
c) Islam
d) Hinduismus (auch mit Buddhismus kompatibel)
e) Atheismus
f) Judentum
g) Buddhismus (auch mit Hinduismus kompatibel)

9. Wer vermittelt Wahrheit in Glaubensfragen?

a) Hinduismus
b) Buddhismus
c) Christentum (Protestantismus)
d) Islam
e) Judentum
f) Atheismus
g) Christentum (Katholizismus)

10. Zu guter Letzt die ewige Frage: Was erwartet mich nach meinem Tod?

a) Christentum, Islam
b) Judentum

c) Chinesischer Universismus (zit. nach: *Das wahre Buch vom Südlichen Blütenland*)
d) Hinduismus
e) Buddhismus
f) Atheismus

II. ZWISCHEN NÄCHSTENLIEBE UND FANATISMUS

Ich habe eiserne Prinzipien.
Wenn sie Ihnen nicht gefallen, habe ich auch noch andere.

Groucho Marx

1 William Lobdells Glaubenskampf

Wie ein Reporter der *Los Angeles Times* seinen Glauben verlor

Ein stämmiger Kerl, ein erfahrener Reporter, ein gestandener Familienvater – nein, William Lobdell wirkt nicht wie jemand, der so leicht zu erschüttern wäre. Und doch hat er in wenigen Jahren all sein Gottvertrauen verloren, und aus dem überzeugten Christen wurde ein tief enttäuschter Religionskritiker. Wenn es in diesem zweiten Kapitel also um die Schattenseiten der Religion geht, um das Spannungsfeld zwischen Nächstenliebe und Fanatismus, dann ist Lobdells Geschichte die passende Eröffnung. Denn seine religiösen Recherchen haben den Journalisten der *Los Angeles Times* mit einer der dunkelsten Seiten der organisierten Religiosität bekannt gemacht.

Dabei fängt für den amerikanischen Journalisten zunächst alles so gut an. »Als mich die Chefredaktion der *Times* dem Religionsressort zuwies, glaubte ich, Gott hätte meine Gebete erhört.« So beginnt Lobdells offenherziger Bericht, den er im Juli 2007 in der eigenen Zeitung veröffentlicht. Darin erzählt der Journalist zunächst, wie er vor fast zwanzig Jahren seine Wiedergeburt als Christ erlebt hatte. Bei einem dreitägigen evangelikalen Seminar, nach 36 Stunden voller Gebete, Gesang,

Bibelstudium und wenig Schlaf, habe er damals gefühlt, wie sich in ihm der Heilige Geist bemerkbar machte. »Die Augen im Gebet geschlossen, sah ich, wie sich mein Herz langsam öffnete und mit einem warmen, strahlenden Licht gefüllt wurde. Ein Prickeln breitete sich in meiner Brust aus. So ist es also, dachte ich, wenn man wiedergeboren wird.« Fortan betet Lobdell morgens und abends, hört auf Gottes Stimme und spürt bald, dass der Höchste für ihn einen Plan habe: In der *Los Angeles Times* über Religion zu berichten und auf diese Weise »Licht in den *newsroom* zu bringen«.

Viele Jahre Geduld und zahlreiche E-Mails und Memos an seine Chefs sind nötig, bevor sich dazu die Gelegenheit bietet. 1998 ist es endlich so weit: Lobdell erhält seine eigene Religionskolumne. Er dankt Gottes Gnade und nimmt sich vor, »objektiv und respektvoll darüber zu berichten, wie der Glaube das Leben von Menschen beeinflusst«. Zugleich hat der Reporter die Hoffnung, dass im Zuge dieser Arbeit »auch mein eige-

William Lobdell

ner Glaube tiefer und kräftiger wird«. Dass dann alles anders kommt, hat mit einem Skandal zu tun, der die amerikanische Glaubenslandschaft bis heute erschüttert.

Im Jahr 2001 erfährt Lobdell zum ersten Mal, dass die katholische Kirche in seiner Diözese die Rekordsumme von 5,2 Millionen Dollar an einen Jurastudenten zahlt, der behauptet, von einem Priester sexuell missbraucht worden zu sein. Lobdell arbeitet sich in die *story* ein und staunt darüber, dass die Vorwürfe gegen den Geistlichen schon seit Jahren bekannt sind. Bereits in den Siebzigerjahren gab es erste Berichte von Studenten, die über Belästigungen klagten. Und offenbar war auch die katholische Kirche darüber informiert – ohne dass sie etwas unternommen hätte. Lobdell ist irritiert, glaubt aber an die Erklärungen, die er überall zu hören bekommt: Dass dies ein bedauerlicher Einzelfall sei. Und er beherzigt den Rat eines guten Freundes: »Richte deinen Blick auf die Person, die am Kreuz hängt – und nicht auf den Priester, der dahinter steht.«

Ein halbes Jahr später bricht, wie eine Vulkaneruption, der katholische Skandal über die amerikanische Nation herein. Immer mehr sexuell missbrauchte Opfer von Priestern brechen ihr Schweigen und wagen es, öffentlich über ihre Erfahrungen zu sprechen. Am Ende werden es in den USA über 10.000 Opfer sein, die Anklage erheben. Und einige Jahre später werden mehr als 4000 Priester (von insgesamt 109.694 Priestern, die zwischen 1950 und 2002 im Amt waren) als Kinderschänder beschuldigt sein[1], die katholische Kirche wird rund zwei Milliarden an Schadensersatz zahlen müssen, was sechs Diözesen in den Bankrott treibt. Doch von diesem Ausmaß der Katastrophe ahnen im Jahr 2002 weder Lobdell noch sonst jemand etwas. Im Gegenteil, zu dieser Zeit ist das Bild des Reporters vom Katholizismus ungebrochen. Er besucht sogar einen Bekehrungskurs der katholischen Kirche. Denn er hat sich schon seit längerem entschlossen, zur Religion seiner Frau zu konvertieren. In diesem Kurs bekommt er auch zu hören, er solle aufpassen, dass die Sexberichte seinen Glauben nicht »vergifteten«; schließlich handele es sich dabei nur um die Verfehlungen einiger weniger schlechter Geistlicher.

Das behält Lobdell im Sinn, als er mit der Recherche beginnt. Außerdem denkt er, dass die Opfer wohl etwas übertreiben. Schließlich liegen die Fälle, um die es geht, oft Jahrzehnte zurück. Er hat das Gefühl, »als ob viele der Opfer unnötigerweise in der Vergangenheit feststecken«. Doch dann beginnt der Reporter der *Los Angeles Times*, die Dokumente zu lesen und die Opfer zu interviewen. Ihm wird klar, dass der Begriff sexueller Missbrauch ein Euphemismus ist. Die meisten dieser Kinder seien damals von jemandem, den sie und ihre Familien für den Vertreter Christi auf Erden hielten, auf übelste Weise vergewaltigt worden. »Das kann der Verstand eines Achtjährigen nicht verarbeiten«, schreibt Lobdell, »das beschädigt für immer dessen Sexualität und Spiritualität.«

Hinzu kommt, dass viele dieser Kinder von Priestern vergewaltigt wurden, die bereits einschlägig bekannt waren in der Kirche. Doch die Bischöfe hatten sie immer nur von einer Diözese in die nächste versetzt oder die Opfer und ihre Familien zum Schweigen verdonnert. Fast nie wurde die Polizei eingeschaltet. Manchmal halfen die Bischöfe ihren pädophilen Glaubensbrüdern sogar, außer Landes zu fliehen, um einer Verfolgung zu entgehen.

Lobdell ist tief verstört. »Die Geschichten der Opfer und die Lügen der Bischöfe« gehen ihm nicht mehr aus dem Kopf.

»Mehr als zwanzig Jahre habe ich als Journalist gearbeitet, mich mit Mord, Totschlag, Vergewaltigung und anderen Verbrechen beschäftigt. Aber dies hier ist anders: Die Kinder waren so unschuldig, ihre Eltern so voller Glauben und Vertrauen, die Priester so krank und die Bischöfe so korrupt.« Die guten Ratschläge seiner katholischen Freunde beginnen immer hohler zu klingen.

Da sucht er Trost in einem anderen Gedanken: dem Glauben nämlich, »dass das Herz der Kirche nicht auf der Kanzel, sondern bei den Kirchgängern zu finden« sei. Der Journalist ist überzeugt, mit seinen Berichten einen positiven Beitrag zur Aufklärung dieser dunklen Geschichten zu leisten; »sicher würden meine Leser zunächst zurückschrecken und dann Gottes Haus wieder aufrichten.« Zu seiner Überraschung muss Lobdell konstatieren, dass sich viele Gläubige nicht auf die Seite der Opfer, sondern auf jene der beschuldigten Priester stellen; sie schreiben glühende Unterstützungsbriefe an Bischöfe und Richter und beschimpfen offen die Opfer. Eines Tages wird Lobdell sogar Zeuge, wie Gläubige eine neue Gemeindehalle nach ihrem langjährigen Pfarrer benennen, der vor kurzem des sexuellen Missbrauchs überführt und als Priester abgesetzt worden war. Als der Journalist sieht, »wie die Jünger Gottes einen überführten Kinderschänder ehren wollen«, wird ihm beinahe körperlich übel.

Am Karfreitag dieses aufwühlenden Jahres trifft Lobdell eine Entscheidung. »Ich kann der katholischen Kirche nicht angehören.« Obwohl er seit einem Jahr den Bekehrungskurs besucht, verzichtet er auf das Ritual der Konversion. »Mir ist klar, dass ich Zeuge der Fehltritte von Menschen geworden bin, nicht von denjenigen Gottes. Doch genau das ist der Punkt. Sollten religiöse Institutionen, die von Gott inspiriert und geleitet werden, nicht höhere moralische Standards repräsentieren als Regierungen, Unternehmen oder andere gesellschaftliche Gruppen?«

Einige Zeit geht der Journalist noch sporadisch zu Gottesdiensten. Dann lässt sein Engagement immer mehr nach, am Ende bleibt er ganz weg. Dafür beginnt er, die korrupten Methoden von Fernsehpredigern und christlichen »Heilern« aufzudecken, die sich mit dem gespendeten Geld von gutwilligen Gläubigen einen verschwenderischen Lebensstil leisten. Je mehr sich Lobdell in diesen trüben Gewässern des Glaubens bewegt und je mehr ihm klar wird, dass die offizielle Kirche kein Interesse hat, solche Methoden anzuprangern, umso mehr verliert er den Glauben. In seiner Not liest er Selbstzeugnisse von Heiligen, die ebenfalls die »dunkle Nacht der Seele« beschreiben, und diskutiert mit Pfarrern über seine Zweifel. Doch deren Worte erreichen ihn kaum noch. »Ich habe lange versucht, meine Zweifel zu verdrängen und den allmächtigen, unendlich liebevollen Gott mit dem in Einklang zu bringen, was ich sah, aber allmählich verliere ich den Grund unter den Füßen.« Lobdell beginnt sich sogar zu fragen, ob sein früheres Wiedererweckungs-Erlebnis nicht vielleicht »eher mit Müdigkeit, spiritueller Sehnsucht und emotionaler Verletzlichkeit zu erklären ist als mit der Berührung durch Jesus?« Und allmählich stiehlt sich ein ketzerischer Gedanke in seinen Kopf: »Was, wenn Gott gar nicht existiert?« Dass Papst Benedikt XVI. bei seinem Besuch in den USA im Frühjahr 2008 die erschreckenden Missstände in der Kirche offen anspricht, sich mit den Missbrauchsopfern trifft und sie zu trösten versucht, kommt für den Reporter viel zu spät.

Denn schon im Jahr 2005 wohnt Lobdell einem erschütternden Prozess bei, in dem die Mutter eines unehelichen, kranken Kindes den Vater wegen zu geringer Unterhaltszahlung verklagt. Der Vater, zum Zeitpunkt der Geburt Theologiestudent, ist inzwischen Priester und weigert sich standhaft, sein Kind angemessen zu versorgen. Verteidigt wird er dabei von einer, wie Lobdell schreibt, »rasiermesserscharfen Anwältin«, die von der katholischen Kirche bezahlt wird. Sie argumentiert, ihr Mandant habe als Priester das Gelübde der Armut abgelegt und deshalb sei das übliche Unterhaltsgesetz auf ihn nicht anwendbar. Die Mutter des Kindes kann sich keinen Anwalt leisten – und verliert am Ende den Prozess. Als Lobdell den Gerichtssaal verlässt, fühlt er sich wie betäubt. Besonders schmerzt ihn, dass ihn all das nicht mehr erstaunt. »Meine Seele, was immer auch damit gemeint ist, hat ihren Glauben schon lange verloren. Mein Verstand, der noch damit rang, ist nun endlich zum selben Ergebnis gekommen.«

Am nächsten Tag bittet der Religionsreporter seine Vorgesetzten darum, ihn in ein anderes Ressort der Zeitung zu versetzen. Mit dem Glauben ist er fertig. »Ich habe verstanden, dass der Glaube an Gott, egal wie gut man ihn begründet, an einem bestimmten Punkt voraussetzt, dass man vertrauensvoll ins Ungewisse springt. Entweder hat man die Gabe des Glaubens, oder man hat sie nicht. Da kann man nicht wählen. Der Glaube lässt sich nicht willentlich herbeizwingen. Und man kann ihn auch nicht vortäuschen, wenn man seiner eigenen Seele gegenüber ehrlich ist.«

2 Bin Laden gegen Mutter Teresa

Wer Geschichten wie jene von William Lobdell liest, kann tatsächlich allen Glauben verlieren. Solche Berichte gehen zu Herzen, mehr vielleicht als eine nüchterne Aufzählung all jener Opfer und Verbrechen, die im Laufe der Geschichte religiösen Institutionen angelastet wurden. Und sie werfen eine Frage auf, die für jegliche weitere Bewertung unseres Themas von fundamentaler Bedeutung ist: Welchen Einfluss hat die Religion auf das moralische Verhalten des Einzelnen und der Gesellschaft? Stimmt die (meist stillschweigende) Annahme, dass eine größere Frömmigkeit den Menschen offener, ehrlicher, mitfühlender und hilfsbereiter – mit einem Wort: besser – macht? Oder ist diese Vorstellung nur eine hartnäckige Illusion? Haben vielleicht doch jene Atheisten recht, die gerade die Religion für viele Übel dieser Welt verantwortlich machen, von den Kreuzzügen über die Inquisition bis zu den Terroranschlägen fanatischer Fundamentalisten?

Manche Religionswissenschaftler argumentieren, die Gründe für solches Fehlverhalten und die historischen Religionsexzesse seien nicht im Glauben selbst zu suchen, sondern in den klerikalen Strukturen, die ihre ursprüngliche Glaubensquelle verloren hätten. In diesen kirchlichen Machtapparaten würden sich stattdessen die tief verwurzelten aggressiven Triebe des Menschen Bahn brechen. Ein solches Argument ist sicher nicht ganz von der Hand zu weisen. Doch ist damit das komplexe Zusammenspiel von religiösen Normen, individuellen Überzeugungen und (zerstörerischem) Verhalten wirklich hinreichend beschrieben? Sind wirklich an allem nur machtversessene kirchliche Institutionen schuld?

Der Blick in die Geschichte ist geeignet, daran Zweifel zu wecken. Nehmen wir das Paradebeispiel für einen kirchlichen Machtmissbrauch, die Einrichtung der katholischen Inquisition im Mittelalter. War sie wirklich allein für die damaligen Hexenverfolgungen und Ketzerverbrennungen zuständig?

Eine der ausführlichsten Untersuchungen dazu stammt von dem Münsteraner Kirchenhistoriker Arnold Angenendt, der 2007 seine Studie *Toleranz und Gewalt. Das Christentum zwischen Bibel und Schwert* vorlegte. Darin kommt Angenendt zu dem überraschenden Ergebnis, dass die katholischen Institutionen damals kaum schlimmer wüteten als ganz normale Politiker oder Laien. Zwar forderte die besonders berüchtigte spanische Inquisition in ihrer ersten »wilden« Phase von 1480–1530 rund 5000 Opfer. Doch danach, in der »gemäßigten« Phase zwischen 1540 und 1700, führten lediglich 1,8 Prozent der 44.674 Prozesse zu Hinrichtungen (was 826 Toten in 160 Jahren entspricht – 826 Tote zu viel, aber weniger, als oft vermutet wird.)

Zur Hexenverfolgung liest man in Angenendts Studie gar das erstaunliche Fazit, dass es »gerade die institutionalisierte Inquisition« gewesen sei, »welche die Hexenverfolgung zunächst unter ihre Kontrolle brachte und 1526 praktisch beendete«. Wer die Prozesse oft vorangetrieben habe, seien dagegen »die Juristen in den städtischen und landesherrlichen Diensten« gewesen, also gerade »jener Kreis von Personen, die eigentlich als die Modernisierer gelten«. Der Kirchenhistoriker staunt selbst darüber, »dass die Päpste und Inquisitoren des 17. Jahrhunderts keine Hexenprozesse in dem Sinne, wie sie zur selben Zeit in Mitteleuropa Angst und Schrecken verbreiteten, durchführten«.

Natürlich leugnet auch Angenendt nicht das Terrorpotenzial des christlichen Glaubens. Selbst wenn die Inquisition »nicht jenes Horrorszenarium, als das sie oft ausgemalt wurde«, gewesen sei, so müsse man sich doch fragen: »Wie konnte das Christentum, das eine Religion der Liebe sein wollte und den Menschen zum Abbild Gottes erklärte, Derartiges zulassen, ja sogar veranlassen?« Kreuzzüge und Schwertmission und nicht zuletzt die jahrzehntelangen Religionskriege in Europa haben gezeigt, wie fatal sich die Liebesbotschaft des Christus ins Gegenteil verkehren kann. Doch dies allein den kirchlichen Institutionen anzulasten, wäre ebenso naiv wie die Meinung, andere Religionen wären davor gefeit.

Selbst im friedliebenden Buddhismus ging es nicht immer nur pazifistisch zu. Auch die buddhistische Geschichtsschreibung berichtet von aggressiven Bekehrungsstrategien – etwa bei der Missionierung der Mongolei im 16. Jahrhundert, als die dortigen Schamanen unter Druck gesetzt wurden – und kennt die Legitimierung von Gewalt für vermeintlich höhere Zwecke, wie in Sri Lanka, wo der blutige Bürgerkrieg zwischen buddhistischen Singhalesen und hinduistischen Tamilen durch die sich moralisch überlegen wähnenden Buddhisten angeheizt wurde. Allerdings: »Einen groß angelegten Kreuzzug gegen Ungläubige oder den blutigen Kampf gegen ›Ketzer‹ im Inneren – wie im Christentum – hat es im Buddhismus nicht gegeben«, konstatiert der Münchner Religionswissenschaftler Michael von Brück. Insgesamt also dürfte die Bilanz des Buddhismus deutlich friedlicher ausfallen als diejenige der monotheistischen Religionen.

DER NEUE RELIGIÖSE TERRORISMUS

Zur Entstehung fundamentalistischer und religionsfanatischer Exzesse tragen stets mehrere Faktoren bei: die Inhalte eines Glaubens ebenso wie deren Vermittlung, die jeweilige historische und politische Lage genauso wie die ökonomische und kulturelle Situation der Gläubigen.

Daher ist der Versuch, die Signatur der Religion aus den Konflikten der Gegenwart herauszulesen, alles andere als einfach. Selbst sogenannte Religionskriege beziehen ihre Sprengkraft stets aus einem explosiven Gemisch von politischen, sozialen, ethnischen und religiösen Komponenten.

Es wäre beispielsweise wenig aussagekräftig, den israelisch-palästinensischen Konflikt alleine anhand religiöser Differenzen zu beschreiben. Ebenso unbedarft ist es, den »heiligen Krieg« islamischer Dschihadisten ausschließlich auf religiöse Motive oder bestimmte Koransuren zurückzuführen.

Im Hass auf den »gottlosen Westen«, den *einige* Muslime hegen, drücken sich auch kaum vereinbare kulturelle Gegensätze aus, eine unaufgelöste Spannung zwischen Tradition und Moderne und das nagende Gefühl einer wirtschaftlichen Unterlegenheit, das manche Muslime gegenüber den oft überheblich auftretenden Industrienationen empfinden. Die Erklärung, wie eine solche Gemengelage am Ende zu blindwütigem Fanatismus und Selbstmordattentaten führen kann, ist daher mindestens ebenso sehr eine Aufgabe für Psychotherapeuten, Politiker und Kulturanthropologen wie für Religionswissenschaftler.

Seit dem 11. September 2001 ist von einem »neuen religiösen Terrorismus« die Rede, wobei die meisten Kommentatoren automatisch »islamistischen Terrorismus« meinen. Dabei ist diese Art von Gewalt längst nicht auf islamische Gruppen beschränkt. Im Gegenteil: Der religiös motivierte Terrorismus hat seit den 1980er-Jahren »Elemente aller wichtigen Weltreligionen und in einigen Fällen auch kleinere Sekten und Kulte« erfasst, wie der Terrorismusexperte Bruce Hoffman festgestellt hat.

Hoffman, der an der Georgetown University in Washington D.C. lehrt und zeitweilig die Übergangs-Regierungsbehörde im Irak beriet, weiß, wovon er spricht. In seinem Standardwerk *Terrorismus – der unerklärte Krieg* hat Hoffman eine erschreckende Liste von verübten oder geplanten Anschlägen religiöser Gruppen zusammengestellt. Natürlich nehmen al-Qaida und die Attentate islamistischer »Märtyrer« einen breiten Raum ein; doch ebenso diagnostiziert Hoffman auch einen »jüdischen Terrorismus«, der die Vertreibung aller Araber aus Israel und die Errichtung eines »Gottesstaates« anstrebt (und auf dessen Konto die Ermordung des israelischen Premierministers Yitzhak Rabin geht); er berichtet vom erschreckenden Weltbild »christlicher Patrioten« in den USA, die den Wahn von der Überlegenheit der weißen Rasse predigten und 1995 das Gebäude der US-Behörden in Oklahoma City in die Luft sprengten (ein Ereignis, bei dem 168 Menschen den Tod fanden und das – nach

Der Bombenanschlag auf das Murrah Federal Building in Oklahoma

dem Angriff auf das World Trade Center vom 11. September 2001 – als verheerendster Terroranschlag auf amerikanischem Boden gilt); und er erinnert an die Mitglieder der buddhistisch inspirierten Aum-Sekte, die das »Königreich Shambala« errichten wollten und in ihren Endzeitfantasien so weit gingen, einen Angriff mit Nervengas in der U-Bahn von Tokyo zu starten; selbst die friedlichen Hindus haben 1990 bei der Erstürmung eines Tempels im indischen Ayodhya (bei der über 2000 Menschen starben) gezeigt, dass jede Religion, wenn man nur will, einen Vorwand für Gewalt liefert.

Nach Hoffmans Analyse erweisen sich religiös motivierte Terroristen sogar als wesentlich brutaler und skrupelloser als weltliche Attentäter, die rein politische Ziele verfolgen. Zwar wurden zwischen 1998 und 2004 nur sechs Prozent aller terroristischen Akte von religiös motivierten Fanatikern verübt; doch 30 Prozent aller Opfer gingen auf das Konto dieser Tätergruppe, wie Daten der US-amerikanischen RAND Corporation zeigen.

»Während weltliche Terroristen selten zu wahllosen Tötungen wirklich großen Stils greifen«, schreibt Hoffman, »geht es religiös motivierten Terroristen häufig um die Auslöschung möglichst weit gefasster Feindkategorien, wobei sie Gewalttätigkeiten in großem Ausmaß nicht nur als moralisch gerechtfertigt, sondern als notwendige Mittel zur Erreichung ihrer Ziele ansehen.« Gerade die Religion diene dabei zur Rechtfertigung von Gewalt, was auch erkläre, warum es für religiöse Terroristen so wichtig sei, dass Geistliche ihre Terroroperationen sanktionieren und absegnen.

VON SÜDAFRIKA NACH BIRMA

Was heißt das für den Alltag braver Kirchgänger? Steht jeder, der ein Gotteshaus betritt, schon mit einem Bein im Ausbildungscamp fanatischer Religionsterroristen? Selbst Bruce Hoffman weigert sich, irgendwelche Schlüsse von dem Phänomen des »religiösen Terrorismus« auf die Religion insgesamt oder bestimmte Glaubensvorstellungen zu ziehen. Eine solche Verbindung zwischen dem Alltag des Durchschnittsgläubigen und dem Machtrausch des religiösen Fanatikers herzustellen, wäre etwa so, als verdächtigte man alle Physikstudenten des heimlichen Baus von Atombomben (obwohl diese eher an Solarzellen basteln).

Wer nur das Phänomen des religiösen Fanatismus im Blick hat, vergisst, dass die Religion immer wieder auch zu erstaunlichen Friedenswerken motiviert.

Nur sein Glaube an Gott habe ihm die Kraft gegeben, den Kampf gegen das Apartheidsregime in Südafrika durchzuhalten, erklärte etwa der frühere Erzbischof von Kapstadt, Desmond Tutu, einmal in einem Interview. »Ich sage nicht, Atheisten könnten nicht gegen Ungerechtigkeit kämpfen. Ich bin mir sicher, sie können es«, stellt Tutu klar. Aber das, was ihm »in den dunkelsten Stunden des Kampfes« geholfen habe, war die Überzeugung, »dass wir einen Gott haben, der Partei für die Hungrigen, die Armen nimmt und dass dieser Gott letztlich gewinnt«.

Auch der gewaltlose Protest der buddhistischen Mönche in Birma demonstrierte aller Welt die Macht religiöser Überzeugungen. Zwar wurden die Demonstrationen im Herbst 2007 von einer autokratischen Militärjunta blutig niedergeknüppelt, doch der Imageschaden, den die Bilder vom brutalen Vorgehen gegen friedliche Mönche anrichteten, dürfte für das Regime kaum wieder gutzumachen sein. Zumal es ein halbes Jahr später im Umgang mit einer großen Naturkatastrophe noch brutaler zeigte, dass ihm Menschenleben nichts gelten. Die Geschichte kennt jedenfalls eine ganze Reihe von Beispielen, in denen friedliebende Gandhis aufgrund einer tief empfundenen religiösen Gewissheit gegen schier übermächtige Gegner triumphierten.

Ist es möglich, diese lichte Seite der Religion gegen die Gefahr des religiösen Fanatismus und der Bigotterie aufzurechnen? Hat Osama bin Laden mehr oder weniger Gewicht als Mutter Teresa? Sind die Sexskandale der Kirche weltgeschicht-

Demonstrierende Mönche in Birma (Myanmar)

lich bedeutender als Martin Luther Kings Kampf gegen die Rassentrennung? Es ist klar, dass es für solche Abwägungen kaum objektive Kriterien gibt; jeder Versuch einer Antwort wird notgedrungen von vornherein durch unsere Einstellung gegenüber der Religion beeinflusst. Während Religionskritiker vor allem auf die Schattenseiten des Glaubens verweisen, heben Kirchenvertreter umgekehrt nur die erhebenden Momente der Religiosität hervor. Und ein Weltarchiv, das ähnlich wie die Terrordaten der RAND Corporation eine nüchterne Bilanz der Auswirkungen religiöser Traditionen *insgesamt* erlauben würde, existiert nun einmal nicht.

Auch in diesem Buch wird man eine *pauschale* Antwort vergeblich suchen. Dazu sind die vielfältigen Aspekte der Religion zu komplex, ihre Verflechtung mit kulturellen, sozialen und politischen Faktoren zu verknotet, als dass man sie in einem genialen Handstreich entwirren könnte. Das heißt allerdings nicht, dass eine *differenzierte* Betrachtung nicht möglich wäre. Auf der Ebene der Einzel- und der Gruppenpsychologie gibt es eine Fülle von Erkenntnissen darüber, wie ein religiöser Glaube das Verhalten und Denken prägt, welche Charakteristika in religiösen Gruppen vorherrschen und wodurch sie sich von Nichtreligiösen unterscheiden.

Psychologen haben dazu in den vergangenen fünfzig Jahren eine Vielzahl von empirischen Studien zusammengetragen, die alle möglichen Aspekte der Persönlichkeit von gläubigen Menschen untersucht haben. Diese Studien liefern einige Erkenntnisse, die so manches Religionsklischee gründlich zerstören.

3 Barmherzigkeit auf dem Prüfstand

Stellen Sie sich vor, Sie erhalten die Möglichkeit, an einem psychologischen Experiment teilzunehmen, das Ihre »religiöse Bildung und Berufung« bestimmen soll. Wenn Sie einwilligen, müssen Sie zunächst eine Liste mit Fragen zu Ihrer religiösen Einstellung beantworten. Dann erklärt der Versuchsleiter, zur besseren Einschätzung sollten Sie nun Ihre Gedanken in freier Rede noch einmal ausführlich erläutern – »damit wir ein klareres Bild von Ihrer Einstellung bekommen, als dies durch den Fragebogen möglich wäre«. Ihr kleiner Vortrag würde im gegenüberliegenden Gebäude aufgezeichnet und dann ausgewertet. Leider sei man mit der Zeitplanung etwas in Verzug; der Assistent gegenüber warte schon dringend; daher sollten Sie sich bitte beeilen.

Sie machen sich also auf den Weg und gehen schnellen Schrittes über den Hof, der die Gebäude trennt. Da bemerken Sie in einem Hauseingang einen zusammengesunkenen Mann, der – just als Sie vorübereilen – jämmerlich hustet und stöhnt. Wie reagieren Sie? Bleiben Sie stehen, bieten Sie ihm Ihre Hilfe an? Oder folgen Sie den Anweisungen und machen, dass Sie schnell zu Ihrem Vortrag kommen? Egal, wie Sie sich entscheiden – in diesem kurzen, unbewussten Moment findet das eigentliche Experiment statt. Denn tatsächlich sind die Psychologen nicht etwa an Ihrem Referat interessiert, sondern lediglich an Ihrer Bereit- oder Unwilligkeit, einem Wildfremden Hilfe anzubieten. Und wer Sie bewertet, ist niemand anders als das »Opfer«, das genau registriert, ob Sie Ihre Schritte verlangsamen, ob Sie anhalten, was Sie sagen und ob Sie sich mit der Auskunft zufriedengeben, die Hustenattacke sei nichts Ernstes und würde gleich vorübergehen.

VON JERUSALEM NACH JERICHO

Als das *Gute-Samariter-Experiment* ging dieser Versuch in die Geschichte der Religionspsychologie ein. John M. Darley und C. Daniel Batson wollten damit 1973 an der Universität Princeton die Frage beantworten, inwiefern die Hilfsbereitschaft ihrer

Das »Opfer« im Samariter-Versuch auf dem Campus der Universität Princeton

Testpersonen von deren religiöser Einstellung abhängt. Als Probanden dienten ihnen vierzig Theologiestudenten, die allesamt über den wahren Hintergrund des Experiments im Unklaren gelassen wurden. Ohne es zu ahnen, wurden sie auf den Weg »von Jerusalem nach Jericho« geschickt (so der Titel von Darleys und Batsons Studie). Denn dort spielte sich, der Bibel zufolge, das bekannte Gleichnis vom guten Samariter ab (Lukas 10, 29–37): Ein Mensch, von Räubern überfallen, liegt geschlagen und halb tot auf der Straße. Ein vorbeikommender Priester geht achtlos vorüber, desgleichen ein Levit (zur damaligen Zeit ein religiöser Funktionär). Erst ein Samariter, Mitglied eines Volksstamms, der den Juden als feindlich und ungläubig gilt, leistet erste Hilfe, bringt das Opfer zu einem nahe gelegenen Gasthaus und bezahlt dort sogar für seine Unterbringung.

Unter welchen Umständen werden Menschen zu guten Samaritern? Um das zu klären, gingen Darley und Batson mit einem höchst ausgefeilten Versuchsdesign zu Werke: Erstens bestimmten die zwei Psychologen den Grad der Frömmigkeit ihrer Probanden (wozu der Fragebogen diente); zweitens überprüften sie die These des biblischen Gleichnisses, wonach die theoretische Beschäftigung mit religiösen Gedanken (wofür der Priester und der Levit im Neuen Testament stehen) keinen Einfluss auf die Hilfsbereitschaft hat. Dazu baten sie einen Teil der Studenten, in ihrem Vortrag über das Gleichnis vom guten Samariter zu referieren, der Rest dagegen sollte sich Gedanken über spätere Berufsaussichten machen.

Und drittens variierten Darley und Batson – als äußere Variable – den Zeitdruck, dem die Versuchspersonen unterlagen. Während den einen eingeschärft wurde, sie seien zu spät und müssten sich mächtig beeilen, bekamen andere lediglich mitgeteilt, der Assistent im Gebäude gegenüber sei jetzt bereit und warte auf sie. Und wieder andere erhielten die beruhigende Auskunft, sie könnten sich ruhig Zeit lassen und müssten drüben eventuell sogar noch ein wenig warten.

Das Ergebnis des Experiments war ernüchternd: Nur 16 der 40 angehenden Geistlichen boten dem hustenden Testopfer überhaupt irgendeine Form der Unterstützung an. Die anderen eilten achtlos vorbei – selbst ein guter Teil derjenigen, die gerade über die Geschichte vom guten Samariter sinnierten. »Tatsächlich kam es mehrfach vor«, schreiben Darley und Batson belustigt, »dass ein Seminarist auf dem Weg zu seinem Vortrag über die Parabel vom guten Samariter buchstäblich das Opfer über den Haufen rannte.« Zwar hatte das aufgegebene Vortragsthema einen gewissen Einfluss auf die Hilfsbereitschaft; allerdings nur bei denjenigen, die sich viel Zeit lassen konnten. Bei allen anderen schwand mit zunehmendem Zeitdruck die Bereitschaft zum Samaritertum signifikant: Während 63 Prozent der gemächlich schlendernden Theologiestudenten ihre Hilfe anboten, waren es bei den weniger Eiligen nur noch 45 Prozent und bei den ganz Eiligen gerade einmal zehn Prozent. Als gänzlich irrelevant erwies sich dabei die religiöse Orientierung der Versuchspersonen; egal, was die Studenten in ihrem Fragebogen angegeben hatten, letztlich hing ihre Hilfsbereitschaft nur davon ab, ob sie viel oder wenig Zeit zu haben meinten.

Hat die Religion also gar nicht den Einfluss, der ihr gemeinhin zugeschrieben wird? Entscheidet nicht der Grad unserer Frömmigkeit, ob wir zu besseren, hilfsbereiteren Menschen werden, sondern nur der erbarmungslose Takt der Uhr? Das

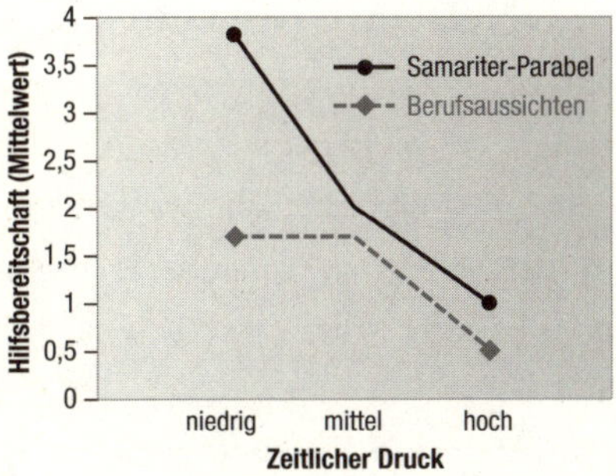

Das Ergebnis von Darleys & Batsons Versuch: Das Hilfeverhalten (0 = bemerkt das Opfer überhaupt nicht, 5 = verlässt die Person nicht eher, bis ihr geholfen wird) hängt vor allem vom Zeitdruck ab. Das Vortragsthema (Samariter-Parabel oder Berufssaussichten) war nur bei langsam gehenden Personen von Belang.

Ergebnis von Darley und Batson ist vor allem für jene irritierend, die meinen, schon allein die Beschäftigung mit religiösen Themen habe einen positiven Einfluss auf den Menschen. Das Gute-Samariter-Experiment scheint nahezulegen, dass äußere Umstände ein Verhalten sehr viel stärker bestimmen als innere Variablen wie Glaube oder gute Absichten. Tatsächlich schämten sich viele der Theologiestudenten, nachdem sie über den wahren Hintergrund des Experiments aufgeklärt wurden, wegen ihres Verhaltens. Manche nahmen den Vorfall später sogar in ihre Predigten auf.

Doch, so mag man argumentieren, dies ist nur *ein* Versuch, der in einem ganz speziellen *setting* stattfand. Es wäre vermessen, daraus allgemein gültige Schlussfolgerungen zu ziehen. Dazu bedarf es nicht nur einer wesentlich größeren Evidenz. Vor allem muss auch eine Frage beantwortet werden, die zentral für Experimente solcher Art ist: Wie will man eine so schwer fassbare Eigenschaft wie die religiöse Orientierung eines Menschen überhaupt zuverlässig bestimmen?

DIE VERMESSUNG DER RELIGIÖSEN PSYCHE

Wie misst man Religion? Nehmen wir an, im Nebenhaus seien neue Nachbarn eingezogen, und wir wollen gerne wissen, ob diese religiös sind (und wenn ja: wie sehr?). Wonach würden wir Ausschau halten, was wäre ein eindeutiges Kennzeichen für deren Religiosität?

Als Erstes könnten wir in Erfahrung bringen, ob die Nachbarn einer religiösen Gemeinschaft angehören. Falls ja, wäre es interessant zu wissen, wie oft und wie regelmäßig sie zu den entsprechenden Zusammenkünften (Gottesdienst, Meditationsstunden o. Ä.) gehen. Darüber hinaus würde man nach privaten Verhaltensweisen fahnden: Finden sich in ihrem Haus religiöse Bilder, Statuen oder andere Glaubensobjekte? Stehen religiöse Bücher im Regal? Wird vor dem Essen gebetet, werden christliche oder andere Feiertage befolgt? All diese Fragen liefern Anhaltspunkte, die zur Bestimmung der Religiosität unserer Nachbarn dienen können.

Ganz ähnlich geht die Religionspsychologie vor. Im Allgemeinen bittet sie ihre Versuchsobjekte, einen entsprechenden Fragebogen auszufüllen, der just solche Anhaltspunkte – in der Sprache der Wissenschaft: empirische Variablen – erhebt. Im nächsten Schritt kann man diese dann quantifizieren, gewichten, einer statistischen Analyse unterwerfen und mit anderen Werten vergleichen. Auf diese Weise entstehen sogenannte Korrelationsstudien, die ein bestimmtes untersuchtes Verhalten mit dem Grad der Religiosität der Versuchspersonen in Beziehung setzen (korrelieren).

Wie aussagekräftig solche Studien sind, ist umstritten. Denn ihr Dreh- und Angelpunkt bleibt die Definition der Eigenschaft

»religiös«. Betrachtet man beispielsweise die genannten Indikatoren für Religiosität genauer, stellt man fest, dass sie nur eine grobe Orientierung erlauben. Vielleicht gehen unsere Nachbarn weniger aus religiöser Überzeugung in die Kirche als vielmehr aus sozialen Gründen, um Freunde zu treffen oder Geschäftskontakte anzuknüpfen? Und die christlichen Ikonen oder Buddhastatuen in ihrer Wohnung könnten lediglich Reiseandenken und Dekorationsobjekte sein. Selbst die Befolgung religiöser Rituale (etwa das Feiern von Weihnachten, Ostern und Pfingsten) kann mehr einer Traditionsverbundenheit und sozialen Gewohnheit entspringen als einem leidenschaftlichen inneren Bedürfnis.

Umgekehrt wiederum mag es durchaus Menschen geben, die keines dieser äußeren Religionsmerkmale aufweisen – und dennoch tiefgläubig sind.

Ein objektiver Maßstab für Religiosität ist also ähnlich schwer zu finden wie eine allgemeingültige Definition für »Religion«. Um zu wirklich überzeugenden Ergebnissen zu gelangen, ist es daher notwendig, die religiöse Psyche aus vielen verschiedenen Blickwinkeln zu betrachten.

GOTT SCHÜTZE DEN KÖNIG

Der Erste, der sich an das heikle Thema Religion empirisch heranwagte, war im 19. Jahrhundert der britische Naturforscher Sir Francis Galton, ein Halbcousin von Charles Darwin und ein Mann von unermüdlich sprühenden Ideen. Galton bereiste Afrika und entwickelte die erste Wetterkarte; er studierte die

Vererbung und propagierte erstmals den Begriff der Eugenik; er begründete (zusammen mit Wilhelm Wundt) die experimentelle Psychologie und machte den (von Karl Pearson entwickelten) Begriff »Korrelationskoeffizient« bekannt, ohne den die Statistik heute undenkbar wäre. Angesichts dieser extremen Vielseitigkeit wundert es nicht, dass der 1822 geborene Wissenschaftler sich irgendwann auch der Religion zuwandte und auf die Idee verfiel, den Einfluss und Nutzen eines frommen Lebenswandels zu untersuchen.

Als Erstes unterwarf Galton die Wirkung von Fürbittegebeten einer statistischen Analyse. Profitiert zum Beispiel der jeweils amtierende König von den öffentlichen Gebeten für sein Wohl? Um das zu beantworten, analysierte der Forscher sämtliche verfügbaren Lebensdaten der männlichen Mitglieder des britischen Königshauses von 1758 bis 1843 und verglich sie mit denen anderer wohlhabender Gesellschaftsschichten. Ergebnis: Die Royals lebten nicht etwa besonders lange, sondern sogar *kürzer* als die Normalsterblichen. Die Gebete schienen also nicht die erhoffte Wirkung zu haben. Doch vielleicht war dieser Vergleich ungerecht; vielleicht war das königliche Leben so voller Risiken, dass sie ohne Gebete womöglich noch früher gestorben wären? Daher untersuchte Galton als Nächstes die Lebenserwartung von Neugeborenen. Doch auch die Kinder frommer Christen überlebten nicht öfter als die Babys von weniger gottesfürchtigen Eltern, wies der Statistiker nach. Ein ähnliches Ergebnis lieferte seine Betrachtung der Häuser und Diener Gottes: Kirchen wurden – Galtons Daten zufolge – genauso oft von Feuer, Blitz, Erdbeben oder Lawinen zerstört wie normale Gebäude. Und die meisten Missionare starben, kurz nachdem sie ihr Missionsgebiet in fernen Ländern erreicht hatten.

Daraus hätte Sir Francis bereits den Schluss ziehen können: Gebete haben keinerlei Wirkung. Doch der Forscher gab sich noch nicht zufrieden, sondern verglich zusätzlich die Lebensläufe von führenden Kirchenvertretern mit jenen anderer wichtiger Persönlichkeiten. Anhand einer vierbändigen Enzyklopädie erhob er die biografischen Daten einer Vielzahl großer Geistlicher wie Martin Luther oder Johannes Calvin und stellte fest: Die frommen Vorbilder waren in jeder Hinsicht vom Schicksal geprüft; sie lebten eher kürzer als andere bekannte Figuren der Geschichte; sie litten häufig unter einer miserablen Gesundheit; und ihre Nachkommen traten keineswegs besonders in Erscheinung. Die herausragenden Vertreter des Klerus, so Galtons Diagnose, würden geradezu vom »Dunst des Invalidentums« umweht. »Eine robuste Konstitution scheint, in sehr hohem Maße, nicht vereinbar mit einer besonders frommen Haltung«, schrieb der Religionsforscher. Dass die Mitglieder des *niederen* Klerus dagegen eine etwas höhere Lebenserwartung als Normalsterbliche hatten, lag laut

Ein Glöckner wird ausgerechnet beim Wetterläuten vom Blitz erschlagen. Stich von 1886

Sir Francis Galton

Galton nicht etwa an der positiven Kraft der Religion, sondern eher am »entspannten Landleben und der familiären Ruhe« der Geistlichen.

Dass solch gottlose Gedanken bei Galtons Zeitgenossen nicht auf Begeisterung stießen, war kein Wunder. Mehrfach weigerten sich Verlage, seine Manuskripte zu publizieren. Als sein Essay über die »statistischen Untersuchungen der Effizienz von Gebeten« schließlich 1872 erschien, rief er prompt einen Sturm der Entrüstung hervor. Vor allem wurde Galton vorgeworfen, seine Studienobjekte selektiv ausgewählt zu haben. Die vierbändige *Biographia Evangelica* aus dem Jahre 1786, die Galton nutzte, verzeichne längst nicht alle großen Heiligen, sondern lediglich eine bestimmte Auswahl, monierten die Kritiker. Darunter seien auch viele, die nicht aufgrund ihrer großen Frömmigkeit, sondern eher wegen ihres politischen Geschicks zu Kirchenführern wurden. Außerdem habe Galton sämtliche katholischen Priester ignoriert, weil sie wegen des Zölibats keine Statistiken zur Nachkommenschaft lieferten. Streng genommen gälten seine Schlussfolgerungen daher nur für Protestanten, die zu einer bestimmten Zeit in einem bestimmten Teil der Welt lebten.

Was viele Kritiker allerdings übersahen, war die erstaunliche Tatsache, dass der kritische Religionsforscher dem Beten gar nicht ablehnend gegenüberstand. Im Gegenteil, er selbst betete häufig und war überzeugt, dass dies durchaus einen (wenn auch nur *subjektiven*) Nutzen habe. Gebete »geben Gelassenheit während der Prüfungen des Lebens und im Schatten des herannahenden Todes«, schrieb Galton. Er machte es sich sogar zur Gewohnheit, jedes Mal, bevor er eine wissenschaftliche Abhandlung verfasste, ein Gebet zu sprechen. Damit wollte er sicherstellen, dass seine Publikationen »nicht von selbstsüchtigen Motiven, sondern von vollständiger Aufrichtigkeit und dem Respekt gegenüber den Gefühlen anderer« durchdrungen seien.

Dass er dennoch so religionskritische Schriften verfasste, hätte für seine Kritiker allerdings ein schlagender Beweis sein können, dass Gebete tatsächlich keine Garantie für gottgefälliges Wirken darstellen.

DIE MORAL DER GLÄUBIGEN

Auch wenn Galtons Studien nicht mehr dem modernen psychologischen Standard entsprechen und heute eher als »experimentelle Theologie« gelten, nahm er doch in gewisser Weise vorweg, was sich in den großen Gebetsstudien der Medizin (siehe Seite 39–41) bestätigte. Doch das ist es nicht, was Galtons Bedeutung heute ausmacht. Religionspsychologen schätzen ihn vielmehr, weil er mit seiner Methode der Korrelationsforschung der Wissenschaft ein höchst effizientes Werkzeug beschert hat. Und wie der britische Pionier damals versuchen auch heute die meisten modernen Psychologen, anhand statistischer Daten Beziehungen zwischen Religiosität und anderen Eigenschaften zu finden.

Kaum jemand kann darüber einen besseren Überblick geben als David Wulff. Der Religionspsychologe vom Wheaton College im amerikanischen Boston hat es sich zur Lebensaufgabe gemacht, sämtliche existierenden religionspsychologischen Studien in seinem voluminösen Standardwerk *Psychology of Religion: Classic and Contemporary* zusammenzutragen und zu bewerten. Überwältigend sei dabei nicht nur die »Zahl und Vielfalt von Ergebnissen«, stöhnt Wulff, sondern auch die Tatsache, dass längst nicht alle Studien miteinander in Einklang stehen, sondern sich zum Teil sogar diametral widersprechen. Es komme durchaus vor, »dass sich statistische Trends unerklärlicherweise ins Gegenteil verkehren«. Daher sollte man sein Urteil nie auf eine einzelne Studie gründen und kein Resultat als der Wahrheit letzten Schluss ansehen. Doch *in der Summe*, wenn man viele Studien zusammennimmt, sind einige Tendenzen und Trends deutlich erkennbar.

Der erste Trend ist für all jene Leser, die bisher an die moralische Veränderungskraft der Religion glaubten, eine bittere Pille: Die überwiegende Mehrzahl aller psychologischen und sozialwissenschaftlichen Studien findet *keine* positiven Auswirkungen der Religion auf das moralische Verhalten der Gläubigen. Manche Forscher bringen sie im Gegenteil sogar mit einigen höchst negativen Charaktereigenschaften in Verbindung. Die Ergebnisse seien »verstörend, besonders für diejenigen, die selbst religiös sind«, fasst David Wulff ein halbes Jahrhundert Sozialforschung zusammen. Obwohl in allen Religionen solche Werte wie Nächstenliebe, Hilfsbereitschaft, Toleranz, Friedensliebe oder Vergebungsbereitschaft hochgehalten werden, zeigt die Probe aufs Exempel, dass religiöse Menschen sie in der Praxis nicht öfter befolgen als nicht religiöse.

Zwar betonen die Gläubigen im Allgemeinen stets, wie wichtig ihnen solche Ideale seien. Doch sobald Psychologen konkreter nachhaken oder die entsprechenden Eigenschaften praktisch testen, schwindet die gute Absicht schnell dahin. Jedenfalls hat eine ganze Reihe von psychologischen Untersuchungen, ähnlich wie das Gute-Samariter-Experiment von Darley und Batson, gezeigt, dass Gläubige keine herausragende Neigung zur Hilfsbereitschaft oder Ehrlichkeit haben. Eine kleine Auswahl:

1950 ergibt eine Befragung von 2000 jungen Erwachsenen, dass ausgerechnet Atheisten und Agnostiker hilfsbereiter gegenüber Bedürftigen sind und Sozialreformen eher befürworten als tief Religiöse. 1969 kommt der Sozialpsychologe Milton Rokeach nach einer ähnlichen Umfrage zu dem Ergebnis, dass religiöse Menschen vor allem mit ihrem persönlichen Heil beschäftigt seien und sozialen Ungerechtigkeiten relativ gleichgültig gegenüberstehen. 1975 ergibt ein Versuch an der University of Washington in Seattle, dass gläubige Collegestudenten genauso oft bei Multiple-choice-Tests schummeln und nicht häufiger bereit sind, geistig behinderten Kindern zu helfen als andere. Und 1986 stellt der kanadische Religionspsychologe Bruce Hunsberger von der Wilfrid Laurier University in Waterloo fest, dass strenggläubige Christen nicht öfter in Hilfsorganisationen mitarbeiten als weniger gläubige.

Beim Versuch, das tatsächliche Verhalten ihrer Untersuchungsobjekte zu messen, griffen die Wissenschaftler in den vergangenen Jahren zu allen erdenklichen Mitteln. Manche Forscher »verloren« adressierte Briefe und hakten nach, wer diese Fundstücke weiterleitete; andere konfrontierten Studenten mit angeblichen Kommilitonen, die scheinbar dringend seelischen Beistand benötigten. Und wieder andere arbeiteten mit fingierten Anrufen. So behauptete 1976 eine Mitarbeiterin des Psychologen Ralph McKenna am Telefon, sie habe eine Autopanne, leider habe sie jetzt die falsche Nummer gewählt; ob man sie wohl bitte mit ihrer Werkstatt verbinden könne? Resultat: Unter den Telefonnummern von Geistlichen wurde ihr nicht öfter geholfen als unter anderen Nummern.

Ähnliches ergaben Experimente zur Messung der Ehrlichkeit. Auch die wurde von Kirchenmitgliedern als hoher moralischer Wert geschätzt; doch in der Praxis schnitten die Mitglieder von Kirchen oder Sekten in der Regel kaum besser ab als jene, die keiner Konfession angehören. So gaben etwa in einer Studie der Soziologin Rose K. Goldsen an der Cornell University 92 Prozent der befragten religiösen Studenten an, es sei »moralisch falsch« zu betrügen; doch zugleich stimmten 87 Prozent dem Statement zu: »Wenn alle anderen betrügen, warum sollte ich es nicht auch tun?« Die Religion übe zwar einen »beschränkenden Einfluss« auf das Moralverhalten aus, stellte der Psychologe Derek S. Wright 1967 fest, doch dieser resultiere vor allem aus einem Bemühen nach Konformität und aus der Frage: Was denken wohl die anderen? Sobald sie sicher sein können, dass ihre Handlungen nicht entdeckt würden, scheuen sich offenbar auch religiöse Menschen nicht, das Gesetz zu übertreten.

Doch es gibt zwei Bereiche des menschlichen Lebens, in denen religiöse Menschen tatsächlich ein gesellschaftlich erwünschtes Verhalten an den Tag legen: im Umgang mit Sex und Drogen. Viele Studien zeigen übereinstimmend, dass Gläubige signifikant seltener illegale Drogen nehmen und in ihrem Sexualverhalten eindeutig mehr den traditionellen Normen folgen; das heißt, sie haben seltener vorehelichen Sex und neigen in der Ehe weniger zu Seitensprüngen. In diesen Punkten führen religiöse Menschen also durchaus ein »moralischeres« Leben; in allen anderen von Religionspsychologen untersuchten Verhaltensweisen zeigen sich solche Unterschiede nicht. Der Psychologe Ronald E. Smith brachte diese Erkenntnis bereits 1975 auf den Punkt: »Dass Menschen das praktizieren, was sie predigen, scheint eher die Ausnahme als die Regel zu sein.«

KURVILINEARE ZUSAMMENHÄNGE

Wie kann das sein? Stimmt es wirklich, dass das gute Image der Religionen pure Einbildung ist? Haben Gottesdienst und Abendmahl, Bibellektüre oder Bußübungen – wie die zitierten Untersuchungen nahelegen – bestenfalls keinen, schlimmstenfalls einen negativen Einfluss? Ein zweiter Blick zeigt, dass ein solch pauschaler Schluss voreilig wäre.

Erstens ist festzuhalten, dass die allermeisten Untersuchungen aus den Vereinigten Staaten stammen und sich auf amerikanische (meist weiße) Christen beziehen. Ähnlich wie seinerzeit die Kritiker von Francis Galton könnte man also argumentieren, dass die Studien nicht den Einfluss *der Religion* an sich erfassen, sondern nur denjenigen verschiedener christlicher Gruppen im Nordamerika des 20. Jahrhunderts.

Zweitens gibt es in fast jeder Studie Ausnahmen von der Regel; Probanden, die dem allgemeinen Trend widersprechen und sich als deutlich moralischer (oder amoralischer) als ihre Glaubensbrüder und -schwestern erweisen. Das deutet darauf hin, dass das Etikett »religiös« viel zu allgemein gehalten ist und sich daher auch keine einfache Beziehung zu bestimmten Charakterzügen herstellen lässt. Zum Zwecke einer Untersuchung mag man religiöse und nicht religiöse Menschen einfach danach unterscheiden, ob sie einer Konfession angehören oder in die Kirche gehen. Doch erstens sind nicht alle Kirchen gleich; und zweitens sind auch die Anhänger einer bestimmten Konfession nicht über einen Kamm zu scheren. Manche sind mehr, andere weniger gläubig; oder sie folgen vielleicht einem Glauben, der in kein Raster passt. Eine ehemalige Nonne, die wegen heftiger Zweifel an der Institution aus ihrem Orden und der Kirche ausgetreten ist, mag im Raster eines Fragebogens als »areligiös« gelten. Doch tatsächlich sucht sie im Privaten vielleicht häufiger Zwiesprache mit Gott als ein Gewohnheitschrist, der sich nur des guten Ansehens oder der Familie zuliebe zum Gottesdienst bequemt.

Daher haben sich einige Psychologen bemüht, ihre Ergebnisse auch nach dem *Grad* oder der *Art der Religiosität* zu differenzieren. Und dabei kommen unerwartete Phänomene zum Vorschein.

In einigen Studien zeigen sich nämlich die größten Gemeinsamkeiten ausgerechnet zwischen den Extremen, den »Nicht-gläubigen« einerseits und den sogenannten »Hochreligiösen« auf der anderen Seite. Diese beiden Gruppen setzen sich in ihrem Verhalten deutlich ab von der großen Masse der schwach Gläubigen, deren religiöse Flamme nur auf kleiner Stufe brennt. Das gilt insbesondere für die Neigung zur Toleranz beziehungsweise zu Vorurteilen gegenüber Andersdenkenden.

Eine klassische Studie, die diesen Zusammenhang illustriert, stammt von Elmar Struening, heute Epidemiologe am New York State Psychiatric Institute. Als junger Wissenschaftler untersuchte Struening 1963 das Personal einer großen mittelwestlichen Universität im Hinblick auf verschiedene Faktoren wie Autoritätsgläubigkeit und Neigung zu Vorurteilen. Dabei stellte er fest, dass sich vor allem jene Gläubigen als vorurteilsbeladen zeigten, die relativ selten in die Kirche gingen. Die höchsten Vorurteilswerte wiesen in Struenings Studie diejenigen auf, die nur ein oder zweimal pro Monat dem Gottesdienst beiwohnten. Offen und unvoreingenommen zeigten sich dagegen die Athe-

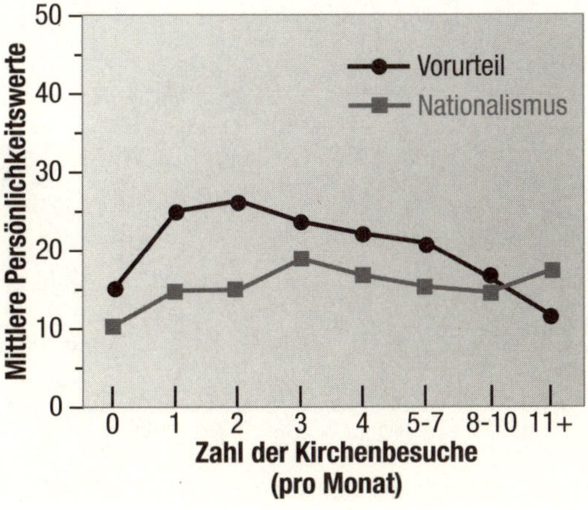

Persönlichkeitsmerkmale in Abhängigkeit von der Häufigkeit des Kirchgangs: mit zunehmender Frömmigkeit nimmt die Neigung zu Vorurteilen zunächst zu – und bei Hochreligiösen wieder ab (nach Struening).

isten – und jene, die häufiger als acht- bis zehnmal pro Monat die Kirche besuchten. Die »Hochreligiösen«, die elfmal und öfter dem Gottesdienst folgten, erwiesen sich sogar am vorurteilsfreiesten.

Religionspsychologen bezeichnen dieses paradoxe Phänomen gerne auch als »kurvilinearen Zusammenhang«: Die negativen Effekte der Religiosität nehmen zunächst mit dem Grad der Frömmigkeit zu, verringern sich allerdings wieder, wenn dieser eine bestimmte Schwelle überschreitet. (Man könnte auch sagen: Die Messkurve folgt einer umgekehrt u-förmigen Linie.) Erstaunlich ist, dass sich derselbe Zusammenhang auch bei anderen Faktoren zeigt.

So wertete 1980 der Psychologe Phillip R. Shaver, der heute an der University of California (Davis) lehrt, die Antworten von 2500 amerikanischen Frauen aus, die per Fragebogen Auskunft über Religiosität, Wohlbefinden und Gesundheit gegeben hatten.

Ergebnis: Jene, die sich selbst als »schwach religiös« beschrieben, waren nicht nur am unglücklichsten, sondern zeig-

Die Studie von Phillip Shaver

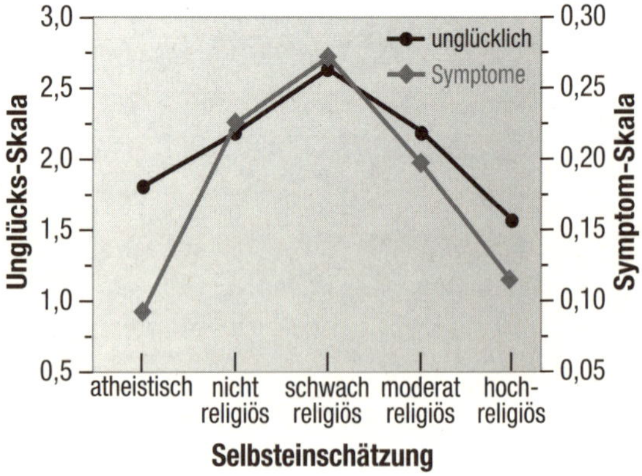

ten auch die meisten Krankheitssymptome. Den Hochreligiösen ging es dagegen genauso gut wie den Nichtreligiösen.

Zum selben Resultat gelangte die Psychologin Annette Dörr, die anhand von 162 Befragten in Deutschland den Zusammenhang zwischen Depression und Religion erforschte: Wer auf einer sorgsam erhobenen Religionsskala extrem hohe (oder niedrige) Werte erzielte, klagte am seltensten über Depressionen; die häufigsten Symptome wiesen Personen auf, die auf der Skala im Mittelfeld landeten. Sowohl Shaver als auch Dörr interpretierten diese Befunde als Bestätigung einer Hypothese, die schon William James formuliert hatte: Glaubens*gewissheit* ist häufig entscheidender als der Glaube per se. Offenbar wirken sich klare religiöse Überzeugungen (in welcher Richtung auch immer) positiv auf die Gesundheit aus; wer dagegen ständig innerlich mit sich ringt, leidet seelisch wie physisch mehr unter Spannungen und Dissonanzen.

WER FOLTERT AM SKRUPELLOSESTEN?

Es leuchtet ein, dass eine ausgeglichene innere Haltung sowohl die eigene Gesundheit als auch das Verhältnis zu anderen Menschen positiv beeinflusst. Offenbar tut es der Seelenhygiene gut, sein Verhältnis zu Gott (oder anderen höheren Mächten) zu klären; zu welchem Ergebnis man dabei kommt – ob man sich ganz in seinen Glauben fallen lässt oder komplett darauf verzichtet –, scheint, zumindest aus psychologischer Sicht, zweitrangig. Hauptsache, man ist mit sich selbst im Reinen.

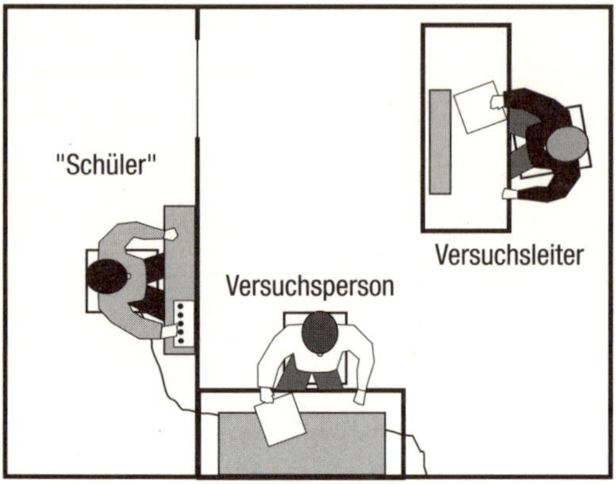

Der Aufbau des Milgram-Experiments

Dass dieser Effekt nicht einfach nur die abstrakten Messwerte einiger Religionspsychologen betrifft, sondern möglicherweise in der Praxis drastische Auswirkungen hat, beweist das berühmt-berüchtigte Milgram-Experiment. Bei diesem Klassiker der Sozialpsychologie wird einer Versuchsperson vorgegaukelt, sie nehme teil an einem Versuch, bei dem es um den Zusammenhang von Bestrafung und Lernerfolg geht. Die Probanden müssen dabei in die Rolle eines »Lehrers« schlüpfen und die Fortschritte einer anderen Versuchsperson (des »Schülers«) kontrollieren. Bei jedem Fehler, so erklärt der Versuchsleiter dem Probanden, müsse er dem Schüler einen elektrischen Schlag verabreichen; dabei werde dessen Stärke im Lauf des Experiments immer mehr gesteigert. In Wahrheit werden die Stromschläge nur vorgetäuscht, und der »Schüler« ist ein Schauspieler, der auf die Schläge mit genau einstudierten Schmerzensschreien reagiert.

Als Stanley Milgram dieses Experiment 1962 erstmals durchführte, war das Ergebnis schockierend: Kaum ein Teilnehmer weigerte sich, an dem unmenschlichen Versuch teilzunehmen oder ihn abzubrechen, selbst dann nicht, wenn der »Schüler« sich scheinbar vor Schmerzen wand und darum bat, aufhören zu dürfen; viele »Lehrer« äußerten zwar Bedenken, folgten dann aber doch brav den Anweisungen des Versuchsleiters, der ihnen sagte, das Experiment und die Stromschläge seien nun einmal im Dienste der Wissenschaft nötig. Etwa zwei Drittel der Teilnehmer waren sogar bereit, an die Obergrenze zu gehen und »Elektroschocks« von 450 Volt zu verabreichen.

Dieses erschreckende Ergebnis erregte seinerzeit weltweites Aufsehen. Es schien wie bestellt, die These Hannah Arendts von der »Banalität des Bösen« zu bestätigen, derzufolge Naziverbrecher wie Adolf Eichmann Bürokraten waren, die nichts anderes taten, als ihren Vorgesetzten Folge zu leisten. Und dieser Hang zum Gehorsam war offenbar universeller verbreitet, als man jemals zu denken gewagt hatte.

Milgram selbst bekannte damals: »Früher habe ich mich gefragt, ob eine grausame Regierung in den ganzen USA genug moralische Dummköpfe finden könnte, um den Personalbedarf für ein nationales System von Konzentrationslagern, wie es sie in Deutschland gegeben hat, zu decken. Jetzt glaube ich langsam, dass die ganze Belegschaft allein in New Haven rekrutiert werden könnte.«

Ein ähnliches Ergebnis erbrachte 1971 Philip Zimbardos »Stanford-Prison-Experiment«. Auch darin zeigte sich, dass durch entsprechende äußere Umstände aus normalen Bürgern in wenigen Tagen sadistische Gefängnisaufseher werden.

Schon Milgram, der sein Experiment in mehr als zwanzig Variationen mit über tausend Versuchspersonen durchführte, stellte dabei fest, dass das Verhalten der Versuchspersonen stark von der jeweiligen Situation abhing. Je mehr Kontakt die »Lehrer« zu dem »Schüler« bekamen, umso weniger waren sie bereit, bis zur maximalen Voltzahl zu gehen. Ein ähnlicher Effekt trat ein, wenn der Versuchsleiter den Raum verließ oder wenn andere Personen im Raum waren, die gegen das Experiment protestierten.

Der Psychologe war seinerzeit allerdings nicht auf die Idee gekommen, den Gehorsam seiner Probanden in Abhängigkeit von ihrem religiösen Profil zu messen. Dies holten die Psychologen David Bock und Neil Warren vom Fuller Theological Seminary in einem ähnlichen Experiment Anfang der Siebzigerjahre nach. Sie erwarteten, dass Menschen mit extrem starkem (oder extrem schwachem) Glauben den autoritären Anweisungen des Versuchsleiters eher folgen würden als »moderat Religiöse«, die »ihre Werte mehr ausbalanciert« haben. Das Gegenteil war der Fall: Die Teilnehmer mit extremen Glaubensüberzeugungen brachen das Experiment am frühesten ab (im Mittel bei etwa 300 Volt). Die durchschnittlich Gläubigen erwiesen sich dagegen in Bocks und Warrens Versuchsanordnung als die schlimmeren Folterknechte und gingen im Schnitt bis 400 Volt.

Selbst überrascht von diesem Ergebnis, erklärten es die Forscher damit, dass Menschen mit starken Glaubensüberzeugungen eher gewohnt sind, eindeutig Position zu beziehen. Geraten sie in Stresssituationen, seien sie daher besser in der Lage, in Übereinstimmung mit ihrem Moralgefühl zu handeln. Die religiös Moderaten dagegen seien die wahren Agnostiker, jene, »die sich nicht sicher sind«, schreiben Bock und Warren. In unsicheren Situationen tendierten sie dazu, anderen die Entscheidung zu überlassen. Werden sie, wie in dem Experiment, auch noch dazu gedrängt, seien sie schnell bereit, ihre moralischen Maßstäbe aufzugeben. »Widerstehen konnten nur jene, die daran gewöhnt waren, selbst unabhängige Entscheidungen zu treffen«, resümierten die Psychologen.

Ob sich ein ähnlicher Zusammenhang auch unter realen Bedingungen zeigen ließe? Es wäre zum Beispiel interessant zu wissen, in welche religiöse Kategorie jene amerikanischen Soldaten fallen, die mit ihren Folterexzessen im Gefängnis von Abu Ghraib für weltweites Aufsehen gesorgt haben. Doch solche Feldstudien sind in den Vereinigten Staaten, vor allem zur Zeit des Irak-Krieges, nicht gerade in Mode. Das liegt zum einen daran, dass psychologische Experimente wie jene von Milgram, Zimbardo oder Bock und Warren heute als unethisch gelten und nicht mehr durchgeführt werden können. Andererseits scheint momentan kein allzu großes Interesse mehr daran zu bestehen, solche beunruhigenden Zusammenhänge zwischen Glauben und moralischem Verhalten aufzudecken. Insbesondere in den Vereinigten Staaten, in denen heute religiöse Gruppen massiv Einfluss auf die Politik nehmen, will man von den dunklen Seiten des Glaubens offenbar nichts mehr hören (und wenn, dann allenfalls von jenen des muslimischen Glaubens).

Dabei gäbe es durchaus Grund zum Selbstzweifel. So zeigte etwa 2005 eine internationale Vergleichsstudie des amerikanischen Soziologen Gregory Paul, dass die USA nicht nur den höchsten Anteil aller Gottgläubigen in den Industrieländern aufweisen, sondern auch den höchsten Grad an »sozialer Dysfunktionalität«. Nirgendwo sonst ist die Mordrate und die Zahl der Schwangerschaftsabbrüche von Teenagern so hoch.

Doch kritische Untersuchungen wie jene von Paul bilden die Ausnahme. Im Trend liegen eher die, in Kapitel I erwähnten, Studien zum positiven medizinischen Effekt der Religion. Auch die Rolle des Glaubens beim *coping* (von engl.: *to cope* = mit etwas fertig werden), also bei der Bewältigung von Lebenskrisen, wird gern hervorgehoben. Solche Untersuchungen zum *positiven* Nutzen religiöser Zugehörigkeit werden in den USA derzeit massiv von der Templeton-Stiftung gefördert (siehe S. 173). Die religions*kritischen* Experimente aus den 1960er-, 70er- und 80er-Jahren dagegen werden kaum noch fortgeführt.

AUTORITÄRE CHARAKTERE

Es lohnt sich daher, noch ein wenig bei den schon etwas älteren Untersuchungen zu verweilen. Sie lehren nämlich auch, dass der kurvilineare Zusammenhang nicht in jedem Falle gilt. Manche Korrelationen sind durchaus linear, das heißt: Je frommer (oder religiöser) die betreffenden Personen sind, umso deutlicher tritt eine bestimmte Eigenschaft hervor. Das gilt besonders für jene Charakterzüge, die Forscher unter der Sammelbezeichnung der »autoritären Persönlichkeit« dargestellt haben.

Dieser Begriff, der im Wesentlichen[2] auf Theodor W. Adornos Studie *The Authoritarian Personality* aus dem Jahr 1950 zurückgeht, umschreibt ein Set von Persönlichkeitseigenschaften, die ein Potenzial für antidemokratische und faschistische Einstellungen und Verhaltensweisen darstellen. Die ich-schwache, autoritäre Persönlichkeit ist demnach gekennzeichnet durch Unterwürfigkeit gegenüber idealisierten Autoritäten der Eigengruppe, durch Misstrauen und Feindseligkeit gegenüber Andersdenkenden und eine Tendenz, Verstöße gegen die herrschende Moral zu ahnden. Der Begriff mag heute anachronistisch erscheinen, doch nach dem Horror des Zweiten Weltkriegs waren viele Sozialwissenschaftler daran interessiert, die psychologischen Ursachen für das Auftreten faschistischer und antidemokratischer Einstellungen zu erforschen, um in Zukunft ähnliche Schreckensherrschaften zu verhindern.

Im Zuge solcher Untersuchungen wurden immer wieder Zusammenhänge zwischen Autoritätsgläubigkeit und ausgeprägter Frömmigkeit gefunden. Das gilt vor allem für Gläubige, die als »religiös orthodox« beschrieben werden können (von *orthos* = richtig; *doxa* = Glaube), die also ein bestimmtes (meist in sich geschlossenes) Glaubenssystem streng vertreten und jegliche Abweichung davon verdammen.

Am deutlichsten hat dies vielleicht der Neuropsychologe Elbert W. Russell formuliert, der Anfang der Siebzigerjahre im Auftrag des Kanadischen Friedensforschungsinstituts sämtliche bis dahin vorliegenden (nordamerikanischen) Untersuchungen über den Zusammenhang von christlichen Überzeugungen und politischen Einstellungen analysierte. Sein Ergebnis: »Je strenger religiös und je orthodoxer eine Person oder Gruppe ist, desto militaristischer werden ihre Einstellungen wahrscheinlich sein.« Strenggläubige Christen erwiesen sich in nahezu allen Studien als nationalistischer, autoritätsgläubiger und konservativer als der Durchschnitt; sie befürworteten eher harte Strafen für Gesetzesbrecher, engagierten sich seltener in Friedensdiensten und wiesen eine hohe Bereitschaft zu Antisemitismus, Voreingenommenheit gegenüber nationalen Minderheiten (Ethnozentrismus) und anderen Vorurteilen auf. Russell – der selbst der pazifistischen Quäker-Sekte angehört – sprach in diesem Zusammenhang gar von einem »autoritär-punitiven« Komplex, dessen Ursache er in jenem strengen, strafenden Gottesbild sieht, das im Alten Testament vermittelt wurde und dem manche Kirchen noch immer anhängen. »Die Früchte des Christentums«, so notierte Russell erstaunt, entsprächen »offenbar dem genauen Gegenteil seines Ideals der Liebe.«

Symptomatisch dafür waren zum Beispiel die Kommentare von Pastoren, die nach ihrer Haltung zum Vietnamkrieg befragt wurden. Zwar waren 85 Prozent der Geistlichen der Ansicht, dass Krieg gegen den Willen Gottes sei; aber die Forderung, »Christen sollten auf Beendigung der Feindseligkeiten drängen, falls nötig sogar zu den Bedingungen des Feindes« unterstützten nur 15 Prozent. Viele Pastoren erklärten diesen Widerspruch damit, dass Kommunisten ja Atheisten seien, und man daher mit ihnen nicht auf christliche Weise umgehen könne. Man müsse im Gegenteil mit den Kommunisten »in deren eigener Sprache« sprechen (im Klartext: sie in Grund und Boden bomben).

Auch der kanadische Psychologe Robert Altemeyer, der über einen Zeitraum von zwanzig Jahren die Beziehung zwischen Religion und autoritären Einstellungen untersucht hat, gelangt zu dem eindeutigen Ergebnis: »Wer autoritätsgläubig ist, tendiert dazu, religiös zu sein und umgekehrt.« Dass sich dabei die höchsten Korrelationen ausgerechnet bei strenggläubigen Christen finden, sei »besonders ironisch«, schreibt Altemeyer, »da die Evangelien Jesus von Nazareth vor allem als jemand schildern, der tolerant und vergebungsbereit ist und eine Botschaft universeller Liebe predigt«.

Freilich verweisen nahezu alle Forscher darauf, dass auch in diesen Studien stets Ausnahmen von der Regel zu finden sind: Gläubige, die extrem pazifistisch eingestellt sind, die tolerant und vorurteilslos auf ihre Nächsten zugehen und alles andere als autoritätsgläubig sind. Das war übrigens schon Theodor W. Adorno aufgefallen: In seiner klassischen Studie erwiesen sich vor allem jene Gläubigen als tolerant, »die Religion in einer verinnerlichten Weise ernst« nähmen. Sie hätten weniger Vorurteile und würden »den Ethnozentrismus eher ablehnen«, schrieb Adorno.

EIN KURZES RESÜMEE

Entgegen den landläufigen Erwartungen zeichnen sich religiöse Menschen also im Allgemeinen nicht durch ein besonders humanitäres Verhalten aus; sie sind – zumindest in wissenschaftlichen Experimenten – im Schnitt *nicht* hilfsbereiter, *nicht* ehrlicher und auch *nicht* toleranter als Atheisten; dafür scheinen Angehörige (insbesondere streng-)gläubiger Gemeinschaften eher bereit, sich Autoritätspersonen zu unterwerfen, sie sind vorurteilsbeladener und haben eine Tendenz zu nationalistischen und militaristischen Einstellungen. Aus den Studien tritt uns also ein psychologisches Grundmuster entgegen, in dem man die Signatur des Fundamentalismus entdecken kann.

Nun könnte man fragen, welche Umstände zusammenkommen müssen, damit solche Neigungen sich zum Extrem des religiösen Fanatikers potenzieren (und würde damit sehr schnell den Bereich der Religionspsychologie verlassen). Doch man kann auch die umgekehrte, nicht minder spannende Frage stellen: Wie kommt es, dass es unter den Gläubigen eben auch das andere Extrem gibt, Vorbilder wie Mutter Teresa oder Martin Luther King und all jene religiösen Helden des Alltags, die durch ihren Glauben nicht engstirniger, sondern geistig offener werden, die (wenn auch vielleicht nur im Kleinen) Nächstenliebe, Toleranz und Selbstlosigkeit praktizieren und dadurch zu einem Beispiel für ihre Mitmenschen werden?

Dieser Frage soll der folgende kurze Absatz gewidmet sein. Denn sie geht im permanenten öffentlichen Diskurs über Ursachen und Gefahren des Fundamentalismus häufig unter. Dabei ist sie für das Verständnis von Religion mindestens ebenso wichtig.

4 Eine Typologie der Gläubigen

Im vorangegangenen Kapitel wurde klar, dass die üblicherweise erhobenen sichtbaren Zeichen von Religiosität (Mitgliedschaft in einer Glaubensgemeinschaft, Häufigkeit des Kirchgangs etc.) nicht viel über die individuelle Einstellung und das Verhalten eines Gläubigen aussagen. Offenbar bedarf es anderer Indizien, will man über die tatsächliche innere Einstellung eines Gläubigen Aufschluss gewinnen. Einen ersten Versuch in diese Richtung unternahm Ende der Sechzigerjahre der Persönlichkeitstheoretiker und Sozialpsychologe Gordon W. Allport. Angeregt von Adornos Erkenntnis, dass für manche Menschen Religion nur ein Mittel, für andere dagegen ein inneres Bedürfnis ist, entwickelte Allport die Unterscheidung von äußerlicher (»extrinsischer«) und innerlicher (»intrinsischer«) Glaubensorientierung.

Der *extrinsische* Typus ist laut Allport dadurch gekennzeichnet, dass er den Glauben vor allem unter dem Aspekt der Zweckdienlichkeit betrachtet; er braucht ihn zur Befriedigung seines Bedürfnisses nach Trost und Heil und erhofft sich von ihm soziale Einbindung, dementsprechend wichtig sind ihm die institutionalisierten, geselligen Aspekte der Religion. Der *intrinsische* Typus dagegen führt ein verinnerlichtes Glaubensleben, das weniger den persönlichen Vorteil als vielmehr die

Fragebogen zur Ermittlung innerlicher und äußerlicher Religiosität

I1:	Ich lese gern über meine Religion.
-I2 (inv.):	Es ist mir ziemlich egal, woran ich glaube, solange ich ein guter Mensch bin.
I3:	Es ist mir wichtig, Zeit für eigene Gedanken und Gebete zu haben.
I4:	Ich habe Gottes Gegenwart schon oft deutlich verspürt.
I5:	Ich bemühe mich sehr, im Einklang mit meinen religiösen Überzeugungen zu leben.
-I6 (inv.):	Ich bin zwar religiös, aber das spielt in meinem Alltag keine große Rolle.
I7:	Meine ganze Weltanschauung gründet sich auf meinen Glauben.
-I8 (inv.):	Obwohl ich gläubig bin, gibt es viele andere Dinge in meinem Leben, die mir mehr bedeuten.
E_p1:	Ich bete vor allem, um Erleichterung und Schutz zu erhalten.
E_p2:	Was ich von meinem Glauben habe, ist Trost bei Kummer und Sorgen.
E_p3:	Beten verhilft zu Frieden und Glück.
E_s1:	Ich gehe in die Kirche, weil es mir hilft, Leute kennenzulernen.
E_s2:	Ich gehe in die Kirche, um mit Freunden zusammenzusein.
E_s3:	Ich gehe vor allem in die Kirche, weil ich meine Bekannten dort gern sehe.

I = Intrinsische Religiosität, E_s = Extrinsisch-sozial, E_p = extrinsisch-personal

religiösen Werte in den Mittelpunkt stellt und durch das Bemühen gekennzeichnet ist, diese in allen Situationen zum Ausdruck zu bringen – sogar wenn der oder die Glaubende dadurch selbst Nachteile erleidet.

Zur empirischen Erfassung dieser beiden religiösen Orientierungen entwickelte Allport (gemeinsam mit Michael Ross) 1967 einen Fragebogen, der unter dem Namen Allport-Ross-Orientierungsskala heute zu den meistbenutzten in der Religionspsychologie zählt. Mit Statements wie »Ich bemühe mich sehr, im Einklang mit meinen religiösen Überzeugungen zu leben« oder »Ich lese Bücher über meinen Glauben« wird dabei die intrinsische Komponente erfasst. Die extrinsische spiegelt sich in Aussagen wider wie: »Ich gehe in die Kirche, weil es mir hilft, Leute kennenzulernen« oder »Obwohl ich religiös bin, lehne ich es ab, dass religiöse Überzeugungen mein Leben bestimmen.«

Wie Allport vermutete, ergaben Untersuchungen mithilfe solcher Fragebögen, dass es vor allem die extrinsischen Typen sind, die sich als vorurteilsbeladen, dogmatisch, autoritätsgläubig und ethnozentristisch erweisen. Die intrinsisch Religiösen dagegen zeigten sich in der Regel aufgeschlossener, toleranter und oft auch hilfsbereiter. Liefern diese zwei Begriffe also einen Maßstab für »gute« und »schlechte« Religion?

Leider ist die Realität nicht so simpel, wie man sie in der Theorie gerne hätte. Denn nicht alle Studien bestätigten Allports erste Vermutung. In einigen Untersuchungen wiesen die Korrelationen auch in die Gegenrichtung: »Innerlich« Glaubende können zum Beispiel eine hohe Autoritätsgläubigkeit entfalten oder Vorurteile hegen; außerdem zeigte sich, dass die Begriffe ex- und intrinsisch nicht auf jede religiöse Gruppierung in jedem Land problemlos übertragbar waren.

Die Skala von Allport und Ross stellt nicht den einzigen Versuch einer Typologie der Gläubigen dar. Andere, zum Teil sehr viel komplexere Modelle folgten, die alle ihre Stärken und Schwächen haben. Der für unsere Thematik vielleicht interessanteste Vorschlag stammt von dem Psychologen Daniel Batson, der 1973 das eingangs beschriebene Gute-Samariter-Experiment durchführte. Irritiert vom Ergebnis seines Versuchs setzte Batson – der heute an der University of Kansas lehrt – seine Forschungen jahrelang fort, um ein klareres Bild davon zu bekommen, wer unter welchen Umständen zum guten Samariter wird.

Denn sein erstes Experiment hatte ja nicht nur bewiesen, dass die meisten Versuchspersonen unter hohem Zeitdruck an einem hilfsbedürftigen Menschen vorbeihasten, sondern eben auch gezeigt, dass manche trotz der Eile stehen bleiben. Einige dieser mitfühlenden Probanden wollten ihre Hilfe dem »Opfer« sogar gegen dessen erklärten Willen aufdrängen. Was unterscheidet diese »Superhelfer« von anderen?

Angetrieben von solchen Fragen, entwickelte Batson den Ansatz von Allport und Ross weiter, indem er – neben ex- und intrinsisch – noch eine dritte Kategorie einführte, die sogenannte »Quest«-Skala (engl.: *quest* = Suche). Batson zufolge ist für den Quest-Typus eine religiöse Erfahrung nicht in erster Linie durch ihren Bezug zu religiösen Begriffen oder Objekten (wie Gott, Kirche oder Ähnliches) gekennzeichnet, sondern durch ihren Bezug zu Konflikten, dic »den Kern der eigenen Existenz in Frage stellen«. Eine typische Quest-Frage wäre etwa: »Was ist angesichts des Todes der Sinn des Lebens?«[3]

Eine solche Art von Religiosität ist zunächst einmal völlig unabhängig von überlieferten Glaubenssätzen und konfessionellen Eigenheiten. Und statt zu Dogmatismus und Orthodoxie neigt der Quest-Typus eher zur selbstkritischen Hinterfragung und zum kontinuierlichen Zweifel an endgültigen Antworten. Für Batson, der sowohl Psychologe als auch Theologe ist, stimmt diese Haltung durchaus mit dem Kern der christlichen Botschaft überein. Diese fordere die Gläubigen schließlich zu einem radikalen Infragestellen ihrer normalen Weltsicht auf, zu einer fundamentalen Re-Orientierung der eigenen Person. »Die christliche Hoffnung«, schrieb Batson, »liegt nicht so sehr in einem überlieferten Konzept oder Ereignis (zum Beispiel der Menschwerdung Jesu oder seiner Auferstehung), sondern in einer Haltung, einer Bewegung des Aus-sich-heraus-Gehens in liebendem Bemühen um seinen Nächsten.« Dieses Verständnis von Batson erklärt auch, was ihn antrieb, das Samariter-Experiment und andere Versuche zur Hilfsbereitschaft anzustellen.

Batsons Quest-Orientierung bildet zweifellos einen deutlichen Gegenpol zu einer orthodoxen Glaubenshaltung. Und wenn man Teilnehmer an religionspsychologischen Experimenten nach solchen Kategorien unterscheidet, erweisen sich jene mit einer Quest-Orientierung in der Regel tatsächlich als toleranter in sozialen und politischen Fragen; sie sind weniger autoritätshörig als andere Gläubige und lehnen rassistische Diskriminierung deutlicher ab. Außerdem hat Batson Belege dafür zusammengetragen, dass Quest-Typen ihre Hilfsbereitschaft weniger von sozialer Anerkennung abhängig machen und mehr den tatsächlichen Bedürfnissen des Notleidenden anpassen.

DER HUMUS DER HEILIGEN

Ist also die Quest-Orientierung der Humus, auf dem die Heiligen gedeihen? Gibt diese psychologische Kategorie vielleicht sogar ein Maß für »wahre« Religion?

Die Vorstellung ist verführerisch. Leider gibt es ein Problem mit dieser Art von Religiosität: Auch wenn nahezu alle religiösen Traditionen dieses Element der Suche kennen, so reicht es alleine nicht aus, um zu einem tiefen Glauben zu finden. An irgendeinem Punkt muss man seine Zweifel auch überwinden, um die Kraft des Glaubens und der Überzeugung spüren zu können. Wer stets alles bezweifelt und selbstkritisch hinterfragt, wird dieses Stadium der Religiosität kaum erleben; er mag zwar zu einem toleranten, umfassend gebildeten Religionsgelehrten werden, doch er findet wohl kaum jene Ruhe im Geist, die ein echt gläubiger Mensch verspürt.

Das berührt jenen Punkt, den auch der Reporter William Lobdell am Ende seines langen Glaubenskampfes erkennt: Jeder Glaube, egal wie gut man ihn intellektuell auch hinterfragen und begründen mag, setzt irgendwann voraus, dass man vertrauensvoll ins Ungewisse springt (sonst wäre es kein Glaube). Und die dazu nötige Sicherheit kommt – wenn sie denn kommt – nicht aus einem klugen Räsonnieren, sondern aus einer tieferen Schicht unseres Bewusstseins, über die wir nur bedingt Kontrolle haben. Deshalb sind alle Religionen auch gut beraten, wenn sie weniger an den Kopf als vielmehr an das Herz der Menschen appellieren.

Dies wurde sogar streng wissenschaftlich nachgewiesen: Bereits 1929 untersuchte der Psychologe Goodwin Watson die Wirkung verschiedener Arten von Gottesdiensten. Bei seiner »Testgemeinde« kamen jene Messen am besten an, die auf intensive Gefühle und stimmungsvolle Musik setzten. Am schlechtesten dagegen schnitten in Watsons Versuch jene Gottesdienste ab, die abstrakte Betrachtungen über moralische Fragen oder die Natur des Universums (also typische *quest*-Themen) in den Mittelpunkt stellten.

Es scheint also, als ob all jene religiösen Eigenheiten, die Psychologen in den vergangenen Jahrzehnten mühsam auseinandersortiert haben, am Ende in der Person des Gläubigen doch wieder zusammenkommen müssen: der Zweifel und die Suche ebenso wie die innere Überzeugung von einer tiefen Verbundenheit, die im Idealfall auch noch im Einklang ist mit den extrinsischen Faktoren, die eine Gemeinde oder Gruppe zusammenhalten. Die religiöse Kunst bestünde dann darin, in sich das rechte Mischungsverhältnis zu finden; also eine Überzeugungskraft auszubilden, die frei von Dogmatismus ist; eine Festigkeit im Glauben anzustreben, die ohne Vorurteile auskommt; und eine religiöse Demut zu leben, ohne der Schwäche der Autoritätshörigkeit zu verfallen.

Wie man dies erreicht – das verraten die religionspsychologischen Experimente leider nicht. Dazu kann man sich nur ein Beispiel an jenen Menschen nehmen, die diese Art von Standfestigkeit und Offenheit vorleben. Die Befunde der Psychologie können allerdings die Funktion von Warnschildern übernehmen, die aufzeigen, wo Abgründe und Gefahren lauern. Die Neigung, sich selbst für moralischer, rechtgläubiger oder überlegener zu halten als andere, ist schließlich unter den Anhängern aller Glaubensrichtungen verbreitet. Und kein religiöses System kann für sich in Anspruch nehmen, von den dunklen Seiten des Dogmatismus, der Intoleranz und der Autoritätshörigkeit völlig frei zu sein.

Solche Schattenseiten der Religion zu leugnen, hieße nur, sich in die Sackgasse der Selbstgerechtigkeit hineinzumanövrieren – oder die Sünden der jeweiligen Religionsvergangenheit nicht genau genug studiert zu haben. Die psychologischen Grundmuster des Glaubens in den Blick zu nehmen, ist – so gesehen – nicht etwa ein Zeichen von Glaubensschwäche, sondern im Gegenteil eine Voraussetzung für eine reife Religiosität, die um ihre eigenen Schwächen weiß. Auf diese Weise kann man übrigens den Begriff der »Erleuchtung«, der neuerdings auch im Westen in Mode kommt, psychologisch verstehen. Es ist ein groteskes Missverständnis zu meinen, ein »Erleuchteter« sei ein über allen Wassern schwebender Heiliger, dem jeder menschliche Makel fremd ist. (Auch wenn diese Illusion von allerlei Gurus und »spirituellen Lehrern« gern genährt wird.) Im Gegenteil: Erleuchtung im tiefen Sinne hieße, die dunklen Seiten in seiner eigenen Psyche vollständig *auszuleuchten*, sie sichtbar zu machen und zu studieren – und zu lernen, wie mit ihnen umzugehen ist.

Nur wer um die Dunkelheit weiß, vermag den Wert des Lichtes zu schätzen.

INTERVIEW IM JENSEITS

Eine Hommage an den Religionspsychologen William James

William James (1842–1910)

Nach diesem langen Kapitel über die Ergebnisse der Religionspsychologie wird es Zeit für die nächste Begegnung. Zugleich soll dabei ein spiritistisches Experiment gewagt werden. Versuchen wir eine Kontaktaufnahme mit einem der interessantesten Spiritismus-Forscher, den die Wissenschaft je kannte!

Die Rede ist von dem amerikanischen Psychologen und Philosophen William James, der 1842 geboren wurde und 1910 starb. (Keine Sorge, im Rest des Buches werden wir ausschließlich lebenden Personen begegnen!) Heute ist er eine Legende der Wissenschaft, zu seinen Lebzeiten hatte er den ersten amerikanischen Lehrstuhl für Psychologie an der Harvard University inne. 1890 verfasste er das erste englischsprachige Lehrbuch der Psychologie und begründete – mit Charles S. Peirce – die philosophische Position des sogenannten Pragmatismus. Und doch trieb sich dieser Säulenheilige der Wissenschaft, der immerhin Präsident der Amerikanischen Psychologischen Gesellschaft war, in spiritistischen Zirkeln herum, nahm am Tischerücken teil und versuchte mithilfe von begabten »Medien« einen Kontakt zum Jenseits herzustellen.

Dabei war James nicht ganz frei von persönlichen Interessen – er hoffte auf eine Kontaktaufnahme mit seinem zweiten Sohn Herman, der mit einem Jahr gestorben war. Zugleich bestand er darauf, das Unternehmen mit größtmöglicher Nüchternheit anzugehen. Gemeinsam mit einigen Kollegen gründete er Ende des 19. Jahrhunderts eine Gesellschaft zur Erforschung des Übernatürlichen und prophezeite, in spätestens fünfundzwanzig Jahren werde die Wissenschaft ein für alle Mal geklärt haben, ob es möglich sei, mit den Toten zu kommunizieren. Dazu besuchten die Geisterjäger nahezu alle einschlägigen spiritistischen Salons zwischen Boston und Bombay, nahmen an Hunderten von Seancen teil und kamen zu dem Urteil, dass die meisten dieser Veranstaltungen mehr oder weniger plumpe Fälschungen seien. Nur in einem Fall, bei dem Medium Leonora Piper, war sich James nicht so sicher. Zwar hielten auch viele ihrer »Offenbarungen« einer wissenschaftlichen Prüfung nicht stand. Doch mitunter beschrieb die Dame, die von ihrem Lehnstuhl aus angeblich ins Totenreich blickte, völlig zutreffend Dinge, von denen sie eigentlich nichts wissen konnte.

In ihrem Wissensdrang gingen James und seine Kollegen so weit, Mrs. Piper – wenn sie im Zustand der Trance war – Ammoniak unter die Nase zu halten oder Nadeln in die Haut zu stechen. Doch dem Geheimnis ihrer Offenbarungen kamen sie dadurch nicht näher. Nach Ablauf der fünfundzwanzig Jahre musste James zugeben, dass all seine Tests zu keinem eindeutigen Ergebnis geführt hatten. »Ich gebe zu, dass ich manchmal versucht bin zu denken, dass der Schöpfer auf ewig beschlossen hat, diesen Teil der Natur für uns rätselhaft zu lassen.«

Diese Episode wirft ein bezeichnendes Licht auf James' Verständnis von Wissenschaft. Es war geprägt von Neugierde und dem Mut, über sämtliche Fachgrenzen hinauszudenken, es beruhte ebenso sehr auf strenger empirischer Logik wie auf selbstkritischer Bescheidenheit. Diese seltene Kombination prädestinierte James wie keinen anderen zur wissenschaftlichen Beschäftigung mit der Religion. Man könnte in William James sogar den Begründer der modernen Religionsforschung sehen. Denn kaum jemals zuvor hatte ein Wissenschaftler versucht, den Gegenstand Religion so umfassend, unvoreingenommen und sachlich abzuhandeln.

James' Ruhm stützt sich vor allem auf seine zwanzigteilige Vorlesungsreihe über *Die Vielfalt religiöser Erfahrung*, die er 1901 und 1902 an der Universität Edinburgh hielt und die wenige Wochen nach deren Abschluss unter dem Titel *The Varieties of Religious Experience* publiziert wurde. Das Mammutwerk, rund 600 Seiten stark, gilt bis heute als der Klassiker der Religionspsychologie schlechthin. Die *Varieties* seien eines der »wenigen Meisterwerke *über* die Religion«, urteilte der australische Philosoph John Leslie Mackie, und der kanadische Philosoph Charles Taylor, der sich im Jahr 2002 mit James' Thesen auseinandersetzte, schreibt: »Es ist erstaunlich, wie wenig veraltet dieses Buch ist. Man glaubt sich nicht in ein anderes Land oder eine andere Zeit versetzt, wenn man es heute liest. (...) Man kann sich sogar dabei ertappen, vergessen zu haben, dass diese Vorlesungen vor hundert Jahren gehalten wurden.«

Dabei geht es James *nicht* darum, religiöse Glaubenssätze zu beweisen oder zu widerlegen; die Frage, ob Gott existiert – die jahrhundertelang die Philosophen umgetrieben hat –, ist für ihn eher nebensächlich; und von eigenen Bekenntnissen will er die Zuhörer erst recht nicht überzeugen. Was ihn dagegen interessiert, ist (wie der Untertitel betont) »eine Studie über die menschliche Natur«; er wirft also einen psychologischen Blick auf die vielfältigen Ausprägungen des religiösen Glaubens.

James ist bewusst, dass dies eine »nahezu unmögliche« Aufgabe sei. Doch er erledigt sie mit Bravour. Als empirisches Material dienen ihm Hunderte autobiografischer Berichte – von Heiligen, Dichtern, Philosophen, exzessiven Gläubigen und vehementen Atheisten –, aufgrund derer er versucht, die Wirkungen religiöser Gefühle zu kategorisieren und zu analysieren. So unterscheidet er die leichtmütige »Religion des gesunden Geistes« (die den persönlichen Erfolg obenan stellt und darauf vertraut, dass die Natur absolut gut ist) von jener der »schwermütigen« oder »kranken Seelen« (die wissen, dass Krankheit, Einsamkeit und Tod zum Lauf des Lebens gehören und die nach einer tiefer gehenden Erlösung von diesem Leiden suchen). Und immer wieder hat man den Eindruck, er beziehe sich geradewegs auf unsere Gegenwart – etwa wenn er die »Geist-Kur«-Bewegung beschreibt, die schon zu seinen Zeiten die Kraft positiven Denkens predigte: »Man hört von einem ›Evangelium der Entspannung‹, von der ›Sorge-dich-nicht-Bewegung‹, von Leuten, die sich schon morgens beim Ankleiden als Motto für den Tag immer wieder die Worte vorsagen: Jugend, Gesundheit, Kraft! In vielen Haushalten ist man dabei, Klagen über das Wetter zu verbieten.« Da sieht man sie geradezu vor sich, die modernen Motivationstrainer und *Simplify-your-life*-Apostel, die in jeder Bahnhofsbuchhandlung ihr Evangelium verkünden.

Es wäre zweifellos interessant, den Begründer der Religionspsychologie heute über seine Meinung zur Gegenwart befragen zu können. Was würde er wohl zum Erstarken fundamentalistischer Strömungen sagen oder zu den Fortschritten der Wissenschaft? Hätte James mit seinen damaligen spiritistischen Studien Erfolg gehabt, wüssten wir vielleicht, wie wir mit ihm in Verbindung treten könnten. Doch der Zugang zum Reich der Toten über spiritistische Medien ist heute so unsicher und unzuverlässig wie im 19. Jahrhundert.

Daher bleibt nur ein Weg, um mit William James' Genie Kontakt aufzunehmen: über ein Studium seiner Schriften. Wer sich dem Denken dieses großen Geistes auf diese Weise nähert, wer sich in seine vor hundert Jahren zu Papier gebrachten Gedanken vertieft, kann – wie Charles Taylor – die Erfahrung machen, dass diese kaum etwas von ihrer Aktualität verloren haben.

Lesen heißt auch, mit der Gedankenwelt eines anderen Menschen in einen Dialog zu treten. Daher sei ein journalistisch-spiritistisches Experiment gewagt: ein posthumes Interview mit William James. Die Fragen, die ich an sein Werk stelle, sind die, die sich aus heutiger Sicht aufdrängen. Die »Antworten« in diesem Gespräch sind durchweg Originalzitate aus *Die Vielfalt religiöser Erfahrung*. Nur manchmal wird, der besseren Lesbarkeit halber, die eine oder andere Formulierung leicht gekürzt, fehlende Vor- oder Nachnamen werden ergänzt, und zum Teil sind die Antworten aus Sätzen zusammengestellt, die James an unterschiedlichen Stellen geäußert hat. Das folgende Gespräch bietet so einen ersten Einblick in das religiöse Verständnis des William James, wenn auch in extrem verdichteter Form. Wem dies zu oberflächlich oder respektlos erscheint, der möge das Original zur Hand nehmen.

Professor James, gestatten Sie uns die Frage, ob wir Sie in Ihrer – hoffentlich himmlischen – Ruhe stören dürfen. Wir würden gern mit Ihnen ein Interview über Ihre Ansichten zur Religion führen. Sollten Sie etwas dagegen haben, bitte ich Sie um ein kräftiges, dreimaliges Klopfen auf den Rücken dieses Buches.

Ihrem Schweigen entnehme ich, dass Sie unserem Experiment zustimmen. Lassen Sie uns also gleich zum Kern kommen. Könnten Sie versuchen, uns das Wesen der Religion in einem Satz zusammenzufassen?

Im Grunde genommen geht es der Religion ausschließlich um die Art und Weise, in der wir das Universum akzeptieren.

Wie meinen Sie diese Definition? Welche Wahl hat man denn?

Akzeptieren wir es nur teilweise und widerwillig oder von Herzen und vollständig? Soll unser Protest gegen gewisse Dinge in ihm radikal und kompromisslos sein, oder sollen wir denken, dass es bei allem Bösen in der Welt Lebensformen gibt, die uns zum Guten führen? Das ist die grundlegende Frage, um die es geht.

Und welche besondere Antwort bieten uns die Religionen an?

Die Religion bringt einen Zauber ins Leben, der nicht rational oder logisch ableitbar ist. Diese Verzauberung kommt – wenn sie kommt – als ein Geschenk; als ein Geschenk des Organismus, werden uns die Physiologen erklären, als ein Geschenk der Gnade Gottes, sagen die Theologen. Es gibt einen Bewusstseinszustand, den ausschließlich religiöse Menschen kennen, in dem an die Stelle unseres Selbstbestätigungs- und Selbstbehauptungswillens die Bereitschaft tritt, zu verstummen und zu einem Nichts zu werden in den Fluten und Orkanen Gottes. Mir scheint, dass Religion für uns nichts anderes bedeuten sollte als diesen neuen Freiheitsraum, in dem der Kampf vorbei ist und der Klang des Universums unsere Ohren füllt.

Das ist sehr poetisch ausgedrückt. Doch was, wenn ein solches Glücksgefühl auf krankhafter Illusion beruht? Einige Hirnforscher und Mediziner erklären heute die religiöse Ekstase mit epileptischen Anfällen oder anderen pathologischen Aussetzern.

In der einen oder anderen Weise kennen wir sicher alle diese Methode, Geisteszustände, die uns unsympathisch sind, in Verruf zu bringen. Medizinischer Materialismus scheint ein guter Ausdruck für diese allzu sehr vereinfachende Denkweise zu sein. Medizinischer Materialismus schließt mit dem heiligen Paulus ab, indem sie seine Vision auf der Straße nach Damaskus eine Entladung aufgrund einer Läsion des Sehzentrums nennt: Paulus sei ein Epileptiker gewesen. Er erledigt die heilige Theresa von Avila als Hysterikerin, den heiligen Franz von Assisi als erbgeschädigt. Das Unbehagen eines George Fox …

… *des Gründervaters der Quäker im 17. Jahrhundert* …

… an der Selbstgefälligkeit seiner Zeit und seine Sehnsucht nach wahrer Spiritualität behandelt er als Symptom einer Darmverstimmung. Thomas Carlyles Klagelieder führt er auf eine Entzündung der Magen- und Zwölffingerdarm-Schleimhäute zurück. Und damit, meint der medizinische Materialismus, habe er der spirituellen Autorität derartiger Personen erfolgreich jegliche Grundlage entzogen.

Sie halten das alles für Quatsch?

Lassen Sie uns die Sache so unvoreingenommen wie möglich betrachten. Der heilige Paulus hatte einst sicher einen epileptoiden, wenn nicht epileptischen Anfall; George Fox war genetisch beschädigt, Carlyle litt zweifellos an Autointoxikation durch irgendeines seiner Organe – und alles Übrige. Aber nun frage ich Sie: In welcher Weise kann eine solche, von der Existenz ausgehende Darstellung von Tatsachen der Geistesgeschichte über deren spirituellen Wert entscheiden?

Nun, wenn die heilige Theresa wirklich hysterisch war und der medizinische Materialismus recht hätte …

Nach diesem allgemeinen Postulat der Psychologie gibt es keinen einzigen Geisteszustand, ob gehoben oder bedrückt, gesund oder krankhaft, der nicht irgendeinen organischen Prozess zu seiner Bedingung hat. Wissenschaftliche Theorien sind ebenso sehr organisch bedingt wie religiöse Gefühle; und würden wir die Tatsachen nur genau genug kennen, würden wir zweifellos einsehen, dass »die Leber« die Aussagen eines standhaften Atheisten ebenso bestimmt wie die eines überzeugten Methodisten, der um sein Seelenheil bangt. Lasst uns in dieser ganzen Thematik fair mitcinander umgehen. Wenn wir denken, bestimmte Geisteszustände seien anderen überlegen, tun wir das jemals, weil wir etwas über ihre körperlichen Ursprünge wissen? Nein! Es geschieht stets aus zwei ganz anderen Gründen: entweder, weil wir ein unmittelbares Gefallen an ihnen finden; oder weil wir überzeugt sind, dass sie positive Auswirkungen auf unser Leben haben.

Damit kommen wir zur entscheidenden Frage: Haben religiöse Erfahrungen eine positive Auswirkung auf unser Leben?

Religiöses Empfinden ist eine absolute Bereicherung für das subjektive Lebensspektrum. Es gibt dem Subjekt eine neue Kraftsphäre, eine Erregung der fröhlichen, erweiternden, »krafterzeugenden« Art. Diese Emotion überwindet Schwermut, verleiht den Betroffenen Beständigkeit bzw. den einfachen Gegenständen des Lebens etwas Bedeutungsvolles, Begeisterndes und Herrliches. Tolstoi ist absolut genau, wenn er dies glaubende

Vertrauen zu den Kräften zählt, *von denen Menschen leben.* Wenn wir die Religionen als rein subjektive Phänomene behandeln, ohne Rücksicht auf die Frage nach ihrer »Wahrheit«, sind wir verpflichtet, sie wegen ihres außerordentlichen Einflusses auf das Handeln und die Leidensfähigkeit zu den wichtigsten biologischen Funktionen der Menschheit zu rechnen.

Wenn man sich allerdings das Handeln mancher Gläubigen anschaut, kann man ins Zweifeln geraten. Selbst im 21. Jahrhundert werden im Namen der Religion noch Attentate verübt und Menschen unterdrückt. Wo bleibt da der Zauber der Religion?

Die Niedrigkeiten, die gemeinhin der Religion in Rechnung gestellt werden, sind fast alle nicht der Religion im eigentlichen Sinne zuzurechnen, sondern eher dem verdorbenen praktischen Partner der Religion, dem Geist korporativer Herrschaft. Und die Bigotterien sind meist dem verdorbenen intellektuellen Partner der Religion zuzurechnen, dem Geist dogmatischer Herrschaft. Der *kirchliche* Geist ist im Allgemeinen die Summe dieser beiden Arten von Herrschaftsgeist; und ich bitte Sie inständig, die Phänomene bloßer Stammes- oder Gruppenpsychologie, die er bietet, niemals mit den Erscheinungsformen des reinen Innenlebens zu verwechseln.

Sie haben offenbar eine sehr schlechte Meinung von kirchlichen Institutionen!

Bei der kritischen Bewertung religiöser Phänomene ist es sehr wichtig, auf der Unterscheidung zu bestehen zwischen Religion als einer individuellen, persönlichen Aufgabe und Religion als einer institutionellen, korporativen oder stammesmäßigen Hervorbringung. Ein Blick in die Geschichte zeigt uns, dass in der Regel religiöse Genies Jünger anziehen und Gruppen von Sympathisanten hervorbringen. Wenn diese Gruppen stark genug werden, um sich selbst zu »organisieren«, werden sie kirchliche Institutionen mit eigenen korporativen Ambitionen. Dann kommen leicht der politische Geist und die Regulierungs- und Dogmatisierungslust ins Spiel und nehmen der ursprünglichen Sache ihre Unschuld.

Haben Sie sich deshalb in ihren berühmten Vorlesungen, damals in Edinburgh, nahezu ausschließlich auf individuelle Berichte von religiösen Erlebnissen beschränkt und kaum ein Wort über kirchliche Institutionen oder theologische Dogmen verloren?

Die Religion des Durchschnittsgläubigen, sei er Buddhist, Christ oder Mohammedaner, ist von anderen Menschen für ihn gemacht worden, sie ist ihm durch Überlieferung mitgeteilt worden und sie wird als Gewohnheit festgehalten. Das Studium dieses religiösen Lebens aus zweiter Hand würde uns wenig nützen. Vielmehr müssen wir nach den ursprünglichen Erfahrungen suchen, und diese können wir nur bei Individuen finden, für die Religion weniger eine dumpfe Gewohnheit ist, als vielmehr einem heftigen Fieber gleicht.

Wenn man sich allerdings manche Ihrer Beispiele anschaut – etwa die psychopathischen Ausbrüche des Quäker-Gründers George Fox –, dann fragt man sich, ob man es nicht eher mit Verrückten als mit religiösen Genies zu tun hat.

Eine echte religiöse Direkterfahrung wie jene von Fox muss auf die Umgebung zunächst wie eine geistige Verwirrung wirken, der Prophet erscheint schlicht als einsamer Irrer. Erweist sich seine Lehre jedoch als ansteckend genug, um auf andere überzuspringen, wird sie als Häresie abgestempelt. Erweist sie sich auch dann noch als ansteckend genug, um über die Verfolgung zu triumphieren, wird sie selbst zur Orthodoxie. Ist eine Religion aber erst einmal Orthodoxie geworden, ist ihre Zeit der Innerlichkeit vorbei: Die Quelle ist versiegt; die Gläubigen leben ausschließlich aus zweiter Hand und steinigen nun ihrerseits die Propheten. Auf die neue Kirche kann man fortan als auf einen standfesten Verbündeten rechnen, wenn es darum geht, den spontanen religiösen Geist zu ersticken.

Sind also letztlich die Kirchen schuld an den ewigen Religionskonflikten, tragen sie die Verantwortung am Streit zwischen Juden und Moslems, Christen und Moslems usw.?

Die Verfolgung der Juden, das Steinigen von Quäkern und das Unterdrücken von Methodisten, der Mord an Mormonen und das Massaker an Armeniern sind vielmehr ein Ausdruck der ursprünglichen menschlichen Neophobie, der Streitsucht, deren Spuren wir alle tragen, und des angeborenen Hasses auf das Fremde, als dass sie ein positiver Ausdruck der Frömmigkeit der verschiedenen Täter wären. Frömmigkeit ist die Maske, der Stammesinstinkt die treibende Kraft.

Und doch kommen Sie in Ihren Vorlesungen am Ende zu einem positiven Urteil über den Wert der Religion – zumindest wenn man das Leben der großen Heiligen betrachtet.

Ich meine, die *besten* Früchte der religiösen Erfahrung sind das Beste überhaupt, was die Geschichte zu bieten hat. Wenn man sich eine Reihe solcher Beispiele vor Augen führt, fühlt man sich ermutigt und in eine reinere Sphäre des Geistes erhoben. Die höchsten Wagnisse der Liebe, Hingabe, Treue, Geduld, Tapferkeit, zu denen sich die menschliche Natur aufgeschwungen hat, sind im Namen religiöser Ideale unternommen worden. »Liebet eure Feinde!« Wohlgemerkt, nicht bloß die, die zufällig nicht eure Freunde sind, sondern eure erklärten, aktiven Feinde. Würden wir diese Vorschrift radikal befolgen, würde dies einen solchen Bruch mit den instinkthaften Triebfedern unseres gesamten Handelns und mit den Verhältnissen in der gegenwärtigen Welt bedeuten, dass der kritische Punkt praktisch überschritten wäre und wir die Geburt in ein neues Reich des Daseins erleben würden.

Woraus speist sich eine solche Haltung? Wie kommen manche Menschen dazu, so radikal mit den üblichen Verhaltensweisen zu brechen?

Ich denke, es ist richtig zu sagen, dass die persönliche religiöse Erfahrung ihre Wurzel und ihr Zentrum in mystischen Bewusstseinszuständen hat. Meine eigene Konstitution schließt mich von ihrem Genuss fast vollständig aus, und ich kann von ihnen nur aus zweiter Hand berichten. Aber es ist ein psychologisches Faktum, dass mystische Zustände ab einer bestimmten Ausprägung für die Betroffenen meist richtungsweisend sind. Verbunden damit sind Einsichten in Tiefen der Wahrheit, die vom diskursiven Verstand nicht ausgelotet werden.

Sie sagen das so bestimmt – obwohl Sie zugeben, selbst noch nie mystische Erfahrungen gehabt zu haben. Was macht Sie so sicher?

Lachgas und Äther beleben das mystische Bewusstsein in außerordentlichem Maße. Dem Inhalierenden scheinen sich immer neue und tiefere Wahrheiten zu offenbaren. Vor einigen Jahren habe ich selbst einige Beobachtungen zu diesem Aspekt der Lachgasvergiftung gemacht. Eine Schlussfolgerung, die sich mir damals aufdrängte, ist bis heute nicht erschüttert worden. Es ist der Eindruck, dass unser normales Wachbewusstsein, das rationale Bewusstsein, wie wir es nennen, nur ein besonderer Typ von Bewusstsein ist, während um ihn herum, von ihm durch den dünnsten Schirm getrennt, mögliche Bewusstseinsformen liegen, die ganz andersartig sind. Keine Betrachtung des Universums kann abschließend sein, die diese anderen Bewusstseinsformen ganz außer Betracht lässt.

Passt das noch in den Beschreibungsrahmen der Wissenschaft?

Die Welt unserer Erfahrung besteht zu allen Zeiten aus zwei Teilen, einem objektiven und einem subjektiven. Der objektive Teil ist die jeweilige Totalsumme dessen, *woran* wir denken; der subjektive Teil ist der innere »Zustand«, in dem sich das Denken vollzieht. Das, woran wir denken, kann gewaltig sein – z. B. die kosmischen Zeiten und Räume. Aber die kosmischen Objekte sind nur geistige Bilder einer Existenz, die wir nicht in uns haben, während der innere Zustand unsere Erfahrung selbst ist. Dieses ganz persönliche, mit niemandem teilbare Gefühl eines individuell abrollenden Schicksals kann als Egoismus verachtet, als unwissenschaftlich verhöhnt werden, aber es ist der einzige Maßstab unseres konkreten Daseins.

Meinten Sie das, als Sie damals in Edinburgh sagten: »Die Achse der Realität verläuft ausschließlich durch Orte des Ichs«?

Die Welt ohne die vielfältigen, individuell empfundenen Schicksalsschläge und Geisteshaltungen zu beschreiben, wäre etwa so, als würde man jemandem eine gedruckte Speisekarte als Äquivalent für eine echte Mahlzeit anbieten. Die Religion begeht diesen Fehler nicht. Die Religion des Einzelnen mag selbstgefällig sein, und die privaten Wirklichkeiten, auf die sie bezogen bleibt, mögen ziemlich beschränkt sein: So weit wie sie reicht, ist sie trotzdem unendlich viel weniger hohl und abstrakt als eine Wissenschaft, die sich rühmt, von privaten Dingen keinerlei Notiz zu nehmen.

Und das sagen Sie trotz all der Irrtümer und Verfehlungen, die im Laufe der Jahrhunderte im Namen der Religion begangen wurden?

Aus der Tatsache, dass unseren Vorfahren viele faktische Irrtümer unterliefen und sie diese mit ihrer Religion vermischten, folgt nicht, dass wir ganz davon ablassen sollen, religiös zu sein. Indem wir religiös sind, machen wir uns an den einzigen Stellen, wo uns etwas Wirkliches zu bewahren aufgegeben ist, zu selbstständigen Besitzern einer letzten Wirklichkeit. Schließlich sind wir für unser privates Schicksal immer noch selbst verantwortlich.

Professor James, vielen Dank für dieses Gespräch. Mögen Sie in Frieden ruhen.

NACHTRAG

Manche Leser mögen sich gefragt haben, woran James denn nun selbst glaubte. Darüber hat er nie sehr ausführlich gesprochen, und in den *Varieties* findet sich dazu fast nichts. Dennoch soll dieser Aspekt nicht unerwähnt bleiben:

Obwohl protestantisch erzogen, war William James kein überzeugter Christ. Weder gehörte er einer Kirche an, noch betrachtete er die Bibel als Offenbarung. Gott war für ihn ein abstraktes Ideal, das er für »vage« real hielt, und über das Beten – das er für die »innerste Seele und Essenz der Religion« hielt – sagte er: »Ich kann unmöglich beten, ich fühle mich dabei närrisch und künstlich.« Dass er dennoch die Auseinandersetzung mit der Religion einmal als »Hauptbeschäftigung« bezeichnete, ist wohl auf seine Familien- und Lebensgeschichte zurückzuführen.

Sowohl sein Vater wie sein Großvater waren tief religiös. An ihnen konnte William James studieren, welche Kraft und Gewissheit ein religiöser Glaube vermitteln kann – eine Gewissheit, die ihm selbst oft fehlte. Er stand dem Leben eher verunsichert gegenüber, was auch damit zusammenhing, dass er von Jugend an mit gesundheitlichen Problemen zu kämpfen hatte – er litt an chronischer Neuralgie, an Sehstörungen, Schlaf- und Verdauungsstörungen und zum Teil lähmenden Depressionen. Immer wieder hatte er regelrechte Zusammenbrüche; nach Abschluss seines Medizinstudiums in Harvard musste er krankheitshalber drei Jahre im Haus seiner Eltern verbringen.

In seinen Vorlesungen hat er einen – verklausulierten – Einblick in seine Befindlichkeit während solch dunkler Perioden gegeben. Anhand eines fiktiven französischen Bekannten (der in Wahrheit William James selbst ist) schildert er »die schlimmste Art von Melancholie«, nämlich das Gefühl »entsetzlicher Existenzangst«. Dies hatte ihn bei der Erinnerung an einen Epileptiker überfallen, den er in einer Anstalt gesehen hatte und der »absolut unmenschlich anzusehen« war. »Mit grünlicher Haut«, in »eine derbe graue Unterhose« gehüllt, sei er den ganzen Tag regungslos auf einer Bank gesessen, »wie eine peruanische Mumie«. Was James so schockierte, war die Einsicht: »Diese Gestalt bin ich, jedenfalls potenziell. Nichts von dem, was ich habe, kann mich vor diesem Schicksal schützen, wenn die Stunde für mich schlägt.« Dieses Erlebnis habe ihn zu einem »bibbernden Angsthaufen« werden lassen, für den »das Universum völlig verändert« war: »Ich wachte jeden Morgen mit einer entsetzlichen Angst in der Magengrube auf und mit einem Gefühl von Unsicherheit, das ich vorher nicht gekannt hatte.« Zugleich erfasste ihn ein Gefühl der »Verwunderung darüber, wie andere Leute so leben konnten, wie ich selbst einmal gelebt hatte, so völlig ohne Bewusstsein des Abgrunds unter der Oberfläche des Lebens.«

Solche Erlebnisse haben William James zu einer Auseinandersetzung mit philosophischen, psychologischen und religiösen Themen gezwungen, die viel tiefer ging als ein rein theoretisches Studium. Zugleich verschafften ihm die Zwangspausen seiner Krankheit Freiräume. Er nutzte sie, um sich auf vielen Feldern weiterzubilden. In den drei Jahren zuhause studierte er Abhandlungen über Physiologie und Neurologie, Psychologie und Philosophie; und zur Entspannung las der polyglotte James abends englische, deutsche oder französischsprachige Literatur.

Die geistige Unabhängigkeit und umfassende Bildung, die William James auszeichnete, ist also auch ein Ergebnis seiner persönlichen Krisen. Zugleich erklärt sie sein Einfühlungsvermögen in jene Zustände der »kranken« oder »schwermütigen Seele«, die in der Religion nach Erlösung sucht. »Wie weltfremd und bedeutungslos erscheinen unsere üblichen gebildeten Optimismushaltungen und intellektuellen oder moralischen Tröstungen angesichts der hier erforderlichen Hilfe«, schreibt James und postuliert: »Hier stehen wir vor dem eigentlichen Kern der religiösen Problematik: Hilfe! Hilfe!«

Ihm selbst ist diese Hilfe allenfalls sporadisch durch religiöse Erfahrungen zuteil geworden. Vermutlich war es genau jener unaufgelöste Widerspruch, der sein wissenschaftliches Interesse befeuerte und der schließlich zu den Vorlesungen über die *Vielfalt religiöser Erfahrung* führte. Damit wollte er beweisen »was ich selbst unerschütterlich glaube«, wie er im April 1900 einem alten Freund gestand: »Auch wenn alle speziellen Erscheinungsformen der Religion absurd sein mögen (damit meine ich ihre Glaubensbekenntnisse und Theorien), so ist doch ihr Leben als Ganzes der Menschheit wichtigste Funktion.« Diese Erkenntnis anderen nahezubringen, so schrieb James, »ist *mein* religiöser Akt«. So gesehen, darf man vielleicht sagen, dass der Religionspsychologe William James, gerade in der Auseinandersetzung zwischen Wissenschaft und Glauben, ein erfülltes religiöses Leben geführt hat.

III. HIRNFORSCHUNG UND TRANSZENDENZ

Wer in Glaubenssachen den Verstand befragt,
kriegt unchristliche Antworten.

Wilhelm Busch

Das Hirn hat gerade so viel Gewicht wie Gott.

Emily Dickinson

1 Von der Religionspsychologie zur Neurotheologie

An der Wende vom 19. zum 20. Jahrhundert, als James seine berühmten Vorlesungen hielt, ging eine ganze Reihe von Forschern mit neuem, aufklärerischem Schwung an das Thema Religion heran. Die ersten Religionspsychologen wie William James, Stanley Hall, George Coe oder James Pratt waren beseelt von der Vision, mit ihrer Arbeit zu einem fortschrittlichen, liberalen Verständnis des Glaubens beizutragen. Manche hofften gar auf eine »natürliche Theologie«, die sich nicht auf Dogmen, sondern auf empirisch abgesicherte Erfahrung gründen würde und damit nicht mehr in Gefahr stünde, in Irrationalität und religiösen Fanatismus abzugleiten.

Doch während der zwei Weltkriege und der Wirtschaftskrise verpuffte der aufklärerische Elan; eine verunsicherte Menschheit suchte verstärkt wieder Halt in traditionellen, dogmatischen Positionen; statt der Lust an der Reform machte sich Konservativismus breit. So wandten sich viele Theologen dem Neo-Calvinismus Karl Barths zu, der nicht die menschliche Vernunft, sondern »Gottes Offenbarung«, so wie sie in der Bibel festgehalten ist, als letzte Instanz ansah. Und auch in der Religionspsychologie kam es zu einem Umschwung. Nachdem am Anfang des 20. Jahrhunderts die Gedanken von William James zunächst beträchtlichen Einfluss gewonnen hatten, wurde ihre Wirkung durch Sigmund Freuds kritische Religionspsychologie weitgehend zunichtegemacht. Denn Freud konnte, anders als sein amerikanischer Kollege, dem Glauben keine positiven Seiten abgewinnen. Für den Sohn jüdischer Eltern war die Religion »die allgemein menschliche Zwangsneurose«; und er hatte dafür auch gleich eine tiefenpsychologische Erklärung parat: »Wie die des Kindes« stamme die Neurose Religion »aus dem Ödipuskomplex, der Vaterbeziehung«, schrieb Freud im 7. Kapitel von *Die Zukunft einer Illusion* (1927).

Das klingt aus heutiger Sicht wie das typische Psychoanalytiker-Klischee, demzufolge sich hinter allem ein Ödipuskomplex verbirgt. Doch je mehr Freuds Einfluss seinerzeit wuchs, umso mehr Psychologen begannen, die Religion mit einem ähnlich kritischen Blick zu betrachten. Aus ihrer Sicht schien die Zuflucht zum Glauben darauf hinzudeuten, dass die Menschheit noch immer im Kindheitsstadium steckte. Und viele teilten Freuds Auffassung aus seiner oben erwähnten Schrift: Dass nämlich »sich die Abwendung von der Religion mit der schicksalshaften Unerbittlichkeit eines Wachstumsvorgangs vollziehen muss, und dass wir uns gerade jetzt mitten in dieser Entwicklungsphase befinden«.

Wie man heute weiß, ist es anders gekommen. Die Menschheit hat sich keinesfalls von der Religion abgewandt, und Freuds Ansicht stellt sich aus gegenwärtiger Sicht als ziemliche Fehlprognose heraus. Das hat auch Folgen für die Wissenschaft. Zwar neigen noch immer viele Psychologen dazu, Religion vor allem als pathologische Störung abzutun. Doch es gibt auch andere Meinungen, und mittlerweile hat sich die Religionspsychologie als (wenn auch kleines) Fach durchaus etabliert. In den USA

z. B. zählt die Abteilung für Religionspsychologie in der Amerikanischen Psychologischen Gesellschaft (APA) inzwischen rund 2000 Mitglieder. In Deutschland dagegen gibt es noch immer keinen einzigen universitären Lehrstuhl, der sich ausschließlich dem Fach Religionspsychologie widmet.

Auch spezielle Zeitschriften – wie etwa das *Journal for the Scientific Study of Religion* – existieren. Und neuerdings wird die wissenschaftliche Erforschung der Religiosität sogar massiv finanziell gefördert: Wer immer dazu Studien anstellen will, kann sich bei der amerikanischen John Templeton Foundation bewerben, die mit rund 40 Millionen Dollar pro Jahr Arbeiten finanziert, die dem Ziel dienen, Wissenschaft und Religion miteinander zu versöhnen. Allerdings ruft das Wirken dieser Einrichtung auch Kritik hervor. Denn die 1987 von dem Aktienmakler Sir John Templeton gegründete Stiftung ist mittlerweile der größte Geldgeber auf dem Markt der Sinnstiftungsforschung; der Templeton-Preis für »Fortschritte in der Forschung und bei der Entdeckung spiritueller Realitäten« ist mit 1,3 Millionen Dollar sogar höher dotiert als der Nobelpreis. Und mit dieser Finanzkraft prägt die Stiftung die Forschung massiv. Zwar redet sie den Wissenschaftlern nicht in ihre Studien hinein und versucht auch nicht, deren Ergebnisse zu manipulieren. Dennoch übt sie einen subtilen Einfluss aus: Die Stiftung fördert nämlich vorwiegend solche Projekte, die der Religion eher wohlwollend gegenüberstehen und zum Beispiel die positiven Wirkungen religiöser Lebensführung nachzuweisen versuchen. Anträge von Forschern, die auch die Schattenseiten der Gläubigkeit untersuchen, sind weniger willkommen. Auf diese Weise steuert die Stiftung in den USA geschickt die öffentliche Ansicht über Religionsfragen. Auch in Deutschland fassen die Templeton-Ritter Fuß. Die Universität Frankfurt hat beispielsweise 2005 satte 400.000 Dollar für ein »Templeton-Forschungskomitee« eingeworben, das sich nun mit Fragen an der Schnittstelle zwischen Religion und Wissenschaft beschäftigt. Und so mancher daran beteiligte Geisteswissenschaftler, der bisher mit seiner Buchhaltung um die Finanzierung jeder Kopie kämpfen musste, fühlt sich plötzlich in das Gelobte Land versetzt, wo die Forschungsmittel reichlich fließen.

Auch neue wissenschaftliche Disziplinen sind auf den Plan getreten. Vor allem Hirn- und Kognitionsforscher stellen neuerdings verstärkt die Frage nach der »Realität« religiöser Erfahrungen und ihrer biologischen Grundlage. Schon ist die Rede von der »Neurotheologie«, die nach dem »neuronalen Korrelat« der Religion sucht, also nach jenen Hirnaktivitäten, die eine religiöse Erfahrung vermitteln. Manche Forscher schließen dazu meditierende Mönche an ein EEG an, durchleuchten das Hirn betender Nonnen im Kernspintomografen oder versuchen in ihren Labors gar, religiöse Erfahrungen künstlich zu simulieren. Im Mind & Life Institute in Boulder, Colorado, treffen sich Hirnforscher inzwischen regelmäßig mit dem Dalai Lama, um über höhere Bewusstseinszustände zu diskutieren. Und ganz Wagemutige wie der Neurobiologe John Austin begeben sich auf Selbsterfahrungstrips in japanische Zen-Klöster und versuchen dort, das Wesen der Erleuchtung am eigenen Leib zu ergründen.

Die Hoffnung der Hirnforscher auf ein neurobiologisch fundiertes Verständnis der Religion kommt nicht von ungefähr. Schließlich hat ihre Disziplin in den vergangenen Jahrzehnten einen rasanten Aufschwung genommen. Seit der amerikanische Kongress die 1990er-Jahre zur »Dekade der Hirnforschung«

ausrief, haben sich die technischen Möglichkeiten enorm erweitert. Bildgebende Verfahren wie die Computertomografie (CT), die Kernspin- oder Magnetresonanztomografie (MRT) und die Positronen-Emissionstomografie (PET) erlauben mittlerweile Einblicke ins lebende Hirn, von denen frühere Forschergenerationen nicht einmal zu träumen wagten. So ist es mithilfe der Bildgebung sogar möglich (wenn auch bislang nur in eingeschränktem Maße), jene Hirnaktivität sichtbar zu machen, die Handlungen, Worte und Gedanken auslöst. Bewaffnet mit ihrem eindrucksvollen Instrumentarium haben sich daher viele Neurowissenschaftler mittlerweile an Themen herangewagt, die früher ausschließlich in den Zuständigkeitsbereich der Geisteswissenschaften fielen. Dazu zählt die Frage nach dem freien Willen ebenso wie die Erklärung des Bewusstseins und neuerdings eben auch jene nach dem religiösen Erleben.

Die kühnsten Vertreter der Neurotheologie belassen es allerdings nicht dabei, anhand von bunten Bildern die neuronale Aktivität beim Beten oder Meditieren abzubilden, sondern leiten daraus weitreichende Schlussfolgerungen über das Wesen der Religion ab. So wundert es nicht, dass die Neurotheologie – ein Begriff, den 1984 der evangelikale Kommentator James B. Ashbrook prägte – inzwischen zum Gegenstand großer Erwartungen und nicht minder großer Verheißungen wurde. »Ist Gott im Hirn?«, fragen Magazine oder stellen bereits eine »Hotline zum Himmel« in Aussicht. Nicht nur die Medien, auch (vorwiegend amerikanische) Forscher tragen kräftig dazu bei. Schwungvoll werfen sie Bücher wie *Why God won't go away* (Warum Gott nie verschwinden wird) oder *Das Gottes-Gen* auf den Markt und heizen damit die Erwartungen an. Es scheint, als ob die vollständige biologische Erklärung der Religion nur noch eine Frage von wenigen Forschungsjahren wäre. Theologen, Philosophen oder Religionssoziologen verdrehen angesichts solch großspuriger Versprechungen entsetzt die Augen. Schließlich arbeiten sich ihre Disziplinen zum Teil seit Jahrhunderten an jenen Themen ab, die nun die Neurotheologen im Handstreich erledigen wollen.

Was also steckt hinter der Behauptung, die moderne Hirnforschung könne das Verhältnis des Menschen zum Übersinnlichen, Transzendenten oder Göttlichen klären? Wie belastbar sind die Schlussfolgerungen der Neurotheologen? Auf den folgenden Seiten wird diese aufsehenerregende Variante der Religionsforschung kritisch unter die Lupe genommen. Auch wenn sich dabei manch neurotheologische Interpretation als überzogen herausstellt, lässt sich dennoch aus den Experimenten einiges über das religiöse Erleben lernen. Wie so oft in der Wissenschaft machen auch in der Neurotheologie gerade die Irrtümer den Weg frei für tiefer gehende Erkenntnisse, auf die man sonst möglicherweise gar nicht gekommen wäre.

2 Der Motorradhelm des Dr. Persinger

Diese Geschichte muss mit einem Geständnis beginnen: Ihr Autor hält nicht für alles den Kopf hin. Jedenfalls nicht, wenn es darum geht, sein Gehirn unter Strom zu setzen. Vor zehn Jahren hatte ich einmal die Möglichkeit, den berühmten »Gotteshelm« des Dr. Persinger persönlich zu testen – und habe dankend abgewunken. Heute darf Persinger seine bizarren Bewusstseinsmanipulationen nicht mehr durchführen; ich werde also diese Art der elektromagnetischen Erleuchtung nicht mehr nachholen können. Aber vielleicht ist dies ja gar kein Verlust …

Doch beginnen wir von vorne. Michael Persinger ist der wohl schillerndste Vertreter der Neurotheologie. Mit seinen »Gottesexperimenten« wurde der Wissenschaftler im kanadischen Sudbury in den Neunzigerjahren weltweit bekannt. Dutzende von Fernsehsendern – von CNN bis BBC – schickten damals ihre Filmteams, und bis heute werden die Versuche gern als Beleg für die Wunder (oder Schrecken) der Neurotheologie zitiert. Denn Michael Persinger will gezeigt haben, dass man mithilfe magnetischer Signale, quasi auf Knopfdruck, mystische Erfahrungen hervorrufen kann. Viele Versuchspersonen berichteten, sie hätten in Persingers Labor eine eigentümliche »Präsenz« gespürt; manche deuteten sie gar als Gegenwart Gottes; andere dagegen flohen entsetzt, weil sie meinten, dem Teufel begegnet zu sein. Seither träumen Zukunftsforscher vom großflächigen Einsatz solcher »Hirnbeeinflussungsmaschinen«. Künftig könnte es im Supermarkt, so spekuliert etwa der Futurologe Karlheinz Steinmüller »fünf Minuten Erleuchtung für fünf Euro« (*Spiegel* Nr. 1/2007) geben.

Um herauszufinden, was es mit der magnetischen Mystik auf sich hat, flog ich Mitte der Neunzigerjahre selbst nach Kanada, zu einem Besuch bei Michael Persinger. Damals war der Neuropsychologe an der Laurentian University in Sudbury noch nicht in Ungnade gefallen, und auch der Hochschulleitung schien diese Art von Bekanntheit gelegen zu kommen. Dennoch machte die Begegnung einen seltsam unwirklichen Eindruck auf mich. Das lag nicht nur daran, dass Persinger zu einem Treffen am Samstagabend gebeten hatte und mich durch die dunklen Flure einer gespenstisch leeren Hochschule führte. Auch seine Forschungsstätte erweckte nicht gerade Vertrauen.

Michael Persinger und sein Helm

Im Vergleich mit modernen Neurolaboratorien war sie ein besserer Hobbykeller. Was hochtrabend »Behavioural Neuroscience Laboratory« hieß, bestand im Wesentlichen aus einigen veralteten Computern, Verstärkern, einem EEG und einer schallisolierten Versuchskammer mit ebenfalls stark angejahrtem Mobiliar: Inmitten von alten Teppichen und Kissen thronte ein abgewetzter Polstersessel, auf einem Tisch lagen Kabel, Klebeband und Kleenextücher griffbereit.

Das wichtigste Utensil in diesem Labor aber war ein gewöhnlicher, gelber Motorradhelm, der durch einige Magnetspulen zur Erleuchtungsmaschine aufgepeppt war. Damit, so erklärte mir Persinger, könne man schwache Magnetfelder gezielt auf das Denkorgan seiner Probanden einwirken lassen. »Wir können dabei das Gehirn als seinen eigenen Verstärker benutzen und das Muster der Hirnströme zurückspielen, die wir zuvor mit dem EEG aufgezeichnet haben«, erzählte der Hirnforscher, »wir können aber auch andere Signale einspielen, die wir am Computer künstlich erzeugen.« Dabei sei es entscheidend, zunächst alle äußeren Einflüsse abzuschirmen. Deshalb fänden die Versuche auch in der schallisolierten Kammer statt, deshalb bekäme jeder Teilnehmer dunkle Brillengläser verpasst. In solch reizarmer Umgebung würden dann die Magnetsignale* im wahrsten Sinne des Wortes erhebende Wirkungen auslösen.

Manche seiner Versuchspersonen, erzählte Persinger, hätten unter dem Magnethelm das Gefühl, ihr Körper vibriere oder fange an zu schweben, bei anderen tauchten höchst lebendige

* Deren Stärke betrug rund 1 Millionstel Tesla, das entspricht etwa einem Zwanzigstel des Erdmagnetfeldes.

Erinnerungen aus der Kindheit auf, und nicht wenige glaubten plötzlich, eine eigentümliche »Präsenz« wahrzunehmen, so als ob noch jemand in der Kammer wäre. »Sie sagen zum Beispiel, dass sie ihren Schutzengel spürten oder Gott oder so etwas Ähnliches«, erklärte der Psychologe in beiläufigem Ton. Manche Versuchspersonen empfanden das wohl mitunter als »ziemlich heftige Erfahrung«, sie fingen an zu weinen oder rissen sich die Brille ab. Aber viele wollten das rätselhafte Phänomen gerne noch einmal erleben. »Wenn die Leute aus unserer Kammer kommen, fühlen sie sich im Allgemeinen sehr gut«, behauptete Persinger. »Meist sind sie nur etwas durcheinander.«

Er selbst glaubte natürlich nicht an Gott oder transzendente Wirklichkeiten. »In den vergangenen tausend Jahren hat sich die Frage, ob Gott existiert oder nicht, als völlig unnütz herausgestellt«, lautete Persingers Urteil. Mystischen oder religiösen Erlebnissen lägen lediglich bestimmte neuronale Aktivitäten zugrunde. Und die könne man auch künstlich stimulieren.

Als Mystikrelevante Regionen hatte Persinger jene Hirnareale identifiziert, die seitlich am Kopf, etwa auf Höhe der Schläfe liegen (und daher auch Schläfen- oder Temporallappen genannt werden). Besonders deren Schnittpunkt mit den Parietal- (oder Scheitel)-Lappen scheint eine überaus sensible Stelle zu sein. »Wirken die Magnetfelder vor allem auf das Gebiet um den linken temporalen Parietallappen, hören die Versuchspersonen oft Stimmen, die ihnen Instruktionen erteilen – diese werden meist mit Gott oder Ähnlichem in Verbindung gebracht«, erläuterte der Forscher. »Stimulieren wir dagegen rechts, haben die Probanden das Gefühl, als ob irgendein Ding, eine Wesenheit, neben ihnen stehe, die ihnen fremd ist.«

Allerdings machten Persingers Probanden individuell sehr unterschiedliche Erfahrungen. Von Begegnungen mit Gott oder Engeln sprachen hauptsächlich jene, die christlich sozialisiert waren. Andere Versuchspersonen sahen sich als Mönche in tibetische Tempel versetzt oder hatten wieder andere Assoziationen. Er könne mit seinen Magnetsignalen nur grob »gewisse Themen oder emotionale Komponenten« beeinflussen, gab der Psychologe zu. Dennoch war er überzeugt, dass sich durch unterschiedliche magnetische Beeinflussung alle möglichen paranormalen Wahrnehmungen erklären lassen – angefangen von Gotteserlebnissen über UFO-Sichtungen bis hin zum Spuk in Geisterhäusern oder vermeintlichen Begegnungen mit Außerirdischen. Seiner Theorie zufolge lassen sich nämlich all diese Phänomene auf elektrische Übergangszustände im Schläfenlappen des Großhirns zurückführen. Solche *temporal lobe transients* könnten, winzigen epileptischen Anfällen vergleichbar, »in einem passenden Kontext« eine »weitreichende Verhaltensänderung« auslösen.

Nun hätte ich damals selbst in die Kammer steigen, mir den Motorradhelm überstülpen und mein Bewusstsein magnetisch erweitern lassen können. Doch, offen gestanden, hatte ich wenig Lust, mich im Kellerlabor einer verlassenen Provinzuniversität einem Mann in die Hände zu geben, der selbst weder Arzt noch Neurologe war, aber dafür UFO-Theorien entwarf. Auch der Bericht von Susan Blackmore weckte nicht gerade Lust auf die magnetische Selbsterfahrung. Die britische Psychologin, die sich die Erforschung parapsychologischer Phänomene zum Ziel gesetzt hatte, meinte nach einem Selbstversuch in Sudbury, die Magnetstimulation sei das Riskanteste gewesen, was sie je gemacht hätte. »Es war, als ob mich jemand an den Schultern und Beinen ergriffen und meinen Körper verdreht und auseinandergezogen hätte«, beschrieb sie ihre Erfahrungen unter Persingers Motorradhelm. Nacheinander durchlebte sie intensive Zustände von Ärger, Wut und Angst, und als sie schließlich die Kammer verließ, »da fühlte ich mich für Stunden schwach und desorientiert«.

Warnend klangen mir noch die Worte eines Kollegen im Ohr: »Jedes Mal, wenn ich mein Notebook am Flughafen röntgen lasse, fürchte ich um meine Daten«, sagte der. »Aber meinen Kopf, über den ich fast nichts weiß, soll ich von einem Forscher in einem akademisch eher abgelegenen Labor elektrisch stimulieren lassen? Nicht, dass mein Gehirn etwas Besonderes wäre. Aber es ist das einzige Gehirn, das mir zur Verfügung steht. Und meine Gesundheit stelle ich höher als die Jagd nach einer guten Story …«

So habe ich damals auf die Selbsterfahrung verzichtet und mich lieber bei anderen Forschern erkundigt, was sie von den eigenartigen Versuchen hielten. Zunächst fiel auf, dass darüber zwar viel in populären Zeitungen und Magazinen zu lesen war, dass sie aber in der Fachwelt kaum bekannt waren. Wissenschaftlich gesehen war Persinger ein Nobody; und seine Erkenntnisse waren nicht in bekannten Fachzeitschriften wie *Science* oder *Nature* publiziert (wo sie einen strengen Begutachtungsprozess durchlaufen müssen), sondern in zweit- oder drittklassigen Journalen wie *Perceptual and Motor Skills*. Dazu kam, dass niemand sonst ähnliche Effekte zu beobachten schien – obwohl auch anderswo die Gehirne von Versuchspersonen magnetischen Signalen ausgesetzt wurden.

Mittlerweile hat sich jedoch ein Forscherteam die Mühe gemacht, Persingers Experimente nachzustellen. Zwei Mitarbeiter des Psychologen Pehr Granqvist von der schwedischen Universität Uppsala reisten nach Sudbury, um sich von Persinger instruieren zu lassen. Das Ergebnis, das sie 2005 veröffentlichten, fiel allerdings ganz anders aus als bei Persinger. Und seither liegen die Schweden und der Kanadier in einem heftigen Streit.

Denn Granqvist hat Persingers Experiment in einem entscheidenden Punkt abgeändert: In Uppsala wurde peinlich darauf geachtet, dass die Versuche doppelblind abliefen. Granqvist setzte nur einen Teil seiner 89 Probanden den magnetischen Signalen aus; der anderen Hälfte wurde die Hirnstimulation nur vorgespielt; und weder die unmittelbar beteiligten Experimentatoren noch die Teilnehmer wussten, wer zu welcher Gruppe gehörte. Auf diese Weise stellte Granqvist sicher, dass seine Teilnehmer vor dem Versuch nicht in irgendeiner Weise beeinflusst wurden.

Auch die Kontrollprobanden nahmen also in einer schallisolierten Kammer Platz, bekamen eine schwarze Brille und einen Magnethelm verpasst und saßen 30 Minuten im Dunkeln – das angeblich eingespielte Magnetfeld war bei ihnen allerdings pure Fiktion. Doch siehe da: Plötzlich berichteten auch einige aus der Kontrollgruppe von einer »gespürten Gegenwart« oder von mystischen Erfahrungen – obwohl sie keinerlei magnetischem Reiz ausgesetzt waren. Am Ende war die Rate der mystischen Erlebnisse sogar in beiden Gruppen gleich groß. Pehr Granqvist gelangte zu einem niederschmetternden Ergebnis: Es gebe »keinerlei Hinweise auf eine Wirkung der magnetischen Felder, weder in der Gesamtgruppe noch bei Einzelpersonen«. Ob jemand bei diesem Versuch bewusstseinserweiternde Erlebnisse habe, hänge vielmehr von seiner »persönlichen Charakteristik« ab. Wer etwa gegenüber dem esoterischen Denken des *New Age* aufgeschlossen oder für Suggestionen zugänglich sei, der berichte auch gern von mystischen Erfahrungen – egal, ob dabei magnetische Signale im Spiel seien oder nicht.

Damit dreht sich die Sichtweise von Persingers Experimenten völlig: Sie zeigen dann nicht, wie der Kanadier meint, den Einfluss der Magnetsignale auf das Gehirn, sondern belegen letztlich die Macht der Phantasie. Wer sich von der Außenwelt abschottet, Augen und Ohren verschließt und sich ganz seinem Innenleben überlässt, kann offenbar die tollsten Reisen machen. Er muss nur glauben, dass er dazu – durch angebliche Magnetmanipulationen – eine Art Freifahrtschein erhält.

Selbstredend ist Michael Persinger über diese Interpretation seiner Arbeiten hell entsetzt. Als ich ihn zehn Jahre nach meinem ersten Besuch per E-Mail wieder kontaktiere, beklagt er sich bitter darüber, dass Granqvist ihn hintergangen habe. »In den vierzig Jahren meiner Forschertätigkeit habe ich noch nie auf so enttäuschende Art erlebt, dass jemand Tatsachen verdreht, täuscht und offensichtlich betrügt.« Die Schweden seien nur deshalb zu einem anderen Ergebnis gekommen, »weil sie nicht genau unserem Vorgehen gefolgt sind und absichtlich die Signale verändert haben«. Es stimme zwar, dass zwei Mitarbeiter Granqvists ihn in Sudbury besucht hätten und dass er ihnen einen Nachbau seines Helms zur Verfügung gestellt habe; aber wichtige Feinheiten blieben dabei offenbar unerwähnt. »Wir zeigten ihnen nicht die Details des experimentellen Verfahrens, weil sie nicht danach fragten«, rechtfertigt sich Persinger. Außerdem habe auch er einige seiner Studien doppelblind durchgeführt.

Was stimmt denn nun? Haben Persingers Versuchspersonen ihre Erlebnisse ganz allein in ihrem jeweiligen Kopf erzeugt? Oder wurden sie erst durch die magnetischen Impulse ausgelöst? Was Granqvists Interpretation schließlich *nicht* erklärt, sind die Unterschiede, die Persinger bei der links- oder rechtshemisphärischen Hirnstimulation beobachtet haben will; unklar bleibt auch, warum seine Probanden vor allem dann reagierten, wenn er den Schläfen- bzw. Temporallappen reizte – und bei anderen Hirnbereichen weniger. War das alles nur Täuschung? Zumindest Susan Blackmore mag daran nicht glauben. Unter Persingers Magnethelm habe sie schließlich »die außergewöhnlichsten Erlebnisse« ihres Lebens gehabt. »Es würde mich wundern, wenn sich das als Placeboeffekt herausstellt.«

Möglicherweise haben ja beide Forscher jeweils zu einem Teil recht: Vielleicht haben die Magnetsignale zwar eine Rolle gespielt, aber eine wesentlich geringere, als Persinger meint; zugleich ist der Anteil der Kreativität des Gehirns an den Berichten seiner Versuchspersonen wohl größer, als der kanadische Neuropsychologe wahrhaben will.

Offiziell ist der Streit noch nicht entschieden, denn die Forscher aus Sudbury und Uppsala werfen sich nun schon seit Jahren gegenseitig mangelnde Sorgfalt und Unprofessionalität vor und schalten sogar Anwälte ein. Wer mag, kann den Kleinkrieg minutiös nachvollziehen, da Persinger seinen gesamten E-Mail-Verkehr mit Granqvist ins Internet gestellt hat (zumindest bis zum Frühjahr 2008, als dieses Buch entstand). Allerdings muss man dazu die Adresse von Persingers alter Webseite kennen, die offiziell nicht mehr verfügbar ist *(http://oldwebsite.laurentian.ca/neurosci/_news/news.htm).* Denn auch mit seiner Heimatuniversität liegt der Neuropsychologe mittlerweile im Clinch. Er musste, trotz heftigen Protests, einen Teil seiner Labore räumen, und die Experimente mit dem »Gotteshelm« sind weitgehend zum Erliegen gekommen. Persinger selbst versichert zwar, er setze seine Forschung fort. Doch in den Fachzeitschriften findet man schon seit längerem keine aktuellen Ergebnisse mehr von ihm.

Dafür versucht jetzt Todd Murphy, ein Mitarbeiter Persingers, die bewusstseinserweiternde Technik zu vermarkten. Im Internet bietet er vereinfachte Versionen von Persingers Originalversuch an. Da wäre beispielsweise für 220 Dollar der »8-Coil-Shakti«, ein Stirnband mit acht Magnetspulen, *designed for intense altered states*, also entworfen für »intensive veränderte Bewusstseinszustände«; oder die Luxusvariante »Shiva« für 649 Dollar, die aus sechzehn Spulen besteht und ein Magnetfeld aufbaut, das rund um den Kopf rotiert. Damit ließen sich auch aus gewöhnlichen Menschen »psychische Empfindungen herauslocken«, verspricht Murphy; zudem stellt er »eine Verbesserung bereits existierender esoterischer Fähigkeiten« in Aussicht.

Lohnt sich die Investition in Shiva oder Shakti? Kann damit jedermann nachvollziehen, was Persingers Probanden seinerzeit widerfuhr? Kann auf diese Weise vielleicht jedermann im Heimexperiment den Streit zwischen Granqvist und Persinger für sich entscheiden? Ich frage per E-Mail bei Persinger an: Liefert diese Technik dieselben Ergebnisse wie seine damaligen Versuche? Nach einigen Tagen kommt die Antwort: Murphys Geräte seien dessen Sache. Bisher gebe es noch keinen direkten Vergleich. EEG-Studien würden zwar zeigen, dass Shakti »eindeutig die Hirnwellen beeinflusst«. Aber offenbar ist reichlich unklar, welche Folgen diese Beeinflussung hat. Am Ende schreibt Persinger lapidar: »Kurz gesagt: ungenügende Daten.«

Damit erübrigt sich der Versuch. Egal, was ich unter Murphys Stirnbändern auch immer spüren würde – es erlaubte keine validen Schlüsse. Weder wüsste ich danach, was es mit Persingers Experimenten auf sich hatte, noch wäre meine Erfahrung auf andere Menschen übertragbar. Denn letztlich bestimmen wohl nur die in meinem Hirn verborgenen Phantasien, wohin die bewusstseinserweiternde Reise geht. Oder, wie Pehr Granqvist nüchtern sagt: »Wer sich den Helm in einer Situation sensorischer Deprivation auf den Kopf setzt, kann durchaus den Effekt erleben, den er erwartet – egal, ob das Kabel angeschlossen ist oder nicht.«

Umgekehrt gilt: Wem die entsprechende Phantasie fehlt, dem hilft offenbar auch kein noch so kräftiges Magnetfeld auf die Sprünge. Denn was erlebte wohl der überzeugte Atheist Richard Dawkins, der im Jahr 2003 nach Sudbury reiste, um in Persingers Versuchskammer endlich einmal eine mystische Erfahrung zu machen? Er sei »sehr enttäuscht«, bekannte Dawkins hinterher. Er habe überhaupt nichts gespürt.

3 Die Stimmen der Götter

Auch wenn Michael Persingers Versuche mittlerweile entzaubert sind, so leben seine Ideen doch fort. Zu verführerisch scheint der Gedanke, man könne religiöse Erfahrungen auf bestimmte Hirnvorgänge zurückführen und anhand von neuronaler Aktivität das Wesen der Religion begreifen. Und verschiedene Annahmen Persingers tauchen in neuem Gewand in den Theorien anderer »Neurotheologen« wieder auf: Zum Beispiel die Idee, dass religiöse Gefühle einem bestimmten Hirnzentrum (etwa den Schläfenlappen) entspringen; die Ansicht, dass ein vermeintlicher Kontakt zu höheren Wirklichkeiten nur ein Trugbild unserer Neuronen sei. Und schließlich die Vorstellung, dass die spezifische Qualität religiöser Bewusstseinszustände mit der Arbeitsteilung der beiden Hirnhälften zusammenhänge.

Die mit Abstand gewagteste Theorie dazu stammt von einem Mann, den man als frühen Vorläufer der Neurotheologen bezeichnen muss (auch wenn er sich selbst gegen dieses Etikett wohl gewehrt hätte). Die Rede ist von Julian Jaynes (1920–1997), Psychologe an der Princeton University und Autor eines Werkes, das vor dreißig Jahren einen Donnerschlag auslöste, der bis heute nachhallt. In einem Buch mit dem sperrigen Titel *The*

Origin of Consciousness in the Breakdown of the Bicameral Mind (dt.: *Der Ursprung des Bewusstseins durch den Zusammenbruch der bikameralen Psyche*) entwarf Jaynes eine Religionstheorie von solcher Kühnheit, dass es darauf nur zwei Reaktionen gab: faszinierte Begeisterung – oder schroffe Ablehnung.

Dieses Werk sei ein »intellektueller Schock für den Leser«, urteilte 1976 ein Kritiker nach Erscheinen des Buches. Es zwinge uns, über Dinge nachzudenken, »über die man noch nie nachgedacht hat, oder, wenn man sie schon einmal erwogen hat, muss man jetzt über sie in völlig neuen Zusammenhängen nachdenken«. Selbst heute kann man sich der Faszination dieses Buches schwer entziehen; das liegt nicht nur an der originellen These vom »Zusammenbruch der bikameralen Psyche«, sondern auch an dem eleganten und geistreichen Stil, der diese Studie zu einem Lesevergnügen macht.

»Mit der Frage Was ist das Bewusstsein? werden wir uns des Bewusstseins bewusst.« Mit diesem Satz, den man zwei-, dreimal lesen muss, bevor man seinen Hintersinn begreift, beginnt das erste Kapitel. Darin erläutert Jaynes die besondere Qualität unseres Bewusstseins, das uns als »unmittelbar gewisseste Sache von der Welt« erscheine und doch so schwer fassbar sei. So mache das bewusste Sein einen viel geringeren Teil unseres Seelenlebens aus, als wir ahnten, und zwar »weil wir kein Bewusstsein davon haben, wovon wir kein Bewusstsein haben«.

Wer daran zweifelt, wird von Jaynes auf der Stelle zu einem Selbsttest aufgefordert: »Öffnet sich die Tür des Zimmers, in dem Sie sich befinden, nach rechts oder links? Welches ist Ihr zweitlängster Finger? Wie viele Zähne sehen Sie beim Zähneputzen? Und falls Sie sich augenblicklich in einem Zimmer befinden, das Ihnen vertraut ist: Schreiben Sie, ohne sich umzudre-

Julian Jaynes

hen, alle Gegenstände auf, die sich an der Wand hinter Ihrem Rücken befinden, und prüfen Sie dann nach.« Der Leser werde staunen, wie wenig er sich solcher Dinge bewusst sei. Doch wenn sich die vertraute Tür plötzlich zur anderen Seite hin öffne, wenn einer der Finger über Nacht länger geworden sei, man einen Zahn mehr im Gebiss oder das Fenster hinter dem Rücken einen neuen Griff bekommen hätte, würde man dies auf Anhieb erkennen – »womit bewiesen wäre, dass Sie auch den früheren Zustand ›kannten‹, wenngleich er Ihnen nicht bewusst war«.

Mit solch unterhaltsamen Spielereien macht der Princeton-Psychologe deutlich, wie häufig wir im Alltag automatisch handeln, ohne uns dessen bewusst zu werden. Und von da ist es für Jaynes, den Sohn eines unitarischen Geistlichen, ein kleiner Schritt zu seiner eigentlichen These: Man könne auch ohne diese spezielle Art von Bewusstsein leben, und bis vor 3000 bis

4000 Jahren wäre eben dies der Normalfall gewesen! Früher hätten die Menschen eher belebten Automaten geähnelt, die sich eines eigenen Willens gar nicht bewusst gewesen seien. Unsere moderne Form von (Selbst-)Bewusstsein sei dagegen eine neue Errungenschaft, das Produkt eines kulturellen Umbruchs, der sich im zweiten vorchristlichen Jahrtausend vollzogen habe.

DIE BIKAMERALE PSYCHE

Einen Beleg dafür findet Jaynes in der *Ilias*, dem »ersten Schriftwerk der Menschheitsgeschichte, dessen Sprache wir mit hinreichender Gewissheit meistern«. In diesem Epos, das im 8. Jahrhundert v. Chr. niedergeschrieben und zuvor jahrhundertelang mündlich überliefert worden war, findet sich nämlich weder das Konzept eines subjektiven Bewusstseins noch das eines Willens. Die griechischen Helden plagen sich nicht mit der Frage der Willensfreiheit, sie überlegen nicht, was als Nächstes zu tun sei – sondern sie folgen jeweils den Befehlen ihrer Götter. Agamemnon entführt die schöne Helena, weil ihm »Zeus und mein Schicksal« dies eingegeben haben; Achilleus wiederum wird von einer Göttin zurückgehalten, die ihn mahnt, nicht das Schwert gegen Agamemnon zu zücken. Stets sind es die Götter, die wichtige Entscheidungen treffen, die Zwietracht unter den Menschen säen und den Krieg anzetteln, die in kritischen Momenten zu den Kriegern sprechen und ihnen eingeben, was sie tun sollen. Die Götter spielen also, so Jaynes, exakt jene Rolle, die wir heute unserem Bewusstsein zuweisen.

Doch was repräsentieren die Götter? Für Jaynes sind sie

Arbeitsteilung der Großhirnhemisphären

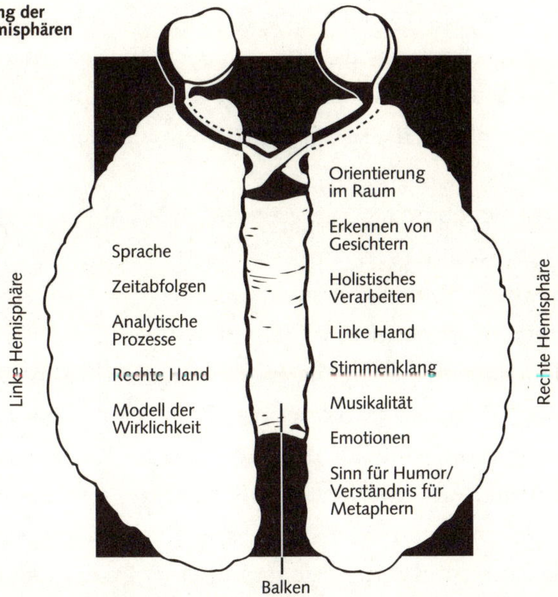

nichts anderes als Stimmen aus dem Inneren der Menschen, die diese Stimmen aber nicht als solche erkannten. Denn – und das ist der Kern der Idee der »bikameralen Psyche« – anders als heute seien den antiken Helden die Botschaften ihrer linken und rechten Hirnhälfte nicht beide gleichermaßen bewusst gewesen, sondern sie seien als zwei verschiedene Informationsquellen wahrgenommen worden. Während die sprachbegabte linke Hirnhälfte mit dem eigenen, menschlichen Denken assoziiert worden sei, habe man die Eingebungen der rechten Hirnhemisphäre früher als *von außen* kommende Befehle interpretiert, gewissermaßen als Stimmen der Götter. Diese Stimmen seien also nichts anderes als »Organisationstypen des Zentralnervensystems«, schreibt Jaynes oder, »so würden wir es heute ausdrücken – Halluzinationen«.

Das klingt zunächst reichlich verrückt. Doch Jaynes versteht es, seine Darstellung so fesselnd zu gestalten, dass man durchaus in ihren Bann geraten kann. Und er zieht einige neurologische Befunde heran, die selbst dann interessant sind, wenn man Jaynes' Theorie nicht folgt.

Da wäre erstens die Asymmetrie der Hirnhälften. Tatsächlich ist erwiesen, dass es im Gehirn eine klare Aufgabenteilung gibt: In der linken Hirnhemisphäre (die über Kreuz mit dem rechten Auge und der rechten Körperhälfte verbunden ist) werden sprachliche Fähigkeiten, analytische Prozesse und Zeitabfolgen verarbeitet. Sie repräsentiert also gewissermaßen den wissenschaftlich-nüchternen Teil unseres Denkens und gilt im Allgemeinen als dominante Hemisphäre, was auch in der Tendenz der meisten Menschen zur Rechtshändigkeit zum Ausdruck kommt. In der rechten Hemisphäre (die mit der linken Hand verbunden ist) werden dagegen solche Prozesse verarbeitet, die wir gern als »ganzheitlich« bezeichnen: Orientierung im Raum, Erkennen von Gesichtern und Stimmen, Musikalität, Emotionen und Kreativität haben hier ihren Sitz.

Zwar darf man sich diese Arbeitsteilung nicht als starres Schubladensystem vorstellen. Beide Hälften der Großhirnrinde pflegen einen intensiven Austausch über das Corpus callosum (den »Balken«), und beim Ausfall einer Hemisphäre (etwa durch einen Tumor oder Unfall) kann die andere deren Aufgaben zum Teil übernehmen. Bei Linkshändern, die etwa fünf bis zehn Prozent der Bevölkerung ausmachen, können die Aufgaben und Funktionen der Hemisphären auch spiegelbildlich vertauscht sein. Und ganz selten sind bei Menschen Fähigkeiten wie die Sprachrepräsentanz in beiden Hirnhälften gleichermaßen ausgebildet. Dennoch gibt es in unserem Denkorgan

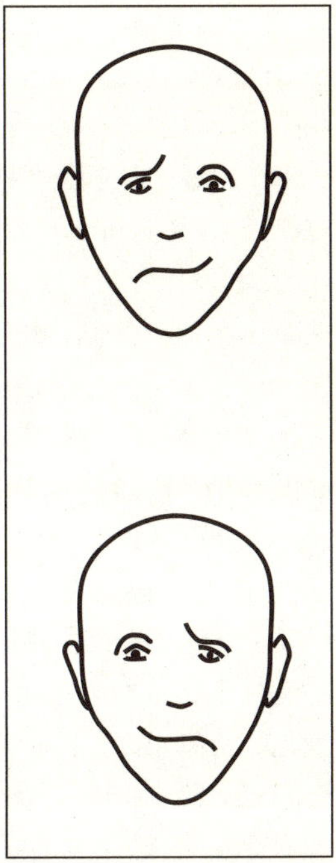

normalerweise eine klare Tendenz zur Spezialisierung, die sich mit bildgebenden Verfahren gut nachweisen lässt (oder mit dem »Wada-Test«, bei dem eine Hirnhälfte narkotisiert wird).

Anhand eines kleinen Experiments kann man diese Arbeitsteilung im Kopf leicht selbst überprüfen. Richten Sie Ihren Blick jeweils auf die Nase der beiden nebenstehenden Gesichter. Welches wirkt fröhlicher? Da beide Zeichnungen Spiegelbilder ein und desselben Gesichts sind, sollte eigentlich kein Unterschied zu bemerken sein. Dennoch haben die meisten Menschen eine Präferenz. Als Julian Jaynes diese Bilder rund tausend Versuchspersonen vorlegte, entschieden sich ungefähr 80 Prozent aller Rechtshänder für das untere Gesicht. Die meisten Linkshänder dagegen beurteilen das obere Gesicht als das sympathischere.

Wie ist das zu erklären? Offenbar reagieren die Rechtshänder auf die *links* hochgezogenen Mundwinkel im unteren Bild; bei ihnen ist also der Eindruck maßgeblich, den das linke Auge vermittelt und der in der *rechten* Hirnhälfte verarbeitet wird. Bei Linkshändern dagegen ist die Funktion der Hemisphären vertauscht; bei ihnen wird das Gesicht mit der linken Hirnhälfte erkannt – daher gibt der rechts hochgezogene Mundwinkel im oberen Bild den Ausschlag. (Immer vorausgesetzt natürlich, man richtet den Blick auf die Bildmitte.)

Es gibt noch eine ganze Reihe weiterer Tests, mit denen man diese Hirn-Asymmetrie nachweisen kann. Am deutlichsten tritt sie bei sogenannten *Split-Brain*-Patienten zutage, denen aus medizinischen Gründen die Verbindungsbahnen zwischen linker und rechter Großhirnhälfte durchtrennt werden mussten. (Ein Eingriff, der früher häufiger gemacht wurde, heute aber nur noch als allerletztes Mittel gilt.) Erstaunlicherweise erholen sich diese Patienten nach (etwa einjähriger) Genesungszeit meist vollständig, sodass sie wieder lesen können, fernsehen und sich scheinbar ganz normal verhalten. Doch in trickreichen Experimenten tritt ihre Besonderheit zutage: Konfrontiert man solche Patienten mit Bildern, die sie nur mit dem linken Gesichtsfeld wahrnehmen, können sie verbal darüber nichts aussagen (denn die rechte Hemisphäre verfügt ja über keine Sprache). Die Probanden behaupten schlicht, nichts erkennen zu können. Bittet man sie allerdings, aus einer Gruppe verschiedener Objekte den abgebildeten Gegenstand herauszufinden, greifen sie zielsicher nach dem richtigen (denn die Information über die Form des Objekts wurde in der rechten Hirnhälfte sehr wohl verarbeitet). »Mit den beiden Hirnhemisphären verhält es sich unter den gegebenen Bedingungen buchstäblich so, dass die linke nicht weiß, was die rechte tut«, schließt Jaynes. Und eben so sei es früher den Menschen mit der bikameralen Psyche ergangen.

DIE BOTSCHAFTEN DER RECHTEN HEMISPHÄRE

Auch das Phänomen des Stimmenhörens, auf das Jaynes seine Theorie baut, ist Medizinern vertraut. Es tritt häufig bei Schizophreniekranken auf, seltener bei Gesunden in starken Stresssituationen. Die Betroffenen meinen, äußere Stimmen zu hören, die ihnen Ratschläge erteilen, sie ermahnen, trösten, kritisieren oder kommandieren; mal flüstern sie, mal brüllen diese Stimmen mit Donnerhall, und häufig werden sie mit Göttern, Engeln, Teufeln oder Unholden identifiziert. Kurioserweise kann man diese Stimmenhalluzinationen auch künstlich auslösen, wie der kanadische Neurochirurg Wilder G. Penfield bereits in den Sechzigerjahren gezeigt hat.

Penfield, der in seinem Leben rund 750 Epilepsiepatienten operierte, stellte als einer der ersten Forscher Experimente am offenen Hirn an. Bevor er das geschädigte Gewebe operativ entfernte, stimulierte Penfield die Hirnoberfläche an verschiedenen Stellen mit einer dünnen Nadel, durch die ein leichter elektrischer Stromreiz floss (mit dieser schmerzlosen Prozedur suchen Mediziner routinemäßig vor Hirnoperationen jene Areale, die keinesfalls herausgeschnitten werden dürfen). Penfield stellte fest, dass er dadurch komplexe Sinneseindrücke auslösen konnte. Manchmal rief er Träume oder Halluzinationen hervor; an bestimmten Stellen provozierten die Stromreize Bewegungen, an anderen visuelle Bilder. Manche der Epileptiker hörten durch die Stimulation auf einmal Musik, unbekannte Melodien, die sie dem Chirurgen vorsummten. Und einige – vor allem jene, deren rechter Schläfenlappen gereizt wurde – nahmen plötzlich Stimmen wahr, die von außen zu kommen schienen.

»Jemand sagte mir ins linke Ohr: ›Silvère, Silvère!‹ Kann sein, dass es mein Bruder war«, berichtete ein junger Mann, und eine Frau gab Penfield zu Protokoll: »Ich habe irgendwo flussabwärts Stimmen gehört, eine männliche und eine weibliche, und beide riefen sie.« Als sie gefragt wurde, welchen Fluss sie meine, antwortete die Patientin: »Ich weiß auch nicht. Offenbar einer, wo ich als Kind zu Besuch gewesen bin.« Ein vierzehnjähriges Mädchen dagegen rief: »Oh, jetzt schreien sie wieder alle auf mich ein … Sie sollen aufhören!«

Für Penfield waren diese Stimmenerlebnisse nichts anderes als die Rekapitulationen früherer Ereignisse, sozusagen Freisetzungen akustischer Erinnerungen. Julian Jaynes verweist allerdings darauf, dass viele der Versuchspersonen darauf beharrten, man könne ihre Erlebnisse keinesfalls als Erinnerungen bezeichnen. Daher glaubt Jaynes, bei diesen Stimmen handele es sich eher um »Halluzinationen, die eine Verdichtung speziell von Erziehungserlebnissen darstellen«. Ähnlich, so meint er, könnte es auch bei den Menschen gewesen sein, die vor 4000 Jahren Stimmen zu hören glaubten. In den Stimmhalluzinationen verdichteten sich die damals gültigen Moral- und Ethikvorstellungen, die ihnen seit der Kindheit eingegeben worden waren und die in der rechten Hirnhälfte abgespeichert wurden. Und um sie freizusetzen, hätte es damals keines Stromreizes bedurft, sondern lediglich einer starken Stresssituation – wie sie etwa am Vorabend eines entscheidenden Kampfes erlebt wurde. In diesem Moment, so Jaynes, hätten sich diese verinnerlichten, unbewussten Stimmen in »göttlichen Anweisungen« Gehör verschafft.

Diese Befunde zur Lateralisierung des Gehirns und zum Stimmenhören lassen die Theorie der bikameralen Psyche schon plausibler erscheinen. Und wenn Jaynes in seinem Buch die neurobiologischen Ergebnisse mit einer Vielzahl archäologischer, kulturgeschichtlicher und religionspsychologischer Erkenntnisse verknüpft, dann entsteht dadurch eine faszinierende Erzählung, die jene Umbruchszeit vor drei-, viertausend Jahren in einem völlig neuen Licht erscheinen lässt und – wenn sie denn wahr wäre – unser Verständnis der Menschheitsentwicklung dramatisch verändern würde. So interpretiert der Princeton-Professor beispielsweise die merkwürdigen Statuen der Maya, Inka oder Olmeken, die meist mit aufgesperrtem Mund und übergroßen Ohren dem Betrachter entgegenschauen, als »Hilfsmittel bei der Erzeugung von Stimmhalluzinationen«. Denn in der Vorstellung dieser frühen Kulturen »sprachen« diese Götzenbilder tatsächlich.

Stele eines Maya-Gottes

Jaynes geht sogar so weit zu behaupten, dass die frühen Gottkönige solcher Hochkulturen ihre Macht deshalb ausüben konnten, weil ihre Untertanen die königlichen Befehle – quasi in Form einer Massenhalluzination – als innere, »göttliche« Stimmen wahrnahmen.

BIG BROTHER UND DIE REALITÄT

Mit der letzten Behauptung schoss Jaynes allerdings weit über den Bereich der seriösen wissenschaftlichen Theorie hinaus. Dass in frühen Hochkulturen die halluzinierten Stimmen der Gottkönige als eine Art internalisiertes *big-brother*-Prinzip fungiert hätten, lässt sich durch nichts belegen. Kein Wunder, dass Jaynes Kritik entgegenschlug.

Warum sollten die Menschen früherer Zeiten die Welt so wahrgenommen haben wie *split-brain*-Patienten – während die meisten von uns sie heute anders erleben? In diesem entscheidenden Punkt konnte Jaynes nur spekulieren. Er führte die Plastizität des Gehirns ins Feld und schrieb, es sei »durchaus denkbar, dass veränderte Umstände, die dem Individuum ein verändertes Entwicklungsprogramm vorschreiben, Veränderungen der Hirnorganisation bedingen können«. Durchaus denkbar? Das war Jaynes' Kritikern als Beleg für eine Theorie von solcher Tragweite zu wenig. Und was die *Ilias* angeht, so ist es keinesfalls zwingend, sie – wie Jaynes es tat – als psychologisches Selbstzeugnis der damaligen Zeit zu lesen. Man kann sie einfach auch als literarisches Kunstwerk betrachten, das die Stimmen der Götter als dramatisierendes Stilmittel benutzt.

Dazu kommt, dass manche von Jaynes' Grundansichten in den Jahren nach Erscheinen des Buches von der Wissenschaft überholt wurden. So hat sich zum Beispiel gezeigt, dass – anders als Jaynes noch glaubte – der moderne Mensch beileibe nicht das einzige Wesen mit einem Ich-Bewusstsein ist. Vorstufen eines solchen Selbstverständnisses zeigten sich inzwischen auch bei Menschenaffen und Delfinen (die sich selbst im Spiegel erkennen können und über eine primitive Sprachfähigkeit verfügen). Außerdem weiß man heute, dass sich die menschliche Sprache weit früher herausgebildet hat, als man noch zu Jaynes' Zeiten dachte. All das spricht für eine *graduelle* Entwicklung des Bewusstseins und gegen einen plötzlichen Umbruch.

Die meisten Wissenschaftler sehen daher heute Jaynes' Gedanken als zwar stimulierende, aber gleichwohl weit überzogene Spekulation an. Wie die Menschen zu Zeiten der *Ilias* dachten und welche Stimmen die Inka einst zu hören glaubten, ist aus heutiger Sicht kaum nachzuvollziehen. Was Jaynes' Theorie aber auszeichnet, ist die Radikalität, mit der sie die Allgemeingültigkeit unseres heutigen Selbstverständnisses in Frage stellt. Die These, die sie anbietet – dass nämlich frühere Kulturen das Verhältnis von Mensch, Umwelt und Bewusstsein ganz anders interpretierten –, ist zumindest eine Denkmöglichkeit, die es wert ist, in Betracht gezogen zu werden.

Wie haben wohl die Menschen vor der Erfindung von Philosophie und Wissenschaft tatsächlich gedacht? Wie sahen sie die Welt – und sich selbst? Durchaus möglich, dass damals die linke, analytische Hirnhälfte eben noch nicht so dominierte und dass die Einsichten der rechten, eher ganzheitlich arbeitenden Hemisphäre mehr und deutlicher Gehör fanden.

Und ist es vielleicht kein Zufall, dass viele religiöse Rituale darauf abzielen, vor allem die rechte Hirnhälfte anzuregen? Musik und Stimmenklang sind dazu ebenso altbewährte Mittel wie das Schweigen. Selbst die typischen religiösen Gesten lassen sich als Techniken interpretieren, die einen Ausgleich zwischen beiden Hirnhälften schaffen und deren unterschiedliche Aktivitäten harmonisieren. Am einfachsten geht dies nämlich, indem man die beiden Handflächen – die im sensomotorischen Cortex des Gehirns überproportional groß repräsentiert sind – in Kontakt miteinander bringt: wie es beim Beten oder Verneigen automatisch geschieht.

So sagt uns Jaynes' Theorie vielleicht weniger etwas über das Denken jener vergangenen Kulturen als vielmehr etwas über uns selbst: dass wir die Welt stets durch eine bestimmte neurobiologische »Brille« sehen und dass es daneben möglicherweise noch ganz andere Wahrnehmungsweisen gibt, die alle ihre eigene Form von Wahrheit haben. In den modernen Gesellschaften des Westens gilt heute die – von der linken, sprachbegabten Hirnhälfte dominierte – analytische Weltsicht meist als die überzeugendere; und als »Realität« erleben wir meist jenes Bild, das uns Fernsehen, Zeitungen und andere Medien vermitteln.

Wer allerdings einmal in weniger entwickelten Ländern gelebt oder längere Zeit in der Abgeschiedenheit verbracht hat (auf einem Schiff, im Kloster oder in einem wissenschaftlichen Labor) und danach wieder in die moderne Mediengesellschaft eintaucht, von Bildern, Nachrichtenschnipseln und Werbebotschaften überschwemmt wird, gerät leicht ins Grübeln darüber, wie »real« die Eindrücke eigentlich sind, die tagtäglich auf uns einstürmen.

Umgekehrt dürfte ein stimmenhörender Schizophreniepatient (oder ein antiker Held, dem die Götter erschienen) seine

Realität als genauso »wirklich« erleben wie wir die morgendliche Stimme des Nachrichtensprechers aus dem Radio. Welche Realität wir als gültig und verbindlich ansehen, hängt eben auch von der Kultur ab, in der wir leben. Und man kann sich durchaus vorstellen, dass frühere Kulturen auch die Eingebungen stimmenhörender Epileptiker nicht als krankhaft abgetan haben, sondern ihnen einen realen Charakter zuschrieben, sie vielleicht sogar als Quelle tiefer Erkenntnis nutzten.

DIE HEILIGE KRANKHEIT

»All ihr gesunden Leute habt nicht einmal den Hauch einer Ahnung davon, was für ein Glück jenes Glück ist, das wir Epileptiker während der Sekunde vor einem Anfall erleben«, berichtet uns der Schriftsteller Fjodor Dostojewski. Seit seinem 25. Lebensjahr litt der vielleicht prominenteste Epileptiker der Literaturgeschichte an dieser Krankheit. Immer wieder hat er seine Erfahrungen literarisch verarbeitet. Besonders die Hauptfigur aus *Der Idiot*, der epilepsiekranke Fürst Myschkin, der als eine Art moderner Parzival nach Moskau kommt, ist autobiografisch geprägt und dient Dostojewski zur Schilderung der euphorischen Gefühle, die mit dem »furchtbaren Gnadengeschenk der Epilepsie« einhergehen.

Wenn Dostojewski seine Krankheit beschreibt, klingt das tief religiös. Einer seiner Anfälle begann damit, dass dem Schriftsteller am Ostermorgen das Glockengeläut der benachbarten Kirche ungewöhnlich laut in den Ohren klang. »Die Luft vibrierte und war voller Klänge. Ich fühlte, dass der Himmel zur

Die Bekehrung des Saulus, Michelangelo da Caravaggio, 1601

Erde hinabgekommen war und mich in sich aufnahm. Ich spürte wirklich Gott und war ganz und gar durchdrungen von ihm. Ja, Gott existiert. Ich weinte.«

Seit alters her gilt die Epilepsie als »heilige Krankheit«, und immer wieder beschreiben Patienten ähnliche Gefühle wie Dostojewski. Für Mediziner steckt dahinter allerdings kein göttliches Wunder, sondern eher ein nüchterner neurologischer Mechanismus: Bei einem epileptischen Anfall gerät die elektrische Aktivität der Nervenzellen in bestimmten Hirnpartien (häufig den Schläfenlappen) außer Kontrolle; die Neuronen beginnen plötzlich unkontrolliert zu »feuern« und setzen nach und nach immer größere Bereiche »in Brand«. Der vielleicht früheste Bericht von einem solchen Anfall findet sich in der Bibel, in der

Beschreibung der Bekehrung des Saulus zum Paulus auf der Straße nach Damaskus (Apostelgeschichte 9, 3). Da umleuchtete den Reisenden plötzlich »ein Licht vom Himmel«, er fiel auf die Erde, hörte »eine Stimme, die sprach zu ihm« und ward »drei Tage nicht sehend und aß und trank nicht«.

Für einen Arzt ist die Diagnose klar: Saulus erlitt einen heftigen epileptischen Anfall, der mit psychogener Blindheit, halluzinierten Stimmen, Leuchtphänomenen sowie einer starken Migräne einherging. Auf ähnliche Weise haben Mediziner inzwischen viele Heilige posthum als Epileptiker eingestuft: den Propheten Mohammed mit seinem »Himmelsflug« ebenso wie die Stimmen hörende Jungfrau von Orléans, Theresa von Avila oder den schwedischen Mystiker Emanuel Swedenborg.

Natürlich sagen uns solche neurobiologischen Erklärungen, wie schon William James bemerkte, nichts über den *spirituellen Wert* eines religiösen Geschehens. Ein ungläubiger Mediziner mag zwar denken, er habe mit der Diagnose Epilepsie das Bekehrungswunder des Paulus entzaubert. Doch ein frommer Christ könnte dagegenhalten: Wenn es Gott gefällt, dann mag er durchaus die Epilepsie nutzen, um seinen verstockten Knecht Saulus zur Einsicht zu bringen. Außerdem: Warum änderte ausgerechnet Paulus nach einem epileptischen Anfall sein Leben – und andere Epileptiker nicht?

Dennoch lohnt es sich, die Beziehung zwischen epileptischen Anfällen und religiösen Erlebnissen genauer zu untersuchen. Studien zeigen nämlich, dass offenbar nur eine bestimmte Form von Epilepsie mit Religiosität in Verbindung gebracht werden kann. Dazu neigen hauptsächlich Patienten, deren Anfallzentrum im Schläfenlappen liegt (also just in jenem

Hirnareal, in dem Michael Persinger das Gefühl einer »Präsenz« verortete). Der 1984 verstorbene Harvard-Neurologe Norman Geschwind, der als Klinikdirektor jahrelang solche Patienten behandelt hatte, sprach gar von einem spezifischen, einheitlichen Charakterbild der Schläfenlappen-Epileptiker. Neben intensivem philosophischem Interesse könne man bei ihnen oft auch einen ausgeprägten Schreibdrang (Hypergraphia), verminderte sexuelle Aktivität, aggressive Irritierbarkeit und eine Tendenz zur »Hyperreligiosität« beobachten. Andere Forscher haben diesen Charakterzügen noch einen Hang zu Hypermoralität, Detailbesessenheit und Humorlosigkeit hinzugefügt – das klingt wie das Zerrbild eines missionarischen, verbissen-verklemmten Erweckungspredigers.

Der wohl aufsehenerregendste Versuch, den dahinterliegenden Mechanismus zu erklären, stammt von dem Hirnforscher Vilayanur S. Ramachandran, der an der University of California in San Diego das Center for Brain and Cognition leitet. Der indisch-stämmige Neurobiologe ist ein Meister darin, mit bizarren Fallgeschichten die Öffentlichkeit zu faszi-

Der Hirnforscher Vilayanur S. Ramachandran

nieren. Dabei schreckt er auch vor gewagten Spekulationen nicht zurück – und seine Forschungen zum »Gottes-Modul« gehören zweifellos zu den gewagtesten.

WOHNT GOTT IM SCHLÄFENLAPPEN?

Eines Tages erschien in Ramachandrans Praxis ein zweiunddreißigjähriger Verkaufsangestellter mit einem großen juwelenbesetzen Kreuz um den Hals und berichtete dem erstaunten Neurobiologen von seinen religiösen Visionen: »Es begann, als ich acht Jahre alt war. Ich erinnere mich, wie ich ein helles Licht vor mir sah und zu Boden fiel.« Später, nach weiteren ähnlichen Begebenheiten, sei plötzlich alles »kristallklar« gewesen. Er habe direkt die Einheit mit dem Göttlichen erlebt, die Auflösung aller Begrenzungen und Kategorien, den reinen Frieden, berichtete der Patient (den Ramachandran »Paul« nennt). »Alle Zweifel waren mit einem Schlag verschwunden«, schwärmte Paul, der sich seither als eine Art Auserwählten betrachtete, als Sendboten, der der Welt die Verheißung des himmlischen Friedens zu überbringen habe.

Ramachandran war allerdings weniger beeindruckt als vielmehr neugierig. »Natürlich kann es sein, dass Paul tatsächlich Besuch von Gott erhielt«, sagte sich Ramachandran. »Aber das können wir wissenschaftlich weder beweisen noch widerlegen.« Daher suchte er nach näherliegenden, einfacheren Erklärungen – gemäß dem Prinzip von »Ockhams Rasiermesser«, nach dem in der Wissenschaft keine Theorie komplizierter als unbedingt nötig gemacht werden sollte.

Wie sich herausstellte, erlitt Paul seit seinem achten Lebensjahr regelmäßig epileptische Anfälle – und deren Zentrum lag in den Schläfenlappen. Um zu testen, wie sich dadurch die »innere emotionale Landkarte« seines Patienten veränderte, ersann Ramachandran ein ungewöhnliches Experiment: Er schloss Paul und einige andere Patienten mit Schläfenlappen-Epilepsie, die alle ähnlich »hyperreligiöse« Symptome zeigten, an eine Art Lügendetektor an. Während er den Probanden Bilder mit unterschiedlichem emotionalem Gehalt zeigte – bekannte Gesichter, sexuelle oder gewalttätige Szenen, »neutrale« Objekte und religiös aufgeladene Begriffe –, registrierten kleine Elektroden an der Hand jeweils die elektrische Leitfähigkeit ihrer Haut. Die so gemessenen unbewussten Gefühlsreaktionen zeigen normalerweise bei den Themen Sex und Gewalt ihre stärksten Ausschläge. Doch zu Ramachandrans Überraschung ließen die Bilder mit sexuellem oder gewalttätigem Inhalt seine Probanden vergleichsweise kalt. Umso stärker reagierten sie auf religiöse Motive und Begriffe, ganz anders als normale Menschen. »Es scheint so, als ob die wiederholten elektrischen Ausbrüche im Kopf der Patienten bestimmte Verbindungen im Gehirn verstärkt oder gar neue Bahnen geöffnet haben – ganz so, wie wenn nach einem starken Regen das bergabwärts strömende Wasser Hindernisse beseitigt und sich neue Wege sucht«, spekulierte Ramachandran.

Als er im Oktober 1997 seine Ergebnisse auf der Jahreskonferenz der Gesellschaft für Neurowissenschaft vorstellte, wählte er für seinen Vortrag den vollmundigen Titel »Die neuronale Grundlage der religiösen Erfahrung«. Prompt schrieben Zeitungen, Ramachandran habe das »Gottes-Modul« im menschlichen Gehirn entdeckt. Auf Kritik seiner Kollegen musste der Neuropsychologe allerdings ziemlich zurückstecken und einräumen, dass er mit seinen Arbeiten zwar einen Aspekt, aber nicht die Grundlage der religiösen Erfahrung beschrieben hätte. Und die früheren euphorischen Zeitungsberichte waren ihm später eher peinlich. Als ich ihn 2002 während einer Recherchenreise in Kalifornien auf das »Gottes-Modul« ansprach, wiegelte er in seiner rumpeligen, indisch gefärbten Bassstimme unwillig ab: »Das ist Unsinn. Man könnte höchstens sagen, dass wir einige Schaltkreise im menschlichen Gehirn gefunden haben, die bei religiösen Erfahrungen aktiviert werden.« Zweifellos sei der Schläfenlappen Teil dieses Schaltkreises. Doch das religiöse Erleben sei dadurch noch längst nicht entschlüsselt.

In der Tat zeigen solche Forschungen zwar, dass religiöse Stimmungen mit epileptischen Anfällen im Schläfenlappen zusammenhängen *können*. Daraus folgt aber noch kein zwingender Zusammenhang. Nicht jeder religiöse Mensch ist Epileptiker; und nicht alle Epileptiker machen Erfahrungen überirdischer Seligkeit. Der medizinische Alltag, etwa an der größten deutschen Epilepsieklinik in Bonn, sieht anders aus. »Wir sehen pro Jahr mehrere Hundert Patienten, größtenteils mit Schläfenlappen-Epilepsie«, sagt der Bonner Neuropsychologe Christian Hoppe. »Doch tatsächliche Ekstasen wurden bisher bei uns nicht berichtet.« Angstgefühle stünden bei den meisten epileptischen Anfällen »klar im Vordergrund«.

Auch Untersuchungen von anderen Forschern fanden keinen signifikanten Hinweis auf eine besondere Religiosität von Epilepsiepatienten. Zwar steht außer Zweifel, dass bei *manchen* Menschen – wie Dostojewski, dem biblischen Paulus oder dem modernen »Paul« – die epileptischen Anfälle zu »Hyperreligiosität« führen können. Doch nach Sichtung der einschlägigen Literatur gelangen die Neuropsychiater Jeffrey L. Saver und John Rabin zu dem Schluss, dass die Aktivität in den Schläfenlappen *alleine* die religiösen Erlebnisse nicht erklären könne, von denen manche Patienten berichten; es müssten noch weitere Faktoren hinzukommen, wie zum Beispiel ein bereits vorhandenes, übergroßes religiöses Interesse, vielleicht auch ein Wunsch nach spirituellem Trost und das Bedürfnis, die oft abrupten, mitunter bizarren Erfahrungen einordnen und erklären zu wollen.

Ähnlich wie schon bei Persingers Versuchen zeigt sich also auch bei der Epilepsie, dass das neurobiologische Geschehen allein nur einen Teil des Gesamtphänomens erklärt. Wer ein religiöses Erleben umfassend deuten will, sollte auch die Persönlichkeit des Betroffenen, sein Umfeld und die jeweilige Situation betrachten. Eine »Neurotheologie«, die meint, diese Komplexität ihres Gegenstandes nicht beachten zu müssen, muss sich den Vorwurf der Eindimensionalität gefallen lassen. Das Gehirn sei nur »die Hardware, durch die Religion erfahrbar wird«, bringt es der Psychologe Daniel Batson auf den Punkt. »Zu sagen, das Gehirn bringe Religion hervor, ähnelt der Behauptung, ein Klavier produziere Musik.«

AUSSERKÖRPERLICHE ERFAHRUNGEN

Allerdings ist es, um in Batsons Bild zu bleiben, dem Verständnis der religiösen »Musik« durchaus förderlich, über die Beschaffenheit jener Instrumente Bescheid zu wissen, die sie hervorbringen. Wer um die religiöse Anfälligkeit von Epileptikern weiß oder um den neurologischen Ursprung jener mysteriösen »Stimmen«, die manche Menschen zu hören meinen, wird vielleicht manches besser verstehen, was er vorher entweder als psychopathisch abtat oder als göttliches Wunder verehrte.

Ähnlich verhält es sich auch mit einer Kategorie von Erlebnissen, die zwar nicht religiös im engeren Sinne genannt werden können, die aber von manchen als unumstößliche Evidenz für das Vorhandensein einer Seele gewertet werden. Die Rede ist von den sogenannten Außerkörperlichen Erfahrungen, im Wissenschaftsjargon *Out-of-body*-Erfahrungen genannt (OBE). In diesem merkwürdigen Zustand scheint sich das Bewusstsein gleichsam vom Körper zu lösen, emporzuschweben und von oben die Welt (und das, was von der eigenen Person zurückgeblieben ist) zu betrachten. Für jene, die ein solches »Loslösen« vom Körper erleben, eine zutiefst verstörende Erfahrung.

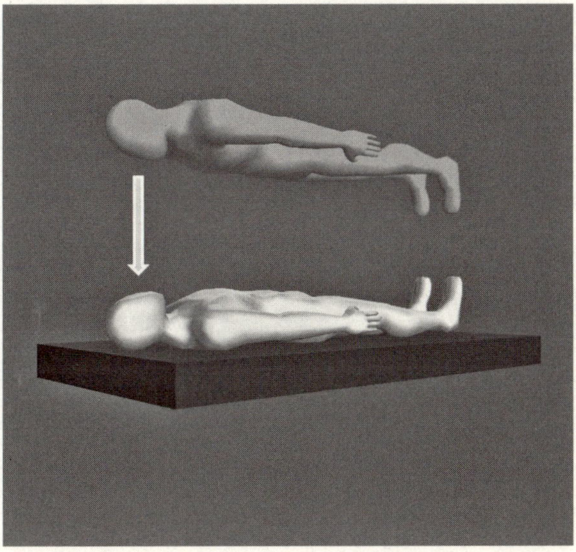

Out-of-body-Erfahrung, schematische Darstellung von Olaf Blanke

Denn häufig ereignet es sich in emotionalen Stresssituationen – bei Unfällen, Operationen oder Entbindungen, manchmal auch an der Schwelle des Todes – und die Eindrücke dabei sind so intensiv und real, dass sie nicht als Traum, sondern als Wirklichkeit erscheinen.

Typische Berichte sprechen davon, dass man den eigenen Körper im Bett liegen sehe und dass sich dann das »Ich« (oder die Seele oder was auch immer) vom Körper trenne und sich mühelos durch die Luft bewege, ätherische Welten oder bekannte Landschaften aus einer veränderten Perspektive wahrnehme. Die Gleichzeitigkeit von Grenzsituation und außerkörperlicher Erfahrung erschüttert die Betroffenen meist tief und stellt ihr gesamtes Selbstbild in Frage. Was ist da geschehen? Hat tatsächlich die Seele den Körper verlassen?

Die wissenschaftliche Analyse zeigt zunächst, dass »Außerkörperliche Erfahrungen« häufiger vorkommen, als wir im Allgemeinen annehmen. »OBEs ereignen sich nicht nur bei klinischen Patienten, sondern bei ungefähr 10 Prozent der Bevölkerung und in den meisten Kulturkreisen der Welt«, berichtet der Neurologe Olaf Blanke vom Universitätsklinikum in Genf. Da sie meist spontan auftreten, von kurzer Dauer sind und gewöhnlich nur ein oder zweimal im Leben eines Betroffenen vorkommen, gibt es nur sehr wenige wissenschaftliche Untersuchungen darüber. Diese sind nur möglich bei klinischen Patienten, die häufiger solche *Out-of-body*-Erfahrungen erleben. Bei ihnen allerdings zeigt sich ein Befund, der die Leser an dieser Stelle vermutlich nicht mehr überraschen wird: Fast immer liegt bei diesen Patienten eine Hirnschädigung im rechten Schläfen- oder Scheitellappen vor – oder ein epileptisches Anfallzentrum in diesen Hirnarealen.

Für Olaf Blanke spielt daher die Schnittstelle von Scheitel- und Schläfenlappen eine »Schlüsselrolle für das Ich-Empfinden«. An dieser »temporo-parietalen Junktion« (TPJ) werden Informationen aus den verschiedensten Sinnessystemen koordiniert und zu einem gemeinsamen Bild des eigenen Körpers und dessen Umgebung verschmolzen. Wird diese integrative Funktion des TPJ gestört, so Blanke, kann sich das Selbst- und Weltbild drastisch verändern.

Den besten Beweis für seine These liefert der Forscher, der auch das Labor für kognitive Neurowissenschaft an der Ecole Polytechnique in Lausanne leitet, gleich selbst: Im Jahre 2002 hat er nämlich zum ersten Mal künstlich eine außerkörperliche Erfahrung bei einer Patientin ausgelöst. Ähnlich wie seinerzeit Wilder Penfield hatte Blanke der dreiundvierzigjährigen Frau zur Vorbereitung auf eine Epilepsie-Operation winzige Elektroden ins Gehirn gepflanzt. Nacheinander aktivierte er diese, um das Anfallszentrum genau zu bestimmen. Und gerade als er den sogenannten Angular Gyrus stimulierte, der Teil der temporo-parietalen Junktion ist, geschah es: Plötzlich, so berichtete die Patientin, habe sie das Gefühl, ihren Körper verlassen zu haben. »Ich fühle mich leicht und schwebe in etwa zwei Metern Höhe. Unten sehe ich meinen Körper auf dem Bett liegen«, sagte die Frau.

Natürlich war der Mediziner Blanke von diesem Bericht wie elektrisiert. Er reizte den Angular Gyrus erneut – und löste prompt bei seiner Patientin wieder eine außerkörperliche Erfahrung aus. Im September 2002 erschien in der britischen Fachzeitschrift *Nature* sein Bericht mit der ebenso schlichten wie denkwürdigen Unterzeile: »Der Teil des Gehirns, der *Out-of-body*-Erfahrungen vermitteln kann, wurde lokalisiert«.

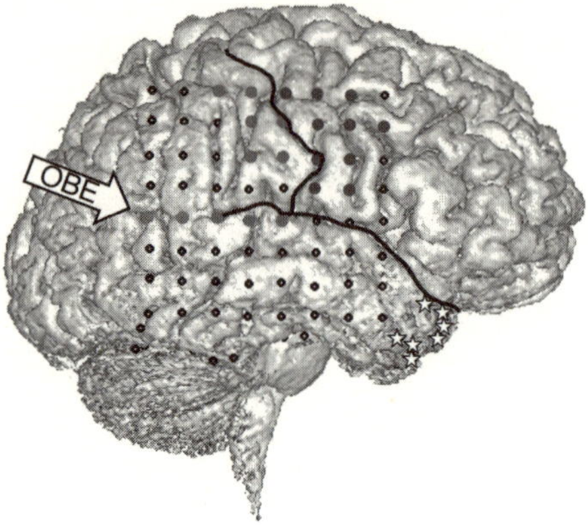

Schnittstelle von Scheitel- und Schläfenlappen: der Angular Gyrus. Elektrische Stimulationen dieser Region können *Out-of-body*-Erfahrungen (OBE) auslösen.

Was dabei neurologisch genau passiere, verstehe man zwar noch nicht ganz, meint Blanke. Aber eine grobe Idee habe er schon. Der Angular Gyrus ist eines jener Zentren im Gehirn, in dem Sinneseindrücke aus den verschiedensten Regionen zusammenlaufen. Da wären zum einen jene Informationen über den Zustand des eigenen Körpers, die von den inneren Organen, von Knochen, Gelenken oder den Gleichgewichtsorganen stammen; und zum anderen jene über die äußere Welt, die von der Haut, den Augen, Ohren und der Nase geliefert werden. Im Idealfall werden all diese Signale im Angular Gyrus so zusammengefügt, dass das innere Bild des Körpers mit seiner Position in der äußeren Welt übereinstimmt. Doch diese Leistung des Gehirns, die uns so selbstverständlich erscheint, ist keinesfalls trivial. Kommt es zu einer Art »Kurzschluss« in diesem Integrationszentrum, kann es durchaus passieren, dass Modell und Realität nicht mehr als passgenau wahrgenommen werden, sondern auseinanderklaffen. Das Gehirn produziert ein Zerrbild – ähnlich einer Bildstörung im Fernsehapparat –, das den Körper möglicherweise an anderer Stelle erscheinen lässt, als er sich tatsächlich befindet.

SCHATTENHAFTE DOPPELGÄNGER

Für uns Normalbürger klingt das unglaublich. Wir sind so sehr daran gewöhnt, dass unser Gehirn ein korrektes Abbild unseres Körpers liefert, dass wir es uns kaum anders vorstellen können. Und doch wissen Psychiater von Patienten zu berichten, die eben unter so einer Dissoziation von tatsächlichem und »berechnetem« Körperzustand leiden; Blankes Arbeiten zeigen unmissverständlich, dass (und wie) dies möglich ist. Die Folgen einer solchen neurologischen Verzerrung müssen übrigens nicht unbedingt Außerkörperliche Erfahrungen sein; eine andere Patientin Blankes berichtete von dem irritierenden Gefühl eines »Schattens« neben sich, das sie verspürte, als Blanke ihren Angular Gyrus reizte. Wieder geschah dies bei der Vorbereitung auf eine Epilepsie-Operation, und wiederum waren beide, Arzt und Patientin, vollkommen von dem Phänomen überrascht. Immer wenn Blanke den Strom anstellte, hatte die zweiundzwanzigjährige Studentin das seltsame Gefühl, eine andere Person liege stumm und bewegungslos neben ihr auf dem Bett. Als sie sich aufsetzte, schien das Phantom dasselbe zu tun, als sie sich vorbeugte und ihre Knie umarmte, hatte sie das unangenehme Gefühl, der »Schattenmann« wolle sie in den Arm nehmen. Kaum stellte Blanke den Strom ab, verschwand die bizarre Erscheinung; sobald er ihn wieder anschaltete, war die merkwürdige »Präsenz« für die Frau wieder spürbar.

Unwillkürlich fühlt man sich bei diesem Bericht an die Versuche Michael Persingers erinnert, dessen Probanden unter dem Magnethelm ebenfalls das Gefühl einer Präsenz zu verspüren meinten. Die Schweizer Patientinnen von Olaf Blanke schrieben ihren Erlebnissen allerdings keinerlei religiösen Gehalt zu – ein weiterer Beweis dafür, dass die Interpretation solcher Erfahrungen stark vom Umfeld und dem Interpretierenden abhängt.

Für Blankes Kollegen Peter Brugger, der am Universitätshospital in Zürich arbeitet und sich seit langem mit parapsychologischen Phänomenen beschäftigt, haftet solchen Befunden weder etwas Religiöses noch etwas Mystisches an. »Die Forschung zeigt, dass sich das Selbst vom Körper lösen und eine Art selbstständige Phantomexistenz führen kann«, sagt Brugger schlicht. In Kunst und Literatur wurden solche »Doppelgänger-Phänomene« immer wieder zum Thema gemacht, etwa in Oscar Wildes Roman *Das Bildnis des Dorian Gray*, in Franz Werfels Drama *Spiegelmensch* oder Edgar Allan Poes Erzählung *William Wilson*, in der der Titelheld versucht, seinen vermeintlichen Peiniger zu erschießen, und sich dabei selbst eine Kugel in die Brust jagt.

Für Brugger steckt hinter solchen Motiven mehr als nur künstlerische Phantasie. Er hat diverse Berichte gesammelt, die belegen, dass Menschen tatsächlich mitunter das Gefühl einer schattenhaften Präsenz haben, und zwar ohne dass dazu irgendwelche künstlichen Reize notwendig wären. Meist treten solche bizarren Wahrnehmungen in Situationen auf, die durch eine extreme Reizarmut, sogenannte sensorische Deprivation, gekennzeichnet sind – etwa beim Bergsteigen in großen Höhen oder beim tagelangen, einsamen Segeln auf dem Ozean (eine solche sensorische Deprivation erlebten auch Persingers Probanden in dessen schallisolierter Dunkelkammer).

Als Brugger für eine Studie acht der besten Bergsteiger der Welt über ihre Erlebnisse in großen Höhen befragte, bekam er zum Teil Berichte zu hören, die klangen, als seien sie direkt einem Doppelgänger-Roman entnommen. »Während der letzten Minuten [bevor der Aufstieg aufgegeben werden musste] hatte ich das Gefühl, dass eine weitere Person mit mir ging«, berichtete etwa einer der Bergsteiger von einer Tour in 8300 Metern Höhe. »Er (wenngleich ich wusste, dass es ein Mann war, hatte ich nicht die entfernteste Idee, um wen es sich handeln könnte) war stets in einer Entfernung von etwa fünf Metern hinter mir, und obwohl ich deutlich sah, dass niemand dort war, schaute ich im Weiteren ununterbrochen zurück über meine Schulter. Je intensiver ich seine Anwesenheit wahrnahm, umso stärker bemerkte ich in mir ein Gefühl der Leere, eine Hohlheit meines eigenen Körpers.«

Möglicherweise ist nicht nur die sensorische Deprivation, sondern zusätzlich eine verminderte Durchblutung des Gehirns ein Auslöser für solche Wahrnehmungsverzerrungen. Das könnte auch eine Erklärung für die sogenannten Nahtoderfahrungen sein, von denen manche Herztoten (und später wieder ins Leben zurückgeholten) Menschen berichten. Häufig heißt es da, man habe den eigenen Körper verlassen und sich schwebend von oben gesehen. Vielleicht, so meint Olaf Blanke, verändere der Herztod ja den Blutfluss des Gehirns derart, dass die Informationsverarbeitung im Angular Gyrus auf ähnliche Weise wie in seinen Experimenten gestört wird.[1]

All diese ebenso merkwürdigen wie interessanten Befunde könnte man am Ende als Beleg dafür interpretieren, dass eine Seele in Wahrheit gar nicht existiert und alle Berichte von solcherart mystischen Erlebnissen sich im Lichte der modernen Neurobiologie ganz nüchtern erklären lassen. Doch Olaf Blanke ist klug genug, sich jeglicher theologischen Deutung zu enthalten und ausschließlich bei der Neurologie zu bleiben. Natürlich verändern solche Erkenntnisse die Interpretation von Nahtod-Erlebnissen. Doch das muss nicht heißen, dass das Konzept der Seele ad absurdum geführt ist. Im Gegenteil, wie in Kapitel 7 gezeigt werden wird, können Blankes Versuche auch als Bausteine eines neuen, wissenschaftlich fundierten Religionsverständnisses gesehen werden, in dem alte Begriffe wie »die Seele« eine neue Bedeutung erhalten.

Außerdem sollte man hinzufügen, dass längst nicht jede Patientin gleich reagiert und Blanke auch nicht behauptet, er habe damit den Universalknopf gefunden, der jedem Menschen auf Kommando ein *Out-of-body*-Erlebnis garantiert. Auch in anderen Epilepsie-Kliniken wird schließlich routinemäßig vor Operationen die Hirnoberfläche mit schwachen Stromreizen stimuliert – doch von außerkörperlichen Phänomenen wurde dabei bislang nicht berichtet. Das könnte, so meint der Neurologe Martin Kurthen vom Schweizerischen Epilepsie-Zentrum in Zürich, daran liegen, dass die Ärzte bislang noch nicht systematisch danach gesucht haben und Patienten solche unwirklichen Erlebnisse vielleicht lieber für sich behalten. Aber es hänge eben auch damit zusammen, »dass man solche Befunde nicht auf Knopfdruck auslösen kann«, sagt Kurthen. »Man wird nicht bei jedem Patienten, wenn man an der gleichen Stelle einen elektrischen Reiz setzt, zuverlässig dieses Phänomen auslösen können.«

Wie schon bei Persingers Versuchen, wie schon bei der Epilepsie oder beim Stimmenhören zeigen also auch Blankes Ergebnisse, wie schwer es ist, aus einzelnen Befunden allgemeingültige Resultate abzuleiten. Das menschliche Gehirn ist eben kein Computer mit festverdrahteten Schaltstellen; und es gibt eben nicht, auch wenn das manchmal in populärwissenschaftlichen Darstellungen so suggeriert wird, hier ein Zentrum für religiöse Erleuchtung und dort ein Areal für außerkörperliche Erfahrungen. Da solche Missverständnisse aber ebenso häufig wie hartnäckig sind, empfiehlt sich an dieser Stelle vielleicht ein kurzer Überblick über die Arbeitsweise des Gehirns, die klarmacht, weshalb dieses komplexe Organ selbst für Fachleute immer wieder Überraschungen bereithält.

4 Ein kurzer Ausflug ins Gehirn

Wer in Zeitung oder Fernsehen populärwissenschaftliche Berichte verfolgt, gewinnt manchmal den Eindruck, es erginge uns kaum anders als den bewusstlosen, bikameralen Automaten, die Julian Jaynes einst in seinem Buch entwarf. Allerdings scheinen heute nicht die Götter das Kommando übernommen zu haben, sondern eine noch mächtigere Instanz: das Gehirn. In der einen Zeitschrift liest man, »das Gehirn« bestimme, was wir kaufen oder wen wir lieben; anderswo wird allen Ernstes die Frage diskutiert, ob »das Gehirn einen Mord begehen kann« – ganz so, als existiere das Gehirn losgelöst von unserer restlichen Person und entscheide selbstherrlich an unseren eigentlichen Überzeugungen vorbei.

Das erinnert an die vor einigen Jahren gängige Ansicht, der Mensch sei nichts anderes als »die Marionette seiner Gene«. Damals hieß es, all unsere Prägungen, Vorlieben und Handlungsweisen seien bereits im Erbgut festgelegt; nun scheint unser Wohl und Wehe einzig von den Nervenzellen (Neuronen) im Gehirn und ihren Verbindungen (Synapsen) bestimmt zu sein. Die gern gezeigten bunten Bilder aus dem Kernspintomografen suggerieren, man müsse nur scharf genug ins menschliche Hirn hineinblicken, um zu wissen, was seine jeweilige Besitzerin denkt, wen sie liebt und wonach ihr heimlich gelüstet.

Und immer mehr Disziplinen machen mit der Vorsilbe »Neuro« Staat. Neben »Neurotheologie« gibt es inzwischen »Neurodidaktik« (dessen bekanntester Vertreter Manfred Spitzer ist), »Neuroökonomie«, das gehirngerechte »Neuromarketing« und neuerdings selbst so etwas wie »Neuropolitik«.[2]

Dabei zeigen die Ergebnisse der Neurowissenschaften, dass die Nervenzellen einen Menschen genauso wenig determinieren, wie es seine Gene tun. Die Gen*sequenz* eines Menschen mag unveränderlich sein, doch die *Aktivität* der Gene wird fortlaufend durch von außen kommende Signale gesteuert. Auch das Denkorgan ist von diesem Wechselspiel abhängig: Umwelt und Erfahrung entscheiden darüber, welche Nervenzellen wachsen oder verkümmern, welche Nervenverbindungen angeregt werden und wie die Architektur unseres Gehirns beschaffen ist, die am Ende so einzigartig ist wie unser Fingerabdruck.

Das lässt sich in Tierversuchen eindrucksvoll demonstrieren: Ein Leben in öder, reizloser Umgebung führt zu Deprivation. Fehlen Spielgeräte (oder Spielkameraden!), entwickeln Ratten deutlich weniger synaptische Verbindungen im Gehirn als Artgenossen in freier Wildbahn. Dieser Effekt schlägt in der Jugend besonders stark durch; mittlerweile ist er jedoch auch bei erwachsenen Tieren nachgewiesen.

Auch bei unserer eigenen Spezies hängt die Entwicklung des Gehirns entscheidend von den Reizen ab, die wir erhalten. Alles was wir häufig tun und denken, so scheint es, schlägt sich über kurz oder lang in unserer Hirnstruktur nieder. Besonders gut nachgewiesen sind zum Beispiel die neurobiologischen Veränderungen durch intensives Musizieren. Das Hörzentrum wird sensibler, bei Pianisten und Streichern vergrößert sich zudem jener Teil der Großhirnrinde, der den Tastsinn der Finger repräsentiert. Bei Taxifahrern hingegen lässt das jahrelange Einprägen von Fahrtrouten, Einbahnstraßen und Sehenswürdigkeiten den hinteren Teil des Hippocampus schwellen, der für das räumliche Gedächtnis zuständig ist. Er ist umso größer, je mehr Berufserfahrung ein Taxifahrer hat. Dafür verliert der vordere Teil des Hippocampus an Volumen, sodass sich die Gesamtgröße des Gehirns nicht verändert. Der Kognitionspsychologe Thaddeus Polk von der University of Michigan wiederum hat gezeigt, dass sich sogar das Gehirn von Postangestellten verändert, die täglich Briefe nach Kanada sortieren: Weil kanadische Postleitzahlen aus einer Kombination von Buchstaben und Zahlen bestehen (M5B 2C1 für Toronto), verwischt sich in den Gehirnen der Sortierer allmählich die Differenzierung zwischen Zahlen und Buchstaben, die normalerweise in getrennten Hirnbereichen verarbeitet werden.

Typischerweise sind solche Veränderungen umso ausgeprägter, je früher die Einflüsse zu wirken beginnen. Wer etwa vor dem Alter von sieben Jahren beginnt, ein Musikinstrument zu üben, vergrößert damit das Corpus callosum, das die linke und rechte Hirnhälfte verbindet – und steigert so die Fähigkeit zum ganzheitlichen Denken. Aber auch im Erwachsenenalter ist das Gehirn noch formbar (plastisch). Durch intensives Üben lässt sich oft in etwa die Hälfte des Effekts erzielen, der beim Kind möglich ist. Was Hänschen nicht lernt, kann Hans also noch zur Hälfte lernen.

Die Besonderheit des Homo sapiens besteht natürlich darin, dass ihn nicht nur praktische Tätigkeiten prägen, sondern auch rein geistige Inhalte. Die Idee des Monotheismus etwa oder das Ideal der Aufklärung waren so wirkungsmächtig, dass sie unser ganzes Denken und Fühlen nachhaltig verändert haben. Auch wenn man nicht so weit zu gehen braucht wie Julian Jaynes, der einen grundlegenden Umbau der Gehirnarchitektur postulierte, kann man doch davon ausgehen, dass unsere Gehirne gelernt haben, anders zu denken als jene der Menschen vor 4000 Jahren. Wir haben, in der Rückkopplung von Geist und Kultur, bestimmte synaptische Verbindungen gestärkt und andere Bahnen geschwächt und geben diese spezifische Art zu denken wiederum an unsere Kinder weiter.

»Die kulturelle Prägung ist enorm«, betont der Bremer Hirnforscher Gerhardt Roth. »Egal, welche Gen-Ausstattung ein menschlicher Säugling mitbringt – wenn er in Afrika, Europa oder Japan aufwächst, wird er eben zum Afrikaner, Europäer oder Japaner. Und wer erst einmal in einer Kultur aufgewachsen und, sagen wir, zwanzig Jahre alt ist, wird nie mehr ein volles Verständnis für andere Kulturen erwerben – weil das Gehirn durch diesen Flaschenhals der Kulturalisierung gegangen ist.« Solche Einflüsse auf das Gehirn sind natürlich im Kindesalter am größten. Aber auch noch im Erwachsenenalter wird das Denken ständig von der Interaktion mit anderen denkfähigen Wesen geprägt. »Niemand geht aus einem Gespräch in derselben Verfassung heraus, in der er hineingegangen ist«, sagt der Sozialpsychologe Harald Welzer und bringt dieses Phänomen auf die griffige Formel: *You never use the same brain twice* – man benutzt niemals dasselbe Gehirn.

So ist das Wechselspiel von Geist und Körper, Kultur und Biologie unendlich reziprok: Der geistige Inhalt unseres Denkens kann, zu Philosophien gereift oder in Politik übersetzt, die Welt derart verändern, dass dies wieder auf die Arbeitsweise des Gehirns zurückwirkt – und damit neue, möglicherweise andere Gedanken hervorrufen.[3]

Wenn man also schon meint, die Ursache für unsere Handlungen im Gehirn suchen zu müssen, dann sollte man nicht nur die Biologie der grau-weißen Nervenzellmasse berücksichtigen, sondern alle Faktoren einbeziehen, welche die Funktionsweise des Gehirns mitbestimmen: Geschichte und Kultur, die Einflüsse in Kindheit und Erwachsenenalter, die Menschen, mit denen wir uns umgeben, die Medien, die wir zu Rate ziehen und die Gedanken, die wir (und andere) uns machen … Am Ende wird man feststellen: Wer entscheidet, ist nicht etwa alleine das Gehirn, sondern eine sehr viel größere Entität, die aus der Integration der vielfältigsten Einflüsse entsteht und die wir für gewöhnlich »Ich« nennen.

Deshalb ist, nebenbei bemerkt, auch die so vehement geführte Debatte um den freien Willen reichlich absurd. Natürlich haben die Neurobiologen recht, wenn sie betonen, wie sehr unser Denken durch die Biologie des Denkorgans vorstrukturiert und beeinflusst wird und dass wir nie »absolut frei« denken können. Doch diese absolute Freiheit ist ohnehin eine Chimäre, ein theoretisches Konstrukt, dem wir in der Praxis nie begegnen. Denn selbstverständlich werden unsere Entscheidungen in *jeder* Situation durch unsere jeweiligen kulturellen Prägungen und alle möglichen Erwägungen begrenzt und eingeengt: Selbst wenn wir Lust dazu hätten, sagen wir unserem Chef meist *nicht* die Meinung, wir passen uns dem Modediktat an, weil uns unser gesellschaftlicher Status wichtig ist, wir verzichten auf eine Vielzahl riskanter Aktivitäten, weil wir um die Zerbrechlichkeit des Körpers wissen und so weiter und so fort. Die Freiheit des Menschen spielt sich naturgemäß immer in Grenzen ab – und wenn es nur die Grenzen der eigenen Haut sind.

Ein »unbedingt freier Wille«, der »von allen ursächlichen Zusammenhängen« losgelöst ist, so drückt es der Philosoph Peter Bieri aus, »wäre ein aberwitziger, abstruser Wille. Seine Losgelöstheit nämlich würde bedeuten, dass er unabhängig wäre von Ihrem Körper, Ihrem Charakter, Ihren Gedanken und Empfindungen, Ihren Phantasien und Erinnerungen. Es wäre, mit anderen Worten, ein Wille ohne Zusammenhang mit all dem, was Sie zu einer bestimmten Person macht.« Deshalb stellt Bieri (besser bekannt unter seinem Schriftstellerpseudonym Pascal Mercier) in seinem Buch *Das Handwerk der Freiheit* klar: Der sogenannte freie Wille ist letztlich immer der »verstandene Wille«, also jener, der zu unserem Selbstbild und in das Profil unserer Wünsche passt. Dass diese (Selbst-)Beschränkung sich auch in den Grenzen unseres Gehirns abspielt, ist eigentlich eine Selbstverständlichkeit. Doch wir sind diesen Beschränkungen, anders als Automaten, nicht hilflos ausgeliefert. Wir können sie uns immerhin bewusst machen, meint Bieri, und somit in den Prozess der Willensbildung einbeziehen. Der freie Wille wäre also gerade jener, der sehr wohl um seine Beschränkung weiß.[4]

So erweist sich also die Furcht, die Hirnforschung könne bald unsere intimsten Regungen und unsere geheimsten Gedanken entschlüsseln, als ebenso überzogen wie die Hoffnung auf den baldigen Einsatz solcher Gedankenlese-Techniken. Zwar sind die modernen, bildgebenden Verfahren ein unschätzbares Werkzeug für die Forschung und die Behandlung von Patienten. Doch die farbenfrohen Aufnahmen aus dem Hirn gaukeln oft eine Eindeutigkeit vor, die keineswegs der Realität entspricht. So werden zum Beispiel bei der Kernspintomografie die gesuchten Reize mithilfe der Statistik mühsam aus der unaufhörlichen Gesamtaktivität des Gehirns herausgefiltert und in blaue, gelbe und rote Falschfarben umgesetzt. Zudem werden dabei nicht neuronale Prozesse an sich gemessen, sondern nur der Blutfluss im Gehirn. Und Aktionismus im Gehirn ist – ähnlich wie in der Politik – nicht immer gleichzusetzen mit effektiver Denkarbeit. Vielleicht läuft das wichtigste Geschehen auch in einer unbedeutenden Zone am Rand ab, die im Kernspintomografen gar nicht auffällt? Oder es finden mehrere Denkprozesse gleichzeitig statt, die sich wechselseitig beeinflussen und überlagern?

Das Kernspingemälde ist eine idealisierte Konstruktion, die nur entfernt das tatsächliche Geschehen im Gehirn widerspiegelt. Es gleicht ein wenig dem Versuch, die Arbeit einer Behörde anhand des Bewegungsmusters der dort arbeitenden Beamten abzuleiten. Welche Abteilung ist besonders aktiv, wo finden die meisten Besprechungen statt, in welches Zimmer werden am häufigsten Arbeitsmappen getragen? Natürlich kann man daraus gewisse Rückschlüsse ziehen; doch *was* dabei besprochen wird und *wozu* der Arbeitseifer der Beamten am Ende schließlich dient, erhellt das Bewegungsmuster nicht.

Dementsprechend mühsam ist die seriöse Interpretation der Kernspindaten. »Es gelingt uns bisher noch nicht einmal, die Grundlagen von Emotionen im Gehirn sicher voneinander zu unterscheiden«, sagt zum Beispiel der Neurobiologe Henning Scheich von der Universität Magdeburg. »Messen wir beispielsweise eine erhöhte Aktivität in der Amygdala, können wir daran nicht ablesen, ob die Versuchsperson weint oder lacht.« Obwohl Scheich in seinem Labor einen der leistungsfähigsten Kernspintomografen Europas stehen hat, glaubt er nicht, dass man damit in naher Zukunft »Gedanken lesen« oder andere Wunder vollbringen könne.

Vorsicht ist auch geboten, wenn aufgrund von bildgebenden Verfahren wieder einmal die Entdeckung eines neuen Zentrums für moralisches Verhalten oder Treulosigkeit bekannt gegeben wird. In der Regel sind an solch komplexen menschlichen Charakterzügen immer mehrere Zentren und Hirnbereiche beteiligt. Das Gehirn ist eben kein Baukastensystem, in dem es für jede menschliche Eigenschaft eine eigene Schublade gibt (wie noch die »Phrenologen« vor 200 Jahren glaubten).

Heute weiß man, dass das Geschehen im Kopf sehr viel dynamischer und komplexer ist, als frühere Generationen sich je haben träumen lassen.

Abbildung:
Lehrbild der Phrenologie von 1864.
A: Gattenliebe, B: Stolz, C: Begriffssinn, D: Anmut, 1: Geschlechtsliebe, 2: Elternliebe, 3: Freundschaft, 4: Heimatliebe, 5: Emsigkeit, 6: Kampfsinn, 7: Zerstörungssinn, 8: Esslust, 9: Erwerbssinn, 10: Verschwiegenheit, 11: Vorsicht, 12: Ehrgeiz, 13: Selbstachtung, 14: Festigkeit, 15: Gewissenhaftigkeit, 16: Hoffnung, 17: Gläubigkeit, 18: Demut, 19: Gutmütigkeit, 20: Bausinn, 21: Idealitätssinn, 22: Nachahmungssinn, 23: Frohsinn, 24: Beobachtungssinn, 25: Formsinn, 26: Masssinn, 27: Wägesinn, 28: Farbensinn, 29: Ordnungssinn, 30: Zahlensinn, 31: Ortssinn, 32: Erinnerungssinn, 33: Zeitsinn, 34: Tonsinn, 35: Sprachsinn, 36: Kausalitätssinn, 37: Vergleichssinn.
Im 19. Jahrhundert war man der Ansicht, genaue Angaben über die funktionale Architektur des Gehirns machen zu können. Die damaligen Versuche, die verschiedenen menschlichen Fähigkeiten und psychischen Eigenschaften einzelnen Zonen des Gehirns zuzuordnen, wirken für heutige Gehirnforscher allerdings unbedarft.

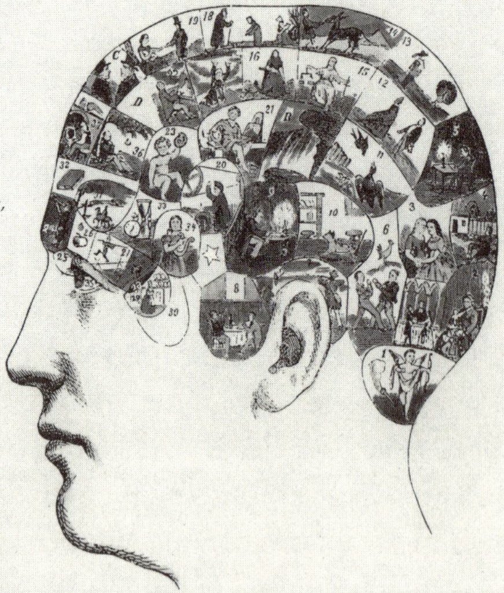

Modell eines phrenologischen Schädels

»Es gibt zum Beispiel fünfzig visuelle Zentren, die alle auf eine Art unabhängig und autonom voneinander arbeiten«, gibt der New Yorker Neurologe und Sachbuchautor Oliver Sacks zu bedenken. »Alle von ihnen sind mit unterschiedlichen Aspekten der visuellen Welt beschäftigt, mit Farbe, Bewegung, Eindrücken von Raum, Winkeln, Formen, Kontrast und so weiter. Es gibt eine ständige Konversation zwischen diesen fünfzig Zentren – und erst diese Unterhaltungen führen am Ende zur visuellen Erkenntnis.« Und um die gesamte Aktivität des Gehirns zu erfassen, müsse man sich Tausende solcher Zentren vorstellen und Tausende von Stimmen.

Auch der Neurobiologe Antonio Damasio, der selbst einige wichtige Verarbeitungszentren entdeckt hat, betont, dass diese nie unabhängig betrachtet werden dürfen. »Die einzelnen Regionen in Ihrem Gehirn sind ziemlich dumm«, erklärte mir Damasio einmal in Iowa (wo er lange Jahre die Neurologie des dortigen Klinikums geleitet hat). »Keine Komponente weiß alles. Aber jede weiß, wie sie auf einen bestimmten Stimulus reagieren muss. Das ist wie ein Stromkreis.« Erst die Zusammenarbeit unzähliger Regelkreise bringe am Ende das hervor, was wir »Denken« nennen. Ein einzelnes Areal kann dabei auch verschiedenen Aufgaben dienen, es kann wachsen oder schrumpfen, und beim Ausfall eines Zentrums kann ein anderes dessen Arbeit mit übernehmen.

Neurobiologen beschreiben das Gehirn heute gerne als ein »Orchester ohne Dirigent«; man kann präzisieren: Das Gehirn gleicht einem riesigen Orchester, in dem die Musiker – je nach Partitur – ihre Plätze und Instrumente wechseln, in dem niemand die Oberaufsicht führt und in dem doch ein fein koordiniertes Zusammenspiel stattfindet, das permanent die Musik unserer inneren Realität hervorbringt. Und noch etwas kann man anhand dieses Bildes klarmachen: Kein »Hirnorchester« gleicht dem anderen. Während im einen vorwiegend Streicher und Flöten zum Einsatz kommen, dominieren im anderen vielleicht Bässe und Blechbläser. Denn in jedem Gehirn spiegeln sich die individuellen Anlagen, die Geschichte und die Umwelt seines Besitzers wider. Daher können auch von Mensch zu Mensch die verschiedenen Hirnbereiche in ihrer Größe um bis zu einem Zentimeter variieren. Daher ist es auch so schwer, die vielen einzelnen Hirnbildstudien miteinander zu vergleichen und auf einen Nenner zu bringen oder von der Untersuchung eines Probanden gleich auf die Allgemeinheit zu schließen. Und daher ist es erst recht ein Unding, mit einer einzigen Untersuchungsmethode den ganzen inneren Reichtum der Gedanken und Emotionen eines Menschen abbilden zu wollen.

Diese Schwierigkeiten werden uns auch im nächsten Kapitel begegnen, wenn es um jene neurotheologischen Studien geht, die sich die religiöse Praxis vorgenommen haben, die also versuchen, die Wirkungen der Meditation, des Betens oder Psalmsingens neurobiologisch zu entschlüsseln. Auch dabei zeigen die Hirnbilder mitunter dramatische Veränderungen, und manche Forscher glauben schon, auf ihre Ergebnisse eine allgemeine Religionstheorie gründen zu können.

5 Meditationsforschung im Labor

Die einschneidendste Erfahrung ihres Lebens machte Eleanor Rosch, als sie ans Totenbett ihres tibetischen Meisters gerufen wurde. Kaum hatte die Psychologin den Raum betreten, in dem der wenige Tage zuvor gestorbene Lama aufgebahrt wurde, spürte sie eine intensive geistige Präsenz, die von dem toten, in Meditationshaltung sitzenden Körper ausging. »Es war, als ob der Geist von seiner leiblichen Hülle befreit gewesen wäre und unmittelbar zu mir sprach«, erinnert sich Rosch. Sie hätte die Gegenwart ihres Lehrers stärker als je zuvor gespürt – »als sei der Körper nur ein Filter gewesen, der plötzlich weggefallen ist«.

Eine Esoterikerin kann man Eleanor Rosch kaum nennen. Die zierliche Dame ist Professorin an der University of California in Berkeley, hat dort das Programm der Kognitionsforschung mitbegründet und ein viel beachtetes Buch über Hirnforschung geschrieben. Ihr kleines Büro an der amerikanischen Elitehochschule wirkt so nüchtern wie die Räume der Kollegen: Schreibtisch, Computer und Regale voller Fachpublikationen. Doch parallel zu ihrer Forschung praktiziert sie seit Jahren tibetischen Buddhismus. Erlebnisse wie jenes mit dem toten Lama haben sie zu der Überzeugung gebracht, dass der modernen Naturwissenschaft bislang Entscheidendes entgeht: »Unser Körper und unser Geist sind nicht das, wofür die Wissenschaft sie hält.«

DER ZUSTAND DES KLAREN LICHTS

Was aber der Geist ist und wie man ihn am besten zu fassen bekommt, kann auch Eleanor Rosch nicht genau sagen. So weit sei die Forschung noch nicht, meint die Psychologin bedauernd. Was sie einstweilen anbieten kann, ist lediglich die Beschreibung, die der Buddhismus bereithält. In der tibetischen Tradition ist dieses erstaunliche Phänomen nämlich als Zustand des »klaren Lichts« bekannt. Damit wird ein Geisteszustand beschrieben, in dem jede Spur eines persönlichen Egos getilgt ist und der Geist sozusagen nur noch aus Offenheit und Aufmerksamkeit besteht. Es heißt, erfahrene Praktizierende könnten einen solchen Zustand durch meditative Techniken bewusst hervorrufen und ihn im Moment des Todes über längere Zeit aufrechterhalten.

»Ling Rinpoche, mein persönlicher Lehrer, verweilte 13 Tage im klaren Licht des Todes. Obwohl er klinisch bereits tot war und aufgehört hatte zu atmen, ruhte er in der Meditationshaltung, und sein Körper zeigte keinerlei Anzeichen des Zerfalls«, weiß zum Beispiel der Dalai Lama zu berichten. Ein anderer »vollendeter Meditierender« habe sogar 17 Tage lang in diesem Zustand ausgeharrt – in der tropischen Hitze des indischen Hochsommers! Den Zustand des »klaren Lichts« beschreibt das religiöse Oberhaupt der Tibeter als »eine äußerst subtile Ebene des Bewusstseins, die sich in allen Menschen zum Zeitpunkt des Todes kurzfristig zeigt«. Selbst wir normalen Sterblichen könnten diese subtile Ebene manchmal erfahren, erklärt der Dalai Lama: »Während des Niesens zum Beispiel, in Ohnmacht, tiefem Schlaf und beim sexuellen Höhepunkt.« Dass wir uns dessen kaum bewusst werden, hängt mit der spezifischen Qualität dieses Geisteszustands zusammen. Er zeichne sich nämlich nicht nur durch »absolute Spontaneität« aus, sondern auch durch »die Abwesenheit eines Ich-Bewusstseins oder eines Festhaltens am Ich«.

Zweifellos wäre es interessant, das »klare Licht des Todes« näher zu untersuchen. Auch der »ozeangleiche Lehrer« (mongol.: *Dalai* = ozeangleich, tibet.: *Lama* = Lehrer), der bekannt für seine wissenschaftliche Neugier ist, wüsste gerne, »was dabei auf physiologischer Ebene geschieht und ob es noch zu nachweisbaren biochemischen Prozessen kommt«. Doch die Erforschung eines solch speziellen Moments ist schwierig. Das bekam auch der Neurobiologe Richard Davidson zu spüren, ein Vertrauter des Dalai Lama, der sich seit Jahren bemüht, die Wirkungen der Meditation nachzuweisen.

Vor einigen Jahren reiste Davidson mit seinem Team und kompletter Laborausrüstung ins indische Dharamsala, den Exilsitz des Dalai Lama, wo sich viele erfahrene Meditierende aufhalten. Doch die Eremiten, an ein Leben in der Einsamkeit der Berge gewöhnt, empfingen die Forscher nicht gerade mit offenen Armen. »Die meisten konnten den Sinn der ganzen Sache einfach nicht erkennen, außer dass damit das Interesse einiger merkwürdiger Männer befriedigt werden sollte, die mit Maschinen bepackt durch die Berge liefen«, berichtet der Dalai Lama in seinem Buch *Die Welt in einem einzigen Atom*, in dem er seine eigenen Erfahrungen mit der westlichen Wissenschaft aufarbeitet. Erst auf Intervention ihres höchsten Lehrers erklärten sich einige der Eremiten bereit, an Davidsons Experimenten teilzunehmen. Dennoch wurde das Geheimnis des klaren Lichts nicht gelüftet. Obwohl die Hirnforscher eine ganze Weile in Dharamsala geblieben seien, »starb damals – ich weiß

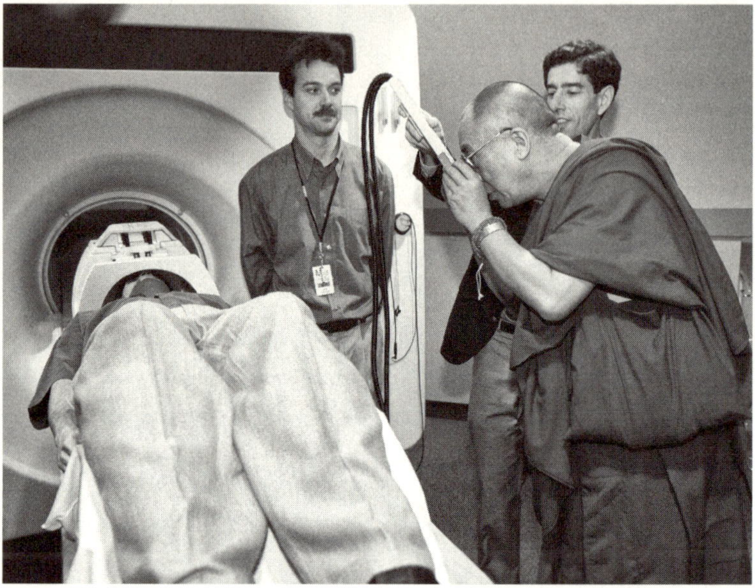

Der Dalai Lama lässt sich im Labor von Richard Davidson (rechts hinten) die Kernspintomografie erklären

nicht, ob ich sagen soll, glücklicher- oder unglücklicherweise – kein Meditierender«, schreibt der Dalai Lama (und beim Lesen meint man, ihn weise lächeln zu sehen).

EIN ANTI-STRESS-PROGRAMM

So kommt es, dass dieser spannende Bewusstseinszustand noch immer seiner wissenschaftlichen Aufklärung harrt. Die Meditationsforscher müssen sich notgedrungen auf die Untersuchung gewöhnlicherer Zustände verlegen, die sich unter Laborbedingungen zuverlässig reproduzieren lassen. Auch das ist noch schwer genug. Dennoch hat sich die Forschung in den vergangenen fünfzig Jahren redlich bemüht.

Als einer der Ersten untersuchte 1966 der japanische Neurologe Tomio Hirai die Hirnströme von Zen-Mönchen mit dem Elektroenzephalographen (EEG). Während die Mönche sich im konzentrierten, stillen Sitzen übten, stiegen die Amplituden der mittelschnellen Alpha-Wellen stark an; je tiefer die Probanden sich in die Meditation versenkten, umso kräftiger wurden die Ausschläge der langsamen Theta-Wellen. Normalerweise sind Alpha-Wellen ein Zeichen für Entspannung, und Theta-Wellen treten kurz vor dem Einschlafen auf – die Zen-Mönche waren aber alles andere als schläfrig. Im Gegenteil, wie Hirai nachwies, waren sie so konzentriert, dass sie sich nicht einmal an das Ticken einer Uhr gewöhnten (normalerweise verdrängen Menschen nach einer gewissen Zeit ein solches Hintergrundgeräusch; Hirais Versuchspersonen hörten das Ticken der Uhr angeblich sogar noch nach Stunden). Hirai schloss daraus, dass die Zen-Mönche einen ganz speziellen Geisteszustand kultivierten: ein »entspanntes Bewusstsein, gepaart mit verstärkter Empfindsamkeit«.

1967 wagte sich auch ein Medizinprofessor an der ehrwürdigen Harvard Medical School an das esoterische Sujet Meditation. Da er seinen guten Ruf allerdings nicht aufs Spiel setzen wollte, bat Herbert Benson seine Versuchspersonen erst spät nachts ins Labor. Dort verkabelte er 36 Anhänger der Transzendentalen Meditation (TM) nach allen Regeln der Kunst und maß ihren Herzschlag, Blutdruck sowie die Haut- und Rektaltemperatur. Ergebnis: Während der Meditation verbrauchten die Probanden 17 Prozent weniger Sauerstoff, senkten den

Herzschlag um drei Schläge pro Minute ab und zeigten erhöhte Amplituden der Hirnwellen im Theta-Bereich. In seinem Buch *The Relaxation Response* (dt.: *Gesund im Streß. Eine Anleitung zur Entspannungsreaktion*, 1978) deutete Benson diese Befunde als Beleg für die stressreduzierende Wirkung der Meditation, die zu einem ruhigeren, glücklicheren Geisteszustand führe.

Das Buch wurde ein Bestseller und Benson zum Pionier der Stressforschung. Er behauptete, die »meditative Entspannungsreaktion« verändere langfristig die Biochemie des Körpers und blockiere auf diese Weise die negativen Wirkungen von Stresshormonen. In seinem Institut für Mind-Body-Medicine in Boston baute Benson seine Forschungen weiter aus. So zeigte er beispielsweise, dass sich bei regelmäßig Meditierenden der Drogenmissbrauch reduzierte; in einer anderen Studie maß er die Wirkungen der sogenannten *tummo*-Praxis, bei der es darum geht, Hitze im Körper zu erzeugen. Tibetische Mönche, die darin erfahren sind, können selbst in der Kälte des Himalaja wohlig meditieren und Schnee zum Schmelzen bringen. Benson wies nach, dass bei seinen Versuchspersonen die Körpertemperatur an Händen und Füßen um bis zu 8,3 Grad stieg. »Ich habe nichts anderes getan«, erklärte er dem *Time Magazine*, »als eine biologische Erklärung für Techniken zu liefern, die Menschen seit Tausenden von Jahren nutzen.«

Der entspannende Effekt der Meditation wurde inzwischen durch viele weitere Studien nachgewiesen. Meditative Praktiken senken die Herzfrequenz, setzen die Hautleitfähigkeit herab und beruhigen den Stoffwechsel. Der Verhaltensmediziner und Meditationslehrer Jon Kabat-Zinn hat sogar, gemeinsam mit Richard Davidson, Effekte auf das Immunsystem nachgewiesen. Dazu ließen die Forscher 25 Angestellte einer Biotech-Firma acht Wochen lang an einem Trainingsprogramm in achtsamer Meditation teilnehmen. Als sie danach ihre Probanden gegen Grippe impften, bildeten diese mehr Influenza-Antikörper als die Mitglieder einer nichtmeditierenden Kontrollgruppe.

Auch in Deutschland werden Methoden wie die von Kabat-Zinn propagierte *»Mindfulness-Based Stress Reduction«* (dt: »Stressbewältigung durch die Praxis der Achtsamkeit«) immer populärer. So hat etwa der Mediziner Gustav Dobos, der den einzigen deutschen Lehrstuhl für Naturheilkunde innehat, am Universitätsklinikum Essen ein integratives Konzept entwickelt, das auf den Vorarbeiten von Benson und Kabat-Zinn aufbaut und viele Behandlungsaspekte umfasst, von der Ernährung (Vollwertkost) über Achtsamkeitspraktiken (Meditation, Yoga oder Qi-Gong) bis hin zu naturheilkundlichen und schulmedizinischen Therapien. »Wir schaffen hier einen Rahmen, den viele Patienten als heilsam erfahren – insbesondere chronisch kranke«, sagt Dobos.

Der Psychologe Johannes Michalak von der Universität Bochum wiederum hat gute Erfahrungen damit gemacht, depressive Patienten meditieren zu lassen. Vorher-Nachher-Tests zeigten ein gesteigertes Wohlbefinden und Linderung der Symptome – nicht nur bei Depressiven, sondern auch bei Patienten mit Angst- und Schlafstörungen oder psychosomatischen Beschwerden. Für Michalak ist das Besondere an der meditativen Methode, dass sie die Betroffenen dazu bringt, sich emotional von negativen Bewertungen zu lösen. Denn wer sich ganz auf den gegenwärtigen Moment konzentriert, hört notgedrungen auf, ständig über seine eigenen Probleme und vermeintlichen Unzulänglichkeiten nachzugrübeln – und sie damit noch zu verstärken.

Da solche Effekte jedoch stark von der jeweiligen Disposition eines Patienten abhängen, fällt der wissenschaftlich strenge Nachweis solcher Befindlichkeitsbesserungen bis heute schwer. Im Jahr 2007 hat die amerikanische Agency for Healthcare Research and Quality alle bislang existierenden Studien zum medizinischen Nutzen von meditativen Methoden verglichen und ist zu dem Schluss gekommen, immer noch gebe es sehr viele Unsicherheiten, methodische Schwächen und keine klare Evidenz. Und selbst meditationsbegeisterte Praktiker wie Michalak und Dobos warnen vor überzogenen Hoffnungen: Achtsamkeitsübungen alleine seien kein Allheilmittel. Insbesondere akut erkrankte und schwer gestörte Patienten können damit auch überfordert sein. Meditative Methoden sollten daher immer in einen größeren Behandlungsrahmen eingebunden sein; sie eignen sich eher zur Ergänzung und nicht als Ersatz normaler Therapien.

Zweitrangig scheint dabei übrigens zu sein, welche Art der Meditation praktiziert wird. Die entspannenden Wirkungen können, wie schon Herbert Benson feststellte, durch alle möglichen meditationsähnlichen Aktivitäten ausgelöst werden – bewusstes Atmen, regelmäßiges Beten, Yoga, Tai Chi, Joggen oder sogar Stricken. Die Praktiken müssen nur zwei wesentliche Elemente enthalten: die regelmäßige Wiederholung einer Handlung und das Bemühen, dabei störende Gedanken auszuschalten. Im richtigen Geiste ausgeübt, kann also jede repetitive Tätigkeit zur Entspannung führen, selbst das Straßenkehren, wie der Schriftsteller Michael Ende in seinem Buch *Momo* klarmacht. Dort lässt er den Straßenfeger Beppo die Philosophie seiner Arbeit folgendermaßen erklären: »Man darf nie an die ganze Straße auf einmal denken, verstehst du? Man muss nur an den nächsten Schritt denken, den nächsten Atemzug, den nächsten Besenstrich. Und immer wieder nur den nächsten.« Und nach einer Atempause fügt Beppo hinzu: »Dann macht es Freude; das ist wichtig, dann macht man seine Sache gut. Und so soll es sein.«

In simplen Worten hat Beppo alias Michael Ende damit das Geheimnis meditativer Praktiken beschrieben: Die Konzentration auf den gegenwärtigen Moment führt zur Entspannung und setzt positive Energie frei. Doch was unterscheidet das Straßenkehren von jenen Meditationspraktiken, die mit einem spezifisch religiösen Weltbild einhergehen – und die aus dem Buddhismus, aber auch aus der christlichen Mystik bekannt sind? Haben diese über die reine Entspannung hinaus noch speziell religiöse Effekte, erweitern sie das Bewusstsein, führen sie gar zu einer *unio mystica*, zur Begegnung mit Gott, zur Auflösung in einer allumfassenden, höheren Wirklichkeit? Solche Phänomene sind selbstverständlich sehr viel schwerer nachzuweisen als physiologische Auswirkungen. Und es ist kein Wunder, dass sich die Wissenschaft damit schwertut. Wo findet man zum Beispiel passende Versuchspersonen? Wie stellt man den Vergleich mit einer Kontrollgruppe sicher, die bereit wäre, stundenlang unbeweglich auf einem Sitzkissen zu verharren, *ohne* zu meditieren? Und wie unterscheidet man die Wirkung einer bestimmten meditativen Praxis von den dabei vermutlich auch mitschwingenden Placeboeffekten?

Zwar wurden seit den Anfängen von Hirai und Benson zahllose weitere Meditationsstudien gestartet; doch je mehr Ergebnisse zusammenkamen, desto unübersichtlicher wurde die Erkenntnislage. Kaum eine Studie schien mit der anderen vergleichbar, je nach Meditationsart oder Untersuchungsdesign zeigten sich mal diese, mal jene Effekte. Und als 2006 die beiden Neurowissenschaftler John Polich vom Scripps Research Institute und B. Rael Cahn von der University of California in San Diego im *Psychological Bulletin* den heroischen Versuch unternahmen, sämtliche bis dahin vorliegenden Untersuchungen aufzulisten und zu sichten, fiel ihr Fazit ähnlich desillusionierend aus wie das der bereits erwähnten Studie zum medizinischen Nutzen. »Seit fünfzig Jahren werden elektroenzephalographische (EEG) Studien von meditativen Zuständen angestellt, doch bislang hat sich noch kein eindeutiger Konsens über die neurophysiologischen Wirkungen der Meditationspraxis herausgebildet«, schreiben Cahn und Polich. Zwar werde die Funktion des zentralen Nervensystems »eindeutig beeinflusst«, doch die »spezifischen neuralen Veränderungen und Unterschiede zwischen den einzelnen Praktiken« seien *far from clear*, alles andere als klar.

Warum dies so ist, mögen zwei Beispiele verdeutlichen.

ZEN IN DER KUNST, EIN EEG ZU MESSEN

Vierzig Jahre nach den ersten EEG-Messungen des Japaners Hirai untersuchten Kognitionsforscher an der Universität Bremen die Wirkungen der Zen-Meditation. Dazu verkabelten sie den deutschen Zen-Meister Rei Ko Sensei, der mit bürgerlichem Namen Michael Sabaß heißt, als Experte für Hochschulentwicklung gearbeitet hat und sich neben seiner Arbeit seit über zwanzig Jahren im stillen Sitzen übt. Er war in Japan, hat Zen-Gärten geharkt und Kiefernnadeln vom Boden der

Tempelanlagen gesammelt. Inzwischen darf er sich selbst Meister nennen, leitet in Bremen einen Zen-Kreis und übt jeden Morgen mindestens fünfzig Minuten Zazen (jap.: *Za* = sitzen, *Zen* = wachsame, ziellose Konzentration).

Im Labor der Bremer Universität ließ sich Sabaß eine elektrisch leitende Paste auf den Schädel schmieren, seinen Kopf mit EEG-Elektroden bestücken und versuchte dann, sich in einem schallisolierten Raum nur noch auf die Atmung und das reine Da-Sein zu konzentrieren. Im Nebenraum zeichnete derweil der EEG-Schreiber Sabaß' Hirnwellen auf. Ähnlich wie bei Hirais Mönchen verstärkten sich auch bei Sabaß zunächst die Ausschläge der Alpha-Wellen und – je länger er meditierte – auch jene der langsameren Theta-Frequenzen. Letztere betrugen am Ende der Meditation – je nach Hirnbereich – das Doppelte bis zu Zwanzigfache des normalen Werts.

Michael Sabaß im Labor der Bremer Universität

Etwa zur selben Zeit wurde auf der anderen Seite des Atlantiks, im *Laboratory for Affective Neuroscience* von Richard Davidson ein anderer Meditationsmeister vermessen. Dort stellte sich der französisch-stämmige Mönch Matthieu Ricard zur Verfügung, der früher einmal Molekularbiologie studiert und dann dreißig Jahre im Shechen-Kloster in Kathmandu verbracht hatte. Während Sabaß sich in der »großen Wachheit« der Zen-Meditation übte, war Ricard der Tradition des tibetischen Buddhismus gefolgt, die mehr Wert auf die Kontrolle negativer Emotionen und auf die Kultivierung liebevoller Bewusstseinszustände legt. Als Ricard in Davidsons Labor an der University of Wisconsin in Madison verkabelt wurde und begann, über »unbegrenzte Liebe und Mitgefühl« zu meditieren, schlug das EEG ebenfalls dramatisch aus. Doch bei ihm – wie auch bei sieben anderen tibetischen Mönchen – stiegen vor allem die hochfrequenten Gamma-Wellen kräftig an; bei den Alpha- und Theta-Wellen, die bei Sabaß so auffällig verändert waren, zeigten sich dagegen keine Besonderheiten.

Wie sind solche Unterschiede zu deuten? War Sabaß konzentrierter bei der Sache als Ricard? Oder umgekehrt? Funkt es im Hirn von tibetischen Mönchen einfach anders als in jenem von Zen-Mönchen – obwohl doch beide der Lehre des Buddha nacheifern? Solche Fragen zeigen, wie diffizil die Deutung der Ergebnisse der Meditationsforschung ist. Davidson und Ricard führen die Diskrepanz im Wesentlichen auf die unterschiedlichen Meditationsarten zurück. »Was heißt schon ›Meditation‹?«, fragte mich Matthieu Ricard, als wir uns in Hamburg (anlässlich eines Besuchs des Dalai Lama) trafen. »Der ursprüngliche Sanskrit-Ausdruck dafür bedeutet so viel wie ›Pflege einer Gewohnheit‹ – aber natürlich kommt es darauf an, *welchen* Geisteszustand man kultiviert. Meditation ist ein Sammelbegriff, der viele verschiedene Methoden einschließt.«

Bevor also solche EEG-Studien sinnvoll gedeutet werden können, müssen die Forscher genau differenzieren, welche Art der meditativen Praxis sie untersuchen. Und dazu sind sie auf die Selbstbeschreibung der Praktizierenden angewiesen. Erst deren Innenansicht macht es möglich, die von außen gemessenen Daten sinnvoll zu interpretieren.

Wenn Michael Sabaß die Erfahrung der Zen-Meditation beschreibt, spricht er zunächst davon, wie er seine Denkgewohnheiten außer Kraft setzt. Statt seinen Gedanken wie gewöhnlich zu folgen, beobachte er »wie ein Zuschauer im Kino«, dass sein Geist »mehr oder minder wirre Wort- oder Satzfetzen, Bilder und Videoclips auf die Leinwand projiziert«. Allmählich wachse der Eindruck, »dass ich alles das eigentlich gar nicht brauche«. Der Geist werde klar und wach und entfalte unabhängig von äußeren Eindrücken sein volles Potenzial. Am Ende habe er einen »Grundzustand des Geistes« erreicht, der aus »Stille und reinem Gewahrsein« bestehe. Da könnten zwar auch mal Gedanken auftauchen, aber die seien dann »wie eine vorbeiziehende Wolke, als würde ein Spruchband vor meinen Augen vorbeigezogen«, sagt Sabaß.

Wie passt das zusammen mit dem wissenschaftlichen Befund, dass bei Sabaß' Meditation die Theta-Wellen ansteigen? Üblicherweise werden Theta-Frequenzen gemessen, wenn eine Versuchsperson einschläft. Aber sie spielen auch, wie die Bremer Kognitionsforscher um Evgenij Coromaldi schreiben, »eine wichtige Rolle bei Lernprozessen, bei fokussierter Aufmerksamkeit und beim Kurzzeitgedächtnis«. Fasst man ihre Erkenntnisse zusammen, könnte man sagen, der meditierende Mönch befinde sich in einer Art hochkonzentriertem Wachschlaf – eine Interpretation, die mit Sabaß' eigener Wahrnehmung zusammenpasst. Doch zugleich zeigt der Vergleich der beiden Beschreibungsebenen, wie dürftig die Aussagen des EEG-Experiments für sich genommen sind.

Denn was die Hirnwellen *nicht* zeigen, ist das euphorische Glücksgefühl, das Sabaß in seinem »Grundzustand des Geistes« erlebt. Das vollständige Erleben der Gegenwart sei eine »unglaublich intensive« Erfahrung, meint der Zen-Lehrer. »Das ist so, als hätte ich bisher in einer Schwarzweißfotografie gelebt, und ganz plötzlich ist die Welt dreidimensional und bunt. Wer das öfter erfährt, bei dem erzeugt es eine unglaubliche, heitere Ruhe.« Genau diese Erfahrung sei es auch, die Menschen beim Fallschirmspringen oder Bungee-Jumping suchen, beim Sex oder beim schnellen Autofahren. »Man ist so hoch konzentriert, dass alles andere, was mich sonst im Leben bewegt oder mir Sorgen macht, weg ist«, sagt Sabaß. »Wer das zum ersten Mal erlebt, den reißt es vom Hocker.«

Von all dem erzählen die EEG-Wellen nichts.

»DER GLÜCKLICHSTE MENSCH DES PLANETEN«

Auch Davidsons Gamma-Wellen sagen wenig über den inneren Zustand seiner Untersuchungsobjekte. In der Meditation des »vorbehaltlosen Mitgefühls«, so beschreibt es Matthieu Ricard, gehe es vor allem darum, den gesamten Geist von Liebe und Mitgefühl durchdringen zu lassen und damit die bedingungslose Bereitschaft zu erzeugen, anderen zu helfen. Dass dabei die hochfrequenten Hirnwellen stark zunehmen, zeigt nur, dass die Praktizierenden in der Meditation tatsächlich hochaktiv sind. Aber was geschieht dabei genau? Um das herauszufinden, beließen es Davidson und sein Mitarbeiter Antoine Lutz nicht nur bei EEG-Messungen, sondern durchleuchteten Ricard und sieben andere Mönche auch mit dem Kernspintomografen. Normalerweise ist es ein Unding, sich in der laut dröhnenden Kernspinröhre in der Kunst der Versenkung zu üben. Doch seine Versuchspersonen seien schließlich die »olympischen Athleten, die Goldmedaillengewinner der Meditation«, lobt Davidson. Fünfzehn bis vierzig Jahre lang hatte jeder der Mönche praktiziert und dabei zwischen 10.000 und 50.000 Stunden Meditationserfahrung gesammelt. Und so brachten sie auch das Kunststück zustande, in Davidsons Kernspinröhre den Zustand »liebenden Mitgefühls« hervorzubringen.

Das bildgebende Verfahren zeigte bei allen acht ein ähnliches, charakteristisches Muster: Durchblutet waren vor allem der linke präfrontale Cortex und eine Reihe weiterer Hirnregionen, die alle auf verschiedene Weise an der Verarbeitung emotionaler Erfahrungen zuständig sind. Daraus ziehen Davidson und Lutz den Schluss, dass die Mönche genau jene Bereiche aktivierten, in denen »positive Emotionen« wie Liebe, Mitgefühl und Glück verarbeitet würden. Und die amerikanischen Neurobiologen gehen noch einen Schritt weiter: Die Tatsache, dass die entsprechenden Hirnareale bei den Mönchen insgesamt aktiver sind als bei einer Kontrollgruppe von

Matthieu Ricard (links) und
Richard Davidson

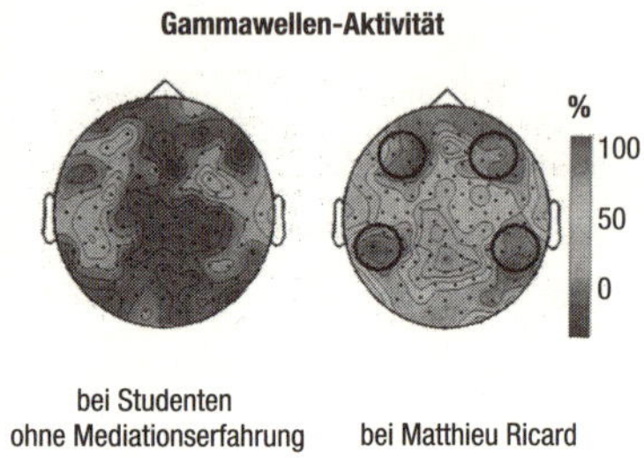

nichtmeditierenden Studierenden, werten sie als Beweis dafür, dass sich Nächstenliebe und Glück quasi wie ein Muskel trainieren lassen. Menschen, denen es an Empathie mangelt, könnten diese also mit einem entsprechenden Trainingsprogramm einüben. »Diese Ergebnisse«, kommentiert der Dalai Lama, »lassen vermuten, dass wir einen Zustand des Glücks durch ein auf das Gehirn einwirkendes Geistestraining bewusst kultivieren können.«

Aufgrund dieser Forschung wurde Richard Davidson vom *Time Magazine* 2006 zu den »hundert Persönlichkeiten, die die Welt verändern« gewählt.

Auch Matthieu Ricard haben die Experimente in Madison weltberühmt gemacht. Denn bei keinem anderen Menschen hatte das EEG in Davidsons Labor stärker ausgeschlagen als bei ihm. Prompt wurde der Mönch von Zeitungen zum »glücklichsten Menschen dieses Planeten« gekürt – die beste Werbung für Ricards neuestes Buch: Mittlerweile hat der Franzose, der auch einer der Übersetzer des Dalai Lama ist, einen Glücksratgeber mit dem simplen Titel *Happiness* verfasst, der allen die frohe Botschaft vom wissenschaftlich bestätigten Glücksrezept des Buddhismus nahebringt.

Sind also Davidsons Daten der unumstößliche Beleg, dass Meditieren glücklich macht? Auch wenn man (zumal als Meditierender) diese Botschaft gern glauben möchte, muss man aus wissenschaftlicher Sicht doch einige Fragezeichen anbringen. So ist die Zahl der von Davidson untersuchten Personen relativ klein. Außerdem fehlt bislang eine Bestätigung von unabhängiger Seite.

Erst wenn ähnliche Daten von anderen Forschern vorliegen, können Davidsons Resultate als gesichert gelten (und welche Überraschungen man dabei erleben kann, zeigt das Beispiel der »Gottes-Experimente« von Michael Persinger). Und selbst wenn sich tatsächlich zeigt, dass bei Langzeit-Meditierenden bestimmte Hirnareale aktiver als andere sind, ist es kühn, dies gleich als Beweis für die Hervorbringung so komplexer Gefühle wie »Glück« oder »Liebe« zu deuten. Ob sich die betreffende Person tatsächlich glücklich oder liebevoll *fühlt* und ob sie sich auch wirklich so *verhält*, können die farbigen Hirnscans nicht belegen.

Diese Schwächen seiner Arbeit scheinen Richard Davidson – anders als den euphorisch darüber berichtenden Journalisten – übrigens durchaus bewusst zu sein. Der amerikanische Neurobiologe weiß, wie mühsam eine aussagekräftige Meditationsforschung wirklich ist. »Mittlerweile existieren rund 1000 Publikationen über Meditation«, schreibt er in einem Überblicksartikel im *Cambridge Handbook of Consciousness*. Trotzdem müsse man »zugeben, dass wir tatsächlich wenig über die neurophysiologischen Prozesse der Meditation und ihre Auswirkungen auf das Gehirn wissen«. Die Forschung befinde sich noch immer in den »Kinderschuhen«. In dem Artikel spricht Davidson auch nicht davon, dass er eine Art Glücksregion im Kopf entdeckt habe, sondern vorsichtig von »Regionen, von denen man denkt, dass sie für die Kontrolle von Gefühlszuständen, die Planung von Bewegung und positive Emotionen zuständig sind«.

DIE BUDDHISTISCHE GLÜCKSFALLE

Auch Matthieu Ricard weiß, dass Davidsons Forschungsergebnisse mit der buddhistischen Lehre zwar kompatibel, aber streng genommen nicht wirklich ein Beweis dafür sind. Genau aus diesem Grund, sagt der einstige Genforscher, seien auch weitere, gründlichere Studien vonnöten, die nicht nur Hirnwellen zeigen, sondern tatsächliche Verhaltensänderungen bei Meditierenden nachweisen. Und just an solchen weiterführenden Studien arbeitet inzwischen eine ganze Reihe von Forschern.

So hat zum Beispiel der Biologe Bruce O'Hara von der University of Kentucky in Lexington gezeigt, dass eine 40-minütige Meditation selbst bei Anfängern die psychomotorische Aufmerksamkeit steigert. Als Test mussten O'Haras Probanden Wahrnehmungsaufgaben an einem Bildschirm lösen und dabei auf einige Knöpfe drücken. Hatten sie zuvor 40 Minuten meditiert, drückten die Versuchspersonen im Schnitt um ein Zehntel schneller auf die Knöpfe und erzielten bessere Ergebnisse, als wenn sie dieselbe Zeit mit Schlafen, Lesen oder Gesprächen verbracht hatten. Auf ähnliche Weise hat Amishi Jha von der University of Pennsylvania nachgewiesen, dass geübte Meditierende bei Konzentrationsübungen ablenkende Störreize besser ausblenden als ungeübte Versuchspersonen.

Und Sara Lazar – eine ehemalige Mitarbeiterin von Herbert Benson – hat sogar Hinweise darauf gefunden, dass regelmäßiges Meditieren die neuronale Verschaltung im Gehirn beeinflusst. Am Massachusetts General Hospital in Boston untersuchte sie im Kernspintomografen Menschen, die seit mehreren Jahren vierzig Minuten am Tag meditieren. Ergebnis: Deren Hirnrinde war um bis zu fünf Prozent dicker als jene von gewöhnlichen Probanden. Die Forscherin wies dabei vor allem in den für Aufmerksamkeit und Sinnesverarbeitung zuständigen Hirnarealen größere Blutgefäße und mehr neuronale Verbindungen nach. Da der Effekt bei den älteren Versuchspersonen am deutlichsten ausgeprägt war, kann sich Lazar sogar vorstellen, »dass eine regelmäßige Meditationspraxis die normale, altersbedingte Ausdünnung des Cortex reduzieren könnte«.

Solche Ergebnisse kommen insbesondere in den USA gut an. Dort wird Meditation bereits als besonders clevere Wellnessübung für den Geist gepriesen. »Wie man mit jedem Atemzug schlauer wird« überschrieb etwa das *Time Magazine* einen Beitrag über Meditationsforschung, und selbst die ehrwürdige *New York Times* thematisierte die Frage: »Ist Buddhismus gut für Ihre Gesundheit?« Auch in deutschen Zeitungen liest man – sinnigerweise unter der Rubrik »Karriere« – neuerdings Überschriften wie »Von Buddha lernen«.

Doch was, so fragt man sich, hat all das mit Religion zu tun? Das große Bedürfnis nach solchen Glücksrezepten zeigt zunächst vor allem, wie unglücklich sich offenbar viele Westler fühlen. Doch wer meint, er könne mit ein wenig buddhistischer Meditation seine gestresste Psyche ruckzuck wieder in Form bringen, sitzt einem grandiosen Missverständnis auf. Denn die buddhistischen Praktiken haben gerade nicht das Ziel, unser Ego zu streicheln und es in einen wohligen Glücksrausch zu versetzen, sondern im Gegenteil dessen Struktur auf einer sehr viel tieferen Ebene zu durchschauen. Ein solcher Erfahrungsprozess kann zwar am Ende zu mehr Gelassenheit und Angstfreiheit führen; der Weg dahin ist jedoch oft steinig.

Wer jedenfalls einmal versucht, seinen Kopf frei von allen unnötigen Gedanken zu machen, weiß wie schwer, ja unmöglich das ist. »Die erste große Entdeckung bewusster Meditation ist nicht etwa eine grenzüberschreitende Einsicht in die Natur des Geistes, sondern die peinsame Realisierung, wie wenig der Mensch normalerweise mit seiner tatsächlichen Erfahrung verbunden ist«, schreiben zum Beispiel Eleanor Rosch und der (inzwischen verstorbene) Hirnforscher Francisco Varela in ihrem gemeinsamen Buch *The embodied mind* (dt: *Der mittlere Weg der Erkenntnis*).

Bei vielen Meditationsfans macht sich daher – nach einer meist euphorischen Anfangsphase – mit der Zeit oft eine gewisse Ernüchterung breit. So mancher stellt nach fünf oder zehn Jahren eifrigen Meditierens zum ersten Mal klarsichtig fest, wie tief verwurzelt seine egoistischen Denkgewohnheiten sind und wie mühsam tatsächlich der Versuch der inneren Befreiung ist. Viele, die den Buddhismus nur als fernöstliche Wellnessbewegung verstehen, hören genau an diesem Punkt frustriert auf oder wenden sich anderen Lehren zu, die einen schnelleren Zugang zum Heil versprechen (meist nur, um nach einigen Jahren dort dieselbe Erfahrung zu machen).

In der buddhistischen Meditation »kultivieren wir nicht das Ego, sondern Achtsamkeit und Weisheit«, stellt der Religionswissenschaftler und praktizierende Buddhist Alan Wallace klar. Da sei es ja schön und gut, wenn die Forschung nachweise, dass Meditation Stress reduziere oder das Immunsystem stärke. »Aber der Buddha ist nicht im Alter von neunundzwanzig Jahren aus seinem Königshaus ausgezogen, um eine Methode zu finden, Hämorrhoiden zu kurieren.« Meditation sei nun einmal keine Therapie; auch in Tibet seien für die Kranken die Ärzte zuständig gewesen, nicht die Meditationslehrer.

Die vielleicht interessanteste Frage, die Arbeiten wie jene von Richard Davidson aufwerfen, lautet daher: Können die Methoden der Geistesschulung auf lange Sicht tatsächlich das Gehirn beziehungsweise die Persönlichkeit des Übenden verändern? Lassen sich durch bestimmte Rituale oder Meditationen religiöse Qualitäten wie Nächstenliebe und Selbstlosigkeit regelrecht trainieren – und dadurch ein Zustand erreichen, der jenem der großen Heiligen nahekommt?

Um das zeigen, reicht es nicht, Momentaufnahmen von erfahrenen Praktizierenden zu liefern; notwendig wäre es, ein und dieselbe Gruppe von Versuchspersonen über einen längeren Zeitraum zu begleiten und dabei ihre Fortschritte zu dokumentieren. Just dies ist das Ziel des sogenannten Shamatha-Projekts, das Alan Wallace ins Leben gerufen hat. Wallace, der Physik und Religionswissenschaft studiert hat, bemüht sich schon lange um den Brückenschlag zwischen westlicher und östlicher Weisheit. Dazu hat er im kalifornischen Santa Barbara das *Institute for Consciousness Studies* gegründet und im Jahr 2007 die erste Langzeitstudie der Meditationsforschung initiiert.

Am *Shambala Mountain Center* in den Bergen Colorados sollen dazu Praktizierende über mehrere Monate wissenschaftlich begleitet und etwaige Veränderungen dokumentiert werden. Leider waren bei Redaktionsschluss dieses Buches noch keine Ergebnisse bekannt. Aber das *Shamatha*-Projekt zeigt in die richtige Richtung. Noch interessanter wäre es allerdings, Meditierende nicht nur einige Monate zu begleiten, sondern auch nach einigen Jahren noch einmal zu besuchen. Denn echte, tief greifende Verhaltensänderungen brauchen Zeit; und ob sich jemand im Laufe einer religiösen Praxis wirklich weiterentwickelt, zeigt sich oft erst nach Jahren oder Jahrzehnten.

Zum jetzigen Zeitpunkt kann man also zusammenfassend feststellen: Meditative Praktiken haben einen nachweisbaren Einfluss auf die neuronale Aktivität des Gehirns; und sie beeinflussen die psychologische und emotionale Disposition der Praktizierenden. Meditation ist also, um das gern gepflegte Vorurteil zu widerlegen, mehr als nur Rumsitzen und Nichtstun. Und es erscheint plausibel, dass diese Form des Geistestrainings auf lange Sicht, nach zehn, zwanzig, dreißig Jahren, tief greifende Wirkungen auf die Struktur einer Persönlichkeit haben *kann.*

Ob und *wie* sich allerdings eine meditative Praxis auswirkt, hängt sowohl von der jeweiligen Meditationsmethode als auch von der inneren Einstellung des Übenden ab. Manche Praktizierenden mögen im Laufe der Zeit tatsächlich mitfühlender, empathischer und weniger selbstsüchtig werden; bei anderen dagegen kann sich eher eine Art Erleuchtungsdünkel ausbilden, der den Betreffenden nur noch mehr in seine egozentrischen Muster verwickelt. Solche Aspekte sind freilich bislang noch nicht Gegenstand wissenschaftlicher Studien geworden; doch wer immer beginnt, sich mit meditativen Praktiken zu beschäftigen, wird merken, wie unterschiedlich die Erfahrungen dabei ausfallen können.

Wer also wissen will, was meditative Praktiken tatsächlich bei ihm oder ihr persönlich bewirken, dem (oder der) bleibt bis auf Weiteres nur eines: die Sache selbst zu erproben. Das beste Messgerät, um den Zustand des eigenen Geistes zu erfassen, ist nämlich immer noch – der eigene Geist.

6 Was die Neurotheologie übersieht

Was ist also am Ende von der Neurotheologie zu halten? Diese Frage lässt sich am besten anhand eines Vergleichs zweier sehr gegensätzlicher Vertreter dieser Forschungsrichtung beantworten. Beide haben die Neurobiologie des religiösen Erlebens mit ungewöhnlichen Experimenten bereichert, beide haben das Hirn von praktizierenden Gläubigen durchleuchtet und sind doch zu sehr unterschiedlichen Schlussfolgerungen gekommen. Anhand ihrer Arbeiten lässt sich klarmachen, wo der Anspruch und wo die Grenzen dieser Art von Forschung liegen – und welche Rolle die Hirnforschung in der Religionswissenschaft künftig sinnvollerweise spielen kann.

Andrew Newberg ist so etwas wie der Star der Neurotheologie. Der Professor für Radiologie und Dozent für Religionswissenschaft an der University of Pennsylvania behauptet nicht nur, mit seinen Forschungen das Phänomen der Meditation erklären zu können, sondern handelt auch gleich noch die Frage nach Gott und der Wurzel aller anderen Religionen mit ab. 2001 wurde er mit seinem Buch *Why God Won't Go Away* weltweit bekannt. Denn darin stellte er die These auf, der Glaube an Gott werde schon allein deshalb nicht verschwinden, weil das menschliche Gehirn für religiöse Erfahrungen regelrecht ausgelegt sei. Und nicht nur das: »Die Neurologie der Transzendenz«, so Newberg, »könne auch einen biologischen Rahmen bereitstellen, in dem alle Religionen versöhnt werden.«[5]

Nina Azari dagegen kennt kaum jemand. Dabei ist die Hirnforscherin, die derzeit an der University of Hawaii in Hilo lehrt, so etwas wie der Prototyp einer Neurotheologin. Sie hat sowohl einen Doktorgrad in experimenteller Psychologie und in Theologie erworben und arbeitet derzeit als Chefredakteurin an einer gigantischen »Enzyklopädie der Wissenschaften und Religionen« des Springer-Verlags, die bis zum Jahr 2010 das gesammelte Wissen *sämtlicher* akademischer Disziplinen über *sämtliche* Religionen der Welt zusammentragen soll. Wer allerdings Azari fragt, wie das denn nun genau sei mit der Neurologie der Transzendenz und dem Glauben an Gott, bekommt eine desillusionierende Antwort: »Die Hirnforschung kann uns nichts über Gott erzählen, und zwar aus einem einfachen Grund: Das Studienobjekt der Hirnforschung ist der Mensch – nicht Gott.«

Wie kommen zwei ganz ähnlich interessierte Wissenschaftler zu so unterschiedlichen Aussagen? Das lässt sich am besten anhand ihrer jeweiligen Forschungsarbeiten beantworten.

Andrew Newbergs Ruhm stützt sich auf ein Experiment, das er vor Jahren mit seinem (mittlerweile verstorbenen) Mentor Eugene d'Aquili durchführte. Die beiden baten Buddhisten zur Meditation und Franziskanernonnen zum Gebet in ihr Labor. Jeweils auf dem Höhepunkt der meditativen Ekstase leiteten sie über eine Kanüle Kontrastmittel in die Adern ihrer Probanden, um damit den jeweiligen Durchblutungszustand der Gehirne festzuhalten. Die anschließende Aufnahme mit einer Spezialkamera zeigte: Am höchsten (oder besser: tiefsten) Punkt der geistigen Versenkung verringerte sich deutlich die neuronale Aktivität in einem Hirnareal im Hinterkopf, das normalerweise für die räumliche Orientierung zuständig ist. Dafür war ein Areal im vorderen Frontallappen sehr aktiv, das Aufmerksamkeitsprozesse verarbeitet.

Daraus hat sich Newberg folgende Erklärung des meditativen Geschehens zurechtgelegt: In der Aktivierung des Frontallappens zeige sich die »willentliche Absicht, den Geist von allen Gedanken, Gefühlen und Wahrnehmungen zu entbinden«. Das Aufmerksamkeitszentrum dämpfe dabei den Strom neuronaler Reize zu anderen Zentren und erzeuge schließlich eine regelrechte »neuronale Blockade« insbesondere des Orientierungsareals. Und schon ist der Mystik-Forscher beim Zustand des »Absoluten Eins-Seins« angelangt: Der Ausfall des Orientierungsareals führe nämlich dazu, dass das Gehirn nicht mehr zwischen dem eigenen Selbst und der äußeren Welt unterscheiden könne; jeglicher sensorischer Daten beraubt, bleibe ihm »nichts anderes übrig, als ein subjektives Gefühl absoluter Raumlosigkeit zu erzeugen, das der Geist als Gefühl des unendlichen Raums und der Ewigkeit oder umgekehrt als raum- und zeitlose Leere deuten kann«.

Damit, so glaubt Newberg, habe er das Geheimnis der Religion gelöst. Denn jedes mystisch-religiöse Einheitsgefühl – egal, ob im Buddhismus oder im Christentum – ließe sich auf neurologischer Ebene schlicht als »Abfolge neuronaler Prozesse« erklären – und er, so suggeriert das Buch, habe dazu den neurobiologischen Schlüssel gefunden: »Mystische Erfahrung ist biologisch real und naturwissenschaftlich wahrnehmbar«, fasst Newberg zusammen.

WIE MILCH IN DER MOLKEREI ENTSTEHT

Diese starke These hat dem Forscher aus Pennsylvania nicht nur viel öffentliche Aufmerksamkeit, sondern zum Teil auch harsche Kritik von Seiten mancher Kollegen eingetragen. Eleanor Rosch beispielsweise hält Newbergs Erklärungen schlicht für »Unsinn«. Das Ergebnis seiner Experimente sei, für sich genommen, äußerst nichtssagend. »Der einzige Grund, dass sich überhaupt jemand dafür interessiert, ist die Tatsache, dass man ihnen das Etikett ›Neurotheologie‹ verpasst hat, das ebenso sexy wie unangemessen ist«, wettert die Kognitionsforscherin aus Berkeley. Und der Münchner Psychoanalytiker Wolfgang Schmidbauer stört sich schon am Untertitel der deutschen Ausgabe von Newbergs Buch. Dessen Formulierung »Wie Glaube im Gehirn entsteht« leugne schlicht, dass der Glaube via Spracherwerb und kulturelle Prägung erst einmal in das Gehirn gebracht werden muss, um dort »entstehen« zu können. Das Ganze ist für Schmidbauer »ungefähr so logisch wie ein Buch über die Frage, wie Milch in der Molkerei entsteht«.

Tatsächlich zeigen Newbergs Hirnbilder, genau besehen, nur verringerte Orientierungsaktivität. Alles andere ist Spekulation. Jedenfalls sind sie noch lange kein Beweis für ein mystisches Sich-Auflösen im Eins-Sein. Unser Empfinden als Individuum hängt schließlich nicht nur von der räumlichen Orientierungsfähigkeit ab, sondern auch von vielen anderen Faktoren wie Körpergefühl, Emotionen und Selbst-Bewusstsein. Und schließlich wären da die anderen zentralen Erfahrungen, von denen Mystiker berichten – zum Beispiel die Auflösung des normalen Zeitempfindens oder ein allumfassendes Glücksgefühl. Dies alles ist alleine mit einem Nachlassen der Raumwahrnehmung nicht zu erklären.

Auch methodisch gibt es einiges auszusetzen. »Abgesehen von der Tatsache, dass in Newbergs Studie keine Kontrollgruppe einbezogen war, weist sie auch einen bedauerlichen Mangel an präziser Beschreibung des meditativen Zustandes auf, der dabei untersucht wurde«, kritisiert Richard Davidson. Newbergs Angaben träfen auf eine Vielzahl verschiedener religiöser Praktiken zu, die auf »unterschiedlichen oder geradezu entgegengesetzten Motivationen und emotionalen Qualitäten« beruhen. Aus diesem Grund, so Davidson, sei Newbergs Studie in ihrer Aussagekraft leider »begrenzt«.

Zwar ist längst nicht alles falsch in Newbergs Buch; der Radiologe bemüht sich redlich, seine neurobiologischen Daten mit Erkenntnissen aus der Evolutionsbiologie und der Anthropologie anzureichern. Dennoch erliegt er, wie so viele Forscher, der Versuchung, Religion nur aus einem – nämlich seinem eigenen – Blickwinkel verstehen zu wollen. »Gott findet nur *einen* Weg in Ihren Kopf, nämlich durch die Nervenbahnen des Gehirns«, behauptet Newberg und suggeriert damit, der Schlüssel zur Religion lasse sich allein im Denkorgan finden.

Das geht Nina Azari viel zu weit. Auch sie findet, dass Newberg einiges übersehe. So liefere seine neurobiologische Religionsdeutung keine Erklärung für die Tatsache, dass längst nicht jeder Mensch einen Hang zu mystischen Einheitszuständen verspüre. Man könne einfach nicht darüber hinwegsehen, sagt Azari in Anspielung auf Newbergs Buchtitel, dass für viele Menschen in Europa oder den USA *God has gone away*, Gott verschwunden ist – obwohl diese Menschen exakt dieselben neurobiologischen Voraussetzungen mitbrächten wie die Gläubigen. Bei Newberg käme die welterklärende Funktion religiöser Mythen ebenso zu kurz wie die Gesamtheit der gesellschaftlichen Faktoren, die zu ihrer Entstehung und Stabilisierung beitragen. »Dieser soziologische Aspekt des Mythos – dessen Bedeutung nicht unterschätzt werden kann – wird von Newberg und d'Aquili einfach ignoriert«, kritisiert Azari in einem Überblicksartikel für das *Archiv für Religionspsychologie*.

Doch die Versuchung, das religiöse Erleben anhand *eines* bestimmten neuronalen Mechanismus oder anhand der Aktivität eines bestimmten Hirnareals zu deuten, scheint übermächtig. Und dass ausgerechnet solche simplizistischen Religionstheorien große Popularität erlangen, liegt nicht nur an den Forschern; auch die Medien und ihre Leser – mithin wir alle – sind daran beteiligt. Je aufsehenerregender und eingängiger eine Theorie daherkommt, umso leichter fällt es ihr, Aufmerksamkeit zu erregen. Andere Arbeiten dagegen, die der Komplexität des Phänomens oft mehr gerecht werden, sind außerhalb der Fachwelt kaum bekannt.

Wer etwa hat je von Mario Beauregard gehört? Dabei hat der kanadische Psychologe von der University of Montreal ganz ähnliche Versuche wie Newberg angestellt. 2006 vermaß Beauregard das mystische Erleben von 15 Karmeliternonnen.[6] Resultat: Im religiösen Erleben zeigten sich rund ein Dutzend verschiedener Hirnregionen aktiv – rechts wie links, vorne wie hinten, im Temporal- und Parietallappen sowie im visuellen Cortex. Eine »Blockierung« bestimmter Areale (auf die Newberg seine ganze Theorie zurückführt) hat Beauregard dagegen nicht beobachtet. »Es gibt also nicht so etwas wie ein

›Gottesmodul‹ im Hirn«, schließt der Neuropsychologe aus seiner Studie. Unzweifelhaft ein interessantes Ergebnis. Schlagzeilen hat Beauregard damit – anders als Newberg – nicht gemacht.

DER HERR IST MEIN HIRTE

Ein ähnliches Schicksal war auch Azaris Forschungsarbeit bislang beschieden. Dabei zeigt sie beispielhaft, wie sehr die Neurobiologie des religiösen Erlebens vom bereits bestehenden Glauben einer Versuchsperson geprägt wird.

»Der Herr ist mein Hirte, mir wird nichts mangeln. Er weidet mich auf einer grünen Aue und führet mich zum frischen Wasser …« Was, so wollte Azari wissen, geschieht im Gehirn, wenn Menschen diesen wohl bekanntesten Psalm der Bibel rezitieren? Dazu bat sie 2001 (damals war sie Stipendiatin an der Universität Düsseldorf) sechs Mitglieder einer evangelikalen Freikirche ins Labor, die sich durch einen besonders strikten Glauben auszeichneten. Sie alle nahmen die Bibel wörtlich als Gottes Offenbarung, und insbesondere das Rezitieren des Hirtenpsalms war für sie die beste Methode, um in »eine persönliche Beziehung mit Gott« zu treten.

Um diese Beziehung von anderen unterscheiden zu können, ließ Azari ihre Probanden nicht nur den Psalm, sondern auch ein fröhliches Kinderlied und eine Passage aus dem Düsseldorfer Telefonbuch rezitieren. Zugleich bat sie eine Kontrollgruppe von sechs entschiedenen Atheisten, dieselbe Prozedur zu absolvieren. Der Vergleich ihrer Hirnaktivität zeigte, wie sehr die Wirkungen der Psalmrezitation von der jeweiligen Voreinstellung der Probanden abhingen. Bei den Christen, die sich durch die Rezitation in einen dezidiert religiösen Zustand versetzt fühlten, sprangen ganz andere Hirnareale an als bei den Atheisten, für die der Text keine besondere Bedeutung hatte. Erstaunlicherweise waren es nicht die sogenannten »Emotionszentren«, die bei den Gläubigen aktiv wurden (wie man vielleicht erwarten könnte), sondern eher solche Hirnbereiche, die nüchterne, kognitive Aufgaben wahrnehmen – Steuerung von Aufmerksamkeit, Bewertung sozialer Relationen, Selbst- und Fremdwahrnehmung, Lernen und Erinnerungen.

Daraus schließt Azari, dass solche kognitiven Bewertungsprozesse entscheidend am religiösen Erleben beteiligt sind. »Religiöse Erfahrungen werden selbst strukturiert von früheren und gegenwärtigen Überzeugungen, von der wahrgenommenen Bedeutung und Interpretation eines gegebenen Erfahrungsrahmens«, schrieb Azari. Anders als die Theorien eines Persinger oder Newberg behaupteten, ist ein religiöses Erleben also keine reflexhafte, automatische Reaktion des Gehirns auf bestimmte Reize (Magnetsignale, Meditationstechniken oder Ähnliches), sondern ist nur in einem größeren Rahmen verstehbar, der jene kulturellen und sozialen Kräfte einschließt, die erst zu einer bestimmten religiösen Disposition führen.

»Man könnte sagen, Menschen stellen sich auf bestimmte religiöse Erlebnisse ein«, erklärte mir Azari, als wir uns auf einer Tagung im österreichischen Graz trafen. »Und ein Erlebnis wird dann religiös, wenn man es bewusst als eines identifiziert, das konsistent mit seinem eigenen religiösen Schema ist.« Auch in der ausgefeiltesten neurobiologischen Versuchsanordnung werde also niemals das religiöse Erleben »per se« gemessen, sondern nur dessen Wechselwirkung mit der Voreinstellung, der Biografie und der kulturellen Prägung des Betreffenden. »Die religiösen Erlebnisse, die wir oder auch Newberg studiert haben, setzen eine bereits existierende religiöse Tradition voraus«, sagt Azari. »Daher können sie auch nicht einfach benutzt werden, um die Entstehung religiöser Traditionen zu erklären. Da landet man in einem Teufelskreis.«

DIE SPUR IM SAND

Vor diesem Hintergrund ist auch Azaris Aussage zu verstehen, die Hirnforschung könne nichts über Gott sagen. Die Neurowissenschaft könne allenfalls etwas darüber sagen, wie sich ein religiöser Glaube im Gehirn auswirkt, meint die Forscherin. »Sie erinnert uns daran, dass wir verkörperte Wesen sind, und deshalb sollten alle Erfahrungen, die wir machen, Spuren in unserem Körper hinterlassen.« Das könne man etwa mit der Spur vergleichen, die ein Stock hinterlässt, den man in den Sand wirft. »In der Hirnforschung untersuchen wir diese Spur im Sand, nicht den Stock selbst«, sagt Azari und ergänzt sarkastisch: »Aber das erklärt leider kaum eines dieser populären Bücher über Neurotheologie.«

Dass diese Bücher so erfolgreich sind, ist für die Kognitionsforscherin leicht erklärlich. »Wir Menschen sind nun einmal Augentiere; und es heißt nicht umsonst: Ein Bild sagt mehr als tausend Worte.« Bilder vom Gehirn, die angeblich die menschliche Denktätigkeit sichtbar machen, hätten eine ungeheure Anziehungskraft. Azari sieht das ganz nüchtern:

»Die Menschen werden nie erwachsen; sie lieben Bilderbücher. Für uns Neurowissenschaftler heißt das: Je mehr bunte Bilder wir mit unseren Apparaten zeigen können, als umso mächtiger gelten wir.«

So demonstriert insbesondere Azaris Experiment, warum die Neurotheologie, die Erforschung der Meditation und anderer religiöser Praktiken oft so unterschiedliche Ergebnisse liefern: Man kann nun einmal das religiöse Erleben des Einzelnen nicht unabhängig von seinem kulturellen Umfeld erforschen. Das Hirn ist eben keine Maschine, die nach vorgegebenem Muster religiöse Impulse ausspuckt, sondern wird seinerseits durch bereits bestehende Glaubensvorstellungen geprägt. Glaube, Handlung und (biologische) Wirkung stehen in permanenter, enger Wechselwirkung miteinander.

So führt einen also gerade der materialistische Ansatz der Neurotheologie am Ende zu der Erkenntnis, dass sich Geist und Biologie des Menschen nicht trennen lassen, sondern unauflöslich zusammenhängen. Und das heißt nicht zwangsläufig – wie manche Hirnforscher heute propagieren –, dass jedes geistige Geschehen nur ein Produkt physiologischer Vorgänge ist. Man kann die Sache durchaus auch umgekehrt betrachten, wie es etwa der (2005 verstorbene) Neurophysiologe Detlef Linke tat: »Wenn Geist und Materie eins sind, dann könnte das Gehirn ja auch reiner Geist sein.«

Es spielt eben eine große Rolle, mit welcher inneren Einstellung man meditiert oder einen Psalm liest, was man also schon vorher glaubt und in welchem kulturellen Rahmen man sich dabei bewegt. Diesen Blickpunkt hat seinerzeit nicht nur William James weitgehend ignoriert; auch viele Neurotheologen lassen ihn bei ihren Theorieentwürfen häufig außer Acht. Doch nichts zeigt besser als deren Scheitern, dass sich eine religiöse Erfahrung eben nicht nur im Gehirn lokalisieren lässt, sondern erst im kulturellen und sozialen Zusammenhang verständlich wird. Die Neurotheologie wird daher nur dann eine Zukunft haben, wenn sie nicht mehr mit dem großspurigen Anspruch des alleinigen Erklärungsmonopols auftritt, sondern wesentlich bescheidener als *eine* Disziplin unter anderen, die dazu beiträgt, *bestimmte* Aspekte des religiösen Geschehens in einem größeren Kontext zu erhellen.[7]

Damit muss in den folgenden Kapiteln die Frage nach dem Zusammenhang von Glaube und Kultur in den Blickpunkt rücken: Welchen Einfluss hat die menschliche Gemeinschaft auf das religiöse Erleben? Und was ist umgekehrt die gesellschaftliche Funktion religiöser Riten und Systeme? Dazu haben vor allem Anthropologen und Evolutionsbiologen eine Menge zu sagen. Bevor wir uns deren Erkenntnissen zuwenden, soll allerdings noch einmal ein Hirnforscher das Wort erhalten; einer der bekanntesten Vertreter der Zunft, der sich – nicht zuletzt aus persönlichem Erleben heraus – auf seine ganz eigene Weise mit diesen Fragen beschäftigt.

»SICH MIT SICH SELBST VERSÖHNEN«

Ein Gespräch mit dem Hirnforscher Wolf Singer über seine Erfahrungen in der Päpstlichen Akademie und bei der Meditation

Wolf Singer

Als Mystiker ist Wolf Singer bislang nicht bekannt. Deutschlands renommiertester Hirnforscher ist eher als knallharter Materialist verschrien. Mit seiner These, der freie Wille sei nur eine Illusion, hat der Direktor des Frankfurter Max-Planck-Instituts für Hirnforschung eine Debatte ausgelöst, die die Feuilletons jahrelang erschütterte. Dass er aus der neurobiologischen Forschung auch ableitet, der strafrechtliche Begriff der »Schuld« sei überholt, hat ihn für viele zum roten Tuch gemacht. Als »Monist« wurde Singer abgestempelt, als einer, der alle Erscheinungen auf rein materielle Wirkungen zurückführe und den menschlichen Geist auf seelenlose Nervenimpulse reduziere.

Dabei weiß kaum jemand besser als Singer, wie schwer das Phänomen des Geistes oder des Bewusstseins zu erklären ist. Und es gibt nur wenige Forscher, die sich so gründlich wie er mit den moralischen Fragen auseinandersetzen, die die moderne Wissenschaft aufwirft. Daher wurde der Neurobiologe – der aus derselben bayrischen Gegend wie Joseph Ratzinger stammt – auf Lebenszeit in die Päpstliche Akademie der Wissenschaften berufen. Dort berät er als eines von achtzig Mitgliedern den Papst und den Vatikan in wissenschaftlichen Fragen. Dass Wolf Singer vor einiger Zeit auch angefangen hat, sich für Zen-Meditation zu interessieren, zeigt, dass er so leicht in keine Schublade passt. Ein strammer Katholik ist er ebenso wenig wie einer jener wissenschaftlichen Atheisten, die jedweden Glauben für Mumpitz halten.

Für die *ZEIT* haben wir in den vergangenen Jahren viele Gespräche geführt. Doch unsere heutige Begegnung ist anders. Diesmal soll es nicht um neurobiologische Ergebnisse und ihre Interpretation gehen, sondern um ein ganz spezielles Untersuchungsobjekt: den Menschen Wolf Singer selbst. Wie steht der Hirnforscher zur Religion? Was sucht er in der Meditation? Und wie verändern die dort gemachten Erfahrungen seinen Blick auf die Wissenschaft?

Wir treffen uns in seinem Institut in der Frankfurter Deutschordenstraße. Dem gelb-grauen Backsteinklotz sieht man kaum an, dass er eine der ersten internationalen Adressen der Hirnforschung beherbergt. Auch Singers Direktorenzimmer im dritten Stock ist wenig repräsentativ. Die holzvertäfelten Wände wirken betagt und bieten erkennbar zu wenig Platz für all die Bücher, Bilder und Fotos, die sich im Laufe eines langen Forscherlebens angesammelt haben. Der von Artikeln und Fachzeitschriften überbordende Schreibtisch kündet davon, dass hier viel gearbeitet wird. Singers diverse *awards* und Ehrentafeln stauben in einer Ecke vor sich hin.

Professor Singer, Sie meditieren neuerdings, treffen den Dalai Lama und haben gemeinsam mit dem tibetischen Mönch Matthieu Ricard ein Buch verfasst.[8] *Wird der Hirnforscher Singer zum Esoteriker?*

Wolf Singer: Nein (lacht). Mein Interesse an der Meditation hat zwei Gründe: Zum einen war ich einfach neugierig; zum anderen hatte ich vor einigen Jahren eine Phase, in der ich beruflich enorm belastet war und viel zu viel am Hals hatte. Da entstand der dringende Wunsch nach einer Auszeit. Ich hatte allerdings keine Lust, im Sommer an die Côte d'Azur zu fahren, wieder in den Trubel; ich wollte lieber ein *Retreat* machen. Also habe ich mich zu einer zehntägigen Zen-Übungsperiode angemeldet, einem »Sesshin« – ohne zu wissen, worauf ich mich einließ. Tatsächlich waren diese zehn Tage ein hartes Regime: Schweigen, keinerlei äußere Reize, stundenlanges Sitzen vor der Wand, konzentriert auf die Haltung, die Atmung, den gegenwärtigen Moment … Aber es war eindrucksvoll.

»Sesshin« heißt wörtlich »vertraut werden mit dem eigenen Geist« oder auch »das Ursprüngliche berühren«. Was hat diese Erfahrung bei Ihnen bewirkt?

Offenbar bin ich deutlich verändert zurückgekommen. Ich hatte es hier am Institut niemand erzählt. Aber Mitarbeiter haben mich später, bei der Weihnachtsfeier gefragt, wo ich denn im Sommer gewesen wäre. Ich sei so anders gewesen, so ruhig. Ich habe auch selbst bemerkt, dass nach dem Sesshin manches anders war. Plötzlich fuhr ich auf der rechten Spur der Autobahn, brauchte kein Radio und war eigentlich ganz glücklich mit mir. Und im Institut habe ich versucht, dieses pathologische *task-sharing*, bei dem man fünf Dinge gleichzeitig tut, zu durchbrechen. Das hat aber nicht lang angehalten. Wahrscheinlich wäre es nicht schlecht, wenn man regelmäßiger zum Meditieren käme.

Was passiert im Gehirn während der Meditation? Kann die Neurobiologie darüber etwas sagen?

Bislang gibt es leider wenig aussagekräftige Studien darüber. Aber es ist klar, dass man in der Meditation einen bestimmten mentalen Zustand erreicht, der sich von demjenigen im Alltag deutlich unterscheidet. Schon die äußeren Bedingungen sind ja extrem: Man sitzt sehr gerade, kann also nicht einschlafen und ist in einer völlig reizarmen Umgebung; man bewegt sich nicht, achtet nur auf seinen Atem, zählt oder beschäftigt sich mit den visuellen Phänomenen, die dabei entstehen. Bei mir hat sich zum Beispiel einmal die sogenannte okulare Rivalität verändert, der Wechselrhythmus zwischen beiden Augen. Normalerweise läuft der im Sekundentakt, mal schaut man mit dem einen, mal mit dem anderen Auge, ohne dass einem dies bewusst wäre. Doch in der Meditation veränderte sich mein Gesichtsfeld, plötzlich fehlte die eine Blickrichtung, dann die andere. Der Wechselrhythmus hatte sich so extrem verlangsamt, dass ich ihn wahrnehmen konnte.

Hat der Hirnforscher Singer aus den Erfahrungen des Meditierenden Singer auch etwas Neues über das Gehirn gelernt?

Etwas Neues nicht. Aber die Meditation bringt einem immer wieder zum Bewusstsein, dass das Gehirn ein System ist, das sich fantastisch mit sich selbst beschäftigen kann. Da ist ein ständiger innerer Monolog im Gange. Jede Nervenzelle redet über unzählige Synapsen permanent mit ihresgleichen an anderen Stellen. Die Verbindungen nach außen dagegen, zu den Sinnesorganen, machen nur einen verschwindend geringen Prozentsatz aus. Die allermeiste Aktivität entfällt auf die Beschäftigung des Gehirns mit sich selbst.

Drehen wir uns also geistig permanent im Kreis?

Nein, so kann man es nicht sagen. Das Gehirn weiß ja sehr viel. Und damit meine ich nicht nur all das, was uns bewusst ist. Das Gehirn weiß auch alles, was es im Laufe der Evolution gelernt hat. Dieses implizite Wissen ist in der Gehirnarchitektur gespeichert, die bei uns allen ähnlich ist; deshalb können wir überhaupt miteinander kommunizieren. Dazu kommt das Wissen, das in der frühen Kindheit eingeprägt worden ist, in einer Phase, in der es kein episodisches Gedächtnis gab. Wir wissen zwar nicht, woher wir dieses »Überzeugungswissen« haben, aber es prägt uns zutiefst, darüber lassen wir nicht mit uns diskutieren. Darauf ist, nebenbei bemerkt, wohl auch ein Teil der Kulturkonflikte zurückzuführen, weil es einfach nicht möglich ist, jemand zu überzeugen, der die Welt anders sieht als man selbst. Da kann man nur Toleranz üben. Jedenfalls ist all dieses Wissen im Gehirn gespeichert. Wenn man ihm nun den ganzen sensorischen Input, alle äußeren Sinneseindrücke wegnimmt, kann es sich wunderbar mit sich selbst unterhalten, gewissermaßen in sich selbst spazieren gehen. Und ich glaube, das ist es, was man in der Meditation erlebt.

Wozu soll das gut sein?

Man kann viel darüber lernen, wie das Gesamtsystem im Grundzustand arbeitet. Man erlebt, was passiert, wenn mal nichts an einem zieht, wenn einen nichts zwingt zu reagieren, sondern wenn sich einfach entfalten kann, was in diesem System alles steckt. In diesem *default*-Zustand stellt sich ein Gefühl des »In der Welt-Seins« ein, das mit Sicherheit getreuer ist hinsichtlich der Persönlichkeit, die man *ist*, als das, was man erlebt, wenn man ständig von Tagesereignissen getrieben wird.

Haben Sie sich eigentlich auch schon früher für religiöse Praktiken interessiert?

Ich habe mal eine Zeit bei den Eremitenmönchen auf dem Berg Athos zugebracht. Kurz nach dem Abitur waren wir dort mit Rucksäcken unterwegs und haben bei den Mönchen gewohnt – und ihre Praktiken mitgemacht. In der Fastenzeit vor Ostern haben sich die Mönche alle zwei Stunden aufwecken lassen und gemeinsam gesungen, was mit starker Hyperventilation einherging. Schließlich berichteten sie, dass sie in solchen Phasen ihre Gesichter haben, dass sie plötzlich ein großes Licht sehen, Stimmen hören und in Kontakt kommen mit der Welt der Gottheiten. Aus neurobiologischer Sicht ist das nicht sehr erstaunlich. Solche Halluzinationen sind das typische Ergebnis von Schlafentzug und Hyperventilation. Auch das Jesus-Syndrom kann dann auftreten.

Das Jesus-Syndrom?

So nennen wir ein bestimmtes epileptisches Krankheitsbild. Dabei treten im sehr weit innen liegenden temporalen Bereich des Gehirns Epilepsien auf. Das führt nicht zu großen Anfällen, sie sind von außen kaum zu sehen, aber man bemerkt sie, wenn man die Hirnströme misst. Die Patienten berichten dabei häufig von einem wunderbaren Gefühl, das sich in ihnen ausbreite: Plötzlich stimme alles mit allem überein. Sie seien eins mit der Welt. Sie beschreiben dieses Gefühl so, wie Religionsstifter die Erleuchtung beschreiben. Der Hirnforscher aber weiß: Da krampft ein Stück Gehirn, das normalerweise als eine Art innerer Zensor fungiert. Es überprüft, ob Hirnzustände kohärent sind oder ob es Widersprüche gibt. Und wenn sich dieses Areal selbstständig macht, entsteht eben genau dieses versöhnliche Gefühl. Für den Arzt stellt sich dabei oft die Frage, ob er diese Menschen überhaupt behandeln und von ihrem »Glück« heilen soll.

Heißt das: Jedes Erleben eines solchen Eins-Seins, der Versöhnung, ist krankhaft?

Nein, überhaupt nicht. Man kann ja denselben Zustand auch ganz real herstellen, indem man zum Beispiel Konflikte wirklich beseitigt. Und das, vermute ich, kann man durch solche mentalen Praktiken durchaus fördern. Hinzu kommt, dass die Mönche ihre Lebensumstände entsprechend gestalten: Sie leben in extrem konfliktarmer Umgebung, haben keinen Besitz, müssen sich nicht um ihren Unterhalt kümmern ... Wenn man nur daran denkt, dass das arme Tibet, das im Wesentlichen eine Bauernkultur war, sich den Luxus geleistet hat, vierzig- bis fünfzigtausend Mönche zu ernähren.

Wie vertragen sich solche Meditationserlebnisse eigentlich mit Ihrer eigenen Religion? Sie sind doch Katholik ...

Ich bin evangelisch getauft und katholisch erzogen.

Wie bitte?

Mein Vater war Protestant aus Sachsen, meine Mutter Katholikin aus Bayern. Warum ich in den Kriegswirren evangelisch getauft wurde, weiß ich gar nicht, vielleicht war kein katholischer Pfarrer da. Aber nach dem Krieg, als sich mein Vater als Landarzt in Bayern niederlassen wollte, predigte der Pfarrer irgendwann von der Kanzel herab, es ginge nicht an, dass die neue Frau Doktor katholisch sei und das Kind evangelisch; sie müsse leider exkommuniziert werden, wenn sich das nicht ändere. Als Frau eines Landarztes in Bayern exkommuniziert zu werden, war natürlich undenkbar. Also gab es eine Eingabe, und mein Taufbuch wurde umgestempelt. Hinfort wurde ich katholisch erzogen.

Und wie kommt der Katholik in Ihnen mit dem Zen-Meditierenden zurecht?

Für mich hat diese Art der Meditation überhaupt keine religiöse Konnotation. Ich weiß, dass man sie benutzen kann, um Erfahrungen zu machen, die man gern einer metaphysischen Dimension zuschreibt. Aber man muss sie meines Erachtens gar nicht religiös interpretieren. Oder zumindest nicht im Kontext einer bestimmten Religion. Meister Eckhart hat ja als christlicher Mystiker einst Praktiken zur Erfassung des Transzendentalen vorgeschlagen, die der buddhistischen Meditation ganz nahe sind.

Und wenn man Sie in eine religiöse Schublade stecken wollte, welche wäre das? Sind Sie eher Christ, Buddhist oder Atheist?

Ich stehe zwar tatsächlich in manchen intuitiven Auffassungen, etwa darüber, wie die Welt strukturiert ist, gewissen Interpretationen des Buddhismus nahe. Allerdings würde ich mich nicht als Buddhist bezeichnen. Auch halte ich den Buddhismus weniger für eine Religion, sondern eher für eine Vereinbarung von philosophischen Standpunkten. Mir gefällt dabei die Pragmatik, mit der diese Philosophie vorgeht – sowohl in ihrer Definition von Werten als auch in den moralischen Begründungen von Entscheidungen. Auch gefällt mir, dass man die Schöpfung nicht als Ergebnis eines intentionalen Aktes einer einzelnen Gottheit sieht, sondern als etwas, das sich irgendwie selbst organisiert hat, ohne dass jemand da wäre, der einen übergeordneten Standpunkt einnimmt und alles versteht. Andererseits bin ich natürlich als integriertes Mitglied dieser abendländischen Gesellschaft massiv geprägt von christlichen Glaubens- und Wertevorstellungen. Und ich benutze in meiner Alltagssprache ständig Metaphern, die diesem System entlehnt sind. Insofern bin ich zweifellos stark christlich beeinflusst.

Glauben Sie an einen persönlichen Gott?

Als Naturwissenschaftler und Evolutionsbiologe kann ich die konkreten Ausformungen dieses Glaubenssystems oft nicht nachvollziehen. Alles, was zum Beispiel in die Nähe des Kreationismus kommt, verfängt bei mir nicht. Ich kann mir auch nicht vorstellen, dass mein Gebet erhört wird. Zwar halte ich es für möglich, dass ich, wenn ich bete oder andächtig bin, eine *self-fulfilling prophecy* in Gang setze und mich in einen Zustand bringe, in dem ich das Gewünschte tatsächlich irgendwann einmal erreiche. Aber ich kann nicht an eine göttliche Fernwirkung glauben. Ich habe erhebliche Schwierigkeiten mit dem Gedanken, dass eine wie auch immer geartete, für mich unsichtbare Gottheit alles durchdringt, das Geschehen auf der Erde steuert und sich auch noch um mich persönlich kümmert.

Also sind Sie Atheist?

Nein, auch nicht. Denn ich weiß natürlich, dass es jenseits des Begreifbaren noch unbegreifbare Dimensionen gibt, für die ich keinen Namen habe. Ich lebe mit der Gewissheit, dass das, was sich uns erschließt, nur ein Teil von etwas Größerem, nicht Erfassbarem ist. Wir können gar nicht anders als anzunehmen, dass alles eine Ursache, einen Anfang haben muss. Dass die Welt aus dem Nichts, *ex nihilo*, entstanden sein soll, widerstrebt uns zutiefst. Doch sobald man anfängt, über diesen Anfang nachzudenken, gerät man in Schwierigkeiten, denn auch die erste Ursache muss ja einen Anfang gehabt haben und so weiter …

Trotz Ihrer religionskritischen Haltung sitzen Sie in der Päpstlichen Akademie der Wissenschaften. Ist das kein Widerspruch?

Die Akademie ist ja kein religiöses Gremium, da sind Menschen mit unterschiedlichsten Ansichten vertreten – Agnostiker, gläubige Christen, Skeptiker. Die Akademiemitglieder werden zwar vom Papst auf Lebenszeit ernannt, aber von den Fachwissenschaftlern vorgeschlagen, also nach wissenschaftlichen Kriterien ausgewählt. Im Vatikan führt die Akademie ein relativ autonomes Dasein: Sie soll den Papst und den Vatikan in wissenschaftlichen Fragen beraten; darüber hinaus soll sie wissenschaftliche Arbeit leisten und Forschung fördern. Es gibt einmal im Jahr ein Treffen aller Mitglieder, daneben finden thematisch zentrierte Workshops statt – etwa zur Fortpflanzungsmedizin, zu ethischen Fragen am Beginn und Ende des Lebens, zur Kosmologie oder zur Bildung. In die Amtszeit des letzten Papstes fielen zwei wichtige Entscheidungen: 1992 hat Johannes Paul II. Galileo Galilei rehabilitiert; 1996 akzeptierte er offiziell die Evolutionstheorie …

… die die Kirche lange abgelehnt hatte.

Johannes Paul II. erklärte damals anlässlich einer Akademietagung, Darwins Lehre sei durchaus mit dem christlichen Glauben vereinbar. Aber auch wenn der menschliche Körper seine Existenz der biologischen Evolution verdanke, beseelt sei er unmittelbar von Gott geworden.

Was sagt der Hirnforscher dazu? In der Wissenschaft ist dieser Dualismus, die Trennung zwischen Körper und Seele, doch längst passé.

Er ist als Theorie schwer zu widerlegen. Die Kurie sagt bei Konflikten zwischen dem wissenschaftlichen und dem religiösen Weltbild: Wir haben zwei Wissensquellen – zum einen die menschliche Vernunft, zum anderen die Offenbarung. Und da die Wissenschaft stets nur begrenzte Einsicht liefert, hat die Offenbarung das Primat.

Für einen so nüchtern denkenden Kopf wie Sie muss es doch irritierend sein, dass sich bis heute religiöse Glaubensüberzeugungen halten, die dem wissenschaftlichen Denken zutiefst zuwiderlaufen. Wie erklären Sie sich das?

Wir haben unsere Religionssysteme alle selbst erfunden. Dafür sprechen schon die kulturspezifischen Ausprägungen. Wir sind aufgrund des Soseins unseres Gehirns darauf festgelegt, Ursachen für Phänomene zu suchen. Und da es viele Wirkungen in der Welt gibt, deren Ursachen wir nicht ergründen können, liegt es nahe, sie einem höheren Wesen zuzuschreiben. Das erlaubt eine weitere hochwirksame Projektion: Denn nun kann man Verhaltensweisen, die sich in der Erfahrung als sinnvoll herausgestellt haben (nicht zu töten, zu lügen, zu stehlen), als Verordnung dieser höheren Instanz deklarieren. Dadurch entzieht man sie der menschlichen Verfügbarkeit. Alles, was man nicht gerne ständig neu diskutieren möchte, kann man nun diesem unsichtbaren Verursacher zuschreiben – und das ist ein sehr effizientes Mittel, um Gruppen auf einen gleichen Kodex einzuschwören. Das hat sich offenbar im Laufe der kulturellen Evolution enorm bewährt.

Das wirft die interessante Frage auf: Was passiert, wenn man dieses ganze kulturelle Beiwerk weglässt? Nimmt man dann nicht auch der Religion einen wesentlichen Teil von jener Kraft, die sie braucht, um wirksam zu werden?

Ja. Das ist eine Frage, mit der ich ständig umgehe und die mich zum Beispiel in Konflikt mit der Giordano-Bruno-Stiftung gebracht hat, die einen aufgeklärten Humanismus fördern will. Ich bin dort im wissenschaftlichen Beirat, denn Naturwissenschaftler gelten ja per se als Aufklärer. Dann entdeckte ich aber, dass einige der dort versammelten Humanisten dabei sind, alles über Bord zu werfen und dabei das Kind mit dem Bad auszuschütten. Denn es wäre ja ganz unklug, wenn man all die religiösen Kodizes aufgäbe, die nicht aus der Primärerfahrung ableitbar sind. Das christliche Gebot zum Beispiel, die andere Wange hinzuhalten, macht aus evolutionsbiologischer Sicht für das Individuum zunächst keinen Sinn. Dennoch hat dieses Gebot seinen guten Grund; der wird aber erst erfahrbar über viele Generationen hinweg. Das Individuum mag von solchen Verhaltensweisen nicht profitieren; doch die Gesellschaft tut es im Laufe ihrer Geschichte sehr wohl.

Die religiösen Gebote sind für Sie also so etwas wie kollektive Erfahrung?

Ja, und zwar über die Generationen hinweg, über die Egoismen des Einzelnen hinweg. Das kann durchaus nach dem darwinistischen Prinzip geschehen sein. Mag sein, dass gerade die Gruppen überlebt haben, die altruistische Verhaltensnormen so kodiert haben. Wir geben ja schon in der Erziehung Überzeugungen weiter, die wir zum Teil gar nicht herleiten können. Und eine religiöse Begründung ist eine schnelle methodische Abkürzung. Darüber muss man nicht lange diskutieren, das wird so gemacht, weil es in der Bibel steht. Natürlich hat dieses Prinzip auch seine Schattenseiten. Was im Namen der Religion alles an Schrecklichem geschah – das wird dann genauso wenig hinterfragt.

Kann man sich eine aufgeklärte Religion vorstellen, ohne Intoleranz und Fanatismus?

Die Frage ist, ob man moralische Werte nicht auch anders verankern kann als religiös. Ich würde denken ja. Unsere Rechtssysteme tun das ja schon. Ich habe auch meine Kinder nicht mit Verweis auf einen strafenden Gott dazu gebracht, bestimmte Verhaltensregeln einzuhalten. Aber die Frage, wie man zu einem verbindlichen gesellschaftlichen Konsens über moralische Werte kommen kann, ist wichtig.

Man müsste, glaube ich, auch bereit sein zuzugeben, dass man nicht durch schieres Nachdenken jede Lebenssituation im moralischen Sinne entscheiden kann. Die Ratio genügt nicht. Und sicher spielt das Wort Demut eine große Rolle. Vielleicht kann man durch mentale Praktiken wie die Meditation Menschen dazu bringen, Einsichten zu gewinnen, die es ihnen erlauben, über den schnöden rationalen Egoismus hinauszusehen.

In der Meditation wird, ähnlich wie in allen religiösen Praktiken, das permanente rationale Analysieren und Kontrollieren ein Stück weit aufgegeben. Das kann sehr wohltuend sein, einen aber auch auf komische Ideen bringen.

Richtig. Es ist ein Spannungsfeld, durch das man sich hindurchlavieren muss. In der Meditation kommt das Gehirn mehr zur Ruhe, Erregungsprozesse pendeln sich ein. Das merkt man auch daran, dass man bei einem Sesshin weniger schlafen muss, denn der Schlaf dient ja ebenfalls dazu, ein solches inneres Gleichgewicht herzustellen. Allerdings kann ich mir auch vorstellen, dass man in der Meditation auf falsche Wege geraten kann. Wenn man sich nur noch mit seinen inneren Repräsentationen befasst und die Ankopplung an die Wirklichkeit verliert, die man zum Überleben braucht, kann man in Gassen hineinrennen, in denen es außerordentlich unwirtlich wird. Auf solche Nebenwirkungen des Meditierens habe ich kürzlich in Washington bei einem großen Kongress hingewiesen. Hinterher kam eine ganze Reihe von Leuten zu mir, die sagten: »Gut, dass Sie das angesprochen haben, denn ich bin durchs Meditieren in der Psychiatrie gelandet.«

Sie sagten, Meditation sei eine Praxis, die vom ganzen religiösen Beiwerk befreit ist. Aber vielleicht besteht der Sinn dieses Beiwerks in allen Religionen letztlich nur darin, solche geistigen Gleichgewichtszustände auch im Alltag kultivieren zu helfen?

Durchaus. Ich habe nach meinem letzten Sesshin noch die Lager gewechselt und bin am Pfingstmontag in eine katholische Kirche gegangen, zu einer Messe mit Orgelmusik und Gesang, viel Weihrauch, Besinnlichkeit und Konzentration auf das Geschehen der Verwandlung. Wenn man nach einer halben oder einer Stunde aus so einem Hochamt herauskommt, ist man auch verändert; das ist ähnlich wie nach einer meditativen Sitzung. Man war mit sich selbst alleine – aber zugleich in Gemeinschaft. Man hat sich konzentriert und Rituale ausgeführt, die den Alltag hinter sich lassen. Danach geht man anders in den Tag, nicht so, als wenn man nach dem Zähneputzen direkt ins Auto steigt und das Radio anschaltet.

In der Meditation geht es für Sie also nicht so sehr darum, ein »besserer Mensch« zu werden, sondern eher darum, sich so zu sehen, wie man wirklich ist?

Ja. Ich glaube, das Beste, das man tun kann, ist, sich mit sich selbst zu versöhnen. Dann wird man auch großzügig gegenüber anderen. Man braucht sie nicht mehr als Buhmänner oder Projektionsflächen. Viel Leid entsteht ja dadurch, dass man das, was man an sich selbst nicht akzeptiert, in andere hineinprojiziert und dort bekämpft.

»Versöhnen« hieße dann aber auch, sich seinen eigenen Schattenseiten zu stellen?

Genau. Und dabei hilft die Meditation, denn man kann, sozusagen im *default*-Mode, sich selbst intensiv studieren. Aber zugleich muss man auch ins Leben eintauchen, denn wer sich nicht exponiert, sich nicht Konflikten aussetzt, wird nie wissen, wie er in solchen Situationen reagiert. Wissen Sie, eine ganze Reihe von meinen Bekannten sind Therapeuten. Und die sagen alle unisono: Wenn einer zu sich finden will, muss er die Liebe kennengelernt haben, er muss ihr Scheitern kennengelernt haben, und er muss in seinem Leben die Intensität der Emotionen, die er als Baby hatte, im Erwachsenenalter wiederholen. Man muss auch seine Fehler durchmachen, um sich kennenzulernen. Und wenn man sich kennengelernt hat, kommt die nächste Stufe: Man muss sich mit sich abfinden.

Das hieße: Wer nie in Versuchung geführt wird …

… kann sich auch nicht kennenlernen. Ich glaube, niemand kann durchs Leben gehen, ohne nicht irgendwann einmal jemandem weh zu tun. Ich kenne auch niemanden, bei dem das so wäre. Mein Beruf bringt es ein wenig mit sich, dass sich viele Menschen vertrauensvoll an mich wenden, und daher weiß ich inzwischen, dass viel zu viele Leute nur so tun, als sei in ihrem Leben alles in Ordnung. Auf diese Weise ernährt sich ein System, das jenem gleicht, das die Hochglanzpostillen verbreiten. Wenn man dagegen seine Fehler öfter offenlegen würde, käme vielleicht mehr Demut in die Welt und mehr Verständnis; auch mehr Toleranz und Dialogbereitschaft. Es ist ja wahnsinnig anstrengend, diese Potemkin'schen Dörfer aufrechtzuerhalten.

Deshalb haben auch so viele Religionsstifter immer wieder die Heuchelei ihrer Zeit angeprangert. Doch oft sind aus diesen Impulsen ihrerseits religiöse Systeme entstanden, die Menschen in ein bestimmtes Schema pressen und einen gewaltigen sozialen Druck aufbauen.

Rückhaltlos ehrlich zu sein, mit sich selbst und den anderen, ist eben schwer. Ich vermute, diese Mechanismen, von denen Sie sprechen, sind zutiefst menschlich. Ein ideales System, mit dem man allen Schwierigkeiten aus dem Weg geht, gibt es nicht.

Ist vielleicht auch das eine tiefe religiöse Erkenntnis: Zu merken, dass es den idealen Pfad zum Heil nicht gibt?

Ja. Und dennoch nicht zu resignieren – genau das ist das Kunststück.

IV. WIE DAS RELIGIÖSE DENKEN BEGANN

Die Realität ist kein Anlass für Heiterkeit.
Aber um handeln zu können, darf man nicht allzu realistisch sein.

Sudhir Kakar, Psychoanalytiker und Schriftsteller aus Indien

1 Eine etwas andere Schöpfungsgeschichte

Beginnen wir einmal ganz von vorne. Was ist der Ursprung des religiösen Denkens, wie kam der Mensch zur Religion? Diese Frage eröffnet zwei grundsätzlich unterschiedliche Optionen, je nachdem, welchen Horizont man im Blick hat.

Zum einen kann man darauf aus einem bestimmten religiösen System heraus antworten. Dann löst sich die Frage nach dem Ursprung im Credo des Glaubens auf: Religion beginnt mit einer Offenbarung. »Am Anfang schuf Gott Himmel und Erde«, erklärt die Bibel (Genesis 1,1) – und daraus ergibt sich alles Weitere. Demzufolge existiert zum Beispiel der christliche Glauben, *weil* es ein schöpferisches Grundprinzip des Universums namens »Gott« gibt (für andere Glaubensrichtungen wäre wahlweise Jahwe, Brahman oder Ähnliches einzusetzen). Aus dieser Perspektive ist die Religion keine zufällige menschliche Erfindung, sondern eine unvermeidliche Reaktion auf die Wirklichkeit des Göttlichen oder Transzendenten.

»Glaube gewinnt Klarheit nur, indem er sich klar macht, dass Gott *vor* meiner eigenen Möglichkeit zu glauben gewesen ist.« So sagte mir in einem Interview Bischof Wolfgang Huber, der Ratsvorsitzende der Evangelischen Kirche in Deutschland. Und wenn im Alten Testament die Glaubensgeschichte des Volkes Israel erzählt wird, dann ist dies für Huber ein Bericht darüber, wie »dieser Glaube in der Befreiungserfahrung aus Ägypten zu seiner Klarheit gekommen ist«. Aber dieser Glaube müsse sich selbstverständlich so auslegen, »dass er ein Glaube an den Schöpfer der Welt ist – und nicht etwa derjenige an einen besonderen Stammesgott, den das Volk Israel in Ägypten zufällig gefunden hat«.

Radikal anders fällt die Antwort aus, wenn man die Religion aus der Perspektive der Anthropologie betrachtet. Wer den Blick auf die historischen Tatsachen der Menschheitsentwicklung richtet, stellt fest, dass Religionen kommen und gehen, ihren Gehalt und ihre Ausrichtung verändern, sich gegen andere Glaubensgebäude zur Wehr setzen oder von diesen verdrängt werden. Die heutigen Weltreligionen sind vor gerade einmal zwei- bis dreitausend Jahren entstanden – gemessen an der Geschichte der Gattung Homo sapiens sind sie äußerst junge religiöse Moden.

Wenn es also um die anthropologische Geschichte des Glaubens geht, beginnt die Erzählung nicht mit Gott, sondern mit dem Menschen; genauer: mit dem ersten Vertreter der Gattung Homo sapiens, von dem wir alle abstammen. Fossilienfunde und genetische Analysen legen nahe, dass dieser Ur-Adam (beziehungsweise die Ur-Eva) vor rund 200.000 Jahren erstmals in Afrika auftauchte. Irgendwann in der Folgezeit haben diese frühen Vorfahren so etwas wie ein (vermutlich äußerst rudimentäres) religiöses Denken entwickelt. Denn als sich die Menschheit vor 70.000 Jahren teilte und die ersten Afrikaner nach Eurasien auswanderten, nahmen sie den religiösen Funken schon mit. Anders ist kaum zu erklären, wie es kommt, dass sämtliche Kulturen in der Welt heute irgendeine Art von religiösen Glauben pflegen.

Wie ist dieser Funke entstanden? Irgendeine Fähigkeit muss dafür verantwortlich sein, die den Homo sapiens vom Tier unterscheidet. Der französische Philosoph Michel de Montaigne (1533–1592) spekulierte zwar noch, ob nicht auch Elefanten eine religiöse Ahnung hätten, weil sie, »wenn sie sich erst verschiedentlich gewaschen und gereinigt haben, den Rüssel, wie wir die Arme heben, die aufgehende Sonne steif ansehen, und gewisse Stunden des Tages gleichsam nachdenkend und betrachtend stehen«.[1] Doch nach allem, was Verhaltensforscher heute wissen, pflegen Tiere weder religiöse Rituale, noch bilden sie Glaubensgemeinschaften. Nur der Homo sapiens – »das betende Tier«, wie ihn der britische Biologe Alister Hardy 1975 genannt hat – fühlt die Notwendigkeit dazu. Religion sei »die einzige Fähigkeit, in der wir Menschen uns wirklich in einem qualitativen Sinne von unseren äffischen Vettern unterscheiden«, schreibt auch der Evolutionspsychologe Robin Dunbar von der Universität Liverpool in seinem Buch *The Human Story*. Alle anderen Fertigkeiten, auf die wir so stolz sind – Werkzeuggebrauch, Sprache, Kultur, Bewusstsein –, lassen sich in primitiver Form auch im Tierreich beobachten. In dieser Hinsicht seien wir kaum mehr als »sehr hochentwickelte Affen«, meint Dunbar. Doch religiöse Verhaltensweisen sind einzig und allein dem Menschen vorbehalten. Wie kommt das?

DAS BETENDE TIER

Der Schlüssel liegt in der Evolution des menschlichen Bewusstseins. Und die vielleicht eindrücklichste Metapher für diese Entwicklung liefert ausgerechnet die biblische Erzählung von der Vertreibung aus dem Paradies. Demnach beginnt die Geschichte des Homo sapiens, des »weisen, vernunftbegabten Menschen«, mit der Selbsterkenntnis. Eva und Adam werden »die Augen aufgetan« (Genesis 3,7), nachdem sie die verbotene Frucht vom Baum der Erkenntnis verzehrt haben; sie werden sich sowohl ihrer Nacktheit bewusst als auch ihrer Getrenntheit von Gott (weshalb sie plötzlich das Bedürfnis spüren, sich vor ihm zu verstecken). Was die Bibel auf einen dramaturgischen Moment verkürzt, ist in Wahrheit ein Prozess, der sich über Jahrmillionen hinzog.

Wenn wir den Stand der Unschuld mit jenem der Tiere assoziieren (die ja laut Bibel nicht aus dem Paradies vertrieben wurden), dann beginnt die Frucht der Erkenntnis erst zu reifen,

Erschaffung der Eva, Sündenfall und Vertreibung aus dem Paradies, Sixtinische Kapelle im Vatikan, Michaelangelo, 1509/10

als sich die Entwicklungslinien von Schimpanse und Mensch vor etwa sechs bis sieben Millionen Jahren trennen. Die frühen Vormenschen, die Australopithecinen, sind dabei geistig noch kaum weiter entwickelt als ihre Affenvettern. Erst im Laufe einer lange dauernden kognitiven Entwicklung hin zum Homo sapiens setzt allmählich jener Erkenntnisprozess ein, den die Genesis als »Sündenfall« etikettiert.

Die Sünde des Menschen bestünde demnach darin, eine Form von Bewusstsein entwickelt zu haben, das ihm erlaubt, sich selbst und die Welt zu reflektieren. Er erwirbt das, was Philosophen »Intentionalität« nennen – die Fähigkeit, sich selbst als bewusst zu erleben. Zwar »wissen« instinktiv auch Tiere, dass sie Hunger haben oder vor einem Fressfeind flüchten müssen. Doch der Mensch ist in der Lage, einen entscheidenden Schritt weiterzugehen: Er kann sich diese Bedürfnisse bewusst machen und verschiedene Alternativen bedenken (Intentionalität 1. Ordnung). Und er kann sich vorstellen, dass auch *andere* Wesen bewusst sind und versuchen, diese Bedürfnisse zu beeinflussen (Intentionalität 2. Ordnung). Erst dadurch wird die Gattung Homo sapiens fähig, von eigenen Handlungen und Erfahrungen zu abstrahieren, sie kann vorausschauend planen und ist nicht mehr dazu verurteilt, sich klaglos in ihr Schicksal zu ergeben. Das ist die Frucht vom Baum der Erkenntnis. Ohne diese Fähigkeit hätten unsere Vorfahren nie beginnen können, die Welt nach ihren Bedürfnissen zu verändern.

Doch der Gewinn dieses Wissens muss teuer bezahlt werden: »Seine Kosten bestehen darin«, schreibt Robin Dunbar in *The Human Story*, »dass wir sehr bald gezwungen waren, die ungemütliche Tatsache zur Kenntnis zu nehmen, dass die Welt nicht gerade der einfachste Ort zum Überleben ist.« Irgendwann wurde den frühen Hominiden bewusst, dass ihnen von allen Seiten Gefahren drohen (von wilden Tieren, Unwettern, Erdbeben, Krankheiten und feindlichen Stämmen), dass geliebte Menschen von ihnen gerissen werden und dass am Ende der eigenen Existenz unweigerlich der Tod steht. Wenn diese trüben Tatsachen ins Bewusstsein dringen, kann man sich wie aus dem Paradies vertrieben fühlen; dazu braucht es nicht einmal die biblischen »Cherubim mit dem flammenden, blitzenden Schwert«. Den paradiesischen Zustand der Unwissenheit hat der Mensch schon durch die Erkenntnis selbst hinter sich gelassen.

Genau in diesem Moment, in dem sich der Mensch von der Schöpfung getrennt fühlt, entsteht das Bedürfnis nach »Rück-Bindung«, nach Religion. Solange die Verbindung zum Prinzip des Lebens als selbstverständlich erfahren wird, besteht dafür keine Notwendigkeit. Erst wenn Menschen sich ihrer Vereinzelung und ihrer Sterblichkeit bewusst werden, kommt der Wunsch auf, diesen beängstigenden Zustand (zumindest zeitweise) aufzuheben. Deshalb steht in der Bibel auch nichts davon, dass im Paradies irgendwelche Gottesdienste stattgefunden hätten; erst *nach* ihrer Vertreibung aus dem Garten Eden begannen die Menschen, Opferzeremonien und andere Riten zu zelebrieren. Die ironische Pointe der Genesis besteht also darin, dass dieselbe Fähigkeit, die den Menschen aus dem Paradies vertrieb, ihn überhaupt erst instand setzt, religiöses Denken zu entwickeln.

Eine solche Betrachtung des religiösen Ursprungs erlaubt sogar eine grobe zeitliche Datierung. Denn die Fähigkeit zum religiösen Denken hängt notwendigerweise von der Entwicklung der Intentionalität ab. Die 1. Stufe (oder Ordnung) der

Intentionalität versetzt einen in die Lage, sich bestimmte Vorstellungen bewusst zu machen (etwa den Glauben an Ahnen, Geister oder Götter); um diesen Wesenheiten auch Gedanken oder Absichten zuschreiben zu können, ist Intentionalität 2. Ordnung nötig. Um anzunehmen, dass man selbst Einfluss auf die göttlichen Absichten nehmen kann, etwa durch religiöse Rituale, muss man mindestens die 3. Intentionalitätsstufe erreicht haben. Und um daraus eine soziale Bewegung zu machen, die andere Menschen mit einschließt und wiederum den Willen der Götter mit den Wünschen der Gruppe versöhnt, ist Intentionalität 4. und 5. Stufe vonnöten.

Nun legen Studien von Robin Dunbar nahe, dass die Fähigkeit zur Intentionalität mit der Hirnentwicklung einhergeht, und zwar scheint sie linear mit dem Volumen der grauen Materie im Vorderhirn zuzunehmen. Während normale Affen nur zu einfacher Intentionalität fähig sind (ihnen werden die eigenen Bedürfnisse bewusst), erreichen Menschenaffen wie Gorillas, Orang-Utans und Schimpansen eine Intentionalitäts-

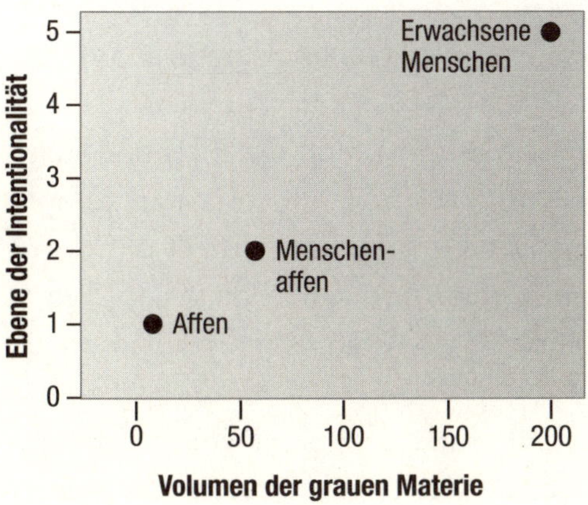

Zusammenhang zwischen Hirnvolumen und Intentionalitätsfähigkeit

stufe 2. Ordnung (sie erraten auch die Absichten ihrer Tierpfleger). Menschen wiederum sind heute in der Lage, Intentionalitätsstufen bis maximal 5. oder 6. Ordnung geistig zu bewältigen. Dies testete Dunbar, indem er Studenten selbsterfundene Geschichten vorlegte und sie hinterher bat, die jeweiligen Gedanken der handelnden Personen zu beschreiben. Eine Geschichte mit fünf Intentionalitätsstufen verstanden noch 80 bis 90 Prozent der Studenten. Bei der 6. Ordnung blickten allerdings nur noch 40 Prozent der Probanden durch. Er habe auch versucht, Geschichten mit noch höheren Intentionalitätsstufen zu verfassen, erzählt Dunbar. Das hätte sich allerdings als so schwierig erwiesen, dass er selbst verwirrt wurde. »Eine Flasche Whiskey später, in den frühen Morgenstunden, gab ich auf und beschränkte mich auf Intentionalität 6. Ordnung.«

Indem Dunbar den Zusammenhang zwischen Hirnvolumen und Intentionalität auf die Gattung Homo überträgt, erhält er folgendes Szenario: Demnach wären die Australopithecinen vor rund drei Millionen Jahren erstmals zu Intentionalität 2. Ordnung fähig gewesen. Vor knapp zwei Millionen Jahren machte Homo erectus den Entwicklungssprung zur 3. Intentionalitätsstufe, vor rund 500.000 Jahren erreichten die ersten Urmenschen eine Stufe 4. Ordnung, und die Intentionalitätsstufe 5. Ordnung – die Voraussetzung zur Ausübung komplexer, gemeinschaftlicher Rituale ist – hätten erstmals die Vertreter der Gattung Homo sapiens vor rund 200.000 Jahren in Afrika entwickelt, das heißt: jene Vorfahren, von denen wir alle abstammen.

Dieser Versuch der Datierung ist zugegebenermaßen spekulativ. Im Detail mag die Entwicklung durchaus anders verlau-

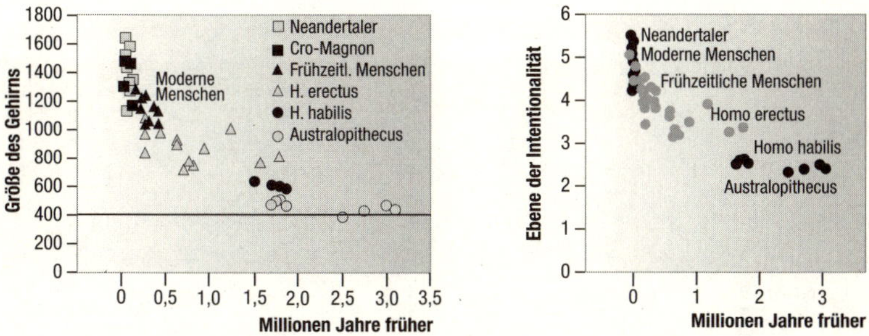

Die Entwicklung des Hirnvolumens im Laufe der Evolution (links) und dann abgeleitet der geschätzte Grad an erreichbarer Intentionalität

fen sein. Doch die Beschreibung der groben Richtung der Entwicklung dürfte wohl stimmen. Und auch einmal ganz abgesehen von Dunbars Theorie scheint eines klar: Das religiöse Denken hat den modernen Menschen von Anbeginn begleitet. Vom Standpunkt der Anthropologie aus sind Adam und Eva nicht als die ersten Sünder zu verdammen, sondern eher als die frühesten Gläubigen der Menschheitsgeschichte zu verehren.

2 Die Kunst der Schamanen

Natürlich weiß niemand, wann genau Menschen erstmalig religiöse Aktivitäten zeigten. Dennoch haben Forscher mittlerweile eine Reihe von Indizien zusammengetragen, die bei der Datierung helfen.

Als sichersten Beleg für religiöses Denken werten viele Anthropologen den Nachweis von Bestattungsriten. Wer seine Toten schmückt, ihnen Waffen oder andere Gebrauchsgegenstände mitgibt, der hat sich mit dem Tod intensiv auseinandergesetzt; die Annahme liegt nahe, dass diese Menschen auch eine Vorstellung vom Jenseits haben, in dem die Verstorbenen bestimmte Dinge benötigen. Das älteste bisher bekannte Grab im israelischen Qafzeh, dessen Alter auf knapp 100.000 Jahre geschätzt wird, ist allerdings nicht mehr als eine unscheinbare Erdgrube. Zeugnisse von aufwändigen Begräbnisstätten sind sehr viel jüngeren Datums; sie stammen aus der Zeit vor rund 25.000 Jahren und liegen im heutigen Tschechien und in Russland. Besonders eindrucksvoll ist das Grab im russischen Sungir, etwa 190 Kilometer von Moskau entfernt: 1955 wurden dort zwei Kinderskelette entdeckt, Kopf an Kopf und über und über mit Körnern bedeckt. Das deutet auf eine besondere Grabkleidung hin. Außerdem fanden sich Schmuck aus Fuchszähnen, kleine Skulpturen und Lanzen aus Elfenbein sowie ein menschlicher Schenkelknochen mit roter Ockerfarbe. Deutlicher konnten die Cro-Magnon-Menschen der Altsteinzeit kaum demonstrieren, wie sehr sie sich um das Geschick der Ihren im Jenseits Gedanken machten.

In dieselbe Zeit fallen die ersten Zeugnisse menschlicher Kunst. Etwa 25.000 Jahre alt ist die berühmte Venus von Willendorf, die mit ihren üppigen Kurven das altsteinzeitliche Frauenideal symbolisiert.[2] Noch älter sind die Funde von Tierplastiken aus Höhlen auf der Schwäbischen Alb. »Erstaunlich frühreife Künstler«, so urteilt der Archäologe Anthony Sinclair, schnitzten dort vor 30.000 bis 36.000 Jahren aus den Stoßzähnen erlegter Mammuts winzige Tierfiguren – ein Wildpferd mit überlangem Hals, die Miniatur eines wuchtigen Wollnashorns oder Mischwesen, halb Löwe, halb Mensch. Ebenfalls vor mehr als 30.000 Jahren entstanden die ersten Höhlenmalereien in Südfrankreich und Spanien, die bis heute durch ihre Farbigkeit, ihren Einfallsreichtum und ihre oft rätselhaften Motive beeindrucken.

DIE LÖWENMENSCHEN VON DER SCHWÄBISCHEN ALB

Dienten diese Plastiken und Malereien bereits rituellen Zwecken, deuten sie also auf eine archaische Vorstufe der Religion? Die großbusigen Frauengestalten (die nicht nur im österreichischen Willendorf, sondern auch an anderen Stellen gefunden wurden) *könnten* die ersten Abbilder von Göttinnen darstellen. Vielleicht waren sie aber auch Fruchtbarkeitssymbole oder ein-

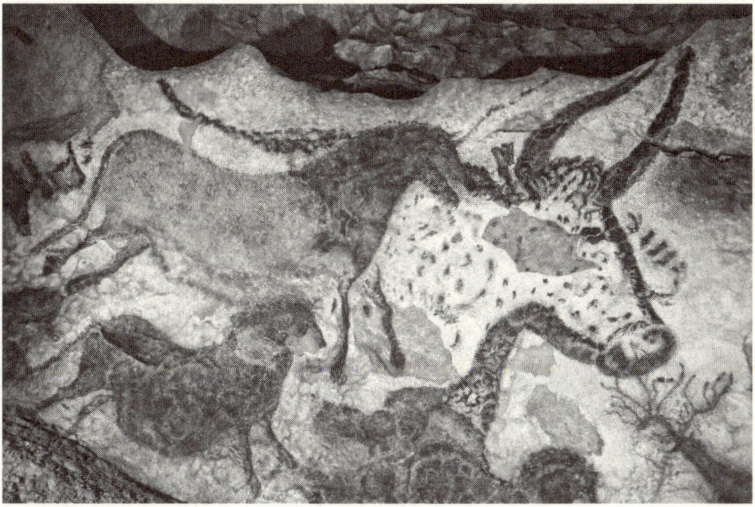

Malereien in der Höhle von Lascaux, Frankreich

fach nur dekorative Kunst, sozusagen prähistorische Pin-up-Girls. Die Höhlenmalereien dagegen waren sicherlich mehr als nur *l'art pour l'art*. Der französische Prähistoriker Jean Clottes, der die Erforschung der berühmten Grotte Chauvet in Südfrankreich leitet, und sein südafrikanischer Kollege David Lewis-Williams sind überzeugt, dass diese Höhlen sakrale Orte waren. Altsteinzeitliche Schamanen tauchten dort – möglicherweise mithilfe von Gesängen, ekstatischen Tänzen oder Drogen – in Trancezustände ein und suchten den Kontakt zu anderen Realitäten. Ziel der Übung: Kranke heilen, die Zukunft vorhersagen, Tiergeistern begegnen oder übernatürliche Kräfte gegen reale tierische Bestien mobilisieren.

Unter Forschern ist die Deutung von Clottes und Lewis-Williams nicht unumstritten. Doch die beiden können für ihre These eine ganze Reihe von Indizien anführen.

Da wäre zum Beispiel die Tatsache, dass die Höhlenmalereien oft tief verborgene Orte unter der Erde schmücken, die häufig nur schwer zu erreichen waren: Die Künstler mussten sich dafür durch enge Durchgänge zwängen, an Klüften emporklettern, über enge und gefährliche Simse balancieren oder gar in tiefe Schächte mehrere Meter hinabsteigen. Das spricht eindeutig gegen die These, dass die bemalten Höhlen lediglich so etwas wie frühzeitliche Kunstgalerien waren. Die gezielte Inszenierung der prähistorischen Malereien, ihre Platzierung an bestimmten Orten und die gewählten Motive passen viel besser zu der Vorstellung, dass sie Teil schamanistischer Zeremonien waren. So werden beispielsweise an den Höhlenwänden häufig »anthropozoomorphe Figuren« abgebildet, fantastische Mischwesen zwischen Mensch und Tier, die für Clottes und Lewis-Williams jenen Trancezustand symbolisieren, in dem der Schamane in Gedanken seinen Körper verlässt und die Natur bestimmter Krafttiere annimmt.

Diese Deutung wird durch die Felskunst der San-Schamanen in Südafrika gestützt, die viel jüngeren Datums ist und zum Teil ganz ähnliche Motive aufweist wie die über 30.000 Jahre alten Höhlenbilder in Europa. Von den !Kung San, die ihre Rituale zum Teil bis heute praktizieren, haben Anthropologen auch erfahren, welcher Zweck diesen Bildern bei speziellen Riten zukommt, etwa vor einem Jagdzug oder beim Übergang vom Jugend- ins Erwachsenenalter. Die Vermutung liegt nicht fern, dass in der Altsteinzeit einst ganz ähnliche Rituale stattfanden.

Einen schamanistischen Hintergrund vermutet der amerikanische Archäologe Nicholas Conard auch bei den eiszeitlichen Figürchen, die in den Höhlen der Schwäbischen Alb gefunden wurden. Angetan hat es Conard, der an der Universität Tübingen lehrt, vor allem der »Löwenmensch«. Die 28 Zentimeter große Figur, aus einem Mammutstoßzahn geschnitzt, wurde 1939 aus der Höhle von Hohlenstein-Stadel geborgen und ist etwa 32.000 Jahre alt. Der obere Teil der Figur besteht aus einem Löwenkopf mit lang gestrecktem Körper und prankenartigen Armen. Die Beine der Figur sowie ihre aufrechte Haltung erinnern dagegen eindeutig an einen Menschen. Das Fabelwesen, das heute im Ulmer Museum zu sehen ist, könnte einen Tiergeist darstellen – oder einen Schamanen, der das Fell eines Löwen als Verkleidung benutzt.

Besondere Bedeutung erhält der Fund durch einen weiteren: 2003 fanden die Tübinger Forscher nämlich in einer anderen Höhle eine Art kleinen Bruder dieses Löwenmenschen, nur 25,5 Millimeter groß. Die beiden Figuren sind im Abstand von einigen tausend Jahren entstanden. Das ist für Conard der Beweis, dass die frühen Bewohner Schwabens über einen langen Zeitraum eine Religion oder Tradition gepflegt haben müssen, in deren Mittelpunkt ein tierisch-menschliches Geschöpf stand.

Der Löwenmensch

Möglicherweise gibt es sogar noch ein drittes Fundstück, das zu diesem »Löwenkult« passt: der sogenannte »Adorant« von Geißenklösterle, eine aufrecht stehende, stark verwitterte Plastik, die die Arme hochhält und einen auffallend raubkatzenartigen Körper besitzt. Conard glaubt, dass die eiszeitlichen Höhlenmenschen neben diesen Figürchen aus Elfenbein möglicherweise noch viele andere aus Ton oder Holz schufen, die aber im Laufe der Zeit alle zerfallen sind. Dass ein solcher Kult auf der Schwäbischen Alb herrschte, dass da, wo heute biedere Bauern ihre Felder pflügen, einst der Geist des Löwenmenschen beschworen wurde, ist schwer vorstellbar. Aber vor etwa 1300 Generationen, als die Ur-Schwaben tatsächlich noch von Höhlenlöwen bedroht wurden, mag das anders ausgesehen haben.

VON HOBBY- UND ANDEREN SCHAMANEN

Wie solche Rituale vermutlich abgelaufen sind, lässt sich noch heute in Kulturen studieren, die nicht restlos von der Moderne überrollt sind. Bei den !Kung San in Südafrika sind Schamanen ebenso aktiv wie bei indigenen Völkern in Süd- und Mittelamerika, bei den Aborigines Australiens, den Ureinwohnern Sibiriens oder den Bewohnern des Himalaja. Die einzelnen Praktiken, die Ritualgegenstände, Tänze oder die verwendeten Rauschdrogen variieren von Kultur zu Kultur; doch allen gemeinsam ist eine magische Vorstellung der Welt. Demnach gibt es das erfahrbare Diesseits und eine unsichtbare Welt der Geister, Ahnen oder Götter. Und Schamanen sind besonders begabte Mittler zwischen diesen Welten. Sie werden bei Krankheiten, Tod oder sonstigem Unheil als Kundschafter über die unsichtbare Grenze geschickt, als Parlamentär ins Reich der Geister, um deren Willen zu erkunden, sie zu besänftigen oder zu bannen.

Aus westlich-aufgeklärter Perspektive ist die magische Welt der Schamanen kaum zu verstehen. Wohl lassen sich ihre Rituale beobachten, deren Auswirkungen überprüfen oder die Trancezustände sogar im Labor untersuchen. Doch ihr Geheimnis geben die Naturgeister oder -götter dadurch nicht preis. Und wenn es Europäern einmal vergönnt ist, an schamanistischen Zeremonien teilzunehmen, dann geht es ihnen häufig so wie meinem Kollegen Wolfgang Büscher, einem mehrfach ausgezeichneten ZEIT-Reporter, der in den Bergen des Himalaja das Geheimnis nepalesischer Heiler zu ergründen suchte.

Zwar kann der Journalist beschreiben, wie aus einem unscheinbaren Bauern alleine durch das Anlegen der Schamanenkleidung ein anderer Mensch wird; wie dieser »auf seine alte, auf tausend Trancereisen krumm geschlagene Trommel« eindrischt, »wie ein von allen Erlkönigen gejagter Reiter auf sein Pferd«, wie die ganze Person in Vibration gerät, durchgeschüttelt wird, immer mehr entrückt; aus nächster Nähe kann Büscher beobachten, wie sich der Gesichtsausdruck des Schamanen verwandelt. »Wo eben noch die Lach- und Sorgenfalten des kleinen Bauern waren, tritt eine Stirnader hervor, stark wie ein Kabel.« Und dann, so drückt es Büscher aus, saust der Schamane »durch das Tor des Bewusstseins« und ist offensichtlich in einer anderen Welt unterwegs. Sein Gesicht wird »maskenhaft, abwesend, dann wieder wendet es sich nach oben, unten, zur Seite – wie das eines Reiters, der seinen Weg durch die Wildnis sucht«.

Doch so sehr Büscher sich auch bemüht, jedes Detail zu erfassen – am Ende muss er gestehen: »Der Reporter weiß, dass er nicht weiß, was hier vorgeht.« Ihm bleibt nur die Wahl zwischen Ablehnung und Unverständnis. »Ich könnte jetzt meine Arme verschränken, mich auf Europas überlegenen rationalen Geist besinnen und sagen: ein Wunderheiler plus Hokuspokus. Aber das klänge wie Pfeifen im Dunkeln, überheblich, feige. Ich gestehe mir ein: Vor meinen Augen spielt sich etwas Uraltes ab. Was ich sehe, haben andere vor hunderten, vielleicht Tausenden Jahren so ähnlich gesehen. Aber ich bin nicht da, wo der Schamane jetzt ist, und ich sehe nicht, was er sieht.«

Für den interessierten Westler füllen mittlerweile einschlägige Seminare die Lücke. Wer ein Wochenende lang trommelt, tanzt und träumt, kann zumindest einfache Trancezustände erleben, die eine kleine Ahnung davon vermitteln, was professio-

Ein nepalesischer Schamane bei der Arbeit

nelle Schamanen bei ihren Reisen in andere Bewusstseinswelten erleben. Wer sich (wie ich, zum Zwecke der Recherche) bei einem solchen Seminar einschreibt, muss allerdings darauf gefasst sein, innere Widerstände überwinden zu müssen; die aus anderen Kulturen übernommenen Rituale erscheinen fremd und bizarr; auch ist es nicht jedermanns Sache, gemeinsam mit anderen Sinnsuchern in Socken durch einen nüchternen Seminarraum zu hüpfen oder archaische Gesänge anzustimmen. Doch wer Glück hat – und sich vom Ehrgeiz frei macht, etwas Großartiges erleben zu wollen –, kann minutenlang in Trancezustände geraten, in denen die äußere Wahrnehmung ausgeschaltet ist. Plötzlich findet man sich wie in einem Tagtraum in anderen, höchst realen Situationen wieder, sitzt etwa plötzlich in der afrikanischen Savanne trommelnd unter einem Baum, begegnet wilden Tieren oder reist zu fremden Planeten. Für manche Teilnehmer können diese Erlebnisse von tiefer Bedeutung sein; doch oft sind die Trancereisen – wie nächtliche Träume auch – einfach nur verwirrend.

Was moderne Hobbyschamanen allerdings gerne verdrängen, ist der kulturelle Kontext, in den solche Erlebnisse normalerweise eingebunden sind. Denn mit westlicher Selbstfindung hat der entbehrungsreiche Beruf des Schamanen in den Kulturen, in denen er noch praktiziert wird, nicht das Geringste zu tun. Wer in seinem Dorf als Heiler gilt, hat sich das meist nicht selbst ausgesucht; die Fähigkeit, mit den Göttern zu verkehren, kann auch ein Fluch sein. Ob er will oder nicht, muss der Schamane für andere da sein; er muss kommen, wenn er gerufen wird, die halbe Nacht trommeln, singen und mit den Göttern über Leben und Tod verhandeln – all das manchmal nur für ein Säckchen Reis oder ein paar Münzen. Wohl gibt es, insbesondere in Afrika, auch Schamanen, Magierinnen oder Hexer, die ihre Macht genießen, gefürchtet sind und sich teuer bezahlen lassen. Doch anderswo sind die Heiler bettelarm und fristen neben ihrer Schamanentätigkeit ein armseliges Leben als Bauern oder Tagelöhner.

DIE MACHT DES RITUALS

Wer Tranceheilungen und Schamanismus als Hokuspokus abtut, macht es sich zu einfach. Zumindest muss man den Heilerinnen und Magiern eine große Erfahrung mit den Abgründen der menschlichen Seele zugestehen. Was sie als externe Geister beschreiben, sind vielleicht nur die Ungeheuer, die die menschliche Psyche gebiert. Und es mag durchaus sein, dass die Rituale und Beschwörungen vor allem dazu dienen, Blockaden in der Psyche eines Kranken zu lockern, Traumata aufzulösen oder schwelende Konflikte in einer Gemeinschaft ans Licht zu bringen. Vielleicht beruht ihre Wirkung auch auf purer Suggestivkraft oder der Macht des Placeboeffekts. In jenen Kulturen, in denen solche Rituale praktiziert werden, scheinen sie jedenfalls durchaus eine Wirkung zu haben (und vermutlich eine, die nicht schlechter ist als jene der modernen Psychotherapien im Westen).

Entscheidend ist – wie bei allen Seelenangelegenheiten – der kulturelle Kontext. Werden in einer Gemeinschaft seit jeher Rituale zur Anrufung von Ahnengeistern oder Naturgöttern praktiziert, gewinnen diese eine (zumindest soziale) Realität, die so wirklich ist wie das Abrechnungssystem im deutschen

Gesundheitswesen. Wer von Kindesbeinen an in so einem System aufgewachsen ist, nimmt es als derart selbstverständlich hin, dass er ganz automatisch sein Denken und Handeln an den dahinterstehenden Glaubensvorstellungen ausrichtet.

Dieser soziale Aspekt wird sehr schön von der Geschichte des Kwakiutl-Schamanen Quesalid illustriert, die der Anthropologe Franz Boas überliefert. Darin spielt der Indianer Quesalid die Rolle des großen Zweiflers, der nicht an die Macht der Schamanen glaubt. Um sie zu entlarven, geht Quesalid bei ihnen in die Lehre und eignet sich all ihre Tricks an. Tatsächlich sieht er sein Misstrauen bestätigt: Um an intimes Wissen über den Kranken zu gelangen, setzen die Schamanen beispielsweise Spione ein, die private Gespräche belauschen. Oder sie beeindrucken ihre Patienten, indem sie ein kleines Federbüschel im Mund verbergen, das Zahnfleisch blutig saugen und im geeigneten Moment »die Krankheit« als blutiges Büschel ausspucken. Doch bevor der Indianer von der kanadischen Westküste all diese Schliche aufdecken kann, wird er selbst zu einem Kranken gerufen – und heilt ihn mit Erfolg. Sein Ansehen wächst, seine Methoden sind sogar denen von Schamanen anderer Stämme überlegen. Am Ende praktiziert er seine erlernten Rituale, verteidigt sie gegen noch trügerischere Methoden und wird so zu einem gesuchten Schamanen. Als solcher sieht er sich in der Verpflichtung, anderen zu helfen; damit erübrigt sich der Wunsch, die Tricks seiner Zunft öffentlich zu entlarven.

Auch wenn also die schamanistischen Vorstellungen der indigenen Völker erst im gemeinsamen sozialen Handeln entstehen, sind sie nichtsdestotrotz wirksam. Ihre Macht spürt nur derjenige nicht, der aus einem anderen kulturellen Kontext kommt. Wer etwa als Europäer in Afrika die Allgegenwart der ständig beschworenen *spirits*, Dämonen oder Stammesgeister in Frage stellt, bekommt die entwaffnende Auskunft, er habe gut reden; Europäer seien gegen den magischen Zauber offenbar immun; doch als Afrikaner entkomme man der Macht der Geister nicht so leicht.

IM RAUSCH DER ENDORPHINE

Sah so die früheste Stufe der Religion aus, als unsere Vorfahren noch Jäger und Sammler waren? Muss man sich die ersten Priester der Menschheit als Schamanen oder Magier vorstellen? Höchstwahrscheinlich. Lange bevor die Menschen sesshaft wurden, in Städten zusammenkamen und zwischen Mensch und Gott Theologien stellten, lebten die Nomadenvölker in einer magischen Verbundenheit mit der Natur, wie wir Städter sie uns heute kaum noch vorstellen können. Man versuche sich nur einmal gedanklich in eine Zeit zu versetzen, in der Regen und Wind, Blitz und Donner sich nicht erklären lassen, in der keine Wissenschaft einen Blick in die Zukunft erlaubt und in der die Vergangenheit nur in mündlichen Erzählungen lebt. Schutzlos und unmittelbar war man den Kräften der Natur und den Launen seiner Mitmenschen ausgesetzt; und jedwedes Ritual, das versprach, die einen wie die anderen zu befrieden, war willkommen.

Für Sigmund Freud und andere Religionsdeuter erfüllten solche magischen Praktiken die Rolle einer Wissenschaft in frühen Gesellschaften. Sie lieferten Deutungen für eine ansonsten verwirrende Vielfalt von Phänomenen; erklärten, wie die Welt entstanden war und welche Rolle dem Einzelnen darin zukam. Aus heutiger Sicht mögen diese Deutungen naiv und vorwissenschaftlich erscheinen. Doch der entscheidende Punkt ist, dass es bei solchen Welterklärungen nicht darauf ankommt, ob sie *korrekt* sind – sondern nur darauf, ob sie *nützlich* für die jeweiligen Gemeinschaften sind; ob sie es ihnen also erlauben, ihr Leben sinnvoll zu strukturieren.

Die meisten modernen wissenschaftlichen Erkenntnisse, auf die wir heute so stolz sind, erweisen sich aus der Sicht eines Jäger- und Sammlervolkes als weitgehend wertlos. Wer mit geringsten Mitteln ums tägliche Überleben kämpfen muss, benötigt weder Molekularbiologie noch Quantenphysik, sondern andere, sehr viel pragmatischere Kenntnisse. Für die Religion gilt dasselbe. Sie ist in jenen archaisch strukturierten Gesellschaften nicht deshalb anders, weil diese Völker »primitiver« wären als wir modernen Stadtbewohner, sondern weil Religion dort schlichtweg andere Funktionen erfüllen muss als in einer Hochkultur.

Die vielleicht wichtigste Funktion schamanistischer Praktiken ist die Stärkung des Gruppenzusammenhalts. Wer als Stamm eine ganze Nacht hindurch gemeinsam tanzt, trommelt, singt oder Pflanzendrogen schluckt, schafft dadurch eine Verbundenheit, die auch in raueren Zeiten zusammenschweißt. Dass Religion als eine Art »sozialer Leim« fungiert, erkannte schon der Soziologe Émile Durkheim. Heute allerdings kann die Wissenschaft dazu sogar eine neuropharmakologische Begründung liefern. Sie erklärt, warum nicht nur in schamanistischen Prä-Religionen, sondern auch in vielen »höheren« Religionsformen gemeinsame Rituale praktiziert werden, die anstrengend sind und oft bis an die Schmerzgrenze gehen.

Derwische: durch Tanz in Trance

Christliche Pilger legen den Kreuzweg auf Knien zurück, andere fasten tagelang, büßen oder kasteien sich in Exerzitien; Buddhisten üben sich in anstrengenden Meditationen und hinduistische Yogis in allen möglichen bizarren Verrenkungen; islamische Sufis gelangen erst durch stundenlanges rhythmisches Singen oder Tanzen in Trance, und die verschiedenen religiösen Praktiken afrikanischer oder südamerikanischer Stammesgesellschaften erfordern oft ebenfalls ein hohes Maß an Durchhaltevermögen.

Anthropologen haben argumentiert, dass solche Rituale vor allem dazu dienen, den Gruppenzusammenhalt zu stärken. Doch möglicherweise spielt noch ein anderer Grund eine Rolle. Denn durch alle Arten von lang andauernder körperlicher Anstrengung werden Endorphine freigesetzt, körpereigene Drogen, die einen extrem positiven Effekt auf Leib und Seele haben. Sie heben die Stimmung, fördern einen Zustand der Versöhnlichkeit und stärken das Immunsystem. Selbstverständlich ist die Aktivierung solcher natürlichen Opioide nicht auf religiöse Aktivitäten beschränkt; sie werden immer dann im Gehirn ausgeschüttet, wenn der Körper lang anhaltendem, aber nicht zu starkem Stress ausgesetzt ist. Marathonläufer kennen den Endorphin-Effekt als »zweiten Atem«, Workaholics schätzen ihn als *flow*, der die Arbeit zum Vergnügen macht. Am stärksten allerdings wirkt der Endorphin-Rausch, wenn er in der Gemeinschaft erlebt wird. Das drogenüberflutete Hirn beurteilt andere wesentlich freundlicher als sonst, die Gruppenmitglieder schaukeln sich gewissermaßen gegenseitig hoch, und am Ende kann jener gemeinsame Glückszustand entstehen, der alles hinwegfegt. Insofern hatte Karl Marx schon recht: Religion ist Opium fürs Volk. Allerdings in einem anderen, viel konkreteren Sinn, als dies Marx sich hatte träumen lassen.

DAS RÄTSEL AUF DEM NABELBERG

»Die Götter, an denen wir festhalten, sind die Götter, die wir nötig haben und gebrauchen können«, bemerkte schon William James. Für ihn dienten die Religionen stets den vitalen Bedürfnissen der Menschen einer bestimmten Zeit. Wenn andere Glaubensformen auftraten, die denselben Bedürfnissen besser dienten, wurden die alten Religionen durch neue ersetzt. Das gilt auch für den Schamanismus. Aus heutiger Sicht sind wir geneigt, diese Form der Prä-Religion als primitiv abzutun. Doch wenn man die Zeitspanne in Betracht zieht, die diese Praktiken überdauerten, ändert sich die Beurteilung. Immerhin haben sich schamanistische Rituale über Zehntausende von Jahren gehalten. In manchen naturverbundenen Gesellschaften werden sie noch heute praktiziert. Damit hat sich diese Art des magischen Denkens, jedenfalls vom Standpunkt der Evolution aus, als extrem erfolgreich erwiesen.

Abgelöst wurde sie wohl erst, als die Menschen vor etwa 10.000 Jahren sesshaft wurden und die ersten Hochkulturen bildeten. Zur Organisation solcher komplexen Gesellschaften reichten die dezentralen Zeremonien der Schamanen, die auf kleine, dörfliche Gemeinschaften zugeschnitten sind, nicht mehr aus; um Städte oder ganze Staaten zusammenzuhalten, wurden neue, zentralistische Religionssysteme notwendig.

Das früheste Zeugnis dieses Umbruches sind die rätselhaften Sakralbauten im Südosten Anatoliens in der Nähe der Stadt Urfa. Dort, auf der kahlen Kuppe des Göbekli Tepe (»Nabelberg«), entstanden vor gut 11.000 Jahren die ersten Tempel der Menschheit, gewaltige Kreisbauten mit 30 Metern Außendurchmesser, die inzwischen als archäologische Sensation gelten. »Die Anlage hat die architektonische Wucht von Stonehenge«, schwärmt der Archäologe Klaus Schmidt, »aber sie ist viele Jahrtausende älter.«

Hunderte von Arbeitern und Handwerkern müssen damals über Jahrzehnte an den einzelnen Anlagen geschuftet haben. Für die vier größten Bauwerke wurden drei Meter hohe Steinmauern aufgeschichtet, die größten Kalksteinpfeiler sind bis zu sieben Meter hoch und etwa fünfzig Tonnen schwer. Frei stehende Monolithe haben die damaligen Steinmetze mit Andeutungen von menschlichen Armen und Beinen oder kunstvoll stilisierten Tierreliefs versehen – Kranich, Fuchs, Schlange, Eber und Gazelle zeugen von der Mythologie einer prähistorischen Jägerkultur. Gleichzeitig diente die Anlage aber auch als Tempel eines Totenkults. Denn die Rundbauwerke entstanden von außen nach innen: Erst errichtete man die massive Außenmauer, dann wurde der Innenraum nach und nach durch Einbauten gefüllt. Ganz im Inneren, so spekuliert Schmidt in seinem Buch *Sie bauten die ersten Tempel*, liegen Totenkammern. Allerdings wollen die Archäologen es erst 2008 wagen, die mutmaßlichen Grüfte zu öffnen. Stoßen sie darin tatsächlich auf Skelette, hätten sich die Monumente vom Göbekli Tepe als gewaltige Nekropole erwiesen – rund 6000 Jahre, bevor die Pharaonen in Ägypten mit ihren Pyramiden einen ganz ähnlichen Totenkult betrieben.

Skulpturen vom Göbekli Tepe

Die gewaltigen Bauten auf dem Nabelberg erscheinen damit wie ein Bindeglied zwischen einem schamanistischen Jägerkult mit seiner Verehrung von Tiergöttern und den Religionen der frühen Hochkulturen, die durch einen sehr viel höheren Organisationsgrad gekennzeichnet waren. Doch was genau auf dem Göbekli Tepe geschah, liegt im Dunkel der Geschichte. Man weiß nicht, woher diese begabten Bauherren kamen, weiß nicht, was dies für ein Volk war, das vor 12.000 Jahren den fruchtbaren Halbmond besiedelte, das Gebiet des heutigen Anatolien, Syrien und Irak.

Interessant ist allerdings, dass genau dort erstmals der Übergang von einem Dasein als Jäger und Sammler zur bäuerlichen Sesshaftigkeit zu beobachten ist. In dem Gebiet um Urfa, an den Furten des Euphrat, finden sich die ersten Zeugnisse einer frühen Landwirtschaft, rund 10.000 Jahre alt. Möglicherweise begann dasselbe Volk, das die Totenburgen auf dem Göbekli Tepe baute, auch mit Ackerbau und Viehzucht.

Sesshafte Bauern allerdings brauchen andere Götter als frei umherziehende Jäger und Sammler. Während es für Letztere darauf ankommt, lokale Tiergeister zu beschwören und ihren Gruppenzusammenhalt zu stärken, benötigen Bauern Beistand bei Aussaat und Ernte.

Ihr Denken kreist notgedrungen um jahreszeitliche Rhythmen und die Gesetzmäßigkeiten der Erde und des Himmels. Und statt gemeinsamer Endorphin-Räusche in Kleingruppen brauchen sie moralische Kodizes, die in sehr viel größeren Gemeinschaften helfen, Besitzstände zu regeln und Eigentumskonflikte zu vermeiden. Ideal für sie wäre demnach eine Religion, aus der sich sowohl der stete Wandel der Natur erklären als auch die fürs Zusammenleben notwendigen moralischen

Prinzipien ableiten lassen. Das aber war zu viel für die alten (Tier-)Gottheiten.

So ist es nicht verwunderlich, dass mit der neuen bäuerlichen Lebensweise auch der Kult vom Göbekli Tepe erstarb. Die Bautätigkeit auf der heiligen Höhe endete vor 9500 Jahren abrupt. Schweigend kündet die gigantische Anlage heute von einer rätselhaften Religion, die an der Schwelle der Prähistorie zur Historie stand. Von nun an begann die Menschheit, ihren Blick nach oben zu richten. Dort, jenseits der Erde, in himmlischen Sphären, lernte sie ihre neuen Götter kennen.

»WIR LEBEN UNTER KOSMISCHEM EINFLUSS«

Ein Gespräch mit dem Astronomiehistoriker Jürgen Hamel über die Religion der frühen Hochkulturen, die Heiligen Drei Könige und die Macht der Gestirne

Jürgen Hamel vor der Berliner Sternwarte

Die Berliner Archenhold-Sternwarte ist aus Sicht eines modernen Astronomen ein Kuriosum. Ein Beobachtungsort mitten in der Großstadt? Der Himmel über Berlin ist derart lichtverschmutzt, dass man kaum einen Stern sieht. Wer heute die Bewegung der Gestirne professionell untersucht, reist lieber in die klare Höhenluft der chilenischen Atacama-Wüste, wo das *Very Large Telescope* liegt, das Mekka der europäischen Astronomie. Verglichen damit wirkt die 1896 gegründete Archenhold-Sternwarte rührend altmodisch. Und ihre Attraktion, das »längste bewegliche Linsenfernrohr der Erde«, ist allenfalls von historischem Wert. Einundzwanzig Meter lang, ragt es vom Dach der alten Villa im Treptower Park aus schräg in den Himmel und erinnert an den umgekippten Schornstein eines Schiffes, das längst nicht mehr seetüchtig ist.

Doch für Jürgen Hamel ist diese historische Stätte genau der richtige Arbeitsplatz. Der Philosoph, Historiker und Astronom hat sich ganz der Geschichte der Sternbeobachtung verschrieben. Und sein Horizont reicht weit zurück. Hamel weiß vom Anfang der menschlichen Sterndeutung zu erzählen, als zur Zeit der ersten Hochkulturen die Astronomie und die Astrologie entstanden. Damals entwickelten sich jene mythischen Vorstellungen vom Himmelsgeschehen, die noch heute unseren Kalender und die Bezeichnung der Sternbilder prägen. Damals entfaltete sich aber auch ein religiöses Denken, das sich tief in die untersten Schichten des kollektiven Bewusstseins eingeprägt hat.

Die himmlischen Götterwelten, die zu jener Zeit entstanden, wurden zwar im Laufe der Geschichte von verschiedenen Kulturen immer wieder neu möbliert. Doch stets wurden dabei auch alte Einrichtungsgegenstände recycelt, mitunter lebten sogar die vorherigen Bewohner nur unter neuem Namen fort. Und diese alten Vorstellungen vom Himmel haben sich als überraschend dauerhaft erwiesen. Ein Gespräch mit Jürgen Hamel ist daher wie eine Reise in die Tiefe unserer religiösen Vergangenheit, gleichsam zum Ursprung des Gottesglaubens. Man taucht ein in eine Zeit, in der die Menschen noch eng verbunden mit der Bewegung der Gestirne und dem Handeln der Götter waren. Und wenn Hamel erzählt, scheint der Glaube an diese archaischen Kräfte plötzlich gar nicht mehr so irrational …

Herr Hamel, das berühmteste Gestirn der Christenheit ist ja wohl der Stern von Bethlehem. Laut der Bibel wies er den Weg zu Christi Geburtsstätte. Was sagt der Astronom zu diesem Bericht? Pure Erfindung oder göttliches Wunder?

Theoretisch kann es sich beim Stern von Bethlehem natürlich um ein Wunder gehandelt haben. Damit wäre die Sache aus wissenschaftlicher Sicht erledigt. Doch als Historiker hat man den Ehrgeiz, reale Hintergründe zu finden. Manche meinen, der Stern von Bethlehem sei ein Komet gewesen, andere tippen auf eine Supernova, einen explodierenden Stern. Meines Erachtens ist mit diesem Weihnachtsstern eine besondere Planetenkonstellation gemeint, die sehr seltene Begegnung zwischen Jupiter und Saturn, die im Jahre 7 v. Chr. stattfand.

Wie kommen Sie darauf?

Diese Konjunktion zwischen Jupiter und Saturn passt am besten zur biblischen Erzählung. Der Zeitrahmen stimmt – Augustus, die Volkszählung, König Herodes. Auch der symbolische Gehalt passt: Jupiter gilt in der Astrologie als Königsgestirn, der Saturn wird mit dem Volk der Juden in Verbindung gebracht; und die Konjunktion findet im Tierkreiszeichen der Fische statt, das für den geografischen Raum Nahost stand. Diese Konstellation ließ sich damals als Geburtsgestirn deuten: Der König der Juden ist auf die Welt gekommen.

Ist das nicht ein bisschen weit hergeholt?

Warum kommen der Bibel zufolge drei Weise aus dem Morgenland nach Jerusalem, um dem neuen König der Juden zu huldigen? Das waren sicher Astrologen aus dem Zweistromland – heute das Gebiet Syriens sowie des Irak und Iran. Sie hatten die Konjunktion Jupiter-Saturn beobachtet und ihre Schlüsse daraus gezogen.

Astrologen? Das sind doch die Heiligen Drei Könige!

In alten Texten ist noch von »Magiern« die Rede.[3] Die Deutung der drei Weisen als heilige Könige ist eine Zutat der mittelalterlichen Theologie. Den Kirchengelehrten war es wohl ein bisschen peinlich, dass ausgerechnet Astrologen die Geburt des Heilands als Erste erkannt haben.

Die Astrologen waren damals also zugleich Astronomen?

Astrologie und Astronomie kann man am Anfang gar nicht trennen. Beide entstanden aus uralten magischen Vorstellungen. Davon künden zum Beispiel die Himmelsscheibe von Nebra und Monumente wie Stonehenge, Abu Simbel oder Newgrange in Irland, die etwa 3000 v. Chr. entstanden. Diese gewaltigen »Tempel« dienten meist der Sonnenverehrung. Nehmen wir zum Beispiel Newgrange, eigentlich ein Hügelgrab, erbaut aus bis zu zehn Tonnen schweren Steinen, tausend Jahre älter noch als Stonehenge. Auf Irisch heißt es *Brú na Bóinne*, was soviel wie Festhalle oder Jenseitspalast der Flussgöttin Boann bedeutet. Aber es ist mehr als nur Grab oder Götterburg. Newgrange ist auch ein gewaltiger astronomischer Kalender. Es gibt dort einen neunzehn Meter langen Gang, der so ausgerichtet ist, dass exakt zur Zeit der Wintersonnwende die Sonne bis ans Ende dieses Ganges scheint.

Sozusagen eine steinzeitliche Lichtinstallation?

Wenn Sie so wollen. Es ging aber nicht um Unterhaltungseffekte. Am Ende dieses Ganges befindet sich eine Kammer. Und vermutlich wurden darin, wenn das Licht hineinfiel, rituelle Handlungen ausgeführt.

Müssen wir uns also die frühen Religionen als Sonnenkulte vorstellen?

Die Kultstätten dienten meist zur Bestimmung der Sommer- oder Wintersonnenwende – also jener Tage, an denen die

Sonne ihre größte oder geringste Macht entfaltet. Man kann sich gut vorstellen, welche Bedeutung die Leben spendende Kraft der Sonne für die Menschen vor 5000 Jahren hatte. Da liegt es nahe, das Gestirn als Sonnenwesen zu verehren. Und im Winter, wenn die Sonne im Kampf gegen die Mächte der Finsternis schwächer wird, musste man besondere Riten ausführen, um der Sonne beim Aufsteigen zu helfen. In den alten magischen Weltbildern ging man ja nicht nur von der Macht der Sonne über die Erde aus, sondern von einer Wechselwirkung: Die Menschen konnten mit magischen Handlungen auch Macht auf die Gestirne ausüben.

Und daraus entstand dann das, was wir heute Astrologie nennen?

Nachdem die Naturkundigen festgestellt hatten, dass ein Einfluss von außen, die Sonne, das Leben auf der Erde bestimmt, lag natürlich die Frage nahe, wie weit dieser Einfluss geht. Welche Rolle spielen der Mond, die Sterne? Das ist eine uralte Frage, die völlig berechtigt ist.

Klar, der Mond ist für Ebbe und Flut verantwortlich …

Nicht nur. Ebenso wie er durch seine Gravitationswirkung die Wasserhülle beeinflusst, übt er auf die irdische Lufthülle minimale Druckschwankungen aus. Auch andere Himmelskörper haben gravitative Wirkungen. Den Einfluss der Schwerkraft von Jupiter und Saturn auf die Erde kann man gerade noch rechnerisch nachweisen; alles, was weiter entfernt ist, spielt mathematisch keine Rolle mehr. Aber auch die Sterne außerhalb unseres Sonnensystems üben eine Gravitationskraft aus. Dadurch wird unsere Galaxie, die Milchstraße, in deren Mitte überdies noch ein schwarzes Loch sitzt, zusammengehalten. Sie sehen: Wir können dem Einfluss der Sterne nicht entkommen. Wir leben unter kosmischem Einfluss.

Fragt sich nur, wie weit er geht.

Natürlich, wer meint, er müsste Ackerbau unbedingt bei aufgehendem Mond betreiben, vergisst, dass es sich beim Mondaufgang um ein reines Leuchtphänomen handelt. Aber versetzen Sie sich in die Lage der alten Naturvölker. Für sie war der jahreszeitliche Lauf der Sonne von ungeheurer Bedeutung. Im Winter erstirbt alles, die Tiere halten Winterschlaf, die Natur wird ganz still. Diese dramatische Veränderung bemerken wir modernen Städter gar nicht mehr. Aber auf dem Land spürt man das noch.

Diese Beobachtungen sind ja leicht nachvollziehbar. Doch wie entstand aus dem Sonnenkult der Glaube an die Götter und Gestirne?

Die frühen Hochkulturen stellten zunächst fest: Am Himmel herrschen andere Gesetze als auf der Erde. Erstens bewegen sich die Gestirne lautlos und unaufhörlich – während auf der Erde jede Bewegung geräuschvoll und endlich ist. Zweitens sind die himmlischen Bewegungen zyklisch und führen immer wieder zu ihrem Ausgangspunkt zurück. So ist es verständlich, dass der Himmel mit dem ewig Unveränderlichen, dem Göttlichen assoziiert wurde. Ohnehin kamen alle wichtigen Einflüsse von oben: das Licht, der Regen, Blitz und Donner. Da konnte man schon auf die Idee kommen, die Götter dort oben zu lokalisieren. Bei den Babyloniern galt etwa der Mars als Nergal, als Gott des Krieges und der Jagd. Das hat sich bei den Römern und Griechen mit dem Kriegsgott Mars fortgesetzt. Unsere Astrologie und Astronomie haben ihre Wurzel in der babylonischen Himmelskunde. Ihr verdanken wir auch die Tierkreiszeichen – Löwe, Krebs oder Jungfrau.

Steckt dahinter mehr als pure Symbolik?

Die Zeichen hatten durchaus eine Bedeutung: Die babylonischen Astronomen stellten fest, dass die Sonne vor einem bestimmten Himmelshintergrund eine ganz bestimmte Wirkung entfaltet. Die Babylonier schlossen daraus, dass die Sternzeichen die Kraft der Sonne veränderten – und gaben ihnen entsprechende Namen. Im Sommer, wenn die Sonne ihre größte Kraft entfaltet, steht sie folgerichtig in einem starken, königlichen Tierkreiszeichen – dem »Löwen«. Wenn nach dem Winter die Natur wieder aufsprießt, das Grün hervorspringt, steht die Sonne im »Widder«. Und zwischen Herbst und Winter, wenn sich die Sonne nicht entscheiden kann, muss sie in einem wankelmütigen Zeichen stehen – der »Waage«. So kann man sich das Zustandekommen der Tierkreiszeichen erklären.

Die »Sonne im Sternzeichen des Löwen« macht aber noch keine Aussage über die Zukunft. Wie leitet man diese aus den Gestirnen ab?

Man griff auf frühere Aufzeichnungen zurück. Hatte eine Planetenkonstellation Unglück gebracht, galt sie auch beim nächsten Mal als unglückverheißend. Die babylonischen Gelehrten gingen beim Deuten mit ganz einfachen Analogieschlüssen ans Werk: Starb zum Beispiel ein König bei der Planetenkonstellation X, dann galt diese fortan als todbringend. Solche Omen wurden in Tontafeln geritzt und später konsultiert. Wir wissen von diesen Tontafeln, weil sie in der Bibliothek von Assurbanipal gefunden wurden.

Was war, wenn die astrologischen Vorhersagen nicht eintrafen? Das musste doch den Glauben an die Macht der Sterne schwer erschüttern.

Die Menschen waren zutiefst überzeugt, dass die Gestirne Einfluss haben. Dazu kommt, dass das Wissen auf jahrtausendealten Beobachtungen beruhte. Ein solch tief gehendes Vertrauen ist durch Fehlschläge nicht so leicht zu erschüttern. Außerdem lässt die Astrologie ja Hintertüren auf. So hieß es etwa bei Ptolemäus: »Die Sterne machen nur geneigt, aber sie zwingen nicht.« Und: »Der weise Mann überwindet die Sterne.« Man muss also wissen, was im Horoskop steht – um dafür zu sorgen, dass es nicht eintritt. Gelingt einem das …

… hat man »weise« agiert …

… und wenn nicht, war eben das Horoskop stärker. Da kann passieren, was will, der Astrologe ist auf der richtigen Seite.

Schlau! Und wie vertrug sich der Glaube ans Horoskop mit der christlichen Vorstellung eines allmächtigen Gottes?

Die Kirchenväter waren nicht grundsätzlich gegen Astrologie. Nur den unbedingten Glauben an die Unumstößlichkeit eines Horoskops verwarfen sie. Denn wo bliebe da die Verantwortung eines Christenmenschen? Würden die Sterne alles regeln, wäre das ganze Heilsgeschehen ja Unsinn. Die christliche Astrologie hat daher anders argumentiert: Mit den Sternen hat Gott ein Zeichen an den Himmel gestellt. Uns kommt es zu, Gottes Willen darin zu erkennen.

Man konnte also die alten astrologischen Vorstellungen übernehmen – und hat Gott nur noch obendrauf gesattelt?

Sozusagen. Es galt die Devise: Die Sterne beherrschen den Menschen, aber Gott beherrscht die Sterne.

Und wenn eine astrologische Prognose sich als falsch herausstellte …

… dann hat es Gott in seiner unerforschlichen Weisheit gefallen, anders zu entscheiden.

Ein genialer Kniff. Aber im Zuge der Aufklärung kamen den Menschen dann doch Zweifel am Wirken der Gestirne.

Vom 17. Jahrhundert an beschrieb die Naturwissenschaft die Welt als große Maschine, die nach festen Gesetzen abläuft. Plötzlich waren im Kosmos nur noch Körper und Gravitation von Bedeutung. Die Bahn eines Kometen konnte man berechnen und vorhersagen. Da war Schluss mit der Deutung als Fingerzeig Gottes.

Völlig beendet hat das den Glauben an Horoskope aber nicht. Warum?

Die Astrologie feierte gewissermaßen ein Comeback, als Gegenreaktion auf die totale Verwissenschaftlichung der Welt. Besonders die Romantiker, auch Goethe, waren Anhänger der Astrologie. Eine verständliche Protestwelle.

Weil Wissenschaft eben doch nicht alles erklärte?

Genau. Heute wissen wir ja, wie naiv der Glaube war, den Lauf der Welt mathematisch vollständig berechnen zu können. Spätestens im 20. Jahrhundert haben Quantentheorie und Chaosforschung diese Hoffnung gründlich zerschlagen.

Lässt sich also der Glaube an die Astrologie auch heute als Reaktion auf einen allzu starren Szientismus verstehen?

Ich denke schon. Im Glauben an die Macht der Sterne kommt der Wunsch nach einer Hinwendung zur Natur zum Ausdruck. Zugleich befriedigt er unser Bedürfnis nach Individualität. Dank der Astrologie bin ich nicht nur Teil einer Massengesellschaft, ein Rädchen im System, sondern ein Individuum, das durch Zeit, Ort und Gestirnskonstellation seiner Geburt ein eigenes Schicksal hat.

Und wie steht es mit den modernen Erkenntnissen im Zeitalter der Raumfahrt?

Die Astrologie hat sich von der Astronomie entkoppelt. So wäre aus wissenschaftlicher Sicht zum Beispiel zu berücksichtigen, dass sich seit den Babyloniern die Tierkreiszeichen verschoben haben. Wir finden – wegen der unaufhörlichen Bewegung der Sterne im Lauf der Jahrtausende – die Zwillinge heute dort, wo früher der Stier am Himmel stand. Aber die

Astrologen rechnen ja nicht mehr mit realen Konstellationen, sondern mit symbolischen Sternbildern. Für sie geht die astrologische Wirkung von Kraftfeldern aus, die an jener Stelle stehen, an denen sich früher einmal die Sternbilder befunden haben.

Daher spielt es für die Astrologie auch keine Rolle, ob ein Planet erdähnlich ist wie der Mars oder ein riesiger Gasball wie der Jupiter?

Das ist für Astrologen bedeutungslos, da sie nur mit den Symbolen »Mars« und »Jupiter« rechnen. Damit entzieht sich die Astrologie der wissenschaftlichen Bearbeitung. Das heißt aber auch, dass die Astrologie es heute – im Gegensatz zu früher – aufgegeben hat, sich als Wissenschaft zu begreifen.

V. DIE EVOLUTION DES GLAUBENS

Manche Wissenschaftler meinen,
dass Wasserstoff – weil er so überreichlich vorhanden ist –
der Grundbaustein des Universums ist.
Ich bestreite das. Ich sage, dass es mehr Dummheit
als Wasserstoff gibt, deshalb ist dies der Grundbaustein
des Universums.

Frank Zappa

1 Darwin gegen Gott

Lewis Wolpert ist geschockt. So ein Argument hat er noch nie gehört. Der überzeugte Atheist hat sich zwar daran gewöhnt, dass sein Sohn Matthew zum strenggläubigen Christen wurde und der erzkonservativen Londoner Church of Christ beigetreten ist. Der britische Entwicklungsbiologe hat sich sogar damit abgefunden, dass sein Sohn die Bibel wörtlich nimmt (und damit alle evolutionsbiologischen Erklärungen ignoriert, die Wolpert in seinen Büchern beschreibt). Doch die neueste Eröffnung Matthews sprengt die Vorstellungskraft des Wissenschaftlers.

Friedlich sitzen sie in Wolperts Büro am University College in London zusammen, als der Sohn dem Vater ein unvermitteltes Geständnis macht: Er beneide ihn, weil er so ein glücklicher Mensch sei. Geschmeichelt fragt der Biologe nach dem Grund für diese unerhoffte Wertschätzung; da erhält er die erschütternde Antwort: »Du stirbst bestimmt bald, jedenfalls sicher vor mir.« Und je früher er sterbe, meint der Sohn, umso eher komme er in den Himmel – und endlich in Gottes Nähe.

Seit dieser Unterhaltung fragt sich Wolpert immer wieder: »Wie kann es sein, dass Menschen an Dinge glauben, für die es keinerlei verlässlichen Beweis gibt?« In seinem Buch *Six impossible things before breakfast* sucht der Wissenschaftler nach einer rationalen Antwort. Wie distanziert der nüchtern denkende Biologe dabei dem Glauben gegenübersteht, zeigt schon der Titel. Er spielt auf Lewis Carrolls märchenhafte Erzählung *Alice hinter den Spiegeln* (der Fortsetzung von *Alice im Wunderland*) an, in der die weiße Königin erklärt, Glauben müsse regelrecht geübt werden. Als Alice sagt, sie könne nun einmal nicht an Unmögliches glauben, antwortet die weiße Königin: »Ich wage zu sagen, dass du nicht viel Übung hast. Als ich in deinem Alter war, habe ich jeden Tag eine halbe Stunde lang geübt. Manchmal habe ich sogar an bis zu sechs unmögliche Dinge vor dem Frühstück geglaubt.«

Lewis Wolpert ist nicht der einzige Evolutionsbiologe, der sich neuerdings Gedanken über den Glauben macht. Auch viele seiner Kollegen haben in den vergangenen Jahren das Thema Religion entdeckt. Davon zeugt ein gutes Dutzend Bücher, von Wolperts *Six Impossible Things* bis zu Richard Dawkins *Gotteswahn.* In all diesen Werken geht es vordergründig um das Verhältnis von Wissenschaft und Religion. Im Hintergrund stehen allerdings auch die unterschiedlichen persönlichen Einstellungen ihrer Autoren. Während man etwa Wolperts moderatem Ton die Auseinandersetzungen mit seinem Sohn anmerkt (für den er trotz aller Differenzen Verständnis aufbringt), tritt Richard Dawkins als radikaler Vorkämpfer eines neuen, militanten Atheismus auf.

Der britische Zoologe, der 1976 mit dem Buch *The Selfish Gene* (dt.: *Das egoistische Gen*) weltbekannt wurde, lehnt schon lange jede Form von religiösem Glauben ab. Der Gott des Alten Testaments sei »ein kleinlicher, ungerechter, nachtragender Kontroll-Freak«, wettert Dawkins, ein »frauenfeindlicher, homophober, rassistischer, kinds- und völkermörderischer, ekliger, größenwahnsinniger, sadomasochistischer, launisch-boshafter Tyrann«. Was den Wissenschaftler, der heute Professor für *Public Understanding* in Oxford ist, zu seinem unheiligen Zorn treibt, ist nicht nur der religiöse Fundamentalismus muslimischer oder christlicher Prägung, sondern auch die Sorge, »dass Religiosität den Intellekt unterminiert, die Suche nach Wahrheit untergräbt«. Religiöser Glaube, so der Biologe aus Oxford, führe dazu, dass man »zufrieden ist mit etwas, das nichts erklärt«. Und dagegen müssten sich Wissenschaftler und aufgeklärte Humanisten massiv zur Wehr setzen.

Sekundiert wird Dawkins von Mitstreitern wie Christopher Hitchens, der in *Der Herr ist kein Hirte* erklärt, »wie Religion die Welt vergiftet«, dem Neurowissenschaftler Sam Harris, der *Das Ende des Glaubens* (engl. Originaltitel: *The End of Faith*) propagiert, dem Biophilosophen Daniel Dennett, der mit *Breaking the Spell* den falschen Zauber der Religion brechen will, oder dem französischen Philosophen Michel Onfray, dessen Credo schlicht lautet: *Wir brauchen keinen Gott.* Zugleich formiert sich aber auch schon die Gegenfront: Die (christlich geprägte) Stanford-Biologin Joan Roughgarden kommt in *Evolution and Christian Faith* zu dem Ergebnis, die Evolutionstheorie sei sehr wohl mit einem christlichen Glauben zu vereinbaren. Und Francis Collins, Leiter des staatlichen Humangenom-Projekts in den USA und überzeugter Christ, versucht in seinem Buch *The Language of God* gar so etwas wie einen »Beweis für den Glauben« zu liefern.

Dass das Verhältnis zwischen Wissenschaft und Religion gegenwärtig vor allem in den Vereinigten Staaten gespannt ist, verwundert nicht. Denn in *God's own country* hat der christliche Fundamentalismus erheblich mehr Einfluss als in Europa. Dessen Vertreter nehmen häufig die Bibel wortwörtlich, bekämpfen die Evolutionstheorie und halten Mahnwachen vor Abtreibungskliniken. Ganz Überzeugte glauben gar, dass sich die Schöpfung exakt auf den 23. Oktober 4004 vor Christi Geburt datieren lässt (wie der englische Erzbischof James Ussher im 16. Jahrhundert aufgrund von biblischen Lebensläufen und Stammbäumen berechnete).

Wer einem solchen Schöpfungsglauben (»Kreationismus«) anhängt, dem erscheint Darwins Evolutionstheorie, die von einer allmählichen Wandlung und Anpassung der Arten ausgeht, selbstverständlich als Teufelszeug. Die fortschrittliche Variante dieses Kreationismus nennt sich *Intelligent Design*. Dessen Vertreter gestehen zwar zu, dass es eine Evolution gegeben hat – propagieren allerdings einen intelligenten Schöpfer als treibende Kraft diese Entwicklung; nur so sei die biologische Komplexität der Erde zu erklären.

Der Kampf um die richtige Welterklärungstheorie wird sogar vor Gericht ausgefochten. Dort versuchen die Vertreter des *Intelligent Design* immer wieder, ihre Sicht der Dinge als gleichberechtigte wissenschaftliche Theorie anerkennen zu lassen und damit im Schulunterricht der Evolutionstheorie gleichzustellen. Auch wenn sie damit bislang nicht durchdrangen, sind viele Evolutionsbiologen doch alarmiert. Denn in der Bevölkerung hat der Schöpfungsglaube großen Rückhalt. Bei einer Umfrage der Tageszeitung *USA Today* im Juni 2007 zeigten sich mehr Amerikaner vom Kreationismus überzeugt als von Darwins Evolutionstheorie. 39 Prozent der Befragten gaben zu Protokoll, sie hielten es für »definitiv wahr«, dass der Mensch innerhalb der vergangenen 10.000 Jahre von Gott geschaffen wurde. Von der Evolutionstheorie hingegen waren nur 18 Prozent überzeugt. Darauf springen auch Politiker an. Gleich drei der republikanischen Kandidaten für die Präsidentschaftswahl 2008 erklärten in ihren Wahlkämpfen, dass sie die Evolutionstheorie nicht teilen.

In Europa formieren sich die Evolutionsgegner ebenfalls. Schätzungen zufolge soll der Schöpfungsglaube allein in Deutschland über eine Million Anhänger haben. Wie belastbar solche Zahlen sind, ist unklar. Immerhin aber fühlte sich der Kulturausschuss des Europarates im Juni 2007 bemüßigt, an die Mitgliedsländer zu appellieren, kreationistische Theorien in der Schule nicht gleichberechtigt neben der Evolutionslehre zu behandeln. Wie aktuell ein solcher Appell ist, zeigte sich gerade in Deutschland. Hier erregte im selben Jahr die hessische Kultusministerin Karin Wolff Aufsehen mit ihrer Forderung, im Biologieunterricht nicht nur die Evolutionstheorie zu unterrichten, sondern auch die Schöpfungslehre der Bibel. Die ehemalige Religionslehrerin Wolff meinte, eine »erstaunliche Übereinstimmung« zwischen der symbolhaften Erzählung der Bibel und der Wissenschaft zu sehen. Selbstredend liefen deutsche Biologen dagegen Sturm.

Aus dieser Sicht wird verständlich, dass Wissenschaftler wie Richard Dawkins Religion nicht als Privatsache ansehen, sondern als globale Bedrohung für die humanistischen Werte der Vernunft. Und zweifellos wehrt sich die Wissenschaft zu Recht gegen die Versuche von Fundamentalisten, unreflektierte religiöse Glaubenssätze an die Stelle rationaler Argumente zu setzen. Wenn Dawkins allerdings mit flammenden atheistischen Appellen gegen *jede Art von Religiosität* polemisiert, schüttet er das Kind mit dem Bade aus. Und zeitweise schlägt er genau denselben hysterischen Bekehrungston an, wie man ihn von christlichen Erweckungspredigern kennt. Treffend bezeichnete das Magazin *Wired* den Briten bereits als Hohepriester der »Kirche der Nicht-Gläubigen«.

Dieser Showdown zwischen militanten Atheisten und christlichen Fundamentalisten lässt sich zweifellos schlagzeilenträchtig inszenieren. Nahezu jede große Zeitung in den USA hat diese Auseinandersetzung zum Thema gemacht. Doch einem echten Verständnis der biologischen Grundlagen der Religion kommt man durch den Schlagabtausch der Extrempositionen nicht näher. Wer die Bibel als wissenschaftlichen Tatsachenbericht missversteht, erfasst das evolutionäre Geheimnis des Glaubens ebenso wenig wie derjenige, der »Gott« einfach als Illusion wegerklärt. Beide Seiten tappen in die Falle des Fundamentalismus: Sie nehmen die religiösen Begriffe allzu wortwörtlich und beharren darauf, dass ihre jeweilige Interpretation die einzig wahre sei.

Weiter führt die wissenschaftliche Betrachtung, wenn wir den Blick weiten und unter »Religion« nicht nur den Monotheismus verstehen (wie es Religionskritiker wie Dawkins fast ausnahmslos tun), sondern auch andere Glaubensgebäude in die wissenschaftliche Analyse mit einbeziehen; wenn wir also den fruchtlosen Disput, ob »Gott« nun wahrhaft »existiert« oder nicht, hinter uns lassen und uns stattdessen jenen Fragen zuwenden, die tatsächlich in die Domäne der Evolutionsbiologie und der Anthropologie fallen. Diese Fragen, denen wir uns in diesem Kapitel zuwenden, lauten:

- *Was ist die evolutionsbiologische Grundlage unseres Sinnes für Religiosität?*
- *Wie kommt es, dass alle bekannten Kulturen stets irgendeine Art von religiösem System aufweisen?*

- *Und warum haben sich bis heute Glaubensvorstellungen gehalten, die nach Meinung vieler Evolutionsbiologen unbeweisbar oder geradezu unsinnig sind?*

Nach den strengen Kriterien der evolutionären Selektion sollten sich doch nur solche Eigenschaften durchsetzen, die dem jeweiligen Individuum auf irgendeine Art von Nutzen sind. Worin besteht also der evolutionäre Nutzen der Religion? Bietet sie gar einen Überlebensvorteil?

Alle Evolutionsbiologen, auch die vehementesten Religionskritiker wie Richard Dawkins, müssen schließlich der Religion zugestehen, dass sie keinesfalls ausgestorben ist; im Gegenteil, von der Prähistorie bis zur Postmoderne hat das religiöse Denken überlebt. Und das ist, zumindest nach den Gesetzen der Evolution, eindeutig ein Erfolg. Wie lässt er sich erklären?

Das sind die eigentlichen Fragen, die momentan viele Evolutionsbiologen beschäftigen. Diese Debatte ist zwar weniger schlagzeilenträchtig als der Kreuzzug der neuen Atheisten. Doch in der Sache wird sie kaum weniger heftig geführt. In den vergangenen Jahren haben sich unter Forschern sogar zwei regelrechte Lager ausgebildet. Die *Adaptionisten* einerseits gegen die *Abfallprodukt-Theoretiker* andererseits.

Die *Adaptionisten* haben dabei meist die freundlichere Sicht auf die Religion. Ihnen zufolge lässt sich das religiöse Denken im Sinne einer evolutionären Anpassung (engl: *adaption*) interpretieren. Demnach existieren religiöse Glaubensgemeinschaften, *weil* sie der jeweiligen Gruppe einen evolutionären Vorteil im Kampf ums Überleben bieten. Dagegen glauben die *byproduct theorists*, dass der Glaube ein zufälliges Abfallprodukt einer ganz anderen Anpassungsleistung (zum Beispiel der Fähigkeit zur Intentionalität) ist, das sich dann verselbstständigt hat.

Die Vertreter der beiden Schulen fechten dabei fast so etwas wie einen Glaubenskrieg aus: Beide haben ihre Propheten und Jünger, sind von der jeweiligen Wahrheit ihrer Interpretation höchst überzeugt und halten die Theorie der Konkurrenz selbstverständlich für einen bedauernswerten Irrglauben.

Der Streit rührt allerdings auch daher, dass zwar beide Seiten in ihren Theorien von »Religion« sprechen, damit aber nicht unbedingt dasselbe meinen. Während die *Adaptionisten* vornehmlich das Überleben von *religiösen Traditionen* erklären, beschäftigen sich die *Abfallprodukt*-Theoretiker eher mit der *persönlichen Glaubensfähigkeit*, also mit jenem Charakterzug des Menschen, der ihn erst in Stand setzt, so etwas wie eine religiöse Tradition zu entwickeln. Kein Wunder, dass sich die beiden wissenschaftlichen Lager kaum einigen können.

So zeigt sich in der Auseinandersetzung zwischen *Abfallprodukt-Theoretikern* und *Adaptionisten* erneut die Notwendigkeit, den unscharfen Begriff der Religion zu präzisieren und zwischen persönlichem Glauben einerseits und religiöser Tradition andererseits zu unterscheiden. Tut man dies, stellt man fest, dass sich die unterschiedlichen Theorie-Entwürfe ergänzen. Der eine beschreibt jene Prädispositionen, die den Menschen zum Glauben befähigen; der andere illustriert jene Mechanismen, mit denen religiöse Systeme ihre soziale Bindungskraft entfalten und damit erst richtig erfolgreich werden. Was die Wissenschaft darüber heute weiß und was das eine mit dem anderen zu tun hat, wird der Gegenstand der beiden folgenden Kapitel sein.

2 Warum die Religion nicht ausstirbt

In der ersten Hälfte des 20. Jahrhunderts fand in Russland ein ebenso wahnwitziges wie aufschlussreiches Experiment statt: Die Kommunisten unternahmen den Versuch, den christlich-orthodoxen Glauben ein für alle Mal aus dem Denken ihrer Landsleute zu eliminieren.

Hatte nicht Karl Marx argumentiert, die Religion sei ein »verkehrtes Weltbewusstsein«, sie repräsentiere das »Selbstbewusstsein eines Menschen, der sich selbst entweder noch nicht erworben oder schon wieder verloren«[1] habe? Marx forderte daher eine strikte Trennung von Staat und Kirche. Sei der Klassenkampf jedoch erst einmal überwunden, so seine Theorie, würden die religiösen Strukturen, die den Menschen an der wahren Freiheit hindern, automatisch zusammenbrechen. Als die Bolschewiken nach der Revolution von 1917 an die Macht gelangten, machten sie sich unverzüglich daran, dem von Marx theoretisch vorhergesagten Prozess mit praktischer Gewalt nachzuhelfen. Nach außen hin erweckten sie den Eindruck, religiös tolerant zu sein. Doch in aller Stille fing die *Tscheka*, Lenins Geheimpolizei, an, Priester auszuspionieren, ihre Predigten zu zensieren und ihnen das Leben schwer zu machen. Bald wurde der Religionsunterricht in Schulen verboten; Klöster wurden geschlossen und als antireligiöse Museen wiedereröffnet. Und die große Hungersnot von 1921 bot einen willkommenen Vorwand, die Kirchen zu plündern und alles, was von Wert erschien, einzuziehen.

Die orthodoxe Kirche schien ein leichtes Ziel. Im Laufe ihrer fast tausendjährigen Geschichte in Russland hatte sie eine zum Teil bizarre Mischung aus heidnischen und religiösen Riten toleriert. Priester wurden eher als eine Art Magier angesehen denn als fromme Vorbilder. Bauern stellten zum Beispiel, um die Ernte zu fördern, kleine Penisfiguren auf und baten die Kirche, ihre Felder mit Weihwasser zu besprengen. Und die Kirche hatte den Untertanengeist ihrer Schäfchen nach Kräften gefördert: Mönche präsentierten dem beeindruckten Publikum »Reliquien« von Heiligen, die sie selbst aus Tierknochen, Ziegenhaaren, Wachs und Pappe hergestellt hatten.

Man kann sich vorstellen, wie genüsslich die Bolschewiken solche Fälschungen aufdeckten. Den Kommunisten war allerdings bewusst, dass es nicht damit getan war, nur die kirchlichen Strukturen zu zerstören. Um das religiöse Denken in den Köpfen wirklich auszurotten, waren drastischere Schritte notwendig. Religiöse Feiertage wurden abgeschafft und durch zeitgemäßere ersetzt wie Erntefeste oder den »Tag der Industrie«; der Druck und Import von Bibeln wurden verboten, dafür förderte man »aufklärerische« Tätigkeiten wie das Schachspiel – das logische Denken sollte immun machen gegen religiösen Irrglauben.

Dass sich im Volk religiöse Überzeugungen als überraschend resistent erwiesen, schoben die Kommunisten zunächst auf die Trägheit der menschlichen Natur. Hatte nicht Marx prophezeit, dass das post-revolutionäre Leben anfangs noch »den Geburtsstempel der alten Gesellschaft« tragen werde, aus der es hervorgegangen sei? Doch selbst zwanzig Jahre nach der Revolution kreuzten bei einer landesweiten Volksbefragung 1937 noch immer überraschend viele Russen das Kästchen »gläubig« an. Stalin tobte vor Wut und konnte einen Skandal nur vermeiden, indem er anordnete, keine exakten Daten zu publizieren. Gerüchte sprachen allerdings von über 50 Prozent religiös Gläubigen – für die Kommunisten eine erschreckend hohe Zahl.

»Religion ist wie ein Nagel: Je härter man daraufschlägt, umso tiefer dringt er ein. Wir hätten uns mehr bemühen sollen, ihn herauszuziehen«, stellte der »Aufklärungskommissar« Anatoly Lunacharsky in einem hellsichtigen Moment fest. Tatsächlich schienen die Sowjets nicht zu begreifen, welche tiefgründigen psychologischen Funktionen die Religion in ihrem Land erfüllte. Aus kommunistischer Sicht war religiöses Gedankengut einfach eine Art Aberglaube, der in dem Moment verschwände, in dem man allen Menschen beigebracht hätte, »korrekt« wissenschaftlich zu denken. Den Jüngern der »Liga der Gottlosen« entging, dass der religiöse Glaube die Menschen auf einer ganz anderen Ebene berührte als die Argumente der Wissenschaft. In der Stunde der Not, als Hitler 1941 Russland überfiel, machte selbst Stalin davon Gebrauch, indem er – um das Volk im »großen vaterländischen Krieg« zu einen – ausgerechnet an den Glauben seiner Landsleute appellierte.

Nach dem Krieg, Anfang der Sechzigerjahre, unternahm Chruschtschow erneut einen verstärkten Versuch, seinen Landsleuten den Glauben auszutreiben. »Da den Machthabern jede Vorstellungskraft fehlte (was noch nie eine Stärke der Sozialisten gewesen war), wurden dabei einfach dieselben, bereits gescheiterten Strategien von früher wiederbelebt«, analysiert der

Historiker Paul Gabel in seinem Buch *And God Created Lenin.* Das Ergebnis von Chruschtschows Bemühungen war dementsprechend: Viele Russen wagten nicht mehr, sich offen zu ihrer Religion zu bekennen; doch tief in der Seele des Volkes lebte der Glaube umso intensiver fort.

Als schließlich das Sowjetreich zusammengebrochen war – nach Jahrzehnten atheistischer Propaganda, antireligiöser Paraden und Verfolgung der Gläubigen – wurde Mitte der Neunzigerjahre wieder einmal das Religionsprofil der Russen ermittelt. Ergebnis: Noch immer gehörten 72 Prozent der Bevölkerung (zumindest nominell) der russisch-orthodoxen Kirche an, weniger als 19 Prozent stuften sich als »unreligiös« ein. Das waren etwa dieselben Zahlen wie in anderen Ländern, in denen es nie auch nur ansatzweise solche antireligiöse Propaganda wie in der Sowjetunion gegeben hatte.

VOM MYSTERIUM ZUM PROBLEM

Solche Beispiele lassen ahnen, dass der Kreuzzug der »neuen Atheisten«, die heute gegen die Religion Front machen, wenig Aussicht auf Erfolg verspricht. Ganz offensichtlich ist das Bedürfnis nach einem religiösen Weltbild so tief in der menschlichen Psyche verankert, dass wissenschaftliche Erklärungen und Argumente es kaum zu beeindrucken vermögen. Woher rührt dieses Bedürfnis?

Aus Sicht der Evolutionsbiologen stellt diese Frage eine der größten Herausforderungen an ihre Zunft dar. Religiöse Rituale, die sich an unsichtbare, unbeweisbare Götter richten, scheinen auf den ersten Blick eine gewaltige Verschwendung an Zeit und Ressourcen zu sein: Sie helfen weder bei der Nahrungsbeschaffung, noch steigern sie direkt den Fortpflanzungserfolg – was aus evolutionsbiologischer Sicht die wichtigsten Faktoren im Kampf ums Dasein sind. »Anthropologen können erklären, weshalb Jäger und Sammler ihre Nahrung mit anderen Gruppenmitgliedern teilen – aber nicht, warum sie ihre Lebensmittel auf einem Altar verbrennen«, bringt es der Anthropologe Richard Sosis auf den Punkt. Vom Standpunkt seiner Wissenschaft aus müsste sich im Laufe der Evolution eigentlich ein durch und durch pragmatischer Menschenschlag durchgesetzt haben, der all seine Energien aufs tägliche Überleben richtet und sich nicht in nutzlosen Spekulationen über transzendente Wahrheiten verliert.

Dass dem nicht so ist, haben Evolutionsbiologen lange Zeit stillschweigend ignoriert. Sie folgten dabei ihrem Vorbild Charles Darwin, der zwar seinerzeit feststellte, dass der Glaube an übernatürliche Wesenheiten ein universaler Zug des Menschen sei; der sich aber ansonsten Spekulationen über das Verhältnis von Gott und der Wissenschaft weitgehend enthielt. Diese Scheu haben seine Nachfolger in den vergangenen Jahren abgelegt. »Als ich anfing, Anthropologie zu studieren, waren die Theorien der Religion durchweg verwirrend. (…) Die meisten Menschen dachten, diese Art von Spekulation sollte man besser Theologen und pensionierten Wissenschaftlern überlassen«, schreibt etwa der Sozialanthropologe Pascal Boyer. Fragen zum Sinn und Nutzen der Religion »galten seither als *Mysterien* (wir wussten nicht einmal, wie wir vorgehen sollten)«, berichtet Boyer; doch nun würden sie »zu *Problemen* (wir haben zumindest die Idee einer möglichen Lösung)«.

STECKT GOTT IN DEN GENEN?

Die einfachste und zugleich aufsehenerregendste Lösung bietet zweifellos der amerikanische Molekularbiologe Dean Hamer an. Ihm zufolge hält sich der Glaube an Gott deshalb so hartnäckig, weil er schlicht und einfach in unseren Genen verankert sei. Das legt jedenfalls der Titel seines Buches *Das Gottes-Gen* nahe, das es sogar auf die Titelseite des *Time-Magazine* geschafft hat. Und Hamer ist nicht irgendwer. Immerhin ist er Chef einer Genforschungsabteilung am Nationalen Krebsinstitut der USA. Er sollte sich mit Erbinformationen auskennen. Was also ist dran an der Theorie vom Gottes-Gen?

Hamer selbst stützt sich bei seiner Beweisführung auf eine Untersuchung an über 1000 Versuchspersonen. Diese wurden im Rahmen einer Raucherstudie auf genetische Dispositionen geprüft, was Hamer zum Anlass nahm, auch gleich ihre religiöse Geneigtheit zu bestimmen. Allerdings maß er dabei nicht ihren Gottesglauben, sondern eine sehr viel allgemeinere Fähigkeit namens Selbsttranszendenz. Diese wurde in dem umfangreichen Fragenkatalog mit Aussagen geprüft wie zum Beispiel: »Ich fühle mich den Menschen um mich herum so verbunden, dass es oft keine Trennung zwischen uns zu geben scheint.« Oder: »Häufig habe ich unerwartete Eingebungen, während ich entspanne.«

240 solcher »Transzendenz-Aussagen« mussten Hamers Probanden beantworten, und aus diesen Angaben leitete der Genforscher das jeweilige Maß ihrer Spiritualität ab. Als Nächstes suchte er nach Korrelationen. Er verglich die Ergebnisse aus dem Fragebogen mit den separat erhobenen genetischen Daten der Versuchspersonen und konzentrierte sich dabei auf

jene neun Gene, die für die Produktion von Botenstoffen im Gehirn zuständig sind. Suchet, so werdet ihr finden! Und siehe: Eine Variante des Gens VMAT2 schien exakt mit der Punktezahl zu korrelieren, die der jeweilige Genträger im Spiritualitätstest erzielt hatte! Für Hamer war dies der Anlass eines molekularbiologischen Hallelujas. »Eine einzige Änderung in einer bestimmten chemischen Base in der Mitte des Gens scheint direkt verknüpft mit der Fähigkeit, sich selbst zu transzendieren«, triumphierte der Genforscher.

Doch hat er damit wirklich das Gottes-Gen entdeckt? Mitnichten. Erstens hat er ja nur die Neigung zur Selbsttranszendenz untersucht, die allenfalls eine Facette des vielfältigen Phänomens Religion ist. Und zweitens hat Hamer bei Lichte besehen nicht mehr gefunden als eine Korrelation zwischen zwei Datensätzen. Und ein solches statistisches Korrelationsmuster sagt wenig über einen ursächlichen Zusammenhang aus – genauso wenig, wie eine Korrelation zwischen der Geburtenrate in Deutschland und der abnehmenden Zahl der Störche Aufschluss über die aktuelle Familienpolitik gäbe.

Richtig ist zwar, dass die Gensequenz VMAT2 *mit* darüber bestimmt, wie viele Moleküle einer bestimmten Gruppe von Botenstoffen durch das Hirn zirkulieren. Und erhöhte oder verringerte Mengen dieser Signalstoffe wie Dopamin oder Serotonin *können* massive Änderungen von Bewusstseinszuständen herbeiführen. Darauf beruht etwa der halluzinogene Effekt von Drogen wie LSD (siehe Kapitel VI, S. 416 ff.). Doch solche Änderungen der Hirnchemie sind zunächst einmal recht unspezifisch. Ob sie zu transzendenten, spirituellen oder gar religiösen Zuständen führen und was das VMAT2-Gen dazu genau beiträgt, ist alles andere als klar.

Ungeachtet seines plakativen Buchtitels räumt das selbst Hamer ein. »Das Gen, das ich identifiziert habe, ist keineswegs die endgültige Antwort auf die Frage der Spiritualität. Es spielt lediglich eine kleine, wenn auch wichtige Rolle.« Wie klein diese Rolle ist, zeigt die Tatsache, dass die verschiedenen Ausprägungen des VMAT2-Gens nur für *ein* Prozent (!) der Varianz auf der Selbsttranszendenz-Skala verantwortlich sind. »Es könnte noch fünfzig weitere Gene geben, die sich ebenso stark auswirken«, gibt Hamer zu – wobei noch gar nicht die Rede von den vielfältigen Umwelteinflüssen ist, die in das komplizierte Ballett der Gene und Proteine eingreifen. So gesehen entpuppt sich der Begriff des »Gottes-Gens« als völlig überzogener Werbeslogan, der zwar gut Bücher verkaufen, aber nicht das Wesen der Religion erklären kann.

WAS ZWILLINGE GLAUBEN

Mehr Beachtung als das Gerede vom »Gottes-Gen« verdient eine verwandte, wenn auch deutlich schwächere Behauptung: die These nämlich, dass unser Interesse an religiös-spirituellen Fragen zumindest zum Teil durch unsere Erbanlagen bestimmt ist. Nicht ein einzelnes Gen, wohl aber die Gesamtheit unserer Erbinformationen scheint bei der Prägung unseres individuellen Verhältnisses zur Religion durchaus eine Rolle zu spielen. Das legen zum Beispiel die Zwillingsstudien nahe, die der Psychologe Thomas Bouchard in den Achtzigerjahren an der University of Minnesota durchführte. In seiner berühmt gewordenen *»Minnesota Study of Twins Reared Apart«* untersuchte er erwachsene Zwillinge, die bei der Geburt getrennt wurden und in verschiedenen Elternhäusern aufgewachsen waren.

Mit ausführlichen Fragebögen erhob Bouchard dabei eine Vielzahl von Charaktereigenschaften, unter anderem die Bedeutung, die die jeweiligen Zwillinge dem Glauben allgemein zuschrieben, ihr Interesse an religiösen Berufen, aber auch die Zeit, die sie für religiöse Aktivitäten, Gottesdienste oder gemeinnützige Arbeiten aufwendeten. Dabei wiesen die bei der Geburt getrennten Zwillingspaare – obwohl sie ganz unterschiedlichen Einflüssen ausgesetzt gewesen waren – in grundsätzlichen religiösen Fragen und spirituellen Erfahrungen zum Teil verblüffende Übereinstimmungen auf. Die jeweilige *Form* ihres kirchlichen oder religiösen Engagements dagegen konnte sich durchaus unterscheiden.

Bei eineiigen Zwillingen (mit identischer Gen-Ausstattung) waren die Übereinstimmungen dabei signifikant höher als bei zweieiigen (bei denen nur die Hälfte aller Gene identisch ist). Daraus schloss Bouchard, dass die *prinzipielle Neigung* zu religiösen Gefühlen in unserem Erbgut verankert, die jeweilige *Ausprägung* eines Glaubens dagegen kulturell beeinflusst sei. Aus dem Vergleich der ein- und zweieiigen Zwillinge berechnete der Psychologe sogar einen konkreten Wert für die genetische Komponente: Diesem zufolge ist die Affinität zu religiösen Themen zu 40 bis 50 Prozent erblich. Das heißt: Hinsichtlich der Religiosität sind etwa die Hälfte der Unterschiede bei einem Zwillingspaar genetisch bedingt. Spätere Zwillingsstudien von Nicholas Martin und Lindon Eaves kamen zu ganz ähnlichen Ergebnissen in Bezug auf das Merkmal der Selbsttranszendenz. Auch bei diesen Untersuchungen zeigte sich eine Erblichkeit von etwa 50 Prozent.

Angesichts solcher Befunde fühlt man sich an die These Max Webers erinnert, manche Menschen seien von vornherein »religiös unmusikalisch«, andere dafür umso musikalischer. Im Lichte der Zwillingsstudien gibt es dafür nun sogar eine biologische Begründung: Offenbar kann Religiosität auf ähnliche Weise vererbt werden wie etwa ein Sinn für Musikalität. Wer etwa aus einem Pastorenhaus stammt, hat demnach schon aufgrund seiner Erbanlagen eine höhere Wahrscheinlichkeit, später religiös aktiv zu sein, als das Kind überzeugter Atheisten. Natürlich determinieren die Gene die Religiosität eines Menschen nicht vollständig; überdies liefern solche Studien stets nur Wahrscheinlichkeitsangaben (und deren Aussagekraft ist unter Forschern umstritten). Aber von allen wissenschaftlichen Details einmal abgesehen: Grundsätzlich scheinen religiöse Eigenschaften (wie etwa die Fähigkeit zur Selbsttranszendenz) zumindest *zum Teil* schon über die Erbinformation weitergegeben zu werden.

Allerdings lassen sich aus solchen Studien keine Aussagen über den Einzelfall ableiten. Ob man selbst nun eher zu den religiös musikalischen oder unmusikalischen Menschen zählt, muss jeder selbst herausfinden. Noch jedenfalls gibt es keinen Gentest, der einem – ähnlich wie etwa beim Risiko für Brustkrebs – einen Wert für die individuelle »Religionsaffinität« liefern würde. Zum Glück. Was würde man damit auch anfangen? Würde man sich etwa bei einer »dreißigprozentigen genetischen Neigung zur Transzendenz« von Kirchen eher fernhalten – oder gerade deren Nähe suchen? Auf solche Fragen liefert selbst eine ausgefeilte »Religionsgenetik« keine Antwort.

Überdies kommt dazu: Ob sich solche Erbanlagen ausprägen, und wenn ja, in welcher Weise, hängt eben dann doch wieder entscheidend von der Umwelt ab, von unserer Erziehung, unseren Freunden und nicht zuletzt auch von den gesellschaftlichen Zeitumständen. Deshalb können viele Anthropologen mit dem Gen-Determinismus eines Dean Hamer wenig anfangen. Ein religiöser Glaube, so argumentiert etwa Pascal Boyer, sei uns genauso wenig in die Wiege gelegt wie die Fähigkeit, ein Instrument spielen oder einen Schnupfen bekommen zu können. Natürlich gebe es dafür bestimmte biologische Voraussetzungen, meint der französischstämmige Forscher. »Aber würden wir in einer völlig sterilen Umwelt ohne jede Musik aufwachsen, würden wir weder das eine noch das andere entwickeln.«

RELIGION, ROT WIE BLUT

Boyer, der heute Professor für »kollektives und individuelles Gedächtnis« an der Washington University in St. Louis und einer der einflussreichsten Religionsanthropologen ist, geht ohnehin mit allen Theorien hart ins Gericht, die versuchen, die Vielfalt religiöser Phänomene auf *ein* einziges Motiv zurückzuführen. Wer den Ursprung der Religion ernsthaft erforsche, so schreibt er ironisch, der sehe sich einem nicht unbeträchtlichen »Berufsrisiko« ausgesetzt: »Ständig trifft man Leute, die meinen, sie hätten bereits eine vollkommen ausreichende Lösung des Problems.« Jedermann scheine genau zu wissen, weshalb die Religion entstanden sei und wozu sie diene; und kaum jemand halte es für eine große Herausforderung, das zu erklären. Das ärgert den Anthropologen. Deshalb zählt er in seinem

Buch *Und Mensch schuf Gott* (das in den USA vor einigen Jahren als wichtigste religionspsychologische Monographie seit William James gefeiert wurde) einleitend eine ganze Reihe solcher monokausaler Religionstheorien auf – um sie genüsslich eine nach der anderen auseinanderzunehmen.

Da wäre etwa die Behauptung, dass religiöse Systeme vor allem Trost vermittelten. »Wenn *darin* der Wert der Religion liegt«, schreibt Boyer bissig, »warum schafft sie dann so viel von der Angst, die sie zu heilen vorgibt?« Die Vorstellung vom Fegefeuer hat Generationen von Christen in Angst und Schrecken versetzt. Auch in anderen Kulturen trifft Boyer auf solche Widersprüche. »In Melanesien etwa gibt es Gegenden, in denen die Menschen extrem viele Rituale praktizieren, um sich gegen böse Geister zu schützen. Diese Leute denken, sie lebten unter der permanenten Bedrohung unsichtbarer Feinde.« Da liegt das Argument nahe, die religiösen Rituale dienten zur Beruhigung. Doch anderswo haben die Menschen keine Angst vor Geistern und fühlen auch nicht das Bedürfnis nach entsprechenden Schutzritualen. Vom anthropologischen Standpunkt hält es Boyer daher für viel plausibler zu sagen, »dass die Rituale erst das Bedürfnis schaffen, das sie zu stillen versuchen, und dass vermutlich Angst und Ritual sich gegenseitig verstärken«.

Oder wie wäre es mit der These, der Wert der Religionen bestehe darin, dass sie Erklärungen für das Unerklärliche liefern? »Wenn Religionen die Welt erklären, warum tun sie das mit so barocken Verkomplizierungen?«, fragt Boyer zurück. Schließlich würden die religiösen Deutungen eher neue Komplikationen schaffen als alte lösen, und anstelle einfacher, kausaler Begründungen lieferten sie eher »relevante Mysterien«, die das Unerklärliche nur auf eine höhere Ebene verschieben.

Warum etwa ist der Mensch schlecht? Christliche Antwort: Weil er im Paradies seine Unschuld verspielte und seither mit der Erbsünde belastet ist. Das klingt in der Tat nach einer Erklärung. Allerdings setzt sie voraus, dass man a) an einen Gott als allmächtigen Schöpfer glaubt, der b) Adam und Eva schuf, die er c) mit einem neugierigen Geist ausstattete, um ihnen sodann d) den Baum der Erkenntnis vor die Nase zu setzen und sie schließlich e) von dannen zu jagen, als sie das taten, was ihrer Natur entsprach. Was Gott zu einer solchen Handlung bewogen haben soll, erklärt die Religion nicht. Diese eigentlich interessante Frage wird schlicht auf die nächsthöhere Ebene des Mythos geschoben (»Gottes Wege sind unerforschlich«).[2]

»Unglückseligerweise« sei die Vorstellung, es müsse *einen* speziellen Faktor geben, der die Existenz von Religion erklärt, »sehr hartnäckig«, schreibt Boyer; und diese Vorstellung habe das Verständnis von Religion lange Zeit behindert. Man ging davon aus, es gebe eine gemeinsame Wurzel aller Religionen, die sich dann in verschiedenen Kulturen unterschiedlich ausdifferenziere. Dabei muss man nach Boyers Meinung den Ansatz gerade umkehren: Die vielen Formen der Religion sind keine Folge einer historischen Diversifizierung, sondern einer konstanten Reduktion. Sie sind sozusagen nur die Überbleibsel aus einer sehr viel größeren Anzahl religiöser Konzepte, die sich aber zum Teil nicht als tragfähig erwiesen haben. Damit eröffne sich der Blick auf die Fähigkeit unseres Geistes, zahllose denkbare Systeme zu entwerfen, von denen am Ende, nach dem Realitätstest, nur einige erfolgreiche übrig bleiben.

Gerade die verwirrende Vielfalt religiöser Systeme weltweit und die Schwierigkeit, den Glauben auf eine einzige Ursache zurückzuführen, liefern Boyer den Schlüssel zu einer besseren Erklärung. Ihm zufolge muss man dazu ein ganzes Bündel von kognitiven und emotionalen Faktoren in Betracht ziehen, die – alle zusammen – den Menschen zum Glauben prädestinieren und ihren Ausdruck mal in diesem, mal in jenem religiösen System finden. Allerdings, und damit kommt die *Abfallprodukt-Theorie* mit ins Spiel, hätten diese Faktoren im Laufe der Evolution einmal ganz anderen Zwecken gedient. Für Forscher wie Boyer ist die Religion kein Ziel der Evolution, sondern ein unbeabsichtigtes Nebenprodukt, ein Zufall – oder, je nach Sichtweise, auch ein Unfall.

Ähnlich sieht es der einflussreiche Evolutionspsychologe Steven Pinker von der Harvard University. Ihm zufolge kann man das Zustandekommen des religiösen Glaubens mit der roten Farbe des Blutes vergleichen. Blutkörperchen sind ja nicht etwa rot, weil diese Farbe einem besonderen Zweck diente, sondern weil sie eisenhaltige Moleküle wie Hämoglobin enthalten, die Sauerstoff transportieren können. Und Hämoglobin ist nun einmal rot, wenn es oxidiert. »Die Röte des Blutes ist also nur ein Abfallprodukt der Sauerstoff-Chemie«, sagt Pinker. Und in ganz ähnlicher Weise sei die Religion ein zufälliges Abfallprodukt unserer Art, zu denken und zu fühlen.

TOD IM PUPPENSPIEL

Aus Sicht der Evolutionsbiologen wird die spezifisch menschliche Sicht schon im frühen Kindesalter geprägt. Vom ersten Tag unseres Lebens an machen wir die Erfahrung, völlig hilflos und abhängig vom Wohlwollen anderer zu sein. Unsere Eltern erscheinen (zumindest anfangs) als geradezu allwissend und allmächtig. Wen wundert es, dass wir unser Leben lang anfällig sind für die Vorstellung allmächtiger Wesen, die stets ein Auge auf uns haben? [3]

Ebenso tief verwurzelt scheint der Hang, die eigene Existenz in irgendeiner Weise als ewig begreifen zu wollen. Denn sich den eigenen Tod als das Ende aller Dinge vorzustellen, widerstrebt uns zutiefst. »Versuchen Sie, Ihr Bewusstsein mit der Repräsentation des Nicht-Bewusstseins zu füllen, und Sie werden feststellen, wie unmöglich das ist«, schrieb der spanische Philosoph Miguel de Unamuno 1913 in seiner Schrift *Del sentimiento trágico de la vida en los hombres y en los pueblos* (dt: *Das tragische Lebensgefühl*). Vor dem Versuch, uns selbst als nicht-existierend zu denken, scheut das Gehirn zurück wie ein unwilliges Pferd vor einem Hindernis. Wie viel leichter ist es da, die bedrohliche Leere mit der Vorstellung zu füllen, irgendeine Art von geistiger Substanz überdauere den Tod!

Dass solche Ideen schon Kinder hegen, wiesen die Psychologen Jesse Bering und David Bjorklund an der Florida Atlantic University mit einem Puppenspiel nach. Im Mittelpunkt dieses Spiels steht eine kleine Maus, die hungrig ist, sich verlaufen hat und schließlich zur Beute eines Stoffkrokodils wird. »Tja, es sieht so aus, als ob unsere Maus von Mr. Alligator gefressen wurde«, sagt der Erzähler am Ende traurig, »unsere Maus lebt nicht mehr.« Nach der Vorführung fragten die Forscher ihre kleinen Versuchspersonen, was es für sie bedeute, dass die Maus »nicht mehr lebt«. Hat sie noch Hunger? Ist sie noch müde? Sucht sie immer noch ihren Weg nach Hause? Die meisten der vier- bis zwölfjährigen Kinder sagten, essen oder trinken müsse die Maus nun nicht mehr. Aber viele, vor allem jüngere Kinder waren überzeugt, dass die Maus noch immer Gedanken hat, ihre Mutter liebt und Käse mag.

Offenbar verstanden die Kinder, dass der Körper der Maus aufgehört hat zu funktionieren; doch viele glaubten zugleich, dass irgendetwas doch weiter lebe. »In dieser Studie scheint sich zu zeigen«, erläuterte Jesse Bering gegenüber dem *New York Times Magazine*, »dass die Vorstellung von einem Leben nach dem Tod deshalb so stark ist, weil ihr unsere Unfähigkeit zugrunde liegt, uns unsere eigene Nicht-Existenz ausmalen zu können.« Und das gelte nicht nur für uns selbst, sondern auch für den Tod anderer, geliebter Menschen.

Dasselbe Experiment wiederholte Bering mit Kindern, die aus einer katholischen und einer konfessionslosen Einrichtung stammten. Dabei zeigte sich, dass alle Kinder ähnliche Vorstellungen vom Jenseits mitbrachten. Bei den konfessionslos erzogenen Kindern waren sie nur stärker verblasst als bei ihren katholisch erzogenen Altersgenossen. »Das ist genau das Gegenteil des Musters, das jemand erwarten würde, wenn die Ursprünge des Glaubens ausschließlich auf kulturelle Indoktrination zurückgingen«, sagt Bering. Er schließt aus seinen Experimenten, dass die Tendenz zur Vorstellung einer unsterblichen Seele und zur Präsenz von unsichtbaren Kräften schon in kindlichen Gehirnen angelegt ist.

SICHTBARER KÖRPER, UNSICHTBARER GEIST

Evolutionsbiologen führen noch eine ganze Reihe weiterer psychologischer Grundmuster an, die Menschen von Natur aus mitbringen und die uns zum Glauben geradezu prädestinieren: Die wichtigsten dieser Charakteristika sind unser kausales Denken, der Hang, tote Gegenstände als belebt wahrzunehmen, und die Fähigkeit, uns in andere hineinzuversetzen.

Kausales Denken, also die Suche nach Ursache und Wirkung, ist dabei die besondere Stärke des menschlichen Gehirns. Diese Neigung ist derart stark, dass uns die Annahme, etwas geschehe einfach so, *ohne besonderen Grund*, zutiefst widerstrebt. Im Gegenteil, selbst im größten Chaos suchen wir noch nach einem Ordnungsprinzip oder einem tiefer liegenden Motiv. Und das gilt nicht nur für die Komplexität der Natur (»die kann doch nicht einfach aus dem Nichts entstanden sein; wo es eine Schöpfung gibt, muss es auch einen Schöpfer geben«), sondern auch für unser eigenes Leben. »Automatisch und oft unbewusst suchen wir nach Erklärungen für all das, was uns widerfährt«, sagt der Evolutionspsychologe Justin Barrett aus Oxford; »und zu sagen: ›Das passiert eben‹, ist keine Erklärung.« Da liege es nahe, alles Rätselhafte dem Wirken von unsichtbaren Kräften zuzuschreiben, erklärt Barrett in seinem Buch *Why Would Anyone Believe in God?* Für den Donner etwa machten die alten Griechen Göttervater Zeus verantwortlich. In ähnlicher Weise kann eine Krebspatientin, die trotz tödlicher Diagnose überlebt, geneigt sein, ihre Genesung einem göttlichen Wunder oder der Kraft ihrer Gebete zuzuschreiben. Die Erklärung, dass solche Spontanheilungen auch »einfach so« auftreten, wirkt dagegen fade und unbefriedigend.

Eine besondere Variante des kausalen Denkens ist unser Hang, auch hinter scheinbar toten Dingen ein lebendiges Prinzip, eine Absicht zu vermuten. Im Laufe der Evolution wurden wir geradezu darauf getrimmt, nach solchen Wirkkräften Ausschau zu halten. Wer sich etwa als Höhlenmensch durch den Urwald bewegt, tut gut daran, die Bewegung von Blättern oder das Knacken von Zweigen auf die Präsenz eines Tieres oder etwaigen Feindes zurückzuführen. Wenn sich herausstellt, dass dafür nur der Wind verantwortlich ist – umso besser. Sicherer ist es allemal, jede Veränderung als Folge einer absichtsvollen Handlung zu interpretieren.

Wie sehr wir diese Denkweise verinnerlicht haben, belegt ein klassisches Experiment, das die Psychologen Fritz Heider und Marianne Simmel in den Vierzigerjahren des vergangenen Jahrhunderts durchführten. Sie zeigten Versuchspersonen einen Film, in dem sich geometrische Formen wie Dreiecke und Kreise wahllos durcheinanderbewegten. Als die Probanden gebeten wurden, das Geschehen auf der Leinwand zu beschreiben, sprachen sie davon, dass die einen Figuren die anderen »jagten« oder von ihnen »gefangen wurden«. Offenbar schrieben sie selbst einer zufälligen Bewegung bewusste Intentionen wie Flucht oder Verfolgung zu.

Auch an Kindern lässt sich beobachten, dass sie ihre Umgebung als animiert betrachten: Sie reden mit ihren Spielsachen und behandeln selbst tote Gegenstände so, als ob sie einen eigenen Willen hätten. Angesichts einer solchen tief verwurzelten Haltung sei es nicht erstaunlich, argumentieren die Evolutionsbiologen, dass wir auch als Erwachsene leicht dazu neigen, Naturerscheinungen oder rätselhafte Geschehnisse auf das Handeln höherer, »übermenschlicher« Wesen zurückzuführen.

Und genau diese Neigung wird durch die dritte Prädisposition unterstützt: die Fähigkeit, uns in andere hineinversetzen zu können. Diese Begabung zur Intentionalität wird auch als *theory of mind* bezeichnet, weil sie voraussetzt, dass wir eine Theorie, eine Vorstellung vom Geisteszustand unseres Gegenübers haben. Wie wichtig diese Anlage in der Menschheitsgeschichte ist, braucht kaum betont zu werden: Sie hilft uns, Freund von Feind zu unterscheiden, die Absichten eines Gegners oder die Gedanken unserer Liebsten zu erraten. Entscheidend daran ist, dass wir uns die geistigen Prozesse anderer vorstellen können, obwohl wir sie oft nicht direkt wahrnehmen. Wer seiner Kollegin heimlich einen Blumenstrauß auf den Tisch stellt, kann sich deren Freude ausmalen – auch wenn er sie nicht sieht.

Diese Fähigkeit, uns Gedanken anderer vergegenwärtigen zu können, führt leicht zu der Vorstellung, Körper und Geist, materiell Sichtbares und Unsichtbares, ließen sich trennen. Und von da aus, argumentieren die *Abfallprodukt*-Theoretiker, sei es nur ein kleiner Schritt, uns auch eine körperlose Seele und einen transzendenten Gott vorzustellen.

EIN MENTALES ENERGIESPARPROGRAMM

»Die Evolution bringt immer wieder Eigenschaften hervor, die eine bestimmte Aufgabe erfüllen und die dann auf unvorhersehbare Weise auch für andere Zwecke genutzt werden«, sagt der Anthropologe Scott Atran vom Centre National de la Recherche Scientifique (CNRS) in Paris, ein weiterer Vertreter der

Abfallprodukt-Theorie.* Die Neigung zu religiösen Vorstellungen ist für ihn in erster Linie eine Erweiterung unserer Fähigkeit zum psychologischen Denken, gewissermaßen eine aus dem Ruder gelaufene *theory of mind*.

Ganz ähnlich sieht es auch der britische Evolutionsbiologe Lewis Wolpert. Wir seien mit einer regelrechten »Glaubensmaschine« ausgestattet, »programmiert im Gehirn und von unseren Genen«. Und diese »liebt Versinnbildlichungen, entdeckt gerne Muster, selbst in völlig zufälligen Strukturen, und lässt sich nur allzu oft von Autoritäten beeinflussen«, schreibt Wolpert in seinem Buch *Six Impossible Things Before Breakfast*. Das wissenschaftliche Denken dagegen sei für die meisten Menschen eher »unnatürlich«, erklärt der Biologe. Um etwa zu zeigen, dass sich die Erde um die Sonne dreht und nicht umgekehrt, bedarf es langwieriger Beobachtungen und astronomischer Theorien, die zunächst nur Eingeweihte verstehen. Es ist daher nicht verwunderlich, dass die Wissenschaft eine relativ späte Errungenschaft der Menschheit ist. Der Hang zu übernatürlichen, religiösen Erklärungen aber ist eine tief ver-

* Dass solche »Umwidmungen« im Laufe der Evolution immer wieder stattfanden, beweist zum Beispiel die Entwicklung von Federn. Diese entstanden nicht etwa, um Vögeln das Fliegen zu ermöglichen, sondern entwickelten sich zunächst nur als praktische Wärmedämmung früher Dinosaurierarten wie dem Sinosauropteryx. Doch als das Federkleid eine gewisse Dichte erreicht hatte, merkten die Tiere, dass sie, wenn sie ihre gefiederten Gliedmaßen ausstreckten, auch zu einfachen Gleitflügen starten konnten. Und da sich das als evolutionärer Vorteil herausstellte, wurde das Merkmal »Federn« immer weiter selektiert, bis sich am Ende aus den »Gleitsauriern« der »Urvogel« Archäopteryx entwickelt hatte. Ganz ähnlich, so glauben die Abfallprodukt-Theoretiker, müsse man sich auch die Evolution des religiösen Glaubens vorstellen.

wurzelte Gewohnheit, man könnte auch sagen: eine Art mentales Energiesparprogramm, das sich über Generationen hinweg bewährt hat.

Ein Teil dieses Energiesparprogramms ist übrigens auch unsere Tendenz zur selektiven Wahrnehmung. Neigen wir einer bestimmten Ansicht zu (zum Beispiel, dass die 13 eine Unglückszahl ist), suchen wir unbewusst nach weiteren Bestätigungen dafür. Jedes Unglück, das uns an einem 13. widerfährt, erinnert uns fortan an diese Hypothese und wird als Beweis dafür gewertet. Widersprechende Tatsachen (also ein 13., der ereignislos vorbeigeht) erinnern uns an nichts und werden deshalb ausgeblendet. Es ist leicht zu sehen, wie dieser psychologische Mechanismus die Glaubensmaschine am Laufen hält.

Und hat sich ein bestimmter Glaube erst einmal etabliert, wird er von einer ganzen Reihe sozialer Mechanismen gestützt, die im folgenden Kapitel ausführlicher beschrieben werden. Denn während der allerlängsten Zeit der menschlichen Entwicklungsgeschichte war es für Mitglieder unserer Gattung überlebenswichtig, einer Gruppe anzugehören. Einsamkeit bedeutete in grauer Vorzeit für den Homo sapiens den sicheren Tod. Kein Wunder, dass wir bis heute geneigt sind, die Gruppenharmonie über alles zu stellen. Unbewusst beziehen wir in unsere Entscheidungen stets auch deren soziale Folgen mit ein und verdrängen unliebsame Gedanken, wenn sie den Ansichten der Mehrheit widersprechen. Das kann so weit gehen, dass wir sogar an unserer eigenen Wahrnehmung zweifeln, wenn genügend andere Menschen überzeugend das Gegenteil behaupten. Man könnte auch sagen: Entwicklungsgeschichtlich sind wir Menschen auf Konformität getrimmt. Deshalb gibt es so viele Mitläufer und so wenig unbeugsame Widerständler wie Sophie Scholl.

GOTT GEGEN DAS SPAGHETTIMONSTER

Doch bevor wir uns dem sozialen Aspekt der Religion zuwenden, muss an dieser Stelle gefragt werden: Was folgt denn nun aus den bisher vorgestellten evolutionsbiologischen Erklärungen? Ist mit der *Abfallprodukt*-Theorie gezeigt, dass jedweder Glaube nur eine Folge unserer kognitiv-emotionalen Fehlverdrahtung ist? Lässt sich mit solchen evolutionsbiologischen Untersuchungen der Zauber der Religion brechen und der »Gotteswahn« als pure Illusion entlarven, wie die »neuen Atheisten« um Richard Dawkins meinen? Die nüchterne Antwort lautet: keineswegs.

Denn die Evolutionsbiologie sagt ja nichts über religiöse Wahrheiten aus, sondern nur etwas über menschliche Prädispositionen. Diese legen zwar nahe, dass der Mensch sich seine Götter stets selbst erschafft, weil dies seiner Tendenz, zu denken und zu fühlen, entspricht. Doch das heißt nicht, dass dadurch die Existenz einer höheren Wahrheit per se unmöglich wäre.

Dass man Religion und Evolutionsbiologie durchaus zusammen denken kann, beweist ausgerechnet einer der Vordenker der *Abfallprodukt*-Theorie: Justin Barrett ist nicht nur Direktor des Center for Anthropology and Mind in Oxford, sondern auch ein treuer Christ, der an einen »allwissenden, allmächtigen, vollkommen guten Gott glaubt, der das Universum geschaffen hat«. Wenn man ihn fragt, wie sich das mit seinem evolutionsbiologischen Wissen verträgt, sagt Barrett: »Warum sollte uns Gott nicht gerade so formen, dass wir den Glauben an göttliche Wesen ganz natürlich finden?« Wenn die Forschung nun zeige, dass der Mensch von seiner mentalen Struktur her zur Religion prädisponiert ist, bedeute das keinesfalls, dass man den Glauben ablegen müsse. »Nehmen wir an, die Wissenschaft kann völlig überzeugend erklären, warum ich denke, dass meine Frau mich liebt – sollte ich deshalb aufhören zu glauben, dass sie es tut?«

Hartgesottene Atheisten wie Richard Dawkins kann Barrett mit dieser Argumentation selbstverständlich nicht überzeugen. Es sei zwar richtig, dass die Evolutionsbiologie die Gottesidee nicht wirklich widerlegen könne, räumt Dawkins ein. »Aber es gibt unendlich vieles, was wir nicht widerlegen können.« Daraus folge ja längst nicht, dass man an jede Schöpfung des Geistes glauben müsse. Ebenso gut könne man auch den Glauben an das Fliegende Spaghettimonster propagieren. (Diese satirische Idee hat 2005 der Physiker Bobby Henderson in die Welt gesetzt. Mittlerweile hat der Kult um »Ihre Nudelheit« eine wachsende Gemeinde von Jüngern, die »Pastafaris«, gewonnen, und Henderson hat sogar ein *Evangelium des Fliegenden Spaghettimonsters* verfasst). Nach den Maßstäben fundamentalistischer Gläubiger sei der Glaube an diese Spaßreligion auch nicht zu widerlegen, meint Dawkins. Doch die Wahrscheinlichkeit für die Existenz des Spaghettimonsters sei – ebenso wie jene für Gott – nun einmal verschwindend gering. Und aus diesem Grund sei nicht die Wissenschaft, sondern die jeweilige Religion in der Pflicht, die Existenz ihres Gottes zu beweisen. »Es ist nicht unsere Aufgabe, ihn zu widerlegen.«

Ein gläubiger Christ könnte darauf wiederum entgegnen, dass er in seinem Leben immer wieder die Erfahrung mache, dass Gott existiere, weswegen er selbst gar keinen wissenschaftlichen Beweis dafür brauche. Tatsächlich ist eine solche Grundüberzeugung, darauf hat schon William James hingewiesen, für den Einzelnen allemal stärker als jedes logisch-rationale Argument. Und ausgerechnet die Evolutionspsychologie erklärt nun auch, warum dies so ist: Eben weil unsere kognitive Struktur so beschaffen ist, dass uns bestimmte Gedanken und Vorstellungen emotional mehr bewegen als andere – und religiöse Vorstellungen entsprechen genau diesen Prädispositionen. Das kann man beklagen oder bekämpfen – doch diesem menschlichen Grundmuster wirklich zu entkommen, scheint äußerst schwer, wenn nicht gar unmöglich.

Selbst wenn man versucht, den religiösen Glauben auszumerzen (wie es in der Sowjetunion versucht wurde), tritt meist eine andere Art von Glauben an dessen Stelle, der Glaube an eine Ideologie oder an die ausgezeichnete Stellung der wissenschaftlichen Vernunft. Und ohne es zu wollen, werden wir häufig auch dabei wieder Opfer unserer »Glaubensmaschine«, die uns unseren eigenen, begrenzten Erkenntnishorizont als einzig gültigen erscheinen lässt und dazu neigt, jegliche störende Information auszublenden.

DER IRRTUM DER NEUEN ATHEISTEN

Deshalb distanzieren sich selbst jene Anthropologen, auf deren Arbeiten sich die neuen Atheisten wie Richard Dawkins berufen, von deren Kreuzzug wider die Religion. Er sei »etwas irritiert über die neuen Atheisten«, gestand mir etwa Pascal Boyer, als wir uns auf einem Symposium in Frankfurt trafen. Denn die Lehre aus seinen eigenen Ergebnissen und denen seiner Kollegen sei ja gerade, dass es der normalen menschlichen Natur entspräche, einen Glauben an übernatürliche Wesenheiten und ritualisierte Verhaltensweisen zu entwickeln. Entweder hätte Dawkins das alles nicht richtig gelesen – oder nicht richtig verstanden.

»Die Atheisten scheinen zu glauben, dass Menschen religiös sind, weil sie nicht richtig denken oder einen zu begrenzten Horizont haben oder einer Gehirnwäsche unterzogen wurden oder Ähnliches. Und die Lösung bestünde darin, die Menschen aufzuklären, sodass sie ›richtig‹ – also atheistisch – denken«, fasst Boyer zusammen und ergänzt: »Mir scheint, dass jeder einzelne Schritt dieser Argumentation falsch ist.« Denn die natürliche Funktionsweise des Gehirns sei es ja gerade, religiöse Gedanken zu erzeugen. Dabei funktioniere das Gehirn genau auf die Art und Weise, wie es die Natur vorgesehen habe. Und Dawkins' Annahme, dass Gesellschaften vernünftiger oder gar besser wären, wenn das religiöse Denken abgeschafft würde, sei eine Spekulation ohne jede empirische Evidenz.

Dass Boyer – der sich selbst als »Atheist ohne Agenda« beschreibt – in gewisser Weise die Ausnahme seiner eigenen Regel darstellt, stört ihn nicht weiter. »In allen Kulturen findet man immer einen gewissen Prozentsatz von Menschen, die nicht besonders an religiösen Fragen interessiert sind. Das ist einfach die phänotypische Variation.« Vielleicht prädestiniert ihn gerade diese religiöse Neutralität zu einem der wichtigsten Vertreter der modernen evolutionären Religionsforschung.

Ganz ähnlich argumentieren andere Anthropologen und Evolutionsbiologen. Auch er sei Atheist und finde es wichtig, der politischen Einflussnahme von religiösen Fundamentalisten entgegenzutreten, sagt Scott Atran. Doch der Versuch, den religiösen Glauben selbst zu bekämpfen, sei so sinnvoll wie das Bemühen, »die Irrationalitäten der romantischen Liebe abzuschaffen«. Und der britische Evolutionsbiologe Lewis Wolpert, dessen Sohn Matthew es so eilig hat, in den Himmel zu kommen, formuliert eine Einsicht, die sicher zu mehr Friedfertigkeit und Toleranz beiträgt als Dawkins' aggressive Religionskritik: Auch wenn wir die Überzeugungen anderer Menschen ablehnen, so erkennt Wolpert weise, »sollten wir uns immer daran erinnern, dass die Fähigkeit zu glauben uns zu Menschen macht«.

3 Vom Nutzen der Frommen

Mit der paradoxen Macht religiöser Rituale wurde Richard Sosis erstmals als Fünfzehnjähriger konfrontiert. Bei seinem ersten Besuch in Jerusalem stattete der junge amerikanische Jude, wie das so üblich ist, auch der Klagemauer einen Besuch ab. Was ihn dort beeindruckte, waren allerdings nicht die 2000 Jahre alten Überreste des Zweiten Tempels, sondern die Menschen, die in der sengenden Sonne ihre Gebete verrichteten. »Die Frauen«, erzählt Sosis, »trugen langärmelige Blusen und Röcke, die schwer über den Boden schleiften. Auch die Männer mit ihren dichten Bärten, den langen schwarzen Mänteln und ihren gefütterten Hüten schienen die Sommerhitze nicht zu spüren.« Dass sich vernünftige Menschen wie für einen Wintertag kleiden, um stundenlang in der Sommerhitze zu beten, wollte dem Jungen partout nicht einleuchten. »Ich entschied, meine Glaubensbrüder müssten wohl verrückt geworden sein.«

Erst später, als Richard Sosis Wissenschaftler wurde und begann, sich mit menschlichem Sozialverhalten und den Mechanismen erfolgreicher Gruppen zu beschäftigen, ging ihm allmählich auf, was hinter der seltsamen Kleiderordnung steckte. Heute gehört der Anthropologe der University of Connecticut zu jenen Forschern, die den Erfolg religiöser Systeme

Juden an der Klagemauer

nicht zuletzt auf solche widersinnig erscheinenden Traditionen zurückführen.

Zu dieser Ansicht ist Sosis aufgrund der erstaunlichen Ergebnisse seiner religiösen Feldforschung gelangt. So hat der Anthropologe die Entwicklung israelischer Kibbuzim unter die Lupe genommen. 270 solcher Kooperativen gibt es in Israel, die meisten davon sind säkular (manche sogar ausdrücklich atheistisch) orientiert; knapp zwanzig dagegen sind dezidiert religiös ausgerichtet. Eigentlich sollte man erwarten, dass gerade Letztere weniger erfolgreich wirtschaften. Schließlich befolgen sie eine Reihe religiöser Gebote, die aus ökonomischer Sicht kontraproduktiv erscheinen:

Am Sabbat werden keine Kühe gemolken, weil dies das jüdische Gesetz verbietet. Ebenso wenig dürfen die Früchte eines Baumes in dessen ersten Lebensjahren geerntet werden; Äcker müssen alle sieben Jahre brachliegen, die Ecken der Felder dürfen nicht abgeerntet werden, weil sie den Armen vorbehalten sind, und so weiter und so fort.

Doch welche Kibbuze in Israel stehen ökonomisch gut da? Die religiösen! Die weltlich ausgerichteten Kibbuzim mussten Ende der 1980er-Jahre einräumen, mit insgesamt mehr als vier Milliarden Euro verschuldet zu sein. Die religiösen Gemeinschaften dagegen blieben von der Pleite verschont.

Woran liegt das? Sosis zufolge sind die religiös orientierten Kibbuzim deshalb erfolgreicher, weil sie sich untereinander sehr viel solidarischer verhalten als ihre weltlichen Genossen. Um das nachzuweisen, entwickelte Sosis gemeinsam mit dem Wirtschaftswissenschaftler Bradley Ruffle von der israelischen Ben Gurion Universität ein Spiel, mit dem sich die Bereitschaft zum vertrauensvollen Teilen testen lässt. Dabei bekommen je zwei Mitglieder desselben Kibbuz einen Umschlag mit 100 Schekel (etwa 18 Euro) ausgehändigt. Jeder der beiden – füreinander anonym bleibenden – Spieler muss dann entscheiden, wie viel Geld er herausnehmen will. Übersteigt die gemeinsame Forderung 100 Schekel, erhält keiner etwas. Ergeben die geplanten Entnahmen weniger oder gleich 100, erhalten beide ihr Geld, und zusätzlich wird der vorhandene Restbetrag um die Hälfte erhöht und zu gleichen Teilen an die Mitspieler ausgezahlt. Das heißt: Am Ende ist der gemeinsame Gewinn umso höher, je bescheidener und gutgläubiger sich die einzelnen Mitspieler verhalten.

Das Ergebnis spricht für sich: Religiöse Kibbuzbewohner waren eindeutig maß- und vertrauensvoller – und damit im Spiel erfolgreicher – als die Vertreter der säkularen Gemeinschaften. So sei es auch im Arbeitsalltag, meint Sosis. Weil sie ihren religiös motivierten Gleichheitsgrundsatz nicht in Frage stellten, arbeiteten die Gläubigen effektiver und besser zusammen. In den weltlich orientierten Kibbuzim dagegen drängen die Mitglieder mehr auf eine leistungsbezogene Entlohnung – und untergraben damit auf lange Sicht jene Solidarität, die dem Kibbuzmodell ursprünglich zum Erfolg verholfen hatte.

Aus dieser Perspektive wird für Sosis auch das Verhalten seiner ultraorthodoxen Glaubensbrüder an der Klagemauer verständlich. Mit ihren Gebeten in der Mittagssonne in viel zu warmer Kleidung, so der Anthropologe, signalisieren sie anderen: »Heh! Seht her, ich bin ein Haredi-Jude. Wenn du auch zu dieser Gruppe gehörst, kannst du mir vertrauen, denn warum sonst sollte ich mich derartig kleiden? Das würde niemand tun, der nicht an die Lehren des ultraorthodoxen Judentums glaubt und sich völlig dessen Idealen verschrieben hat.«

Wer zudem noch täglich dreimal betet, koscher isst und einen Teil seines Einkommens für wohltätige Zwecke spendet, demonstriert damit, dass er sich mit den Lehren seiner Religion identifiziert. »Dies erspart der Gemeinschaft komplizierte Überwachungsmechanismen, die ansonsten erforderlich wären, um Schmarotzer auszuschließen«, schreibt Sosis, der heute auch an der Hebrew University of Jerusalem lehrt. Für ihn ist klar: »Der Selektionsvorteil von Ritualen besteht also in erhöhter Kooperationsbereitschaft – eine Tugend, die sich unsere Vorfahren im Lauf der Entwicklungsgeschichte immer wieder teuer erkaufen mussten.«

DIE ASKETEN UND DER EDELSTEINHANDEL

Ganz ähnlich sieht das der Evolutionsbiologe David Sloan Wilson von der Binghamton University in New York. Auch aus Wilsons Sicht bietet eine gemeinsame religiöse Tradition den Gläubigen handfeste Vorteile. Diese These hat er 2002 in seinem Buch *Darwins Cathedral* erstmals ausgeführt und seither anhand einer Vielzahl von Religionen untersucht. Das eindrücklichste Beispiel liefert ihm dabei eine afrikanische Stammesreligion, der sogenannte Mbona-Kult. Zu dessen Ritualen zählt es, dass die Anhänger des Kultes immer wieder einen heiligen Schrein errichten. Da dieser nach einiger Zeit von selbst zerfällt, muss ein neuer Schrein errichtet werden – aber erst, nachdem die Gläubigen ihre Streitigkeiten untereinander beigelegt haben. Als »fortschrittliche« Europäer den Afrikanern anboten, den Schrein aus dauerhafterem Material zu errichten, damit er nicht ständig neu gebaut werden müsse, lehnten die Mbona-Anhänger kopfschüttelnd ab. Aus gutem Grund: Denn in Wahrheit ist das Heiligtum nebensächlich. Was wirklich zählt, ist dessen versöhnende gesellschaftliche Funktion.

Ganz ähnlich sei es bei allen anderen Religionen, meint David Sloan Wilson, selbst bei denen, die ausschließlich das Individuum im Blick zu haben scheinen. Um das zu belegen, hat er 35 verschiedene Religionen nach dem Zufallsprinzip aus der 16-bändigen *Encyclopedia of Religion* ausgewählt und genauer untersucht. Und bei allen fand er seine These vom sozialen Nutzen der Religion bestätigt.

Seine größte Herausforderung war dabei der Jainismus, eine fast 3000 Jahre alte Religion, die in Indien von etwa drei Prozent der Bevölkerung praktiziert wird. »Das ist die seltsamste

Jain-Nonnen mit Mundschutz

Glaubensform, die ich kenne«, sagt Wilson.[4] »Ihre Anhänger sind extreme Asketen. Sie filtern ihre Atemluft und das Trinkwasser, sie fegen den Weg vor sich, nur damit sie nicht versehentlich kleine Tiere zertreten. Manche fasten sich sogar zu Tode. Wie kann das ein vorteilhaftes Verhalten für irgendjemanden sein? Oder für eine Gruppe? Wo ist da überhaupt eine Gruppe! Dies ist genau die Art von religiösen Phänomenen, die mir viele Leute entgegenhalten. Die sagen: ›Aha, Mr. Wilson, wie wollen Sie das bitte erklären?‹«

Als der Evolutionsbiologe den Jainismus genauer analysierte, stellte er fest, dass die extremen Asketen nur eine winzige Fraktion der Jain-Gemeinschaft darstellen. Die Laien sind weniger strikt. Aber sie gehören zu den reichsten Kaufleuten Indiens und sind überwiegend im Edelsteinhandel tätig. Die Jains leben in der Diaspora, in vielen kleinen Gemeinschaften. Sie transferieren große Summen und wertvolle Güter über weite Distanzen. Sie müssen sich also gegenseitig unbedingt vertrauen. Und genau das stellt ihre Religion sicher: Denn ihr Glaube fordert strikte Kooperation, Betrug ist tabu. Auch beim Jainismus, triumphiert Wilson, bestätige sich seine Theorie glänzend: »Religion ist ein kulturelles System, das Gemeinschaften hervorbringt und stabilisiert, Ausbeutung und Betrug minimiert.«

TEURE RITUALE

Für Wilson liefern solche Befunde auch gleich eine evolutionsbiologische Begründung für das Vorhandensein religiöser Traditionen. Im Laufe der menschlichen Entwicklungsgeschichte hätten sich nämlich gerade solche Gruppen durchgesetzt, die besonders gut kooperierten – mithin solche, die über einen gemeinsamen religiösen Glauben verfügten.

Ob sich mit dieser »adaptionistischen« Erklärung allerdings wirklich der *Ursprung* des religiösen Denkens beschreiben lässt, ist unter Evolutionsbiologen umstritten. Forscher wie Pascal Boyer, Steven Pinker oder Scott Atran halten Wilson entgegen, seine Theorie könne nicht erklären, warum die religiösen Vorstellungen überhaupt entstanden sind (denn sie müssen ja existieren, bevor sie sozial genutzt werden können) und weshalb ausgerechnet der Glaube an unbeweisbare (und zum Teil unsinnige) Dinge eine so große Anziehungskraft entwickelt. Das, so meinen die *Abfallprodukt*-Theoretiker, ließe sich nur mit Blick auf jene psychologischen Grundmechanismen erklären, die im vorigen Kapitel beschrieben wurden.

Einmal abgesehen von diesem Streit um den *Beginn* des religiösen Denkens, sind sich die Forscher jedoch in einem Punkt einig: Für die Erhaltung und *Weiterverbreitung* religiöser Systeme spielen soziale Komponenten – Kooperationsfähigkeit, Befolgung moralischer Gebote, religiös motivierter Gruppenzwang etc. – eine entscheidende Rolle. Und umgekehrt eignen sich wiederum religiöse Regeln und Rituale ideal dazu, den Zusammenhalt einer Gruppe zu festigen.

»Die Verpflichtung zu einer bestimmten Lebensweise und einer Gemeinschaft ist sehr viel überzeugender, wenn sie sich auf den starken Glauben stützt, dass die moralischen Regeln irgendwie von den Grundgesetzen der Natur oder den Geboten eines Gottes diktiert werden, statt bloß eine Vereinbarung zwischen Menschen zu sein«, schreibt der Verhaltensökologe William Irons von der Northwestern University in Evanston. Aus dieser Perspektive ergeben für ihn auch viele jener Rituale Sinn, die auf den ersten Blick bizarr und extrem aufwändig erscheinen mögen. Denn jede Gemeinschaft sehe sich mit zwei widerstreitenden Tendenzen der menschlichen Natur konfrontiert: Einerseits ist die solidarische Zusammenarbeit aller Mitglieder einer Gruppe entscheidend für deren Gesamterfolg; andererseits ist es aus Sicht des Einzelnen oftmals günstiger, die anderen schuften zu lassen und sich selbst zu schonen.[5] Daher, so sieht es Irons, müsse jede Gemeinschaft Mechanismen entwickeln, die Trittbrettfahrer abschrecken oder zur Ordnung rufen. Und genau diese Rolle erfülle die Religion. Die Verpflichtung gegenüber der Gemeinschaft wird auf höhere, religiöse Gebote zurückgeführt, die für alle verbindlich sind. Und die religiösen Rituale dienen dazu, diese Verbindlichkeit unter Beweis zu stellen: Denn wer sich anstrengenden Prozeduren unterzieht, signalisiert unmissverständlich, dass er sich mit einer Gemeinschaft identifiziert und bereit ist, dafür auch einiges zu opfern.

Der Witz an diesem Mechanismus ist, dass er umso wirkungsvoller ist, je radikaler er praktiziert wird. Denn in dem Maße, wie der religiöse »Aufwand« für den Einzelnen steigt, sinkt seine Neigung, das Engagement für die Gruppe nur vorzutäuschen. Verhaltensbiologen sprechen in diesem Zusammenhang auch von einem *costly-to-fake-principle*, im Deutschen nennt man dieses Prinzip ein »teures Signal«. Ihre Wirkung beziehen solche Signale gerade aus der Tatsache, dass sie zu aufwändig sind, um einfach nur zum Zwecke der Täuschung benutzt zu werden.[6]

Flagellanten beim Lenten-Ritual auf den Philippinen

Auf diese Weise lassen sich nach Meinung mancher Evolutionsbiologen nicht nur die schwarzen Anzüge und die Kipa der Juden erklären, sondern auch jene Abgrenzungsrituale, die an vorsätzliche Körperverletzung erinnern: die schmerzhaften Hautritzungen der Nuer im Sudan, die rituellen Beschneidungen von Mädchen und jungen Frauen in manchen moslemischen Ländern oder das grausame Ritual der australischen Aborigines, die heranwachsenden Jungen im Rahmen einer rituellen Operation den Penis an der Unterseite längs mit einem Knochenmesser aufschlitzen. Aus Sicht der Verhaltensbiologie sind all dies Mechanismen, die sicherstellen, dass sich die Mitglieder einer Gemeinschaft wirklich auf deren Regeln einlassen und ihr Engagement nicht nur vortäuschen.

DAS ERFOLGSGEHEIMNIS DER HUTTERER

Zur Untermauerung dieser soziobiologischen Sichtweise kann Richard Sosis mit einem erstaunlichen Beleg aufwarten. Der Anthropologe hat nämlich nicht nur israelische Kibbuze erforscht, sondern auch die Überlebensdauer früherer religiöser Gemeinden. Dazu analysierte der Anthropologe das Schicksal von 200 alternativen Kommunen, die im 19. Jahrhundert in den Vereinigten Staaten entstanden. Zuhauf wurden damals neue Lebensstile erprobt. Manche wählten das anarchistische Experiment, andere folgten den Lehren der Sozialreformer Charles Fourier und Robert Owen oder gründeten – wie etwa die deutschstämmigen Hutterer – eigene Kommunen, um ihren religiösen Glauben in Ruhe leben zu können. Sie alle teilten die

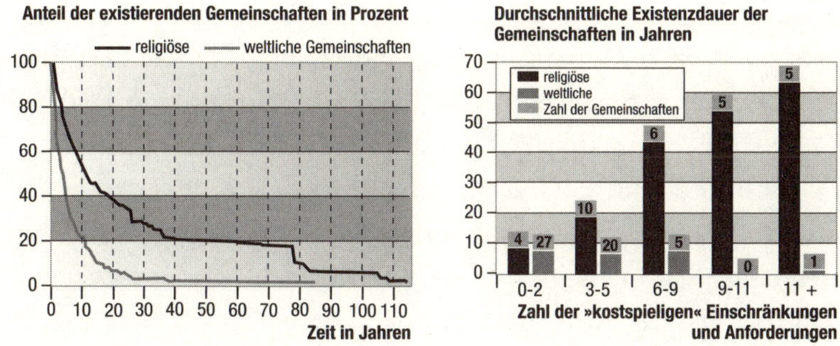

Religiöse Kommunen überdauern länger als weltliche (links); ihre Existenzdauer ist umso höher, je mehr Einschränkungen sie ihren Mitgliedern auferlegen (rechts).

Utopie einer anderen, besseren Gesellschaft, auch wenn sich ihre Entwürfe im Einzelnen drastisch unterschieden.

In mühsamer Kleinarbeit ließ Sosis ein Dutzend seiner Studenten sämtliche historischen Berichte über das Leben (und den Niedergang) dieser Gemeinschaften auswerten. Als er am Ende die Lebensdauer verglich, kam er zu zwei erstaunlichen Resultaten. Erstens wiesen die religiösen Gruppen im Schnitt eine vierfach höhere »Überlebenswahrscheinlichkeit« auf als die weltlichen. Von den Kommunen, die auf einem gemeinsamen religiösen Glauben aufbauten, existierten nach achtzig Jahren noch knapp zwanzig Prozent. Die erfolgreichste der säkularen Gruppen bestand dagegen gerade einmal vierzig Jahre; die meisten fielen schon wesentlich früher auseinander.

Noch erstaunlicher war Sosis' zweites Ergebnis: Es reüssierten vor allem jene religiösen Kommunen, die den Lebensstil ihrer Mitglieder besonders stark reglementierten. Das reichte vom Verbot von Alkohol oder Fleisch über detaillierte Anordnungen zur Kleidung und Haartracht bis hin zu Vorschriften über Fastenzeiten, Zölibat oder die Aufgabe aller materiellen Besitztümer. Als Sosis für jede einzelne Kommune eine Liste ihrer Ge- und Verbote aufstellen ließ, fand er einen eindeutigen, linearen Zusammenhang: Je mehr Einschränkungen eine religiöse Gemeinschaft praktizierte, umso länger überdauerte sie.

Dass sich dieser Zusammenhang zwischen der Anzahl der Einschränkungen und der Lebensdauer der Gruppe nur bei den religiösen Gemeinschaften, nicht jedoch bei den weltlichen zeigte, weist für Sosis darauf hin, dass religiöse Gebote anders interpretiert werden als weltliche Vorschriften. Während man politisch motivierte Gesetze leicht als willkürlich und störend empfindet (weswegen man sie auch häufig übertritt), kommt den religiösen Dogmen eine Autorität zu, die weniger in Frage gestellt wird und der man sich mit größerer Bereitschaft unterwirft.

Als Paradebeispiel dafür kann jene Glaubensgemeinschaft dienen, die als einzige der von Sosis untersuchten Kommunen noch heute existiert: die strenggläubigen Hutterer. Diese im

Hutterer in ihrer traditionellen Kleidung

16. Jahrhundert in Europa gegründete Wiedertäuferkirche überstand zahllose Verfolgungen und Umsiedlungen und rettete – neben ihrer altdeutschen Sprache – auch ihre Vorstellungen eines arbeitsamen, keuschen und bibelgetreuen Lebens bis in die amerikanische Moderne. Noch heute kennen die Hutterer keinen Privatbesitz, folgen den biblischen Geboten und führen ein asketisches Leben, das geradezu mittelalterlich anmutet. Dennoch (oder vielmehr gerade deshalb) agieren die Huttererkolonien in Kanada und Nordamerika heute wirtschaftlich äußerst erfolgreich.

Ob man sich allerdings als Außenstehender ihren strengen Regeln auf Dauer unterwerfen möchte – wie es der frühere *ZEIT*-Reporter Michael Holzach einmal versucht hat –, ist die Frage. Holzach (dessen Selbsterfahrungsbericht *Das vergessene Volk* durchaus Sympathie für die Hutterer weckt) hatte nach einem Jahr genug von seinem Experiment.

DIE KEHRSEITE DER GRUPPENDYNAMIK

Solche Ergebnisse sind in mehrfacher Hinsicht irritierend. Zum einen scheinen sie den Ergebnissen der Religionspsychologie zu widersprechen (das *Gute-Samariter-Experiment*, S. 116 ff.), denen zufolge Gläubige *nicht* hilfsbereiter und kooperativer sind als Atheisten. Und zum anderen werfen sie die Frage auf, ob solche Studien nicht geradezu eine Rechtfertigung für fanatische Fundamentalisten liefern, die ihren Mitgliedern besonders drastische Einschränkungen auferlegen und sich dabei um moderne, europäische Menschenrechte wenig scheren.

Der scheinbare Widerspruch zu den Ergebnissen der Religionspsychologie löst sich von selbst auf. In den psychologischen Experimenten wurde ja die allgemeine Hilfsbereitschaft gegenüber *Fremden* gemessen. Und darin schneiden religiöse Menschen eben ähnlich gut oder schlecht ab wie nichtgläubige. Ganz anders sieht es aus, wenn es um das Verhalten gegenüber Mitgliedern der *eigenen* religiösen Gemeinschaft geht. Da steigt die Hilfsbereitschaft der Gläubigen nämlich spürbar an.

Schwieriger wird es bei der Frage nach den fundamentalistischen Tendenzen, die sich in solchen Studien widerspiegeln. Tatsächlich scheinen Sosis' Ergebnisse wie bestellt eine Begründung dafür zu liefern, dass weltweit jene Kirchen den stärksten Zulauf haben, die ihren Anhängern besonders viel abverlangen. In den USA beispielsweise wachsen fundamentalistische christliche Gruppen wie die Siebenten-Tags-Adventisten, die Zeugen Jehovas oder die »Kirche Jesu Christi der Heiligen der Letzten Tage« (Mormonen) besonders schnell. Ähnliches gilt für die konservativen Gruppen im Islam oder die charismatischen Pfingstkirchen in Lateinamerika. Dagegen leiden die liberalen protestantischen Glaubensgemeinschaften in Europa und den USA, die eine eher tolerante, »moderne« Haltung vertreten, unter beständigem Mitgliederschwund. Dass auch bei amerikanischen Katholiken die Teilnahme am Gottesdienst sank, hat manche Evolutionsbiologen bereits zu der Behauptung verleitet, dafür sei die Lockerung vieler strenger Ge- und Verbote auf dem Zweiten Vatikanischen Konzil von 1962 verantwortlich. Aus evolutionsbiologischer Sicht sank damit der Gruppendruck, der das Erfolgsprinzip religiöser Gemeinschaften ist. In dieser Logik müsste ein eher konservativer Kurs – und Maßnahmen wie etwa die Rehabilitierung der lateinischen

Messe durch Benedikt XVI. im Jahre 2007 – das Engagement der Mitglieder wieder ankurbeln.

Doch solche Entwicklungen allein vom Standpunkt der (Sozio-)Biologie aus zu interpretieren, hieße, einen weitverbreiteten Fehler zu machen. Denn längst nicht jede restriktive Gemeinde erweist sich auf lange Sicht wirklich als erfolgreich. In Zwangsregimen – wie sie etwa die Taliban in Afghanistan errichteten – setzt der Glaubensterror häufig Gegenkräfte in Gang, die über kurz oder lang zum Zerfall solcher Gottesstaaten führen. Ähnliches gilt für radikale Sekten, die ihre Anhänger zur kompletten Selbstaufgabe zwingen. Das Beispiel des Sektenführers Jim Jones, der 1978 sich selbst das Leben nahm und zugleich fast tausend Jünger im Dschungel von Guyana in den kollektiven Selbstmord trieb, zeigt, dass ein Übermaß an Sozialkontrolle geradewegs in die Katastrophe führen kann.

Auch Richard Sosis will seine Erkenntnisse nicht als Ermutigung zum Fundamentalismus verstanden wissen. Die »teuren Rituale« hätten schließlich nur einen Sinn, wenn ihr Preis angemessen ist. Ihr Mechanismus funktioniert, solange das Opfer des Einzelnen durch entsprechende Gegenleistungen aufgewogen wird. Sind die sozialen Anforderungen dagegen derart hoch, dass sie von der Mehrheit der Mitglieder abgelehnt werden, überdauert die Gemeinschaft nicht lange.

Außerdem wäre da noch die Sache mit der Osterinsel. Die berühmten riesigen Steinstatuen dort zeugen heute noch von jenem bizarren Kult, dem die früheren Bewohner der Osterinsel einst huldigten. Bestimmt war es ein starkes gruppendynamisches Erlebnis, gemeinsam tonnenschwere Steinkolosse aufzurichten. Doch als die Konkurrenz verschiedener Stämme dazu führte, dass die Steinstatuen, die Moais, immer größer und beeindru-

Stumme Zeugen einer Katastrophe: die Moais der Osterinsel

ckender wurden, lief die Sache zunehmend aus dem Ruder, wie Jared Diamond in seinem Bestseller *Kollaps* beschreibt. Um ihre gigantischen Baustellen zu betreiben, mussten die Erbauer nach und nach den kompletten Wald der Osterinsel abholzen. Im Namen ihres Glaubens zerstörten sie also systematisch ihre eigenen Lebensgrundlagen. Selbst als das überlebenswichtige Holz für ihre Kanus auszugehen drohte, setzten sie offenbar lieber auf den Beistand ihrer (Stein-)Götter, als den verheerenden Glauben rechtzeitig aufzugeben. Am Ende sägte sich ein ganzes Volk – vermutlich begleitet von beeindruckenden religiösen Zeremonien – buchstäblich den Ast ab, auf dem es saß.

Der »Erfolg« einer Religion – beziehungsweise ihre Überlebensfähigkeit – hängt also nicht nur von soziobiologischen Faktoren ab, sondern ebenso von kulturellen, geografischen, ökonomischen und nicht zuletzt politischen. Das lässt sich wiederum sehr schön an den Hutterern studieren. Dass diese altdeutsche Glaubensgemeinschaft bis heute überdauert hat, liegt eben nicht nur an ihren anachronistisch-strikten Regeln, sondern ebenso an ihrer Flexibilität und der Glaubenstoleranz in Übersee. Im mittelalterlichen Europa nämlich wurden die Hutterer seinerzeit unnachgiebig verfolgt. In den erbitterten Religionsstreitigkeiten, die im 16. und 17. Jahrhundert Europa erschütterten, war kein Raum für Abweichler, die das Monopol der jeweils herrschenden Kirche in Frage stellten. 1622 befahl Kaiser Ferdinand II. den Hutterern kurz und bündig, entweder zum katholischen Glauben überzutreten oder sein Land binnen vier Wochen zu verlassen. Damit begann eine lange Wanderschaft der hutterischen Gemeinden, die sie schließlich 1874 nach Nordamerika führte. Erst dort fanden sie jenen religiösen Freiraum, der ihnen erlaubte, ihren Glauben zu pflegen. Zwar wurden sie während des Ersten Weltkriegs auch dort drangsaliert und mussten nach Kanada ausweichen. Heute aber leben die Hutterer sowohl in den USA als auch in Kanada ziemlich unbehelligt.

Dieses Beispiel zeigt, dass gerade religiöse Mikrogemeinschaften, die ihre eigenen Bräuche leben wollen, auf eine tolerante Makrogesellschaft angewiesen sind, die viele Glaubensrichtungen zulässt. Das kann man nicht nur in den USA mit ihrem »Supermarkt der Religionen« studieren, sondern auch in der größten Demokratie der Welt, im vielfältigen Indien. Dort existieren zum Teil auf engstem Raum unterschiedliche Glaubensgemeinschaften nebeneinander; und obwohl das Land unter enormen sozialen und kulturellen Spannungen leidet, ist das Zusammenleben der verschiedenen Religionen (meistens jedenfalls) vorbildlich friedlich.

DIE ÖKONOMIE DER RELIGION

Für den österreichischen Ökonomen und Nobelpreisträger Friedrich August von Hayek war das Prinzip der Religionsfreiheit sogar eine wichtige Voraussetzung für den ökonomischen Erfolg einer Gesellschaft. Denn ein solcher freiheitlicher Rahmen erlaube es verschiedenen religiösen Gruppen, unterschiedliche Lebensstile zu erproben und damit miteinander in Konkurrenz zu treten. Im Wettbewerb der Weltanschauungen würden sich dann auf lange Sicht jene durchsetzen, die letztlich erfolgreicher agierten – und davon würde am Ende die ganze Gesellschaft profitieren.

Von Hayek führte mit dieser Theorie das Denken seines Lehrers Max Weber fort, der erstmals den Zusammenhang zwischen Religion und Ökonomie soziologisch ausgeleuchtet hatte. In seiner berühmten Schrift *Die protestantische Ethik und der ›Geist‹ des Kapitalismus* hatte Weber Anfang des 20. Jahrhunderts die Theorie aufgestellt, die protestantische Arbeitsethik hätte entscheidend zum Aufblühen des Kapitalismus zwischen dem 16. und 18. Jahrhundert beigetragen. Diese These wurde seither aus vielen Gründen kritisiert. Die einen machten darauf aufmerksam, dass das frühkapitalistische Denken in den Bankhäusern der Medici und anderer oberitalienischer Familien bereits *vor* der Reformation begonnen hat; andere argumentierten, protestantische Länder wären vor allem deshalb erfolgreicher gewesen, weil das Lesen der Bibel seinerzeit den Bildungsgrad angehoben hätte. Im engeren Sinne gilt daher heute vielen Webers These als überholt. Sein Ansatz aber, auch kulturelle und religiöse Faktoren in wirtschaftliche Theorien einzubeziehen, inspiriert die Ökonomen noch immer.

Eine ganze Reihe von Wirtschaftswissenschaftlern sieht heute ein vertrauensvolles Klima innerhalb einer Volkswirtschaft als günstig für deren Wachstum an. Das hat allerdings nichts mit moralischem Ethos zu tun, sondern schlicht mit Berechenbarkeit. Wer weiß, wie sein Geschäftspartner tickt und was er erwartet, kann damit das Risiko reduzieren, das mit wirtschaftlichen Transaktionen verbunden ist. Eine ausgeprägte Religiosität wäre in dieser Sichtweise nichts anderes als ein wirtschaftlicher Stabilitätsfaktor.

Der Harvard-Wirtschaftswissenschaftler Robert J. Barro geht einen Schritt weiter. Er wollte genauer wissen, welchen Einfluss einzelne religiöse Vorstellungen auf die Ökonomie haben, und publizierte 2003 mit seiner Frau, der Religionswissenschaftlerin Rachel McCleary, eine groß angelegte Studie zum Zusammenhang zwischen religiösem Denken und wirtschaftlichem Wachstum in 59 Ländern. Nach Bestimmung aller möglichen Faktoren kamen die beiden zu einem etwas verwirrenden Ergebnis: Einerseits scheint eine höhere Gläubigkeit der Ökonomie durchaus förderlich. Je mehr die Bürger eines Landes an ein späteres Leben im Himmel glauben oder sich vor der Hölle ängstigen, umso stärker ist im Allgemeinen das Wirtschaftswachstum dieses Landes. Andererseits: Je mehr Zeit die Einwohner auf kirchliche Aktivitäten verwenden, umso eher wird das Wachstum gedämpft.

Zur Erklärung dieses Ergebnisses argumentieren Barro und McCleary ähnlich wie seinerzeit Max Weber: Ein starker Glaube begünstige Verhaltensweisen, die auch ökonomisch von Nutzen sind, nämlich Fleiß, Rechtschaffenheit, Verlässlichkeit … (Dabei scheint, wie die beiden schreiben, »die Peitsche mit der Angst vor der Hölle wirkungsvoller zu sein als das Zuckerbrot

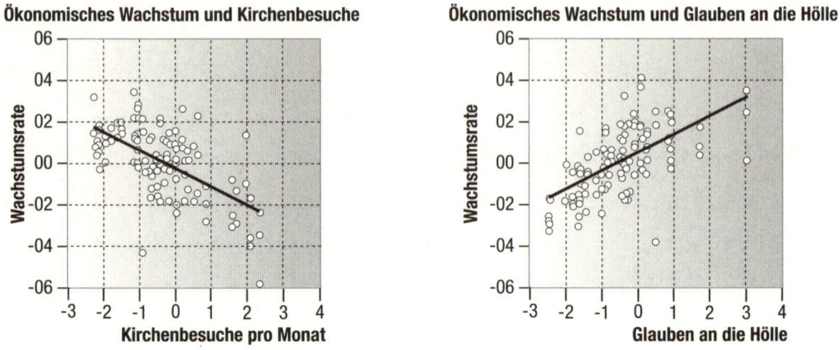

Das Wirtschaftswachstum korreliert negativ mit der Häufigkeit des Kirchgangs (links) und positiv mit dem Glauben an Himmel und Hölle. Jeder Punkt repräsentiert ein Land (nach Barro & McCleary).

des Himmels«.) Steige allerdings (bei gleichbleibender Glaubensstärke) das Ausmaß der kirchlichen Aktivität an, so gehe damit Arbeitskraft verloren, weshalb das Wachstum gedämpft werde, meint Barro: »Man könnte die Zeit ja auch produktiver nutzen, beispielsweise zur Erzielung zusätzlichen Einkommens.« Letzten Endes gehe es also, rein ökonomisch betrachtet, darum, den Glauben zu stärken, ohne zu viel Zeit mit Gottesdiensten und ähnlich unproduktivem Getue zu verschwenden.

Man sollte vielleicht an dieser Stelle erwähnen, dass Barro einer der einflussreichsten Wirtschaftswissenschaftler der Gegenwart ist und nicht irgendein spinnerter Außenseiter. Die Analysemethoden, auf denen seine Studie beruht, zählen zum anerkannten wirtschaftswissenschaftlichen Instrumentarium. An den Korrelationen, die er zutage gefördert hat, dürfte also etwas dran sein. Fragt sich nur, welcher ursächliche Zusammenhang sich dahinter wirklich verbirgt – und wie viel sich damit erklären lässt. Robert Barro gibt selbst zu, dass seine Theorie zwar gut zu Ländern wie den Vereinigten Staaten, Singapur oder Irland passe, aber schlecht zu den islamisch geprägten Ländern, wo der Glaube an Himmel und Hölle besonders stark ausgeprägt ist. »Der Theorie zufolge müssten islamische dominierte Länder darum besonders stark wachsen. Das tun sie aber nicht, zumindest nicht im Durchschnitt«, sagt Barro.

So steht die Ökonomie der Religionen auch hundert Jahre nach Max Weber erst am Anfang. Das Wachstum einer Volkswirtschaft hängt nun einmal von so vielen Faktoren ab, dass es schwer ist, den Einfluss des religiösen Denkens zu isolieren. Insbesondere gilt dies für pluralistische Nationen wie etwa die USA oder Indien, in denen viele Glaubensüberzeugungen koexistieren. Klar ist nur, dass jene Religionen, die bis heute überlebt haben, nicht allzu wirtschaftsfeindlich eingestellt sein können. Vermutlich hat sich das Christentum auch deswegen auf der ganzen Welt verbreitet, weil diese Religion das ökonomische Denken eher fördert als hemmt.

Ist ein Land allerdings erst einmal dauerhaft wirtschaftlich erfolgreich, so sinkt die Attraktivität der Religion. Insbesondere in Europa lässt sich das studieren. Je saturierter ein Land, umso geringer die Zugehörigkeit zu kirchlichen oder religiösen Gruppen. Aus Sicht der Ökonomen hat das damit zu tun, dass die Ressource Zeit in wohlhabenden Ländern immer wertvoller wird. Anders gesagt: Die »Opportunitätskosten« eines Gottesdienstbesuches und anderer kirchlicher Aktivitäten werden größer.

Wird sich diese Entwicklung in anderen Ländern wiederholen? Oder sind europäische Erfahrungen nicht auf andere Kulturen übertragbar? Solche Fragen sind mit der Religionsökonomie alleine nicht zu beantworten. Nichtsdestotrotz ist es interessant, künftige Entwicklungen unter diesem Aspekt zu betrachten. Wird zum Beispiel Afrika wirtschaftlich davon profitieren, dass dort die Zahl der Christen in hundert Jahren um über dreißig Prozent zugenommen hat? Laut der Theorie von Robert Barro müsste dies ein verstärktes Wirtschaftswachstum nach sich ziehen. Und wie steht es mit China, wo die KP mit brutaler Macht alle Arten von religiösen Bewegungen unterdrückt? Straft das chinesische Wirtschaftswachstum nicht die These von Friedrich von Hayek Lügen, derzufolge Religionsfreiheit eine wichtige Voraussetzung für den wirtschaftlichen Erfolg einer Gesellschaft ist? Oder müssen die chinesischen Machthaber irgendwann einsehen, dass die Wirtschaft nur dann floriert, wenn man den Bürgern (auch im religiösen Bereich) größere Freiheiten einräumt? [7] Man sieht: An Herausforderungen für das Fach Religionsökonomie besteht kein Mangel.

SEID FRUCHTBAR UND MEHRET EUCH!

Doch wenigstens in *einem* Bereich scheint es einen klaren, eindeutigen Zusammenhang zwischen dem »Erfolg« einer Religion und dem einer Gesellschaft zu geben – nämlich im demografischen. *Weltweit bekommen religiöse Menschen im Durchschnitt mehr Kinder als nichtreligiöse.* Punkt. Diese Tatsache ist so schlicht, dass sie oft übersehen wird. Dabei hat sie weitreichende Folgen. Denn sie bedeutet nichts anderes, als dass säkular geprägte Gesellschaften (wie etwa die deutsche) rein zahlenmäßig schrumpfen, während religiös geprägte Gesellschaften (auch fundamentalistisch orientierte) aufgrund ihrer höheren Kinderzahl sich ausbreiten.

Diesen Zusammenhang haben die US-amerikanischen Politikwissenschaftler Pippa Norris und Ronald Inglehart vor einigen Jahren erstmals mit Zahlen untermauert. Sie stützten sich dabei auf demographische Daten und den *World Value Survey*, der seit 1980 die Werteeinstellung der Bürger in über 70 Ländern rund um den Globus erhebt. Dabei zeigte sich, dass in säkularen Staaten, in denen die Religion keine dominierende Rolle mehr spielt, die Geburtenrate unter die »Bestandserhaltungsgrenze« von 2,1 Kindern pro Frau sank. In religiös geprägten Ländern lag die Geburtenrate deutlich darüber.

Der religiöse Kindersegen ist damit in jenen Gebieten am stärksten, die im *World Value Survey* als »traditionell« gekennzeichnet werden: also Länder, in denen traditionelle Familienstrukturen hochgehalten, Autoritäten geachtet, religiöse Regeln und Moralkodizes (wie etwa das katholische Verbot der Familienplanung) noch strikt befolgt und Scheidung oder Abtreibung streng abgelehnt werden. In den »säkular-rationalen« Ländern dagegen sind die Präferenzen genau umgekehrt. Sie liegen am anderen Ende der *World-Value*-Skala (*www.worldvaluessurvey.org*), weisen meist einen höheren Lebensstandard auf – aber eben auch deutlich weniger Kinder.

Das begünstigt nicht nur die Kluft zwischen reichen und armen Ländern, sondern führt auch zu einer »paradoxen Gleichzeitigkeit«: Während es auf der einen Seite in vielen Gesellschaften zu einer fortschreitenden Säkularisierung kommt, wächst andererseits weltweit die Zahl der religiös geprägten Menschen. Das kann sogar innerhalb ein und desselben Landes stattfinden. So ergab etwa eine Volkszählung in der Schweiz im Jahr 2000,

- dass Frauen ohne Religionszugehörigkeit die niedrigste Kinderzahl aufweisen (im Schnitt 1,1 Lebendgeburten);
- christlich orientierte Frauen dagegen kamen (je nach Glaubensgemeinschaft) auf 1,35 bis 2,04 Kinder;
- Angehörige des jüdischen Glaubens auf 2,06; Hindus und Muslime lagen mit 2,79 beziehungsweise 2,44 Geburten an der Spitze der Tabelle.[8]

Für Deutschland hat der Religionswissenschaftler Michael Blume sogar einen noch auffälligeren Zusammenhang gefunden. Als er die demographischen Daten aus der Allgemeinen Bevölkerungsumfrage der Sozialwissenschaften (ALLBUS) analysierte, fand er eine eindeutige Korrelation zwischen der durchschnittlichen Kinderzahl der Befragten und der Häufigkeit, mit der diese beteten. Bei den Paaren, die nie oder selten beteten, fanden sich im Schnitt 1,4 Kinder; bei den Hochreligiösen, die täglich Zwiesprache mit Gott führten, waren es dagegen 2,06 Kinder.

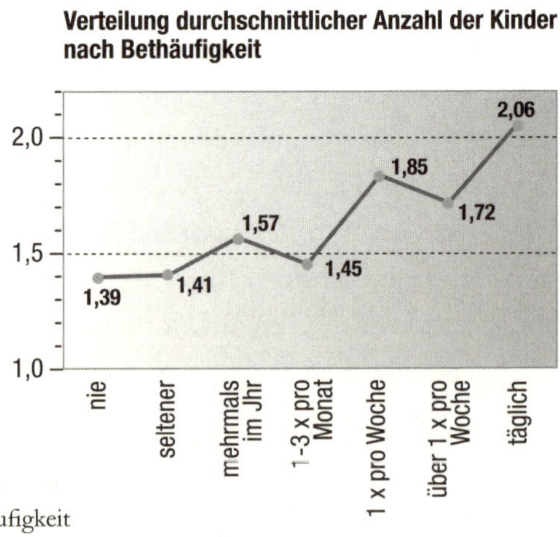

Religiosität als demografischer Faktor: Kinderzahl und Bethäufigkeit

Der Zickzackverlauf dieser Kurve zeigt für Blume: Am stärksten ist der fruchtbarkeitsfördernde Effekt der Religion bei denjenigen, die sich genau nach den traditionellen Zeitrhythmen ihrer Religionsgemeinschaft richten (also einmal pro Tag, einmal pro Woche oder nur an den hohen Feiertagen beten). Man kann die Kurve damit auch so lesen: Paare mit konservativer Grundeinstellung, die sich den Bräuchen ihrer Gemeinschaft verpflichtet fühlen, tendieren eher dazu, Kinder in die Welt zu setzen.

Das lässt sich sogar evolutionsbiologisch erklären. Denn in der Phase der Familiengründung sind Verlässlichkeit und stabile Strukturen angesagt. Und die Befolgung religiöser Rituale ist dafür offenbar ein guter Gradmesser. Männer können zum Beispiel durch ein religiöses Engagement augenfällig demonstrieren, dass sie alle jene Charaktereigenschaften mitbringen, die an Ehemännern geschätzt werden – Zuverlässigkeit, Ehrlichkeit, Mitgefühl und Aufopferungsbereitschaft. So erklären zumindest Evolutionsbiologen, warum Frauen gut daran tun, religiöse Männer zu bevorzugen.

Dass dieser Gedanke keineswegs neu ist, lässt sich in Goethes *Faust* nachlesen. Vor über 200 Jahren legte Goethe nicht nur seinem Gretchen die klassische Frage an Faust – »Nun sag, wie hast du's mit der Religion?« – in den Mund, sondern ließ in den spöttischen Worten des Mephistopheles gleich auch die moderne evolutionsbiologische Erklärung anklingen: »Die Mädels sind doch sehr interessiert, / ob einer fromm und schlicht nach altem Brauch. / Sie denken: Duckt er da, folgt er uns eben auch.«

Egal, ob man dieser Erklärung etwas abgewinnen kann oder nicht – die biblische Devise »Seid fruchtbar und mehret euch«

scheint sich, jedenfalls im Lichte der Demografie, auf erstaunliche Weise zu bestätigen. »Religiöse Menschen entscheiden sich im Kontext ihrer Gesellschaft überdurchschnittlich öfter und stabiler zur Eheschließung und deutlich häufiger für Kinder als ihre säkularen Altersgenossen«, fasst Michael Blume seine Ergebnisse zusammen. Der Religionsforscher (der einen lesenswerten Weblog zum Thema betreibt, *http://religionswissenschaft.twoday.net/*) hat auch andere Faktoren überprüft, etwa Bildung und Einkommen. »Der Effekt bleibt bestehen und verstärkt sich sogar noch.« Gerade in den höheren Einkommensschichten seien es signifikant häufiger die religiösen Paare, die zugunsten von Kindern mindestens zeitweise auf Einkommen und Karriere verzichteten. Das erklärt Blume damit, dass es bei der Entscheidung für oder gegen Kinder »immer auch um das Überwinden des eigenen Egos, um freiwilligen Verzicht und auch die Bereitschaft zur Einordnung in eine Gemeinschaft« gehe. Und das seien »genau die Werte, die erfolgreiche Religionsgemeinschaften transzendent begründen und auf einer Vielzahl von Wegen vermitteln«.

Nimmt man am Ende all die in diesem Kapitel beschriebenen Mechanismen zusammen, so zeigt sich: Eine Vielzahl von Faktoren – biologische, ökonomische, demografische – fördert die Stabilität religiöser Systeme und sorgt dafür, dass die Religion nicht ausstirbt. Dabei profitiert auch noch der irrationalste religiöse Glaube von solchen durchaus rationalen Effekten. Das heißt freilich nicht, wie manche Wissenschaftler meinen, dass sich das religiöse Denken *ausschließlich* auf solche Wirkungen zurückführen ließe; die soziale Nützlichkeit der Religion ist eher ein Folgeprodukt des Glaubens, eine menschliche Dimension, die zur religiösen hinzutritt und dieser dadurch erst ihre gesellschaftliche Bedeutung verleiht.

Dass diese soziale Komponente eines religiösen Glaubens von enormem Einfluss ist, steht außer Frage (und für manche scheint sich Religion auch nur auf ihre soziale Wirkung zu beschränken). Dennoch wäre es absurd, einer Religion, deren Überzeugungen man ablehnt, aus solch gesellschaftlichen Gründen beizutreten. Um einen Glauben wirklich zu teilen, bedarf es zunächst individueller Erfahrungen, die den Einzelnen tief im Inneren bewegen. Die Rituale und Lehren einer Gemeinschaft liefern dafür zwar einen Rahmen, doch die entsprechenden Erfahrungen muss letztlich jeder selbst machen. Und manchmal muss man auch erst aus einer Kirche austreten, um einen Weg zu ihrem Glauben zu finden, wie die folgende Begegnung zeigt. Im Rest des Buches soll daher die Rede von jenen Erlebnissen und Einsichten sein, aus denen Menschen ihren religiösen Glauben schöpfen.

»GLAUBE, LIEBE, HOFFNUNG«

Eine Begegnung mit der Hamburger Landespastorin Annegrethe Stoltenberg

Annegrethe Stoltenberg, Hamburger Landespastorin und Leiterin der Diakonie

»Ich glaube nicht, dass ich glaube« – mit diesen Worten trat Annegrethe Stoltenberg aus der Kirche aus. Da war sie achtzehn Jahre alt. Heute, rund vierzig Jahre später, ist sie nicht nur wieder eingetreten. Sie hat mittlerweile ein Theologiestudium hinter sich, ist Landespastorin in Hamburg und leitet dort das Diakonische Werk. Wie entsteht so eine Biografie? Was bestimmt das Verhältnis eines Menschen zum (Un-)Glauben? Und woraus schöpft er seine Sicherheit?

Vielleicht ist zur Klärung solcher Fragen die Geschichte von Annegrethe Stoltenberg besser geeignet als eine der üblichen Biografien bekannter Vorzeigechristen. Zugleich mag man Stoltenbergs Erfahrungen als Gegenstück zu jenen des Reporters William Lobdell lesen, der an dem Umgang der amerikanischen Kirche mit den Fällen sexuellen Missbrauchs durch

Priester verzweifelte (s. Kapitel II, S. 97 ff.). Während Lobdell als überzeugter Christ allmählich allen Glauben verlor, hat die überzeugte Atheistin Stoltenberg nach und nach den ihren gefunden. So erzählen beide Geschichten etwas von der unberechenbaren Kraft der Religion im Leben des Einzelnen – wenn auch auf sehr unterschiedliche Weise.

Wer Annegrethe Stoltenberg begegnet, spürt als Erstes ihre warmherzige Freundlichkeit, der so gar nichts Aufgesetztes anhaftet. Eine selbstsichere Frau Mitte Fünfzig mit entspannten Gesichtszügen und einem fröhlichen Lachen, die einem vom Fleck weg das Gefühl vermittelt, eine ideale beste Freundin zu sein, der man sich gern anvertrauen mag. Mit ihrer kurzen Wuschelfrisur und ihrer Vorliebe für farbenfrohe Kleidung wirkt die Landespastorin alles andere als würdenträgerisch; selbst in ihrem Chefzimmer in der obersten Etage jenes Bürohauses, in dem das Diakonische Werk untergebracht ist, vergisst man schnell, dass sie eine viel beschäftigte Managerin ist, die (unter anderem) im Rundfunkrat des Norddeutschen Rundfunks sitzt, in der Leitung der Nordelbischen Kirche und im Kuratorium der Hamburger Sparkasse und die nebenbei noch Herausgeberin des Obdachlosenmagazins *Hinz & Kunzt* ist.

Kürzlich saß sie mit dem Dalai Lama gemeinsam auf einem Podium, »Frieden« hieß das Thema. Von der natürlichen Art des buddhistischen Oberhaupts, erzählt die christliche Pastorin, sei sie sehr beeindruckt gewesen. »Er stellt sofort eine ganz intensive Mitmenschlichkeit her, ich fühlte mich ihm sehr nahe«, sagt Stoltenberg, und der Besucher kann nicht umhin zu denken: Auch Annegrethe Stoltenberg versteht es sehr gut, Mitmenschlichkeit herzustellen.

Offenbar ist sie in dieser Kunst ein Naturtalent. Schon als Kind zeigte sie eine ausgeprägte soziale Ader und galt als perfekte Babysitterin für die Kleineren. Und in der Schule ergriff die gute Schülerin automatisch Partei für die Schwachen. Einmal wollte ihr Lateinlehrer einen schlechten Schüler regelrecht vorführen, ließ ihn mit seinem Unwissen vor der Klasse zappeln und rief dann Annegrethe auf, damit sie mit ihrer richtigen Antwort die Demütigung perfekt mache. Da sagte das Mädchen, ohne überhaupt nachzudenken: »Ich antworte nicht einem Lehrer, der so mit Schülern umgeht.« Ein Skandal! Der Unterricht wurde unterbrochen, Stoltenberg zum Schulleiter zitiert – und der Lateinlehrer musste für drei Wochen zur Kur.

Bezeichnend ist die Fortsetzung dieser Geschichte. Denn als der Lehrer nach seiner Kur wiederkam, war er tatsächlich verändert. »Später habe ich sogar mit ihm zusammen den Volleyballverband geleitet«, erzählt Stoltenberg lachend. Dass man auf Feindbildern nicht sitzen bleiben sollte, war ihr offenbar schon früh klar.

Fragt man sie, woher solche christlichen Tugenden stammen, dann kann sie das kaum benennen. Ihre Mutter sei »ganz normal« christlich gewesen, der Vater habe der Kirche aufgrund ihres Verhaltens in der Nazizeit eher misstraut. Sie selbst engagierte sich im Konfirmandenunterricht und in der Evangelischen Jugend, weil sie »wissen wollte, was oder wie Glauben ist«. Doch stets hatte sie das Gefühl: »Die verstehen etwas, was du nicht verstehst.« Und irgendwann gestand sie sich ein: »Ich finde dazu keinen Zugang.« Sie trat aus der Kirche aus, begann sich für Politik, Philosophie und Psychologie zu interessieren und wurde schließlich Volks- und Realschullehrerin.

Dabei zeigte sich schnell, dass sie mit schwierigen Jugendlichen gut umgehen konnte. So gut, dass die Schulbehörde die Vierundzwanzigjährige an die Gewerbeschule für Kraftfahrzeugmechaniker versetzte – als einzige Frau unter 120 männlichen Kollegen. Dort schlug sie sich derart souverän, dass der Hamburger Senat zwei Jahre später die engagierte junge Lehrerin mit einem Sonderprojekt betraute: Stoltenberg sollte eine Institution aufbauen, in der junge erwachsene Arbeitslose den Hauptschulabschluss nachholen konnten. »Das war damals bundesweit das Pilotprojekt«, erzählt Stoltenberg. »Und natürlich war dazu viel Sozialarbeit nötig.« Unter ihren Schülern waren ehemalige Drogensüchtige und Alkoholiker, Ex-Prostituierte und frühere Knastbrüder – die Lehrerin musste zum Teil nachts Selbstmordversuche verhindern, mit Bewährungshelfern verhandeln oder Schülerinnen wieder vom Strich holen. Eine Zeit lang ging das gut, das Projekt lief sogar sehr erfolgreich. »Doch irgendwann war ich am Ende meiner Kräfte. Ich hatte plötzlich das Gefühl, nicht einmal mehr vor meine Klasse treten zu können, meine ganzen Selbstbilder brachen zusammen«, berichtet Stoltenberg. In ihrer Not ging sie zu jener Ärztin, zu der sie vorher immer ihre Schüler gebracht hatte, worauf diese trocken bemerkte: Sie hätte darauf nur gewartet.

Die ausgebrannte Lehrerin ließ sich beurlauben und »war vor allem anderen ratlos, was mir da passierte«. Ein gut gemeintes Hilfsangebot des Schulsenators schlug sie aus. Stattdessen ging sie auf die Suche und reiste nach Asien, allein, mit Rucksack. Wonach sie suchte, war ihr selbst nicht klar. »Erst nachträglich kann ich sagen, wonach: Nach mir, nach dem Sinn meines Lebens, nach dem Sinn des Lebens überhaupt.« Doch in Asien traf sie auf eine verstörend fremde Gesellschaftsordnung. »Dass etwa in Nepal die Leute ganz selbstverständlich an jenen vorbei liefen, die barfuß im Schnee standen, war für mich unvorstellbar. Ich war von diesem sozialen Miteinander so befremdet, dass mir klar wurde: Du gehörst eben doch zu einer anderen Kultur.«

Und noch etwas Unerwartetes geschieht. Ein eher unscheinbares Erlebnis in Bangkok wird zur Schlüsselszene. Stoltenberg sitzt mit einer Freundin in einem engen, stickigen Nachtbus. Endlos fährt er durch die riesige Stadt, immer neue Passagiere steigen ein, ausschließlich Männer, die die zwei europäischen Frauen neugierig mustern. Stoltenberg fühlt sich zusehends unbehaglich, weiß nicht, ob sie überhaupt im richtigen Bus sitzt, wo und wann sie ankommen wird. Unwillkürlich beginnt sie ein Fragespiel, eine Art Verhör mit sich selbst: Wieso sitzt du hier? Was machst du in Bangkok? Wieso überhaupt diese Reise? Immer weiter verfolgt sie die Kette ihrer Entscheidungen zurück, bis zur Geburt, findet für jeden einzelnen Schritt eine bewusste Erklärung – und spürt doch, dass es dahinter noch eine tiefere Begründung gibt, die nicht wirklich fassbar ist. Und es taucht ein Begriff in ihrem Denken auf, den es bis dahin für sie nicht gab: Fügung.

»Das war das erste Mal, dass ich mich nicht als alleinige Autorin meines Lebens gesehen, sondern gespürt habe, dass da auch etwas gefügt wird; dass ich mich sozusagen verdanke, dass ich eben nicht alles selber machen kann.« Zugleich fühlt sie sich vollkommen selbst verantwortlich für ihr Tun. »Das war etwas revolutionär Neues für mich. Vorher war mir nur vorstellbar, dass man sich entweder selbst bestimmt und autonom handelt oder dass man sich einem anderen, fremden Gesetz unterwirft, wie es etwa in der Religion geschieht«, sagt Stoltenberg.

»Doch auf dieser nächtlichen Busfahrt durch Bangkok hatte ich auf einmal das Gefühl, dass es etwas gibt, das über das Entweder – Oder von Autonomie oder Heteronomie, von Selbst- oder Fremdbestimmung, hinaus führt.«

Später wird sie bei dem Theologen Paul Tillich den Begriff der »Theonomie« kennenlernen, der just diese Erfahrung jenseits von Autonomie oder Heteronomie ausdrückt. In Thailand weiß Stoltenberg davon noch nichts. Dort begreift sie sich erstmals nur als »gläubigen Menschen« – und beginnt nun nach dem zu suchen, »was ich da eigentlich glaube«.

Die Rucksacktouristin kehrt nach Hause zurück und beginnt, sich mit ihren europäischen Wurzeln auseinanderzusetzen. »Ich war neugierig geworden, wo sich bei uns existenzielle Erfahrungen in der christlichen Religion wiederfinden.« Sie bekommt das Buch *Die Hinreise* von Dorothee Sölle empfohlen und stößt dort gleich zu Anfang auf einen Satz, der wiederum eine Revolution in ihr auslöst: *Der Mensch lebt nicht vom Brot allein.* »Dieser Satz«, sagt Stoltenberg heute, »war mir bis dahin nur als moralingetränkte Phrase begegnet. Ich hatte ihn in etwa so verstanden, dass es Wichtigeres gäbe als Brot, Kleidung, Nahrung und so weiter; als Aufforderung zu einem entsagungsvollen Leben, in dem Spaß und Lust keinen Platz hätten. Plötzlich aber verstand ich: Der Mensch *stirbt* am Brot allein. Die Seele lebt von etwas anderem als dem rein Materiellen – und genau das hatte ich ja gerade erfahren.« Ihr Bruch mit der Lehrerkarriere, der Schritt aus der Beamtenlaufbahn ins Ungewisse hinein, war nichts anderes als die Illustration dieses Satzes gewesen. »Atmen, konsumieren, ausscheiden, erledigen, produzieren – dieses ständige Weiterfunktionieren war für mich nicht das Leben. Leben war etwas anderes. Und ohne dass ich eine

Idee gehabt hätte, wie es zu finden sei, hatte ich mich offenbar auf die Suche nach diesem anderen Leben gemacht.«

Sie beginnt ein Theologiestudium – und parallel dazu eine Psychoanalyse nach C. G. Jung. Sie meditiert, lebt eine Zeit lang im Kloster, gestaltet mit anderen Frauen theologische Werkstätten. »Aber ich wollte nicht nur Spiritualität oder gar spirituellen Rückzug. Ich wollte auch denken, den Glauben verstehen.« Warum etwa wird der eine Gott in verschiedenen Formen als Vater, Sohn und Heiliger Geist beschrieben? »Diese Trinität war lange für mich eher ein Abrakadabra-Wort. Erst spät habe ich begriffen, was es bedeutet, ein Gottesbild zu haben, das in sich in Bewegung, in Beziehung, in Kommunikation ist. Heute kann ich sagen: Die drei Personen stehen für drei Aspekte, für drei Erfahrungen, die Menschen mit Gott machen.« Sie selbst drückt das so aus: »Gott ist der Grund, auf dem ich gehe. Jesus Christus ist der Horizont, auf den ich zugehe. Und der Heilige Geist ist der Antrieb, der mich in Bewegung hält.«

Mit einem Mal hält die Pastorin im Erzählen inne. »Rede ich eigentlich zu viel?«, fragt sie fast besorgt. Dass nur sie selbst so viel von sich preisgibt, ist sie nicht gewohnt. »Normalerweise, wenn man über so persönliche Dinge redet, beruht das ja auf Gegenseitigkeit; man muss dann auch den anderen einmal zu Wort kommen lassen.«

Überhaupt nicht, sage ich. *Ich bin hier, um Ihnen zuzuhören.* Dennoch entwickelt sich unser Gespräch von nun an immer mehr zu einem Dialog, zu einem echten Austausch. Denn anders als Stoltenberg kann ich mit dem dreieinigen Gottesbild wenig anfangen. Zwar kenne ich dieses Gefühl einer Abhängigkeit; auch in der Zen-Meditation wächst die Einsicht, dass man sich »verdankt«, dass wir nicht alles in unserem Leben selbst »machen« können. Doch der Begriff eines Gottes ist mir fremd, er erscheint mir wie eine Projektion, die das Undenkbare an menschliche Attribute koppelt und damit verkleinert.

»Das sagt ja auch der Dalai Lama«, antwortet Stoltenberg. »Aber ich glaube den Buddhisten nicht so ganz«, sagt die Pastorin und lacht. »Ich glaube, sie nennen es nur nicht so. Mir scheint, wenn man eine Vorstellung vom Guten hat, dann ist dies schon so etwas wie ein Gottesbild. Und wenn der Dalai Lama sagt, jeder wolle glücklich sein, dann hat er ja eine ganz bestimmte Vorstellung von Glück, die zum Beispiel die Zuwendung zu anderen beinhaltet, Bedürfnislosigkeit und so weiter ... In seinem Glücksbegriff steckt also ein großer Idealismus und für mich ist das fast schon eine Gottesbeschreibung.«

Buddhisten würden es aber genau umgekehrt formulieren: All diese »guten« Ideale entspringen der Erkenntnis, dass das Ego keine Substanz hat. Wozu brauchen Sie also ein Konstrukt namens Gott?

Ich finde, dass es mir besser geht mit einer Gottesvorstellung. Ich finde, dass es für mich der Wahrheit und der Wirklichkeit besser entspricht. Auch zu meiner Zeit als Lehrerin hatte ich ja eine Vorstellung vom Guten. Gerechtigkeit, Solidarität und Humanität – diese Ziele hielt ich für machbar, das heißt: von uns Menschen für leistbar. Heute würde ich sagen: »Ich habe eine Vorstellung vom Guten. Aber da ich nicht weiß, welcher einzelne Schritt da hinführt und ob nicht ein gut gemeinter Schritt genau in die falsche Richtung führt, muss ich mich diesem Guten unterordnen und hoffen, dass ich dem diene; nicht nur, weil ich irren kann, sondern auch weil meine Kräfte begrenzt sind.«

Sie sprechen von der Vorstellung des Guten. Manche verstehen Gott aber ganz konkret, stellen ihn sich so ähnlich vor, wie er auf vielen Bildern dargestellt wird – ein alter Mann mit weißem Bart, der im Himmel wohnt.

Ich sehe ihn nicht so. Ich interpretiere diese Bilder eher als Versuche, eine religiöse Erfahrung symbolisch auszudrücken. Dass zum Beispiel der historische Jesus ein Mann war, spielt in meinem Gottesbild keine entscheidende Rolle. Daher finde ich auch den Aspekt des Geistes so wichtig, er ist abstrakt, nicht männlich oder weiblich.

Und was bewirken solche Vorstellungen in Ihnen?

Im Vergleich zu früher, als ich ohne den Glauben gelebt habe, spüre ich einen großen Unterschied. Ich kann heute viel besser mit meinen Kräften umgehen, kann meine Grenzen besser einschätzen und meine Möglichkeiten besser ausleben.

Könnte man sagen, dass der Glaube den Leistungsdruck von einem nimmt, weil man nicht mehr das Gefühl hat, für alles selbst verantwortlich zu sein?

Ja. Mir gibt der Glaube Vertrauen und die Hoffnung, dass es irgendwie doch gut ausgeht. Und ich habe das Gefühl, nicht alles selbst tragen zu müssen. Damit meine ich natürlich nicht, dass ich denke, ich sei nicht dafür verantwortlich, dass mein Laden ordentlich läuft! Es geht um etwas anderes. Ein Beispiel: Eine sehr nahe Freundin von mir hat vor einigen Jahren Selbstmord begangen, im Krankenhaus, auf der Station für Suizidgefährdete. Wir hatten zuvor endlos miteinander geredet, ich hatte zeitweilig mit ihr in einer Hausgemeinschaft gelebt, versucht, sie zu unterstützen – alles umsonst. Als ich von ihrem Suizid erfuhr, wurde mir schlagartig klar: Das ist zu groß für mich. Das Gefühl, ich hätte das verhindern müssen, das kann ich nicht tragen. Da habe ich mich auf den Fußboden gesetzt und laut gebetet. Wenn man das einmal lernt, dass man solche Dinge laut sagen kann, dass man sie nicht alleine bewältigen muss, dass man nicht in einem tiefen Sinne Schuld hat – dann kann das tatsächlich Druck von einem nehmen.

Haben Sie auch das Gefühl, dass Sie sich durch den Glauben verändert haben?

Ich glaube schon. Aber ich habe mich natürlich auch durch meine Psychoanalyse verändert. Für mich gehört die Religion zur Individuation, um es im Sinne C. G. Jungs zu sagen. Innerlich bin ich bestimmt eine andere. Aber wenn Sie mich fragen, ob ich nun mehr Mitgefühl hätte als vorher oder beziehungsfähiger wäre, dann glaube ich das eher nicht.

Lassen Sie mich noch einmal anders fragen: Meinen Sie, die Welt wäre ein besserer Ort, wenn alle Menschen gläubig wären?

Eine einfache Antwort darauf gibt es leider nicht. Religion ist – wie alles – vom Menschen hochgradig missbrauchbar. Das zeigt sich derzeit besonders im Islam, aber es gibt auch christliche Fundamentalisten, die da kräftig mithalten. Und selbst in meiner evangelischen Kirche gibt es ganz unterschiedliche Arten, den Glauben zu leben. Manche haben Gottesvorstellungen, die sich von meiner sehr stark unterscheiden. Und manche haben ein Kirchenbild, das ich furchtbar finde.

Aber nun sind Sie ja selbst Teil der kirchlichen Hierarchie. Wie gehen Sie damit um, dass Sie eine Institution vertreten, in der manche den Glauben ganz anders verstehen als Sie selbst?

Das finde ich eigentlich eher gut. Natürlich wäre es schöner, wenn alle meiner Meinung wären (Stoltenberg lacht laut und herzlich). Aber bei allen Unterschieden gibt es ja auch viele Gemeinsamkeiten. Dass wir in der Kirche das gemeinsame Glaubensbekenntnis sprechen oder dass weltweit dasselbe Vaterunser gebetet wird, finde ich gut. Außerdem erinnern mich die Differenzen immer wieder daran, dass ich nicht wissen kann, ob nun gerade mein Weg der richtige ist. Jeder ist mit Gott verbunden, und mein Nachbar, den ich vielleicht nicht ausstehen kann, ist auch ein Geschöpf Gottes. Das empfinde ich sehr deutlich gerade bei jenen Kirchenvertretern, die ganz andere Positionen als ich einnehmen. Ich muss anerkennen, dass ich nicht weiß, wer am Ende recht hat.

Sie haben von Gotteserfahrung gesprochen, von Energie in Bewegung – wie kommen Sie dem nahe? Was ist Ihre religiöse Kraftquelle? Ist es der Sonntagsgottesdienst?

Nein, eher nicht. Gottesdienste können es sein, aber ich bin selten sonntags im Gottesdienst. Das ist meistens mein einziger freier Tag. Da schlafe ich meistens aus und genieße die Zeit mit meinem Mann. Ohne Frage ist die Liebe eine große Kraftquelle. Von jemandem geliebt zu sein, den man selber liebt, ist ein großes Geschenk. Eine weitere Kraftquelle sind für mich meine meditativen Übungen, die ich jeden Morgen mache. Und ich gehe gerne spazieren oder fahre Rad.

Spazieren gehen, Fahrrad fahren – was hat das mit Religion zu tun?

Es ist immer die Frage, mit welcher Einstellung man so etwas tut. Wenn ich auf dem Fahrrad sitze, könnte ich schon immer singen und mich des Lebens freuen. Ich bin dankbar – und dieses Dankgefühl ist für mich eine wichtige Komponente meines Glaubens.

Aber wenn nun vor Ihnen jemand säße, der völlig verzweifelt ist, und sagt: »Das ist ja schön und gut, was Sie mir erzählen, aber ich empfinde so ein Dankgefühl weder beim Fahrradfahren noch sonst. Ich würde es aber gerne empfinden. Was soll ich tun?« Was würden Sie diesem Menschen raten?

(Stoltenberg macht eine kurze Pause und sagt dann lachend:) Zen-Buddhismus!

Aber ich bitte Sie, Sie sind die Landespastorin! (Wir lachen beide.)

Für mich gehören im Glauben Reflexion, Aktion und Kontemplation zusammen. Es ist gut, in sich zu gehen. Und andererseits für andere Menschen da zu sein.

Aber was ist mit Beten, Bibellesen und all den anderen Dingen, die man mit dem Christentum assoziiert?

Beten bedeutet für mich Kontemplation, Meditation. Man kann sich über die Begriffe streiten, aber wenn man tiefer gräbt, stellt man fest, dass es doch um ganz ähnliche Dinge geht. Es geht ja auch bei Christen nicht darum, im Beten oder beim Bibellesen irgendwelche Worte herunterzuleiern, sondern es geht um eine bestimmte innere Haltung. Mein persönliches Gebet besteht in Dank und Stille. Eine meditative Körperhaltung ist für mich wie ein Gebet. Ich versuche still zu werden – um zu hören.

Und das Tun?

In der Begegnung mit anderen erlebt man sich selbst als sinnvoll. Deshalb habe ich auch soziales Engagement zu meinem Beruf gemacht. Und in meiner Eigenschaft als Diakoniechefin oder Herausgeberin von *Hinz & Kunzt* lerne ich viele Menschen kennen, die mit Kirche eigentlich nichts am Hut haben wollen, aber das soziale Engagement der Kirche unterstützen. Das finde ich gut.

Noch einmal die Frage: Wie kann man eine religiöse Haltung fördern?

Ich glaube, dass man im Glauben wächst. Das ist so eine Formulierung, die ich früher immer merkwürdig fand, die ich aber heute gut verstehe. Wenn man Sterbende begleitet, Schwierigkeiten durchsteht – daran wächst man. Zugleich glaube ich, dass oft auch ein Anstoß von außen nötig ist. Da gibt es eine gute Entsprechung in der pädagogischen Forschung. Man hat irgendwann gemerkt, dass es selbst in völlig zerrütteten Familien immer mal wieder einzelne Kinder gibt, die heil bleiben. Während die Geschwister kriminell und drogensüchtig werden, gehen diese Ausnahmegestalten durch alle Schwierigkeiten hindurch wie mit einem Heiligenschein und werden später oft sehr erfolgreich. Woran liegt das? Wenn man solche Fälle studiert, stellt man fest, dass es da immer eine dritte Kraft gibt, einen Einfluss von unabhängiger dritter Seite. Das kann eine Tante sein oder ein Lehrer, der sich um das Kind kümmert und ihm eine andere Perspektive aufzeigt. Und die Kraft dieses »unbekannten Dritten, das nicht in das System gehört« erlebe ich auch in meinem Glauben. Das spielt zum Beispiel im Gottesdienst eine Rolle bei allem, was man vor dem Altar macht. Oder auch in Beziehungen. Weil mein Mann und ich beide einen Bezug zu Gott haben, kommt in unser gemeinsames Leben etwas Drittes. Und diese Kraft erweitert unsere Lebensmöglichkeiten.

Geht es am Ende eher um Glaube, um Liebe oder um Hoffnung?

Religion, der Glaube an Gott, ist im besten Sinne des Wortes ein »Wunschdenken«. Ja, so ist es – der Glaube versetzt uns in die Tiefe unserer unendlichen Wünsche. Ein Mensch ohne alle Religion scheint da vernünftiger zu sein, weil er ein so großes Ziel erst gar nicht ersehnt – ein Ziel wie »das ganze Sein«, »das nicht zerstückelte Leben«. Aber für mich enthält die Religion Wünsche, die nicht gebändigt sind; und sie enthält die Hoffnung auf Veränderung – auf ein großes Ziel hin. Sie ist der Versuch, eine unendliche Bejahung des Lebens zu leben, die sich in der Liebe zu allen anderen Lebensformen ausdrückt. Ich kann gar nicht Glaube, Liebe, Hoffnung voneinander trennen – ich muss von allen zugleich reden.

VI. ZWISCHEN MYSTIK UND RATIO

Laß die Moleküle rasen,
was sie auch zusammenknobeln!
Laß das Tüfteln, laß das Hobeln,
heilig halte die Ekstasen.

Christian Morgenstern

1 Erleuchtung im Drogenrausch

Wir schreiben Karfreitag, den 20. April 1962. In Frankreich ist gerade Georges Pompidou zum Präsidenten gewählt worden, in England träumt eine unbekannte Popgruppe namens *The Beatles* von ihrem ersten Plattenvertrag, und der siebenundachtzigjährige Albert Schweitzer schreibt aus Sorge um die Atomwaffenarsenale einen Brief an den Präsidenten der Vereinigten Staaten, John F. Kennedy. Weltweit halten Christen an diesem Tag Einkehr. Auch im amerikanischen Boston sammelt sich frühmorgens eine kleine Gruppe vor der Marsh-Kapelle auf dem Universitätscampus. Die 20 Studenten, die sich leicht nervös begrüßen, sind allerdings nicht aus Gottesfürchtigkeit gekommen, sondern als Teilnehmer eines wissenschaftlichen Versuchs, der als das *Karfreitagsexperiment* in die Geschichte der Drogenforschung eingehen wird.

Der Arzt und Theologe Walter Pahnke will an diesem Tag den Einfluss von bewusstseinserweiternden Substanzen auf das spirituelle Erleben testen. Seine Probanden, allesamt Schüler eines theologischen Seminars, sollen unter Drogeneinfluss einer Messe beiwohnen. Pahnke, der an der nahe gelegenen Harvard University mit dem LSD-Guru Timothy Leary kooperiert, will ihre Erfahrungen dann für seine Doktorarbeit nutzen.

Solche psychedelischen Experimente sind zu jener Zeit nichts Außergewöhnliches. Auch in Hollywood sind Anfang der Sechzigerjahre LSD-Sitzungen en vogue, die Begeisterung für Psychodrogen hat weite Kreise des Establishments erfasst. Einige Jahre zuvor war der Bankier und Pilzsammler Gordon Wasson nach Mexiko gereist und hat dort als erster Weißer an den geheimen Ritualen der Mazatec-Indianer teilgenommen, bei denen der heilige Zauberpilz *teonanacatl* eingesetzt wird. Aus den mitgebrachten Proben hat der Schweizer Chemiker Albert Hofmann den Wirkstoff Psilocybin extrahiert. Und Wasson selbst hat in der Zeitschrift *Life* ausführlich über seine Erlebnisse berichtet und postuliert, die rituelle Einnahme psychoaktiver Substanzen führe direkt zu einem religiösen Erleben.

Diesen sakralen Aspekt des Psilocybin will Pahnke nun näher erforschen. Sein Mentor Timothy Leary, zu dieser Zeit noch Psychologieprofessor in Harvard, hat bei sich zu Hause einen Vorversuch organisiert, der vielversprechend verlaufen war. Manche Teilnehmer, so notierte Leary, hätten Visionen »so dramatisch wie die von Moses oder Mohammed« erlebt, das Ganze sei »starker Altes-Testament-Tobak« gewesen. Einer habe Angst gehabt zu sterben, ein anderer »kopulierte mit dem Teppich« – für Leary kein Grund zur Sorge; die Erlebnisse seien »gesund und natürlich« gewesen.

Pahnke selbst hat noch keine Drogenerfahrung – und er will darauf verzichten, bis seine Doktorarbeit abgeschlossen ist. Niemand soll ihm Befangenheit vorwerfen können. Deshalb hat er sein Experiment auch nach allen Regeln der wissenschaftlichen Kunst geplant. Zehn der Theologiestudenten erhalten eine Pille mit 30 Milligramm Psilocybin, die anderen zehn ein Vitaminpräparat, das Hautrötung und Schweißausbrüche verursacht, ansonsten aber harmlos ist. Weder die Teilnehmer noch die sie begleitenden Beobachter sollen wissen, wer den Zauberpilz und wer das Placebo intus hat. Um den normalen Gottesdienstteilnehmern nicht in die Quere zu kommen, wird die Gruppe in einen kleinen Raum ins Untergeschoss der Kapelle geführt. Dort kann sie ungestört der Messe lauschen – die Stimme von Pfarrer Howard Thurman wird per Lautsprecher vom Obergeschoss übertragen.

Zweieinhalb Stunden lang verbringen die angehenden Theologen in diesem Raum, hören Predigten und Musik, beten und meditieren. Dabei zeigt das Psilocybin durchschlagende Wirkung: Während die nüchternen Seminaristen brav in der Bank sitzen, wandern die anderen kreuz und quer durch die Kapelle, legen sich auf den Boden oder auf Bänke; einer traktiert die Orgel mit wilden Akkorden, ein anderer will auf die Straße rennen, um dem Aufruf des Pfarrers zu folgen und auf der Stelle die Botschaft Christi zu verbreiten. Hinterher berichten nahezu alle von erschütternden Empfindungen, von Gefühlen der Freude, Liebe und eines allumfassenden Friedens, nicht wenige wähnen sich aufgehoben in einer höheren Einheit, für die manchen nur noch das Wort »heilig« einfällt.

Doch anekdotische Schilderungen sind Pahnke zu wenig. Mit ausgeklügelten Fragebögen und Interviews versucht er, die Drogenerlebnisse genau zu erfassen, ja, er will sie sogar quantifizieren, mit einer Skala zur Messung mystischer Erfahrungen. Als »mystisch« gilt dabei zum Beispiel das Erleben der Transzendenz von Raum und Zeit oder das Gefühl, mit sich und der Welt vollkommen eins zu sein – also jene Erfahrungen, von denen alle großen Mystiker der Weltreligionen berichteten, Sufis, Zen-Meister und christliche Mystiker wie Theresa von Avila,

Bernhard von Clairvaux, Meister Eckhart oder Ignatius von Loyola. Aus ihren Berichten haben Forscher jene Mystik-Skala abgeleitet, die Pahnke nun seinen Probanden anlegt. Das Ergebnis ist eindeutig: Gemessen an der Skala haben acht der zehn berauschten Theologiestudenten ein vollständiges mystisches Erleben – in der Kontrollgruppe kein einziger. Und als Pahnke seine Psilocybin-Probanden nach sechs Monaten erneut befragt, berichten sie durchweg von dauerhaften Bewusstseinsänderungen. Sie empfänden ihren Alltag als intensiver, würden bewusster leben und sich sozial stärker engagieren.

Pahnke triumphiert. Mit seinem *Good Friday Experiment* glaubt er gezeigt zu haben, dass sich mit dem Wirkstoff aus dem mexikanischen Zauberpilz tatsächlich tiefgreifende religiöse Erlebnisse auslösen lassen; zudem sei damit eine Methode gefunden, »mystische Erlebnisse wissenschaftlich im Labor zu reproduzieren und zu untersuchen«.

Die Euphorie währt allerdings nicht lange. Bald regen sich die ersten Kritiken an dem »Wunder von Boston«. Denn die Psilocybin-Wirkung war während des Experiments derart auffällig, dass den Seminaristen schnell klar wurde, wer gedopt und wer nüchtern der Predigt lauschte. Damit aber kann nicht mehr von einem doppelblinden Experiment gesprochen werden; es muss die Möglichkeit mit einkalkuliert werden, dass nicht alleine das Psilocybin, sondern auch die Erwartungshaltung der Seminaristen, ihr Glaube an eine rauschhafte Bewusstseinsveränderung, den heiligen Schub auslösten. Dafür scheint auch das Erleben eines Probanden zu sprechen, der zwar die Droge erhalten, aber – anders als seine Kollegen – keinerlei religiöse Vorbereitungen für das Experiment getroffen hatte. Bei ihm waren die mystischen Erfahrungen prompt ausgeblieben.

Schon allein dieser auffällige Umstand legt nahe, dass das religiöse Empfinden letzten Endes nicht nur von der Droge, sondern auch von der persönlichen Einstellung und vom sozialen Umfeld abhängt.

Eine Wiederholung seines Versuchs unter besseren Bedingungen ist Pahnke allerdings nicht vergönnt. Ein Jahr nach dem Karfreitagsexperiment – Walter Pahnke hat gerade seine Doktorarbeit vollendet – wird Timothy Leary in Harvard gefeuert. Drogenexperimente mit Gesunden gelten zunehmend als unseriös, wenige Zeit später werden sie ganz verboten. Pahnke geht als Arzt ans Spring Grove Hospital in Baltimore und findet dort ein neues Experimentierfeld. Er verabreicht unheilbar krebskranken Patienten (mit deren Einverständnis) versuchsweise LSD und andere Psychedelika. Daraufhin, so berichtet Pahnke, hätten die Kranken dem Tod ruhiger und gelassener entgegengesehen. Doch viel Zeit zum Forschen bleibt ihm nicht. 1971 fällt er einem Tauchunfall zum Opfer. Sein Körper bleibt in den Weiten des Ozeans verschollen.

DIE PSYCHEDELISCHE RENAISSANCE

Über vierzig Jahre dauert es, bevor Wissenschaftler an eine Wiederholung des »Karfreitagsexperiments« denken können. So lange wirkt die Ächtung der bewusstseinserweiternden Substanzen nach, die auf die wilden Hippiezeiten der Sechzigerjahre folgte. In dem Maße, in dem damals Drogen zunehmend wahllos konsumiert und *bad trips* zur Tagesordnung wurden, schwand die gesellschaftliche Akzeptanz. Der einst positiv besetzte, von dem Psychiater Humphrey Osmond geprägte Begriff *psychedelisch* (= die Seele entfaltend) wurde zusehends negativ assoziiert, man setzte ihn mit Drogensucht und wirren Gestalten gleich, die ihr Bewusstsein nicht erweitert, sondern – wie der Schriftsteller Martin Mosebach lästerte – es »wie ein Gummiband« weiteten, »bis es vollständig ausgeleiert« war.[1]

Erst allmählich wagen sich Forscher wieder an Substanzen mit psychedelischem Potenzial. Ende der 1990er-Jahre beginnt Franz Vollenweider an der Psychiatrischen Universitätsklinik in Zürich, die neurologischen Wirkungen von Drogen wie Psilocybin, Ecstasy oder Ketamin zu untersuchen. 2006 erscheint in den *Archives of General Psychiatry* eine Studie, in der amerikanische Ärzte von erstaunlich positiven Wirkungen des Ketamin (»Vitamin K«) auf depressive Patienten berichten. Im selben Jahr wird – weltweit einmalig – in der Schweiz offiziell ein Antrag genehmigt, die Partydroge Ecstasy (MDMA) als Therapeutikum einzusetzen. Anfang 2008 gibt eine Schweizer Ethikkommission sogar erstmals wieder eine Bewilligung für Versuche mit LSD. Der Schweizer Psychiater Peter Gasser will die Droge einsetzen, um damit Angstzustände bei todkranken Patienten zu therapieren. Das Wissenschaftsblatt *Nature* macht eine »stille Revolution« in der Forschung mit bewusstseinserweiternden Drogen aus, das *Time Magazine* schreibt von einer »psychedelischen Renaissance«.

Auch an der renommierten Johns Hopkins University School of Medicine im amerikanischen Baltimore holt man verbotene Substanzen wie Psilocybin wieder aus dem Giftschrank. Hier wagt sich der Psychopharmakologe Roland R. Griffiths 2006 an eine Neuauflage von Pahnkes Karfreitagsexperiment. Allerdings vermeidet Griffiths den größten Fehler seines Vorgängers: Statt seine 36 Probanden gemeinsam auf den Pilz-Trip zu schicken, bittet er sie jeweils einzeln ins Labor. Auf diese Weise stellt er sicher, dass – anders als 1962 – sich die Versuchspersonen nicht gegenseitig beeinflussen können. Auch das *setting* ist bedeutend nüchterner als seinerzeit in der Bostoner Kapelle. Statt an einem sakralen Ort erleben Griffiths Probanden ihren Rausch in einem Laborraum, der mit Sofa und Hifi-Anlage zu einem Wohnzimmer umdekoriert wurde. Und wie bei einem typischen Arztbesuch müssen sie morgens um acht Uhr zunächst eine Urinprobe abgeben, bevor sie ihre Pille erhalten. Danach werden sie gebeten, sich auf das Sofa zu legen, ihre Augen mit einer Schlafmaske zu bedecken und über Kopfhörer klassischer Musik zu lauschen – stets kritisch beäugt von zwei wissenschaftlichen Beobachtern, die über die folgenden acht Stunden immer wieder Blutdruck und Herzschlag messen und auf ungewöhnliche Verhaltensweisen achten.

Trotz dieser eher nüchternen Versuchssituation erleben Griffiths' Testpersonen ähnliche Erleuchtungen wie seinerzeit Pahnkes Theologiestudenten. Zeit und Raum versinken, sie spüren eine »ozeanische Entgrenzung« und baden in Gefühlen von Freude, Liebe und heiliger Ehrfurcht. »Viele berichteten von einer direkten, persönlichen Erfahrung mit einer jenseitigen Welt«, erklärt Griffiths hinterher. Zwei Drittel der Teilnehmer geben an, der Psilocybin-Rausch sei für sie eine der fünf bedeutendsten Erfahrungen ihres Lebens oder gar die bedeutendste überhaupt gewesen. Manche vergleichen die Stunden auf Griffiths' Sofa mit dem Tod eines Elternteils, Frauen fühlen sich an die Geburt ihres ersten Kindes erinnert. Auch Familienmitglieder und gute Freunde, die von den Forschern interviewt werden, berichten ebenfalls von positiven Auswirkungen auf das Verhalten der Probanden.[2]

»Wenn es unter günstigen Bedingungen verabreicht wird, fördert Psilocybin Erfahrungen, die spontan auftretenden mystischen Erlebnissen gleichen«, lautet jedenfalls Griffiths' Fazit, das er 2006 in der Fachzeitschrift *Psychopharmacology* veröffentlicht. Die Herausgeber der Zeitschrift sind sich der Brisanz des Themas wohl bewusst und stellen Griffiths' Bericht gleich vier kommentierende Artikel von renommierten Wissenschaftlern zur Seite. Obwohl dabei auch kritische Töne laut werden und manche an die Drogenopfer der Sechziger- und Siebzigerjahre erinnern, ist der überwiegende Tenor eher positiv. »Für Psychopharmakologen wird es Zeit, ihren Verstand und ihre Laboratorien für das ganze Spektrum menschlicher Drogenerfahrung zu öffnen«, schreibt etwa Harriet de Wit von der University of Chicago. Griffiths und seine Kollegen hätten für diese Art der Forschung ein »exzellentes Beispiel« geliefert.

NEBENWIRKUNG PARANOIA

Angesichts solcher Experimente kommen einem sofort zwei Fragen in den Sinn: Darf man solch ein chemisch ausgelöstes Erlebnis wirklich »religiös« nennen? Und was ist mit den Nebenwirkungen?

Um mit der letzten Frage zu beginnen: Tatsächlich schwebten Griffiths' Probanden nicht nur auf Wolke sieben. Vor allem am Anfang des Drogentrips erlebten viele Angst und Schrecken. Acht der Freiwilligen hatten während des Versuches mit

Angstzuständen zu kämpfen, sechs davon zeitweilig mit paranoiden Gedanken, und drei gaben an, so eine Erfahrung nie mehr wiederholen zu wollen. Von ähnlichen Schwierigkeiten hatten übrigens auch 1962 die Teilnehmer am *Karfreitagsexperiment* berichtet; allerdings hatte Pahnke seinerzeit die Nebenwirkungen stark heruntergespielt. Sie kamen erst fünfundzwanzig Jahre später ans Licht, als der Psychologe Rick Doblin in mühsamer Detektivarbeit die damaligen Versuchsteilnehmer wieder ausfindig machte und sie erneut befragte. Viele erzählten ihm, dass sie in der Marsh-Kapelle zeitweilig gefürchtet hatten, verrückt zu werden oder zu sterben. Einem von ihnen musste gar ein Beruhigungsmittel gespritzt werden, weil die Situation außer Kontrolle zu geraten drohte. Dass Pahnke diese Nebenwirkungen in seiner Doktorarbeit unterschlagen hat, ist für Doblin unentschuldbar.

Heute ist Doblin selbst ein Verfechter psychedelischer Studien, zu deren Förderung er 1986 eigens die Multidisciplinary Associaton for Psychedelic Studies (*www.maps.org*) gegründet hat; dennoch kritisiert er die oft gar zu euphorischen Berichte der Anfangszeit, die mit dafür verantwortlich gewesen seien, dass naive Drogenkonsumenten in den Sechziger- und Siebzigerjahren zu Tausenden in den Notaufnahmen von Krankenhäusern landeten. Eine gute Betreuung während solcher Drogentrips sei unabdingbar.

Deshalb hat Roland Griffiths dafür gesorgt, dass den Teilnehmern seines Experiments jeweils eine Vertrauensperson zur Seite gestellt wurde, die sich zwar acht Stunden Zeit für ein persönliches Gespräch nahm. Während des Versuchs konnte diese die Probanden dann meist durch gutes Zureden oder Berührungen an der Hand beruhigen. Und spätestens wenn die

Wirkung der Droge abgeklungen war, waren auch die Angstzustände verschwunden. Selbst jene Teilnehmer, die »psychologische Unannehmlichkeiten« erlebten, so stellt Griffiths fest, hätten die Gesamterfahrung überwiegend als »persönlich wertvoll und spirituell signifikant« bewertet. »Keiner der Freiwilligen gab an, das Erlebnis hätte sein persönliches Wohlbefinden oder seine Zufriedenheit mit dem Leben beeinträchtigt.«

Das korrespondiert mit den Auskünften, die Doblin von Pahnkes einstigen Theologiestudenten erhielt. Diese bezeichneten auch fünfundzwanzig Jahre nach dem *Good Friday Experiment* – trotz aller negativen Erfahrungen – die Drogenmesse in der Marsh-Kapelle als einen der Höhepunkte ihres spirituellen Lebens; dessen positiver Einfluss habe im Lauf der Zeit nicht etwa abgenommen, sondern sich eher noch vertieft. Dafür spricht auch, dass achtzig Prozent derjenigen, die damals Psilocybin erhielten, heute immer noch als Geistliche arbeiten. Von den Mitgliedern der Kontrollgruppe dagegen tut das nur noch die Hälfte.

EIN »PSYCHOAKTIVES SAKRAMENT«?

Muss ein Drogentrip also als »echtes« religiöses Erlebnis gewertet werden? Ist dieses gar jener Erleuchtung gleichzusetzen, die andere oft erst nach Jahren oder Jahrzehnten der asketischen Übung erlangen? Den Unterschied hat der Schriftsteller Arthur Koestler einmal so beschrieben: Die einen erklimmen einen Berg mühsam zu Fuß, während die anderen einfach mit der Seilbahn nach oben fahren. Koestler war überzeugt, man müsse all die Qualen des Wanderns durchleben, um das richtige Gipfelerlebnis zu haben; sein Freund Aldous Huxley jedoch entgegnete, die Aussicht sei letztlich dieselbe. Wer hat recht?

Für Mike Young, der 1962 zu Pahnkes Psilocybin-Probanden zählte und heute als Einziger bereit ist, öffentlich darüber zu sprechen, ist das keine Frage. »Alle, die damals die Droge erhielten – außer einem –, sagten hinterher: ›Ja, das war definitiv ein religiöses Erlebnis.‹ Und auch dieser eine hat seine Meinung im Laufe der Jahre deutlich geändert«, erzählt Young. »Ich weiß das, denn dieser eine bin ich.« Heute lebt Young in Honolulu, wo er als Pfarrer einer unitarischen Kirche arbeitet. Wird er gefragt, worin für ihn die besondere Qualität einer religiösen Erfahrung bestehe, so spricht der Geistliche von der »Kraft, die gewohnten Werte neu zu ordnen«, davon, dass sie »völlig neue Möglichkeiten« eröffne, »die für sicher geglaubte Welt auf den Kopf« stelle und einen dazu bewege, »sein eigenes kleines Selbst zu transzendieren«. Allerdings stellt Young auch klar: Eine solche Art von religiöser Erfahrung – »ob sie nun von Drogen ausgelöst ist oder nicht« – sei niemals das Endziel, sondern allenfalls ein Anfang. »Sie erschüttert einen, aber dann kommt es darauf an, was man daraus macht.«

Ganz ähnliche Worte, wenn auch aus anderer Perspektive, findet der österreichische Benediktinermönch David Steindl-Rast, der heute in den USA lebt und weltweit mehrere Zentren für Retreat- und Meditationsaufenthalte gegründet hat. Auch Steindl-Rast kann sich vorstellen, dass Drogen eine echte religiöse Erfahrung vermitteln. Denn: »Was immer wir mit dem vertrauensvollen Mut des Glaubens empfangen, kann ein Mittel der Begegnung mit Gott werden.« Dazu gehören »Essen, das man teilt und in Dankbarkeit isst« ebenso wie das heilende Wasser aus der Quelle von Lourdes – und eben auch psychogene Substanzen. »Wenn wir Gott bei einem Sonnenaufgang auf einer Bergspitze begegnen können, warum nicht auch durch einen Pilz, der unter Gebeten verschluckt wird?«, fragt der Benediktinermönch.

Steindl-Rast, der selbst langjährige Erfahrung mit christlichen und fernöstlichen Meditationspraktiken hat, sagt allerdings auch: »Eine elementare religiöse Erfahrung ist nicht mehr (aber auch nicht weniger) als ein Same für ein spirituelles Leben.« Selbst wenn man dabei Gott begegne, sei das noch keine Garantie für ein spirituelles Leben. Und fast wortgleich wie Mike Young betont der Benediktinermönch: »Die Erfahrung mag authentisch sein; aber die Authentizität ihrer Spiritualität hängt für diejenigen, die diese Erfahrung hatten, davon ab, was sie daraus machen.«

Aus diesem Grund haben all jene Kulturen, die für den Einsatz halluzinogener Drogen bekannt sind, diese stets im Rahmen ritueller Zeremonien verabreicht. Der bewusstseinsverändernde Rausch war nie Selbstzweck, sondern stand immer im Dienst eines höheren Ziels. Mal diente er einem Schamanen zum heilsamen Kontakt mit Geistern oder Dämonen, mal wurde er in Zusammenhang mit religiösen Riten gebraucht. Fast immer lagen solche Mittel zur radikalen Bewusstseinsveränderung in der Hand einer Elite, die damit umzugehen wusste – und die für eine entsprechende soziale Kontrolle sorgte. (Auf diese Weise wird der Peyote-Kaktus, der Meskalin enthält, übrigens bis heute von der *Native American Church of the United States* offiziell im Rahmen religiöser Zeremonien verwendet.)

Um diese religionskompatible Seite von Substanzen wie Psilocybin oder Meskalin zu betonen, wollen manche Psychedelikafans auch gar nicht mehr von »halluzinogenen Drogen« sprechen. Stattdessen hat eine Gruppe von Ethnobotanikern und Religionswissenschaftlern dafür den Begriff »Entheogene« vorgeschlagen, ein Kunstwort, das sich aus den altgriechischen Ausdrücken *en* (= in), *theos* (= Gott) und *genesthai* (= bewirken) zusammensetzt, wörtlich übersetzt also so viel bedeutet wie »etwas, das bewirkt, dass Gott in einem ist«. Manche sprechen in diesem Zusammenhang auch schon von »psychoaktiven Sakramenten«. So hat etwa das *Council on Spiritual Practices* in San Francisco einen Sammelband mit diesem Titel herausgegeben, in dem Rick Doblin, Mike Young und andere von ihren Erfahrungen berichten.

David Steindl-Rast, der gebeten wurde, das Vorwort zu schreiben, stellt allerdings klar: »In meiner eigenen katholisch-christlichen Tradition ist ein Sakrament nichts, mit dem man spielt. Schon der Begriff ›Sakrament‹ lässt ein Warnsignal ertönen: Vorsicht! Hochspannung! Er weist auf nichts anderes hin als auf eine Begegnung mit Gott.« Psychoaktive Substanzen könnten einen zwar durchaus für die Erfahrung einer transzendenten Realität öffnen, aber nicht umsonst spreche man vom *mysterium tremendum*. »Das Heilige kann diejenigen, die unvorbereitet in seine schreckliche Gegenwart stolpern, zerstören.«

»ALLES IM RAUM DREHTE SICH«

Auch wenn vermutlich nur wenige Konsumenten von Bewusstseinsdrogen mit dem Begriff *mysterium tremendum* etwas anfangen können, kennen viele von ihnen diesen Schock einer radikalen Bewusstseinsveränderung. Zwar haben klassische Psychedelika – anders als Nikotin oder Alkohol – so gut wie keine organische Toxizität. Auch das Risiko, körperlich abhängig zu werden, ist gering. Dennoch ist ihre psychische Wirkung ungeheuer, weil sie direkt den Kern unseres Menschseins angreift. Und genau diese Wirkung ist es, die eine nähere Betrachtung der Drogenwirkung auch aus religiöser Sicht so interessant macht.

Am besten erforscht ist heute vermutlich die Wirkung der Substanz mit dem Kürzel LSD, Lysergsäurediäthylamid, der stärksten, künstlich hergestellten Bewusstseinsdroge der Neuzeit. Der Extrakt aus den Alkaloiden des Mutterkorns, 1943 von dem Chemiker Albert Hofmann in den Labors des Schweizer Pharmakonzerns Sandoz entdeckt, wirkt bis zu 10 000-mal so stark wie Meskalin. Ein einziges Gramm LSD reicht, um 20 000 Menschen bequem in einen mehrstündigen Rausch zu versetzen. Der Stoff, auch als »psychische Atombombe« bezeichnet, wurde damit nicht nur zum Treibsatz der Hippiebewegung, sondern auch zu einem begehrten Pharmakon für die Wissenschaft.

Bis zu ihrem Verbot 1966 wurde die Droge in großem Stil untersucht: Psychotherapeuten sahen sie als Werkzeug, um bei Patienten lange verdrängte Traumata an die Oberfläche des Bewusstseins zu holen; die CIA erprobte sie als eine Art »Wahrheitsserum«, und Ärzte wie Walter Pahnke setzten sie in der

Sterbebegleitung von schmerzgequälten Krebspatienten ein; vor allem aber stimulierte die »Mutter aller Drogen« in den Fünfzigerjahren die Erforschung der Botenstoffe im Gehirn.

Denn die Psychedelika gleichen stark den körpereigenen Neurotransmittern wie Serotonin, Noradrenalin oder Dopamin. Und ähnlich wie diese entfalten sie ihre Wirkung in denselben Hirnregionen. Vor allem beeinflussen die Drogen das limbische System, in dem Sinneseindrücke gefiltert, mit Gedächtnisinhalten abgeglichen und emotional bewertet werden – in dem das Gehirn also sein Weltbild konstruiert. Und eben dieser Konstruktionsprozess wird von den »Entheogenen« gestört. Sie können zum Beispiel jene Filter außer Kraft setzen, die das Gehirn vor Reizüberflutung schützen. Damit heben sie in gewisser Weise die Trennung zwischen individuellem Bewusstsein und äußerer Welt auf; und genau diese Bewusstseinsveränderung ist es, die sowohl ihren schrecklichen als auch ihren sakralen Charakter ausmacht.

»Die Substanz, mit der ich hatte experimentieren wollen, hatte mich besiegt. Sie war der Dämon, der höhnisch über meinen Willen triumphierte. Eine furchtbare Angst, wahnsinnig geworden zu sein, packte mich. Ich war in eine andere Welt geraten, in andere Räume, mit anderer Zeit.« So schildert Albert Hofmann seine Erlebnisse beim ersten Trip mit LSD. Der Chemiker, der eigentlich auf der Suche nach einem Kreislauftherapeutikum war, hatte die unbekannte Droge synthetisiert und danach merkwürdige »Schwindelgefühle« erlebt. Entschlossen, »der Sache auf den Grund« zu gehen, hatte er daraufhin einen Selbstversuch gewagt mit der, wie er meinte, »kleinsten Menge, von der noch irgendein feststellbarer Effekt erwartet werden konnte«: 0,25 Milligramm LSD – aus heutiger Sicht eine gewaltige Überdosierung. Dementsprechend waren die Wirkungen.

»Alles im Raum drehte sich, und die vertrauten Gegenstände und Möbelstücke nahmen groteske, meist bedrohliche Formen an. Sie waren in dauernder Bewegung, wie belebt, von innerer Unruhe erfüllt. Die Nachbarsfrau, die mir Milch brachte, war nicht mehr Frau R., sondern eine böse, heimtückische Hexe mit einer farbigen Fratze«, berichtet Hofmann in seinem Versuchsprotokoll. Doch schlimmer als all diese Verwandlungen der Außenwelt ist die Transformation, die er an sich selbst, an seinem eigenen Wesen verspürt. »Alle Anstrengungen meines Willens, den Zerfall der äußeren Welt und die Auflösung meines Ichs aufzuhalten, schienen vergeblich. Ein Dämon war in mich eingedrungen und hatte von meinem Körper, von meinen Sinnen und von meiner Seele Besitz ergriffen.«

Eilig wird ein Arzt gerufen, doch der kann keine abnormen Symptome feststellen. Hofmann, der an eine Vergiftung glaubt, trinkt in der Nacht »alle irgendwie beschaffbare Milch«, und

Albert Hofmann, der Entdecker des LSD

nach einigen Stunden weicht endlich der Schrecken. Nun beginnt der Chemiker sogar, den Rausch zu genießen. »Kaleidoskopartig sich verändernd, drangen bunte, fantastische Gebilde auf mich ein, in Kreisen und Spiralen sich öffnend und wieder schließend, in Farbfontänen zersprühend, sich neu ordnend und kreuzend, in ständigem Fluss. Besonders merkwürdig war, wie alle akustischen Wahrnehmungen, etwa das Geräusch einer Türklinke oder eines vorbeifahrenden Autos, sich in optische Empfindungen verwandelten. Jeder Laut erzeugte ein in Form und Farbe entsprechendes, lebendig wechselndes Bild.«

Spät in der Nacht klingt der Rausch endlich ab, Hofmann schläft ruhig und bleibt danach auf Anraten des Arztes einen ganzen Tag lang im Bett. »Tags darauf konnte ich vollkommen normal und frisch die Arbeit im Laboratorium wieder aufnehmen«, notiert er im Bericht für seine Vorgesetzten.

SEELENREISE MIT MOZART

Der ebenso unerschrockene wie nüchterne Forschungschemiker, der bis zu seiner Pensionierung 1971 bei Sandoz die Abteilung »Naturstoffe« leitete, wurde durch seine Erfahrungen mit LSD (das er im Laufe seines Lebens etwa ein Dutzend Mal einnahm) zu einem tiefen Gefühl des Einsseins mit dem Universum geführt. »Ich erkannte, dass meine ganze Welt auf subjektivem Erleben beruht. Sie ist in mir, innen. Nicht außen – es gibt keine Farben da draußen.« Zugleich erfuhr der gläubige Christ Hofmann in der Auflösung des Egos das Vertrauen »in eine höhere Macht, oder wenn Sie so wollen: in den Schöpfer«.

Ähnlich religiöse Erfahrungen machten die Schriftsteller Aldous Huxley und Ernst Jünger, die in Büchern wie *Moksha* oder *Besuch auf Godenholm* ihre Ausflüge ins Reich Fantastica schilderten. Hofmann hatte den befreundeten Ernst Jünger zu einem Selbstversuch eingeladen, dem ein intensiver Briefwechsel über die Wirkung von Drogen folgte. »Der Wein hat bereits viel verändert, hat neue Götter und eine neue Humanität mit sich gebracht«, schrieb Jünger. »Aber der Wein verhält sich zu (…) LSD wie die klassische zu der modernen Physik. Erprobt sollten diese Stoffe nur in kleinen Gremien werden.« Jünger und Hofmann, die zu ihren gemeinsamen Seelenreisen im Wohnzimmer gern Mozart auflegten, hofften noch auf die heilsame Wirkung der Psychodroge. Die selige Erfahrung der Vereinigung des Ichs mit der Schöpfung, so glaubten sie, könnte die Menschheit evolutionär voranbringen.

Die Hoffnung zerstob in den Sechzigerjahren, als LSD und andere Drogen zum Teil wahllos konsumiert und kombiniert wurden und immer mehr Jugendliche bei ihren chemisch angetriebenen Seelenflügen abstürzten. Hofmanns Warnung, LSD sei »eine außerordentlich gefährliche Substanz«, der man mit Ehrfurcht begegnen müsse, verhallte auf den *Grateful-Dead*-Konzerten, bei denen Tausende an *Acid*-Tests teilnahmen, ungehört. Es zeigte sich, wie sehr *set* und *setting* die Drogenwirkung bestimmten und wie unterschiedlich die individuellen Wirkungen waren.

Albert Hofmann beispielsweise hatte schon als Kind mystische Naturerlebnisse. Auf einem Waldspaziergang war ihm plötzlich der Frühlingswald »im Glanze einer eigenartig zu Herzen gehenden, sprechenden Schönheit« erschienen, was in dem Knaben »ein unbeschreibliches Glücksgefühl der Zugehörigkeit und seligen Geborgenheit« ausgelöst hatte. Dass der Naturfreund Hofmann später auch unter LSD zu Einheitserfahrungen neigte, ist nicht weiter verwunderlich. Dass aber die Hell's Angels nach ihren *acid-trips* zu frommen Brüdern wurden, ist nicht überliefert.

So unbestreitbar also die mystischen oder gar religiositätsfördernden Wirkungen der Psychedelika auch sein mögen, so unabwendbar stellt sich die Frage: Ist es möglich, ein Umfeld zu schaffen, in dem die bewusstseinserweiternden Stoffe produktiv eingesetzt werden können?

»DAS SCHAUERLICHSTE UND DAS LICHTESTE«

Albert Hofmann, der 102 Jahre alt wurde und im April 2008 starb, hoffte bis zuletzt, dass die »psychische Atombombe« eines Tages gezähmt und – ähnlich wie die Kernenergie – einer zivilen Nutzung zugeführt wird. Von Meditationszentren etwa träumte der Chemiker, in denen LSD als »chemische Hilfe« zu anderen Erleuchtungstechniken hinzutreten könnte. Als Vorbild schwebten ihm die altgriechischen Mysterien von Eleusis vor, ein Ritus zu Ehren der Pflanzengöttin Demeter, der zwischen 1500 v. Chr. bis etwa 400 n. Chr. gefeiert wurde und dem nahezu alle damaligen Geistesgrößen – von Sokrates über Platon bis zu Marc Aurel – einmal in ihrem Leben einen Besuch abstatteten.

»Glückselig ist der von den Menschen auf Erden, der das geschaut hat: Wer nicht in die heiligen Mysterien eingeweiht

Großes Eleusisches Fries,
5. Jahrhundert v. Chr.

wurde, wer keinen Teil daran gehabt hat, bleibt ein Toter in dumpfer Finsternis.« So priesen etwa Homers Hymnen das Mysterium von Eleusis. Wer daran teilnehmen wollte, musste sich intensiv vorbereiten. Mehrere Tage lang wurde gefeiert, geopfert und gefastet. Dann erhielten die »Initianten« Einlass ins Innere des Tempels, wo ihnen – verborgen vor neugierigen Blicken – der »Kykeon« gereicht wurde, der heilige Trank. Unter Androhung der Todesstrafe wurde den Teilnehmern verboten, über die Zeremonie nähere Auskunft zu geben. Doch Hofmann ahnte, was die griechischen Priester verabreichten: halluzinogen wirkende Lysergsäure, einen Verwandten des LSD, extrahiert aus Mutterkorn. »Die Priester von Eleusis brauchten nur von dem in der Umgebung des Heiligtums vorkommenden Paspalum-Gras das Mutterkorn abzulesen, es zu pulverisieren und dem Kykeon zuzusetzen, um ihm bewusstseinsverändernde Potenz zu verleihen«, meinte der Chemiker.

Demnach hätten die Initianten von Eleusis nichts anderes als einen antiken LSD-Trip erlebt. Und die Aufgabe der Priester hätte vor allem darin bestanden, ihren Teilnehmern Sicherheit zu vermitteln und ihnen einen geeigneten religiösen Interpretationsrahmen zur Verfügung zu stellen, der ihnen half, ihre Halluzinationen zu verarbeiten. Das könnte die Euphorie eines Cicero erklären, der nach einem Besuch in Eleusis davon schwärmte, er habe dort »nicht nur den Grund erhalten, dass wir in Freude leben, sondern auch dazu, dass wir mit besserer Hoffnung sterben«. Die LSD-Theorie würde auch verständlich machen, weshalb Ciceros Landsmann Aelius Aristide die Eleusinischen Mysterien pries als »das Schauerlichste und das Lichteste von allem, was für Menschen göttlich« ist.

DIE KERNKRAFT DER SEELE

Das Beispiel Eleusis zeigt nicht nur, wie einst in Europa das religiöse Potenzial der Rauschdrogen benutzt wurde, sondern eben auch, wie sehr das Drogenritual eingebunden war in ein gewachsenes kulturelles System. In unserer christlich geprägten Gesellschaft scheint für solche Erfahrungen kein Raum. Schwer vorstellbar, dass der Pastor am Sonntagmorgen in der Kirche einen »Kykeon« reicht und dann seine Gemeinde während des kollektiven LSD-Trips begleitet. Nur noch in stark abgeschwächter Form kommen Psychodrogen in religiösen Ritualen zum Einsatz: So enthält etwa der in der katholischen Messe geschwenkte Weihrauch psychoaktive Substanzen, die angst- und depressionslindernd wirken.

Wo allerdings ein gesellschaftlicher Rahmen fehlt, werden verbotene Substanzen oft heimlich erprobt. Der Verbrauch klassischer Psychedelika wie LSD oder Psilocybin ist zwar stark zurückgegangen. Doch der Drogenmarkt wächst ständig. In den vergangenen Jahren ist vor allem der Konsum von Kokain und Cannabis kräftig gestiegen; immer neue Designerdrogen werden herumgereicht; und die Pharmaindustrie spekuliert auf das künftige Geschäft mit sogenannten *brain enhancers*, Medikamenten, die Konzentration, Gedächtnis oder Stimmung verbessern sollen.

»Was wir derzeit erleben, ist allem Anschein nach erst der Anfang einer umwälzenden Entwicklung: Menschliches Bewusstsein wird technisch verfügbar, subjektives Erleben kann beeinflusst und effektiv manipuliert werden«, warnt der Bewusstseinsphilosoph Thomas Metzinger von der Universität Mainz. Allerdings gebe es für diese »äußerst wirksamen und gefährlichen Möglichkeiten zur Bewusstseinsveränderung« häufig keinen angemessenen Kontext. Viele Jugendliche würden bei ihrer Erkundung der neuen Bewusstseinswelten – mittels Drogen oder via Internet – einfach alleine gelassen, kritisiert Metzinger.

Statt davor die Augen zu verschließen, sollte die Debatte darüber, was eigentlich ein »guter« oder gesellschaftlich wünschenswerter Bewusstseinszustand ist, schon in der Schule beginnen. Dabei kann sich Metzinger zum Beispiel vorstellen, dass im schulischen Rahmen bestimmte Formen der Meditation oder autogenes Training angeboten werden und dass auch über psychoaktive Substanzen geredet wird. Statt diese in die Illegalität abzudrängen (wo sie ihre unheilvolle Wirkung erst recht entfalten), hält es Metzinger für wichtig, offen über Nutzen und Gefahren zu sprechen.

Denn die Forschung habe gezeigt, »dass sich das Konsumentenverhalten durch soziale Kontexte effektiver steuern lässt als durch neue Gesetze«. Deshalb wartet Metzinger mit einem originellen Vorschlag auf: Der Philosoph, der sich schon von Berufs wegen mit Bewusstseinserweiterung befasst, propagiert in einem Pilotprojekt die Einführung eines »LSD-Führerscheins«. Wer ihn erwerben wolle, müsse in einem Eignungstest seine psychische Stabilität nachweisen und eine private Pflegeversicherung abschließen. Außerdem müsse jeder Kandidat eine Prüfung in Theorie und fünf »psychedelische Fahrstunden« unter fachkundiger Begleitung absolvieren. Danach solle ihm der Erwerb von maximal zwei Einzeldosen LSD pro Jahr in der Apotheke erlaubt werden.

Auf diese Weise ließe sich der ewig menschliche Drang, Grenzerfahrungen zu machen, in sinnvolle Bahnen lenken und gleichzeitig ein verantwortungsvoller Umgang mit der »psychischen Atombombe« erproben. Denn ähnlich wie die Entdeckung der Atomenergie ist auch die Entwicklung der Psychodrogen kaum rückgängig zu machen. Vielleicht sind Experimente wie jenes von Ronald Griffiths ja die ersten Schritte auf dem Weg zur wissenschaftlichen Zähmung der »Kernkraft der Seele«.

Unabhängig davon lehren solche Versuche aber auch noch etwas ganz anderes: Sie zeigen, wie labil und beeinflussbar das menschliche Bewusstsein ist und wie wenig feststehend jenes

Weltbild ist, das wir normalerweise als »Wirklichkeit« bezeichnen. Was wir als Realität erleben – das belegen die Berichte von Drogenkonsumenten ebenso wie jene von christlichen oder fernöstlichen Mystikern –, hängt stark davon ab, in welchem Bewusstseinszustand wir uns befinden oder welche Substanzen gerade in unserem Kopf zirkulieren. Wie lässt sich unter solchen Bedingungen definieren, was »real« ist? Und was bedeutet dies für den Kern all unserer Wahrnehmungen – nämlich die Vorstellungen unseres Selbsts? Diesen – nicht nur philosophisch – abgründigen Fragen ist das folgende Kapitel gewidmet.

2 Warum Wahrheit die Erfindung eines Lügners ist

Btite leesn Sie enimal deiesn Txet. Ich wttee, Sie vetsehern ihn, owbohl er egitnilch uverntsädnilch ist. Birstihce Wisesnhcaftlser haebn das vor üebr deßriig Jhraen fsetgestlelt. Sie baetn Sendutten, Txete mit cohaticsh vetrusachetn Bcuhsatebn zu leesn. Kenier httae Peborlme dmiat, sloagne nur der esrte und ltetze Bcushtbae jeeds Wroets rihcitg war.

Alles verstanden? Die fehlerhafte Schreibweise ist gewollt. Mit solchen Leseexperimenten hat der Linguist Graham Rawlinson tatsächlich 1976 nachgewiesen, dass man Texte auch dann versteht, wenn die Buchstaben chaotisch vertauscht sind. Natürlich werden Wörter mit verdrehten Buchstaben langsamer gelesen; auch hängt das Verständnis stark vom Vertauschungsgrad ab. Während wir die »Bcuhstbaenrehenifloge« noch einigermaßen entziffern, stellt uns die »Bbnsghhceeunftloiraee« vor nahezu unlösbare Probleme.

Dennoch zeigt der Versuch, wie sehr unser Leseverständnis von unserem Vorwissen geprägt ist. Statt Buchstabe für Buchstabe aneinanderzusetzen und daraus die Bedeutung eines Wortes zu erschließen, geht unser Gehirn eher umgekehrt vor: Aus dem riesigen Fundus bekannter Wörter sucht es nach demjenigen Begriff, der am besten zu dem vorgegebenen Schriftbild passt, und ignoriert kleinere Abweichungen einfach. So beschleunigt es das Lesetempo erheblich. Dieser Mechanismus ist übrigens nicht erst der modernen Linguistik bekannt. Schon Georg Christoph Lichtenberg spottete in seinen *Sudelbüchern* über einen Bildungsbürger: »Er las immer ›Agamemnon‹ statt ›angenommen‹, so sehr hatte er den Homer gelesen.«

Solche Beobachtungen belegen: Sehen heißt konstruieren. Statt die Wirklichkeit objektiv und unvoreingenommen wahrzunehmen, sind wir stets dabei, sie zu interpretieren und mit unserem Vorwissen in Einklang zu bringen. Wir suchen nach Wortbedeutungen ebenso wie nach vertrauten Mustern und bemühen uns, selbst im größten Chaos noch einen vertrauten Sinn zu entdecken.

Betrachten Sie beispielsweise dieses Schwarz-Weiß-Muster. Auf den ersten Blick mag es zufällig und chaotisch erscheinen.

Doch hat man erst einmal den darin versteckten Hund entdeckt, verändert sich die Wahrnehmung des Bildes für immer. Wir können es fortan nicht mehr betrachten, *ohne* den Hund zu sehen.

Dies gilt nicht nur für optische Reize. Sämtliche Sinneseindrücke unterliegen solchen Interpretationsmechanismen. Denn nur auf diese Weise ist unser Gehirn in der Lage, die unzähligen auf uns einstürmenden Reize effizient zu bewältigen (und genau deshalb ist es auch den Systemen »künstlicher Intelligenz« in vielem so überlegen). Noch bevor sie uns recht zu Bewusstsein kommen, werden Sinneseindrücke in diversen Hirnregionen schon einmal in Kategorien wie »bekannt« und »unbekannt«, »harmlos« oder »bedrohlich« eingeteilt und mit unterschiedlicher Gewichtung versehen. Denn manche Dinge – etwa einen auf uns zufliegenden Stein – müssen wir schnellstmöglich ins Visier nehmen; andere dagegen – ein dahinfliegender Vogel – erfordern keine prompte Reaktion. Das Gehirn funktioniert dabei ähnlich wie eine riesige Behörde, in der alle Eingänge zunächst vorsortiert und nur die wichtigsten sofort an die Behördenspitze – das Bewusstsein – weitergeleitet werden; die anderen dagegen werden gemächlich an die dafür zuständigen Abteilungen überwiesen und dort in aller Ruhe bearbeitet.

Wie jede gute Behörde verfügt allerdings auch das Gehirn nur über eine begrenzte Anzahl von »Formularen«, mit deren Hilfe es die Welt in ein Raster bekannter Kategorien einteilt. Dass wir dabei die Wirklichkeit oft so lange interpretieren und verzerren, bis sie in das Schema unserer eigenen Begrifflichkeit passt, merken wir nicht einmal.

DER BLICK DURCH DIE UMKEHRBRILLE

Einen grünen Baum, der von der roten Abendsonne beschienen wird, nehmen die meisten Menschen als grün wahr. Würden sie allerdings die Wellenlänge des auf ihre Netzhaut treffenden Lichtes physikalisch vermessen, müssten sie feststellen, dass der Baum eher rotes Licht aussendet. Doch da das Gehirn um die »normale« Farbe von Bäumen weiß, wird die Wahrnehmung automatisch so korrigiert, dass wir eben grüne Blätter zu sehen meinen.

Ein anderes Beispiel für die manipulativen Fähigkeiten unseres Gehirns sind die berühmten Versuche mit der Umkehrbrille. Der Wahrnehmungspsychologe Ivo Kohler von der Universität Innsbruck experimentierte in den Fünfzigerjahren mit sogenannten Prismenbrillen, die alle optischen Bilder auf den Kopf stellen. Wie lebt es sich verkehrt? Um das herauszufinden, trugen Kohler und seine Mitarbeiter solche Brillen zum Teil wochenlang (Kohler selbst stellte mit 124 Tagen den Rekord auf).

Wie zu erwarten, liefen Versuchspersonen mit Umkehrbrille anfangs völlig verunsichert durch die Gegend und mussten begleitet werden, um Unfälle zu vermeiden. Nach etwa drei Tagen begannen sie, sich in ihrer verkehrten Welt zurechtzufinden. Vor allem, wenn sie gesehene Gegenstände gleichzeitig abtasten konnten, erschienen ihnen diese mit einem Mal wieder »richtig« herum. Und nach ungefähr neun Tagen hatte sich bei allen die Wahrnehmung sogar vollkommen normalisiert, Bäume schienen wieder nach oben in den Himmel zu streben und Menschen auf den Füßen zu stehen. Offenbar hatte der Wahrnehmungsapparat die eingehenden Sinnesreize selbstständig korrigiert und wieder in Übereinstimmung mit dem gebracht, was das Gehirn über die Welt weiß.

Und was passierte, als Kohlers Versuchspersonen nach Tagen oder Wochen die Umkehrbrillen wieder abnahmen? Dann stand die normale Welt Kopf! Das Gehirn hatte sich inzwischen an die falsche Wahrnehmung derart gewöhnt, dass es seine Sichtweise beibehielt und damit die echten Bilder verkehrte. Allerdings durchlief es alsbald im Zeitraffertempo den Umlernprozess rückwärts. Nach einigen Minuten kippte die Außenwelt wieder in ihre vertraute, aufrechte Form. (Ganz ohne Folgen blieb das Erlebnis aber nicht: Noch Tage später erlebten die Probanden Augenblicke des Verkehrtsehens oder der Desorientierung, ähnlich wie es Drogensüchtigen bei einem *flash-back*, ergeht.)

DAS BEOBACHTERPROBLEM

Solche Experimente widerlegen die Annahme, es gäbe starre Zuordnungsregeln zwischen Umweltreizen und Wahrnehmung. Im Gegenteil, das Bild in unserem Kopf wird durch allerlei intelligente Bildbearbeitungssysteme so lange korrigiert, bis es mit unserem impliziten Wissen und der Rückmeldung anderer Sinnesorgane (Tastsinn, Körperwahrnehmung, Gleichgewicht …) in Einklang steht. Das allerdings hat Folgen für den scheinbar so selbstverständlichen Begriff »Wirklichkeit«: Was wir naiverweise für Realität halten, hängt stark von unserer Wahrnehmung ab. Wir sehen die Welt notgedrungen stets durch die Brille unserer persönlichen Begrenzungen.

Im Lichte der menschlichen Entwicklungsgeschichte ist das nur zu verständlich. Schließlich ist unser Wahrnehmungsapparat ein biologisches Produkt, entstanden in einem jahrtausendelangen evolutionären Optimierungsvorgang. Und dabei hatte das menschliche Gehirn nie die Aufgabe, die Außenwelt vollständig und objektiv abzubilden, sondern so, wie es die Bedürfnisse des Homo sapiens erfordern. Elektromagnetische Strahlung können wir beispielsweise nur in einem eng begrenzten Frequenzbereich wahrnehmen; dass es auch andere Frequenzen wie Röntgenstrahlung, Infrarot oder Ultraviolett gibt (die andere Tiere zum Teil sehr gut wahrnehmen können), entging uns lange Zeit. Gestört hat das uns Menschen nie sonderlich. Wir nennen einfach die uns zugänglichen Frequenzen »sichtbares Licht« und tun so, als seien die anderen prinzipiell unsichtbar.

Es gehört wohl zur menschlichen Charakteristik, die Beschränkung des eigenen Weltbilds großzügig zu ignorieren und nur das für »wahr« und »wirklich« zu halten, was unsere Wahrnehmung zeigt. Und hat uns nicht die moderne Wissenschaft inzwischen mit allen Hilfsmitteln ausgestattet, um auch dessen gewahr zu werden, was früheren Generationen verborgen blieb? Verschafft uns der Fortschritt nicht immer umfassendere objektive Informationen über die Welt »an sich«?

Bis zum Ende des 19. Jahrhunderts gab sich die Wissenschaft tatsächlich dieser Illusion hin. Doch dann traf sie wie ein Schock die Erkenntnis, dass dies möglicherweise aus ganz prinzipiellen Gründen nicht möglich ist. Und den Anlass lieferte ausgerechnet die Physik, die Mutter aller Naturwissenschaften, die uns die Struktur der Materie ebenso wie jene des Universums erklärt und am ehesten als nüchtern und objektiv gilt.

Denn als die Physiker Anfang des 20. Jahrhunderts in die atomare Welt vorstießen, erwies sich ihr bis dahin gültiges Prinzip der Objektivität plötzlich als nicht mehr tragfähig. Stattdessen bekamen sie es mit dem »Beobachterproblem« der Quantenphysik zu tun, der Tatsache nämlich, dass jede Messung die atomare Realität beeinflusst und damit verändert. Das heißt: Der Beobachter wird Teil jenes Geschehens, das er eigentlich objektiv beobachten will.

Diese Tatsache hat seither zu vielerlei Interpretationen Anlass gegeben; auch Esoteriker greifen sie gerne auf, um daraus die Behauptung abzuleiten, man könne die Wirklichkeit mit purer Gedankenkraft verändern. Da dies in den allermeisten Fällen Unsinn ist, sei hier kurz erklärt, was es mit der geheimnisvollen Quantenphysik auf sich hat – und was nicht.

Wenn man Atome, Licht und Elementarteilchen untersucht, zeigen diese – je nach Messapparatur – ganz unterschiedliche Eigenschaften. Mal verhalten sie sich wie stabile Korpuskeln oder Teilchen, deren Aufenthaltsort sich genau bestimmen lässt; mal verhalten sie sich wie unendlich ausgedehnte Wellen, die überall im Raum gleichzeitig zu sein scheinen.[3]

Nach und nach erkannten die Physiker, dass prinzipiell jedes Objekt diese merkwürdige Doppelnatur aufweist – und die sogenannte Quantenmechanik ist jener mathematische Formelapparat, der eben dieses merkwürdige Verhalten beschreibt. Dabei lassen sich die Eigenschaften der atomaren Objekte nur noch mit Wahrscheinlichkeitsaussagen erfassen; demzufolge hat etwa ein Elektron eine gewisse Aufenthaltswahrscheinlichkeit an Ort A und zugleich eine andere an Ort B. Es befindet sich also gewissermaßen *gleichzeitig an verschiedenen Orten* (was zum Beispiel in den sogenannten Elektronenwolken im Atommodell zum Ausdruck kommt). Nimmt man allerdings eine Messung vor (indem man etwa einen Detektor aufstellt, der Elektronen auffängt), »zwingt« man das Elektron, sich an einem bestimmten Ort zu manifestieren. Damit vergewaltigt man jedoch seine Wellennatur, was zu unberechenbaren Geschwindigkeiten des Elektrons führt – genau diese Tatsache beschreibt Werner Heisenbergs berühmte Unschärferelation.

Jede Beobachtung, auch so lässt sich die Unschärferelation lesen, beeinflusst in der Quantenwelt das beobachtete Objekt. Dem haftet freilich kein Mystizismus an, denn in atomaren Dimensionen ist das Mittel der Beobachtung (etwa ein Lichtstrahl) notgedrungen von derselben Größenordnung wie die beobachteten Objekte selbst. Quantenphysiker sind permanent in der Situation von Blinden, die ihre Umgebung ertasten müssen, um sich davon ein Bild machen zu können – und die mit jeder Berührung ihre Umgebung beeinflussen.

Die Doppelgesichtigkeit der atomaren Objekte, das zeigen ausgeklügelte Experimente, ist dabei nicht etwa nur auf mangelhafte Messungen oder schlechte Theorien zurückzuführen, sondern offenbar ein Grundzug der Natur. »Komplementarität« lautet das Zauberwort der Quantenphysik. Damit wird die Tatsache beschrieben, dass zwei sich eigentlich ausschließende Gesetzmäßigkeiten beide gleichzeitig gültig sind. Niels Bohr, einer der Väter der Quantenmechanik, fasste das Prinzip der Komplementarität in einer Erkenntnis zusammen, die fast schon wie die Einsicht eines Mystikers klingt: »Es gibt triviale Wahrheiten und große Wahrheiten. Das Gegenteil einer trivialen Wahrheit ist schlichtweg falsch. Das Gegenteil einer großen Wahrheit ist ebenfalls wahr.«

»EIN ORCHESTER OHNE DIRIGENT«

Aufgrund solcher Erfahrungen haben Physiker in den vergangenen Jahrzehnten gelernt, mit dem Begriff der »Wahrheit« vorsichtig umzugehen. Denn sie wissen, dass das, was wir für »wahr« halten, jeweils von unserem eigenen Standpunkt abhängt und bei anderer Betrachtung möglicherweise ganz anders erscheint. Am radikalsten hat diesen Gedanken der Physiker Heinz von Foerster formuliert, einer der Wegbereiter der modernen Kybernetik. »Wahrheit ist die Erfindung eines Lügners«, postulierte von Foerster. Denn Begriffe wie Wahrheit und Lüge würden sich gegenseitig bedingen, und wer für sich in Anspruch nehme, über die Wahrheit zu verfügen, mache damit andere direkt oder indirekt zu Lügnern. »Meine Auffassung ist, dass die Rede von der Wahrheit katastrophale Folgen hat und die Einheit der Menschheit zerstört«, sagte von Foerster. »Man muss daran erinnern, wie viele Millionen von Menschen verstümmelt, gefoltert und verbrannt worden sind, um die Wahrheitsidee gewalttätig durchzusetzen.« Begriffe wie Wahrheit und Lüge gehörten daher für von Foerster »zu einer Kategorie des Denkens, aus der ich gerne heraustreten würde, um eine ganz neue Sicht und Einsicht zu ermöglichen«.

Nun heißt das freilich nicht, dass letztlich alles einerlei ist und es keinerlei Unterscheidung mehr gibt zwischen wahr und falsch. Heinz von Foerster orientierte sich in diesem Punkt vielmehr an dem Philosophen Karl Popper, der darauf bestand, der Wert einer wissenschaftlichen Theorie müsse sich daran bemessen, ob sie *falsifizierbar* (widerlegbar) ist. Wenn sie durch andere, bessere Erkenntnisse zumindest *im Prinzip* widerlegt werden kann, ist es Popper zufolge eine gute Theorie. Wenn sie nicht falsifizierbar ist (wie etwa die Behauptung der Existenz Gottes), handelt es sich um einen dogmatischen Glaubenssatz, nicht um Wissenschaft. Wissenschaftliche Annahmen können sich daher zwar in einem bestimmten Rahmen als richtig oder falsch erweisen, aber nicht als absolute, ewige Wahrheiten. Albert Einstein traf den Nagel auf den Kopf, als er bemerkte: »Es lässt sich schwer sagen, was Wahrheit ist, aber manchmal ist es so einfach, eine Lüge aufzudecken.«[4]

DAS ICH UND SEINE GESCHICHTE

Wenn wir also schon die Außenwelt nur im Spiegel unserer begrenzten Erkenntnisfähigkeit wahrnehmen, wie steht es dann mit uns selbst? Können wir uns unserer eigenen Person wenigstens vollkommen sicher sein, sind wir diejenigen, für die wir uns halten?

Schön wär's. Tatsächlich ist kaum etwas trügerischer als der Eindruck eines unwandelbaren »Ich«. Das beginnt schon auf der materiellen Ebene: Unaufhörlich geht das biologische Material unseres Körpers zugrunde, wird ersetzt und umgebaut. Manche Zellen überdauern eine Woche, die meisten nicht länger als ein Jahr. Kaum ein Molekül unseres Körpers, das nicht im Laufe unseres Lebens mehrfach ausgetauscht würde. Metaphorisch gesprochen wird das Haus des »Ich« permanent umgebaut. Und doch haben wir den Eindruck, wir hätten eine kontinuierliche Identität, die uns unser Leben lang begleitet.

Wie geht das zu? Der französische Philosoph René Descartes (1596–1650) löste das Problem seinerzeit, indem er den

Menschen zweiteilte. Die *res extensa*, die »ausgedehnte Körpersubstanz«, war für ihn streng geschieden von der *res cogitans*, der »ausdehnungslosen denkenden Substanz«. Dieser »Dualismus«, die Trennung von Geist und Körper, hat das abendländische Verständnis massiv beeinflusst; doch heute gilt er unter Neurowissenschaftlern als hoffnungslos veraltet. Denn in den vergangenen Jahren hat sich immer mehr gezeigt, wie sehr unser »Ich« vom Funktionieren unseres Gehirns abhängt, wie unauflösbar Körper und Geist verbunden sind und dass man weder die *res cogitans* ohne die *res extensa* verstehen kann noch umgekehrt.

Jeder Gedanke, jede Erfahrung und alle äußeren Einflüsse wirken ja (wie in Kapitel III beschrieben) auf das Gehirn zurück, beeinflussen und verändern es. Das belegt der Placeboeffekt ebenso wie bizarre Persönlichkeitsveränderungen, die mit Hirnverletzungen oder mit Drogen einhergehen. Das drückt schon die Metapher des Gehirns als »Orchester ohne Dirigent« aus: Einerseits hängt die »Musik« des Gehirns – unsere Identität – von der jeweils verfügbaren Besetzung ab; fehlen neuronale Musiker oder werden sie gestört, ändert sich zwangsläufig das jeweils gespielte Stück. Andererseits wirkt die jeweilige Musik wieder auf das Orchester zurück; viel beschäftigte Musiker werden immer virtuoser; diejenigen, die nie zum Zug kommen, schlafen irgendwann ein.

DIE BETROGENE ERINNERUNG

Was bedeutet dies für unsere Vorstellung vom »Ich«? Es ist kein feststehendes »Ding«, sondern ein fortlaufender Prozess. Die »Musik« des Hirnorchesters entsteht in jeder Minute neu, sie variiert je nach Spielort und Besetzung und ist damit alles andere als eine stabile, gleichbleibende Einheit. Dass wir dennoch das starke Gefühl einer unwandelbaren Identität haben, hängt zum einen mit unserem stabilen Körperbild zusammen, zum anderen damit, dass wir immer wieder unsere gedanklichen Evergreens wiederholen und unser geistiges Repertoire nur langsam ändern. Um im Orchesterbild zu bleiben: Wer von klein auf vorwiegend Marschmusik intonierte, wird nicht plötzlich heiße Sambarhythmen zu Gehör bringen. Denn dazu mangelt es ihm nicht nur an Übung, sondern es fehlen ihm auch die entsprechenden »Musiker«. Und wovon wird unser Repertoire geprägt? Von vielfältigen Einflüssen, die bei unserem genetischen Erbe beginnen und all jene Erfahrungen und Lernprozesse einschließen, denen wir im Laufe unseres Lebens begegneten. So beruht das »Ich« auf extrem starken Gewohnheiten und kann doch immer wieder aktualisiert werden, im Lichte neuer Erfahrungen, in Reaktion auf unsere Umwelt und auf das, was unsere Mitmenschen uns zurückspiegeln.

Man könnte auch sagen: Das »Ich« ist eine Geschichte, die sich unser Organismus ständig selbst erzählt und dabei *uns*, das bewusste Ich, erzeugt. Und wie alle Geschichten kann auch jene des Ich verändert, verzerrt oder neu geschrieben werden. Wie weit dieses Umschreiben gehen kann, zeigen beispielhaft die Studien der Psychologin Elizabeth Loftus von der University of Washington in Seattle. Sie demonstrierte als Erste, wie leicht man Menschen dazu bringen kann, ihre eigene Biografie zu verfälschen und sich an Dinge zu erinnern, die nie stattgefunden haben.

Lost in the mall hieß eines ihrer berühmten Experimente. Dabei sollten sich Versuchspersonen an Erlebnisse aus ihrer Kindheit erinnern und bekamen dazu kurze Berichte über einzelne

Episoden vorgelegt, die angeblich von ihren Verwandten verfasst worden waren. Was sie nicht wussten: Die Geschichte, wie die jeweiligen Probanden im Alter von fünf oder sechs Jahren in einem Einkaufszentrum verloren gegangen waren, war frei erfunden. Dennoch glaubten fast 25 Prozent aller Versuchspersonen, sich daran erinnern zu können. Auch die Fotos, auf denen man sie als Kinder neben ihrem Vater in einem Heißluftballon sah, waren gefälscht. Nichtsdestotrotz »erinnerte« sich jeder Zweite an die Ballonfahrt, die nie stattgefunden hatte.

Unser Gedächtnis ist also nur sehr bedingt vertrauenswürdig. Reiches Anschauungsmaterial dafür bieten auch die gemeinsamen Studien des Sozialpsychologen Harald Welzer und des Neurowissenschaftlers Hans Joachim Markowitsch zum autobiografischen Gedächtnis. In seinem Buch *Opa war kein Nazi* zeigt Welzer zum Beispiel, wie im Nachhinein Erinnerungen geschönt und (zum Teil unwissentlich) mit Versatzstücken aus Filmen oder mit Gehörtem aufgepeppt werden.

»Erinnerungen verändern sich mit jedem Abruf«, erklärt der Gedächtnisforscher Markowitsch. Denn wenn wir uns eine vergangene Episode ins Bewusstsein rufen, dann ähnelt das dem Laden einer alten Computerdatei von der Festplatte in den Arbeitsspeicher. Und bei jedem Betrachten werden die Daten überarbeitet, mit neuen Erkenntnissen verknüpft und dann neu abgespeichert. Auf diese Weise entfernen sich Erinnerungen mit der Zeit immer weiter von den Tatsachen. Vergangene Urlaube werden mit jedem Diaabend schöner, frühere Heldentaten erscheinen großartiger, und persönliche Niederlagen werden entschärft oder gleich unter den Teppich gekehrt. So wird die Erzählung des »Ich« fortgesponnen und unsere Identität immer wieder neu geschaffen.

Dass wir diesen beständigen inneren Erzählfluss für gewöhnlich nie wahrnehmen, hängt damit zusammen, dass er unbewusst und automatisch abläuft. Nur manchmal, wenn der permanente innere Konstruktionsprozess gestört wird, merken wir, wie fragil unsere scheinbar feststehende Identität ist. Durch einen Hirntumor etwa oder im Laufe einer Alzheimer-Demenz kann sich die Persönlichkeit eines Menschen so radikal verändern, dass aus einer vertrauten Identität ein Fremder wird. Auch auf chemischem Wege lassen sich solche Identitätsveränderungen hervorrufen. Der Schrecken, den etwa LSD-Trips hervorrufen, hängt eben auch damit zusammen, dass sich dabei jenes vertraute Ich auflöst und man – wie Albert Hofmann – den Eindruck hat, plötzlich nicht mehr man selbst zu sein.

DIE ILLUSION DER GUMMIHAND

Dass man sich nicht einmal seines eigenen Körpers sicher sein kann, lehrt ein Besuch im Labor des Neurologen Olaf Blanke an der École Polytechnique Fédérale de Lausanne (EPFL) in der Schweiz. Blanke, der mit der Erzeugung von *Out-of-body*-Erlebnissen bekannt wurde (siehe Kapitel III, 3, S. 211 ff.), interessiert sich besonders für unsere Körperwahrnehmung. Denn anders als den Seh- oder Hörsinn können wir den »Körpersinn« nie abschalten; er begleitet uns so ununterbrochen, dass die Wahrnehmung unseres Körpers ein zentrales Element unseres Selbsts und unserer Identität ist. Doch im Universitätsklinikum Genf, an dem Blanke Oberarzt ist, trifft er immer wieder auf Patienten, bei denen eben diese Selbst- oder Körperwahrnehmung gestört ist. Tagtäglich erlebe er, »wie selbst kleine Störungen der eigenen Körperwahrnehmung im Hirn einen Menschen tiefgreifend verändern«, sagt Blanke.

Wenn der schlaksige Forscher beginnt, von seinen Fallgeschichten zu erzählen, fühlt man sich unwillkürlich an die fantastischen Storys des Neurologen Oliver Sacks erinnert. Da wäre etwa das seltsame Krankheitsbild der »Somatoparaphrenie«, das mitunter bei Menschen auftritt, die einen Hirnschlag erlitten haben und teilweise gelähmt sind. Diese Patienten können auf fatale Weise den Bezug zu ihrem eigenen Körper verlieren. »Sie empfinden etwa einen Arm oder eine Hand als ›fremd‹ und bestehen darauf, das Glied gehöre gar nicht zu ihnen, sondern zu ihrem Bettnachbarn oder dem behandelnden Doktor«, erzählt Blanke. »Mitunter gibt es auch Fälle, in denen Patienten meinen, ein *fremder* Arm gehöre zu ihnen.« In seinem Labor für kognitive Neurowissenschaft an der EPFL versucht Blanke zu verstehen, wie es dazu kommen kann. Und wer möchte, kann hier am Genfer See selbst erleben, wie sich ganz ohne Drogen das eigene Körpergefühl und das Ich manipulieren lassen.

»Bitte hier herein«, sagt Blankes Mitarbeiterin Bigna Lenggenhager und führt mich in einen abgedunkelten Raum, in dem ein merkwürdiger Glaskasten steht. Beim Nähertreten sieht man darin eine hautfarbene Gummihand liegen, deren Armansatz unter einem schwarzen Vorhang verschwindet. »Und nun Ihre Hand da hinein«, kommandiert die siebenundzwanzigjährige Doktorandin freundlich-resolut, und mein Arm verschwindet in dem Kasten. Lenggenhager schiebt meine Hand zur Seite unter eine Sichtblende – sodass von außen plötzlich der Eindruck entsteht, mein Arm sei nun mit der Gummihand verbunden. Dann greift die junge Forscherin zu zwei kleinen Pinseln und beginnt, gleichzeitig meine unsichtbare Hand und die sichtbaren Gummifinger zu streicheln. Ein merkwürdiger Eindruck entsteht: Während ich die Berührung an den eigenen Fingern *spüre*, *sehe* ich sie an der Attrappe. Allmählich scheint das hautfarbene Gummiding ein Teil meines Körpers zu werden. Man meint geradezu, ein Gefühl in den Gummifingern zu entwickeln – und spürt ein schmerzhaftes Erschrecken, wenn plötzlich ein Hammer darauf niedersaust.

»Überrascht?«, fragt Blanke lächelnd. »Diese Sinnestäuschung ist ganz normal.« Diese »Gummihand-Illusion« – 1998 von zwei amerikanischen Psychiatern erstmals beschrieben – belegt nichts anderes, als dass unser Körpergefühl eine Repräsentation des Gehirns ist. »Das Gehirn konstruiert aus allen Inputs, die es bekommt, ein möglichst konsistentes Bild des Körpers und des Selbst – und optische Reize haben dabei offenbar ein sehr großes Gewicht«, sagt Blanke. Wird das Gehirn also mit widersprüchlichen Informationen konfrontiert – Berührungsreizen an der Hand und konkurrierenden visuellen Rückmeldungen von der Gummihand –, bemüht es sich um einen diplomatischen Ausgleich und kann kurzerhand einen fremden Gegenstand in den Körper integrieren und als Selbst attribuieren.

VIDEO ERGO SUM

Klingt unglaublich? Blanke hat noch mehr zu bieten. In einem anderen Experiment dehnt er die Gummihand-Illusion dank virtueller Realität auf den ganzen Körper aus. Wir gehen in einen Laborraum, in dem ein Stativ mit einer Videokamera steht.

Blanke positioniert mich vor der Kamera und reicht mir eine spezielle Videobrille, in der ich – mich selbst von hinten sehe. Denn die Kamera filmt meinen Rücken und überträgt genau dieses Bild auf die Brille. Wieder greift Lenggenhager zu ihren Pinseln und streicht damit über meinen Rücken. Ähnlich wie im Gummihand-Experiment spüre ich die Berührung am eigenen Rücken, während ich sie im Abstand von zwei Metern vor mir sehe. Und alsbald stellt sich wiederum die Wahrnehmungsverschiebung ein: Mehr und mehr meine ich, ein Gefühl in dem virtuellen Körper vor mir zu entwickeln. Bei anderen Probanden war dieser Effekt offenbar so stark, dass sie geradewegs aus ihrer Haut zu fahren meinten – eine Art *Out-of-body*-Erlebnis, das nur mithilfe einer Videokamera und zwei Pinseln erzeugt wurde.

Video ergo sum – mit diesem Seitenhieb auf Descartes war der Bericht über dieses Experiment im Fachblatt *Science* betitelt. Denn der kuriose Versuch zeigt wieder einmal, dass das »Selbst« keine unabhängige Entität ist, sondern letztlich nur eine Konstruktion des Gehirns, die sich auch stören und manipulieren

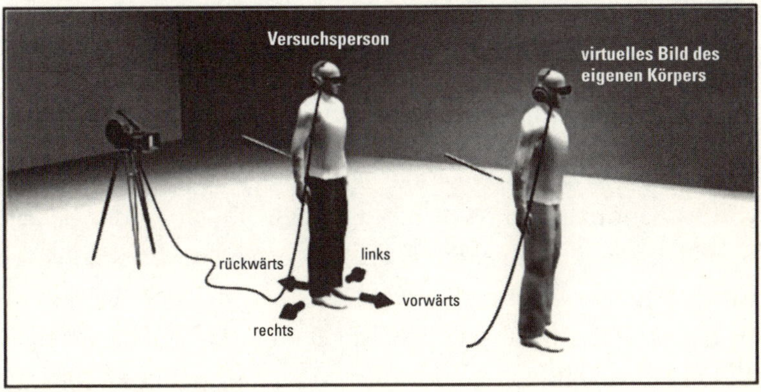

Der Versuch von Olaf Blanke

lässt. »Zum Teil haben die Teilnehmer an diesem Versuch ihr Selbst tatsächlich außerhalb des eigenen Körpers wahrgenommen. Sie dachten, der virtuelle Körper sei ihr eigener«, erklärt der Philosoph Thomas Metzinger, der sich mit Blanke zusammen dieses Experiment ausgedacht hat.

Metzinger vertritt schon länger die These, das bewusst erlebte »Selbst« sei nichts anderes als der Inhalt einer Repräsentation des Gehirns. Schon 1992 hat er in seiner Habilitationsschrift *Subjekt und Selbstmodell* erstmals den Gedanken ausgeführt, dass das, was wir für das »Ich« oder unser »Selbst« halten, nichts anderes als ein Modell sei, ähnlich wie das Modell des Körpers, das vom Gehirn erzeugt wird. Es entsteht Metzinger zufolge aus sämtlichen Wahrnehmungen – auch innerer emotionaler Zustände –, die das Gehirn zu einer möglichst geschlossenen Repräsentation der Welt zusammenfügt.

Daraus allerdings zu folgern, das »Ich« sei nichts anderes als eine Illusion, wäre allzu simpel. So einfach sei die Sache nicht, meint Metzinger: »Denn auch zu einer Illusion gehört, logisch gesehen, immer noch jemand, der sie *hat*.« Für ihn ist das bewusste Selbstmodell des Menschen vielmehr »ein subpersonaler Zustand, der ganz von selbst aus ›dynamischer Selbstorganisation‹ im Gehirn entsteht«. Wenn man es mit dieser Metapher also ernst meine, dann müsse man sagen: »Das ›Ich‹ ist eine Illusion, die *niemandes* Illusion ist.« Daher spricht der Philosoph vom »phänomenalen Selbstmodell«: Sein Inhalt ist das Selbst, so wie es uns im subjektiven Erleben erscheint. Das Selbst ist Erscheinung – vorübergehend und sehr verletzlich. Und Olaf Blankes Experimente zeigen beispielhaft, wie fragil die Modellbildung des Gehirns ist und wie sehr sich sogar unser vertrautes Körperempfinden manipulieren lässt.

In einem neuen Buch, das in Vorbereitung ist, führt Metzinger seine frühere These vom Selbstmodell fort und entwirft den Begriff des »Ego-Tunnels«. »Wenn wir unser bewusstes Leben leben und uns durch diese Welt bewegen, so benutzen wir ständig unbewusste Filtersysteme und schaffen dadurch – ohne es zu merken – unsere ganz eigene, individuelle Welt. Wir nehmen nur das wahr, was unsere Sinnesorgane und unser Gehirn aufnehmen können, was mit unserem Vorwissen und unseren impliziten Annahmen über die Welt kompatibel ist. Und diese individuelle Welt, die jeder Mensch mit sich herumträgt und subjektiv wahrnimmt, nenne ich seinen ›Ego-Tunnel‹«, erklärt der Philosoph.

Nun heißt das für Metzinger nicht, dass es eine Außenwelt nicht gäbe oder dass so etwas wie eine objektive Realität nicht existierte. Der Punkt ist nur: Wir Menschen können diese Außenwelt – und selbst unseren Körper – nie vollständig und ungefiltert wahrnehmen. Ob wir wollen oder nicht, stets bewegen wir uns innerhalb unserer eigenen Beschränkungen – wie in einem Tunnel – durch Raum und Zeit und sind uns meist nicht einmal bewusst, dass jenseits davon eine viel größere, unermessliche Realität liegt.

AUSBRUCH AUS DEM »EGO-TUNNEL«

Und die Religion? Wie kommt die nun ins Spiel? Auf zweierlei Arten. Zunächst zeigen die Erkenntnisse der Wahrnehmungspsychologen und Bewusstseinsforscher, wie vorsichtig man mit dem Begriff der »Wahrheit« umgehen sollte. Insbesondere wenn von »absoluten Wahrheiten« die Rede ist, sollten die Alarmglocken klingeln. Was »absolut« ist, kommt eben sehr auf den Standpunkt an – nicht nur in der Religion, sondern selbst in der Atomphysik.

Andererseits: Könnte die Idee des »Selbstmodells« nicht auch helfen, jene religiösen Erleuchtungserlebnisse zu verstehen, von denen Mystiker aller Traditionen berichten? Könnte es sein, dass »Erleuchtung« eben jener Moment wäre, in dem wir den ständigen Konstruktionsprozess des Gehirns durchschauen, in dem wir das Selbstmodell erstmals *als Modell* erleben und in dem das Ichgefühl sich auflöst? Ist dies gemeint, wenn etwa im Buddhismus von der »Welt der Illusionen« die Rede ist, von der »Leerheit« aller Dinge, oder davon, dass das »Ich« keine Substanz habe? Und wenn christliche Mystiker von der *unio mystica* sprechen, dem Einssein mit Gott – ist dies vielleicht der Moment, in dem die Wände des »Ego-Tunnels« sich aufzulösen beginnen und das Licht eines unvorstellbar weiten Sternenhimmels durch sie hindurch zu scheinen beginnt?

Der Gedanke ist verführerisch. Und wenn man beginnt, religiöse Rituale und Praktiken unter diesem Aspekt zu betrachten, kann man durchaus Belege für die Idee finden, dass es in allen religiösen Traditionen immer wieder darum geht, den »Ego-Tunnel« zu transzendieren. »Liebe deinen Nächsten wie dich selbst«: Kann man dies nicht geradezu als Anleitung verstehen, Durchbrüche und Verbindungen zu anderen Tunnels herzustellen und damit die eigene kleine Welt lichter und größer erscheinen zu lassen? Auch Praktiken wie die Meditation, in denen man die Gedanken zur Ruhe bringt und damit den permanenten inneren Konstruktionsprozess transparenter macht, lassen sich als Techniken verstehen, den »Ego-Tunnel« wenigstens kurzzeitig aufzuknacken und eine Ahnung von der Unendlichkeit zu bekommen. Man erinnert sich vielleicht an den Zustand des »klaren Lichts« (siehe Kapitel III, S. 232 ff.), von dem in der Tradition des tibetischen Buddhismus die Rede ist. Als »Abwesenheit eines Ich-Bewusstseins oder eines Festhaltens am ›Ich‹« wird dieser Zustand beschrieben, in dem der Geist nur noch aus Offenheit und Aufmerksamkeit bestehen soll.

Auch Thomas Metzinger kann sich vorstellen, dass der Moment, in dem man die permanente Repräsentation und Konstruktion unseres Gehirns durchschaut, das ist, was religiöse Traditionen mit »Erleuchtung« bezeichnen. Doch mit dem ganzen »mythologischen Ballast«, der damit einhergeht, und dem »pseudo-spirituellen Kitsch des Esoterik-Supermarktes« will der Rationalist nichts zu tun haben. Erleuchtung könne zwar *vielleicht* als das Gewahrwerden des Selbstmodells erklärt werden. »Doch eines ist klar«, betont Metzinger: »Dadurch, dass man meint, das intellektuell verstanden zu haben, wird man noch lange nicht erleuchtet.«

Ihm ist etwas anderes viel wichtiger: Nämlich zunächst einmal die Beschränktheit der eigenen Weltsicht anzuerkennen – und offen zu bleiben für das, was jenseits dieser Beschränkung liegt. Möglichkeiten, solche grenzüberschreitenden Erfahrungen zu machen, gäbe es schließlich viele, vom Aufgehen in der Natur über die Liebe bis zur Meditation. Wenn man aber über solche grenzüberschreitenden Erfahrungen zu viel rede, meint Metzinger, versuche man eben diese wieder in das Raster der eigenen Begriffe zu pressen und damit zum Teil des eigenen »Ego-Tunnels« zu machen. Genau deshalb hält der Philosoph auch nicht viel von etablierten Religionen und dem Glauben an kirchliche Dogmen.

»Glaube ist genau das Gegenteil von Spiritualität«, sagt der Philosoph. »Es ist die Suche nach emotionaler Sicherheit und Geborgenheit. Beim Glauben geht es nicht um Erkenntnis, sondern letztlich nur um schöne Gefühle.« Für ihn fängt die Spiritualität überhaupt erst an, »wenn man die Suche nach Sicherheit und einem einfachen, geschlossenen Weltbild loslassen kann«. Und dieser unbedingte Wille zu Erkenntnis und Wahrhaftigkeit ist für ihn genau der Punkt, an dem sich Wissenschaft und Spiritualität berühren: »Viele strenge Naturwissenschaftler sind zutiefst spirituell, ohne dass sie es jemals so nennen würden, und viele der Leute, die wir heute ›Mystiker‹ nennen, waren echte Bewusstseinsforscher.«

Statt von Glaubenssicherheiten spricht Thomas Metzinger daher lieber von der »radikal individuellen Offenheit für das ganz andere«, die nicht verloren gehen dürfe. Denn: »Es gibt unendlich viel, was keiner von uns je verstehen wird.« Er wehrt sich gegen die Versuchung, dieses Unverstehbare gleich wieder in ein religiöses Deutungsmuster zu pressen oder rein wissenschaftlich erklären zu wollen. »Es gibt ja noch die Möglichkeit, dass es jenseits eines infantilen Glaubens und eines weltanschaulichen Reduktionismus Dinge gibt, über die man überhaupt nicht reden kann. Sachen, die man vielleicht in einer unberührbaren Stille erlebt und am besten auch da lässt.«

Damit wird es Zeit für die nächste Begegnung. Denn der Forscher, den wir im folgenden Kapitel treffen, hegt ganz ähnliche Gedanken wie Metzinger – auch wenn er sich mit dem Unsagbaren weniger philosophisch, als vielmehr praktisch beschäftigt.

»DAS GEHEIMNIS DER BLAUEN VASE«

Eine Meditation mit dem Psychiater und Mystikforscher Arthur Deikman

Arthur Deikman

Am besten beginnt man dieses Kapitel mit einem Selbstversuch. Allmählich geht es ans »Eingemachte«, an *Ihr* Bewusstsein nämlich. Geben Sie die Reserviertheit Ihrer normalen Lesehaltung einmal kurz auf, und erproben Sie einen anderen Bewusstseinszustand, der nicht so sehr von rationalem, kritischem Denken geprägt ist, sondern der mehr auf jene ganzheitlichen Qualitäten abzielt, die das mystisch-religiöse Denken auszeichnen.

Der hier vorgeschlagene Versuch ist ganz simpel. Dennoch werden sich in Ihnen vermutlich augenblicklich Widerstände regen. »Lächerlich«, werden Sie denken; oder: »Zu so etwas Albernem habe ich keine Zeit«; oder: »Was, wenn mich dabei jemand beobachtet?« Lassen Sie sich von solchen Einwänden ihrer Ratio nicht beeindrucken, sondern gönnen Sie sich eine kurze Leseunterbrechung. Es gilt nämlich jetzt, etwas über Konzentration zu lernen.

Holen Sie sich dazu irgendeine Blumenvase aus dem Schrank (wenn vorrätig, eine blaue; sonst tut es auch jede andere; und ist gar keine Vase zur Hand, nehmen Sie irgendeinen anderen Gegenstand) und stellen Sie diese vor sich auf den Tisch. Nehmen Sie sich mindestens zehn Minuten Zeit (je länger, desto besser), setzen Sie sich entspannt und aufrecht vor die Vase und richten Sie ihre ganze Aufmerksamkeit nun auf das vor Ihnen stehende Objekt. Dabei geht es nicht darum, die Vase zu analysieren und ihre Form und Beschaffenheit zu untersuchen; es geht auch nicht darum, über die Vase nachzudenken oder irgendetwas damit zu assoziieren. Versuchen Sie lediglich, die Vase so zu sehen wie sie ist, als eigenständiges Objekt, ohne Beziehung zu irgendetwas anderem. Bemühen Sie sich, alle anderen Gedanken, Gefühle oder körperlichen Empfindungen auszublenden. Lassen Sie sich in Ihrer Konzentration nicht stören, sondern versuchen Sie, die Wahrnehmung der Vase Ihr ganzes Bewusstsein ausfüllen zu lassen.

(Und wer mag, kann hinterher seine Empfindungen während des Versuchs auf der folgenden Leerseite notieren.)

Dieses Experiment führte der Psychiater und Neurologe Arthur J. Deikman in den Sechzigerjahren zum ersten Mal durch. Allerdings waren die Anforderungen an seine Probanden deutlich höher. Bis zu vierzig Meditationssitzungen absolvierten diese über mehrere Monate hinweg, wobei sie jeweils eine halbe Stunde im Angesicht einer blauen Blumenvase verbrachten. Währenddessen dokumentierte Deikman penibel, wie sich bei jedem Einzelnen Wahrnehmung und Erleben des blauen Objekts im Laufe der Zeit veränderten. Wer ebenso viel Geduld

mitbringt, kann also das Ergebnis überprüfen, das Deikman 1963 in einer psychiatrischen Fachzeitschrift veröffentlichte.

Seine Versuchspersonen berichteten nämlich von deutlichen Wahrnehmungsveränderungen: Nach einigen Sitzungen beschrieben sie die blaue Vase als lebendiger, reicher, leuchtender; sie schien fast ein Eigenleben zu entwickeln; und manche Teilnehmer fühlten sich plötzlich auf seltsame Art mit diesem Objekt verbunden. Auch synästhetische Phänomene traten auf: »Wenn die Vase ihre Form ändert, kann ich das in meinem Körper spüren«, bekam Deikman zu hören, oder auch: »Ich begann zu fühlen, wie das Licht sich zu bewegen beginnt.«

Die skurril anmutende Studie war für Deikman der Beginn einer rund vierzigjährigen Beschäftigung mit ungewöhnlichen Bewusstseinszuständen. Er betrieb nicht nur Meditationsforschung, sondern stellte auch Experimente mit Psychodrogen an; er sammelte Erfahrung im Zen-Buddhismus und im Sufismus, arbeitete als Therapeut von Alkoholabhängigen und Sektenopfern und bündelte schließlich all seine Erfahrungen in einer »Mystiktheorie«. Wie so oft, ist die Wissenschaft auch in diesem Fall eng verknüpft mit der Biografie des Forschers. Befragen wir also den Psychiater, was ihn zu seiner Forschung motivierte – und welche Schlüsse er daraus zieht.

Wer den mittlerweile über siebzigjährigen Arthur Deikman besuchen will, muss zunächst San Franciscos Wahrzeichen überqueren, die Golden Gate Bridge. Denn der Psychiater wohnt in einem Naturschutzgebiet an den Ausläufern des Mount Tamalpais. Eine gute Stunde ist man von San Francisco aus unterwegs, kurvig führt die Straße an den Hängen des Mill Valley entlang, und ganz oben, wo die bewohnte Zivilisation allmählich endet, steht der Holzbungalow, den Deikman vor Jahren für sich und seine Familie bauen ließ. Einen großartigen Blick hat man von hier aus über die gesamte Bay Area, und unwillkürlich beginnt man den Besitzer dieser Wohnung zu beneiden.

Ja, gibt Deikman zu, heute sei diese Wohngegend fast unerschwinglich, aber damals, als er sich vor Jahrzehnten hier niederließ, sah das noch anders aus. Zu weit entfernt vom Stadtgebiet, dachten damals viele; aber ihm war die Abgeschiedenheit gerade recht. Der eher zurückhaltende, mit einer Künstlerin verheiratete Deikman spricht leise, nachdenklich, häufig auch selbstironisch. Und immer wieder macht er klar, dass er nicht meint, den Stein der Weisen gefunden zu haben. Seine »bescheidene Theorie« möge durchaus ungenügend sein; ihm selbst habe sie aber geholfen, sich vieles klarer zu machen.

Mr. Deikman, Sie haben sich zeit Ihres Lebens mit ungewöhnlichen Bewusstseinsphänomenen beschäftigt. Wie kamen Sie dazu? Gab es einen speziellen Auslöser?

Was mich stark prägte, war ein mystisches Erlebnis, das ich vor meinem Medizinstudium hatte. Ich kampierte 1951 einen Sommer lang in der Wildnis, an einem See in den Adirondack Mountains. Ich hatte die Einsamkeit gewählt, weil ich darüber nachdenken wollte, wie es nach dem College weitergehen sollte. Ich suchte sozusagen meine eigene innere Kraftquelle. Dazu begann ich mit einer naiven Form der Meditation; ich setzte mich auf einen Felsen am Ufer und versuchte, in Kontakt mit jener Quelle zu kommen, deren Vorhandensein ich dunkel ahnte. So saß ich jeden Morgen eine halbe Stunde.

Und was geschah?

Zunächst nichts. Aber nach etwa einer Woche begann sich meine Wahrnehmung der Umgebung zu ändern. Ich sah mehr Details, die Muster der Blätter und Steine wurden deutlicher, die Farben kräftiger. Schließlich spürte ich ein unsichtbares Ausströmen vom Himmel, von den Bäumen, der ganzen Natur. Ich konnte es fühlen, aber nicht mit meinen normalen Sinnen. Es war mir auch klar, dass andere Menschen das nicht wahrnehmen konnten. Aber es war unzweifelhaft positiv, wichtig und befriedigend – etwas, das mir unbedingt wünschenswert schien.

Eine Art spontaner Erleuchtung?

Ich ermahnte mich selbst, das nicht zu romantisieren: Was ich da wahrnahm, war keine Garantie für Glückseligkeit. Ich fühlte mich in meinem Wildniscamp immer noch einsam. Doch zugleich schien diese Erfahrung von überwältigendem Wert.

Wie gingen Sie damit um?

Ich wollte dieses Erlebnis natürlich fortsetzen. Doch irgendwann war der Sommer zu Ende, und ich begann, in Harvard Medizin zu studieren. Und die Hochschule war der Mystik nicht gerade sehr förderlich. Im Laufe des Studiums verlor sich dieses Gefühl allmählich, doch sobald ich später die Gelegenheit zu eigener Forschung bekam, begann ich, mich damit wieder zu beschäftigen. Ich wollte herausfinden, was damals an dem See eigentlich passiert war.

Und so entwarfen Sie das Experiment mit der Blumenvase?

Ja. Als ich damals die Berichte von und über Mystiker las, war ich, ähnlich wie seinerzeit William James, erstaunt darüber, wie einmütig diese Berichte klangen. Mir schien, dass sie tatsächlich ein wahres Phänomen beschrieben. Und ich dachte mir, es müsse doch möglich sein, das auch wissenschaftlich zu untersuchen. Ich entnahm der Yoga-Literatur die grundsätzlichen Instruktionen für meditative Konzentrationstechniken, lud meine Freunde zu dem Experiment ein und bat meine Frau, die unscheinbarste blaue Vase zu wählen, die sie finden konnte. Es sollte ja wissenschaftlich sein.

Sichtlich amüsiert erzählt Arthur Deikman von diesen Anfängen. Immer wieder muss er dabei lachen. Die Situation muss auch gar zu komisch gewesen sein: Wie seine Freunde da brav eine Blumenvase anstarren, während Deikman eifrig ihre Erfahrungen protokolliert. Doch das Ergebnis war durchaus signifikant. Selbst bei dieser ganz und gar unromantischen Meditationsform traten die eingangs beschriebenen Wahrnehmungsveränderungen auf, die an Berichte aus der mystischen Literatur erinnerten.

Wie lässt sich das von einem kognitionspsychologischen Standpunkt aus erklären? Als Deikman über die Erlebnisse seiner Probanden nachdachte, kam ihm die Idee, dass bei der Vasenmeditation offenbar etwas stattfand, das man als Umkehrung der kindlichen Lernentwicklung verstehen kann. Üblicherweise lernen Kinder im Laufe des Größerwerdens, Objekte zu erkennen, sie zu begreifen und zu kategorisieren. Diese Fähigkeit wird nach und nach automatisiert und führt dazu, dass wir die einzelnen Gegenstände gar nicht mehr so genau betrachten müssen, sondern sie immer schneller mit einem geistigen Etikett belegen: Ein Stuhl ist zum Sitzen da, ein Brot zum Essen und Zahnpasta zum Zähneputzen. (Kleine Kinder dagegen kümmern sich um solche Kategorien nicht – sie setzen sich gerne mal aufs Brot, beißen in den Stuhl und verspeisen die

Zahnpasta.) Je älter sie werden, umso stärker greifen diese gelernten Kategorien. Denn je schneller wir ein Objekt kategorisieren, umso eher wird Aufmerksamkeit für andere Denkprozesse freigesetzt.

In der Meditation, so sieht es Deikman, passiert dagegen das Gegenteil. Indem man ein Objekt aufmerksam und voraussetzungslos betrachtet und alle abstrahierenden Gedanken unterdrückt, wird der Prozess der automatischen Kategorisierung umgekehrt. Sinneseindrücke treten stärker ins Bewusstsein, man hat den Eindruck, dass Grenzen verschwimmen. Und diese Rückkehr zur ursprünglichen kindlichen Wahrnehmung bezeichnet der Psychiater als »Deautomatisierung«.

Sie haben den Gedanken der Deautomatisierung 1966 erstmals veröffentlicht. Wie hat die scientific community darauf reagiert?

Die Resonanz war erstaunlich. Ich wurde von vielen anderen Forschern darauf angesprochen, bekam sogar einen staatlichen *research grant*, um die Meditationsforschung fortzusetzen. Und Timothy Leary hat mir LSD angeboten. Ich fand das interessant, suchte mir aber für so einen Selbstversuch lieber einen legalen Rahmen und ging in eine Klinik in Kalifornien, die eine offizielle Erlaubnis hatte, Meskalin, LSD und andere Psychedelika für therapeutische Zwecke zu testen.

Und wie ging es mit der Meditationsforschung weiter?

Ich leitete damals ja Leute an zu meditieren – hatte selbst aber nie einen Lehrer gehabt. Da kam mir der Gedanke, dass es vielleicht eine gute Idee wäre, herauszufinden, was ich da eigentlich tat. Ich machte also die Bekanntschaft des Zen-Meisters Shunryu Suzuki, der damals das Zen Center in San Francisco leitete, und sagte ihm, ich wäre daran interessiert, Bewusstsein zu studieren. Er antwortete: »Ich weiß nichts über Bewusstsein. Ich bringe meinen Schülern nur bei, die Vögel singen zu hören. Aber wenn Sie etwas über Bewusstsein lernen wollen – der Zen-Lehrer Yasutani Roshi macht ein Sesshin in Los Angeles, gehen Sie dorthin.«

Und, gingen Sie?

Ich dachte: Dieser Typ ist ein Fachmann, wenn er mir das rät, dann mache ich das. Jemand zeigte mir, wie man die Beine kreuzt und in Zazen, der Meditationshaltung, sitzt; ich probierte das ein paar Mal zu Hause und dann ging ich zu dem siebentägigen Sesshin. Ich hatte keine Ahnung, was mich erwartete.

Sie müssen gewaltige Knieschmerzen bekommen haben!

Es war hart. Aber ich überlebte, nicht zuletzt, weil das Essen sehr gut war. Jedenfalls war ich danach häufig zu Gast im San Francisco Zen Center. Suzuki war ein echter Lehrer für mich.

Als Shunryu Suzuki (der im Westen vor allem durch sein Buch *Zen-Geist, Anfänger-Geist* bekannt wurde) 1971 starb, fand Deikman in dem Sufi-Meister Idries Shah einen neuen Lehrer. Ähnlich wie Suzuki betonte auch Shah, dass es auf dem Weg zur Erleuchtung vor allem darum gehe, weniger selbstbezogen zu werden.

Solche Erfahrungen führten Deikman dazu, seine Meditationstheorie zu überarbeiten. Er erkannte, dass es in mystischen Traditionen nicht nur um Deautomatisierung geht, sondern auch um eine grundsätzlich gewandelte innere Einstellung – weg von dem Wunsch, etwas erhalten und kontrollieren zu wollen und hin zu einer beobachtenden und akzeptierenden Haltung. Und diese innere Umkehr sei wichtiger als alle sonstigen Ergebnisse religiöser Praktiken, meint Deikman: »Ein Schüler kann jahrelang auf seinen Atem meditieren, aber wenn er tief im Inneren darauf aus ist, die Erleuchtung zu erreichen, sie besitzen zu wollen, wird er von dieser Absicht in seinem anfänglichen, selbstzentrierten Bewusstseinszustand gefangen gehalten. Deshalb sagen die Mystiker auch: ›Das Geheimnis beschützt sich selbst.‹«

Unter dem Titel *A Functional Approach to Mysticism* fasste Deikman im Jahr 2000 seine vierzigjährige Beschäftigung mit diesem Thema in einem Beitrag für das *Journal of Consciousness Studies* zusammen. Er unterscheidet darin zwei grundsätzlich gegensätzliche Bewusstseinsformen, die unser Selbstbild und unser Verhältnis zur Welt bestimmen.

Da wäre zum einen das »instrumentelle« Bewusstsein, das dazu dient, Objekte zu kategorisieren und unsere eigenen Ziele zu verfolgen. Diese Bewusstseinsform ist das Ergebnis des ständigen Automatisierungsprozesses und hilft uns dabei, uns in der Welt zurechtzufinden. Das sei jener Zustand, »mit dem Sie vermutlich gerade diesen Artikel lesen und nach logischen Fehlern suchen, mit dem Sie versuchen, seine Bedeutung zu erfassen oder (falls Sie ein Autor sind), mit dem Sie darauf warten, ob ich Sie vielleicht zitiere«, erklärte Deikman im *Journal of Consciousness Studies*. Im Gegensatz dazu stehe das »rezeptive Bewusstsein«, das wir zum Beispiel in der Liebe erleben, beim Genießen klassischer Musik oder beim wohligen Versinken in einer heißen Badewanne. Anders als das instrumentelle ist das rezeptive Bewusstsein nicht durch abstraktes Denken und vorausschauendes Planen gekennzeichnet, sondern durch ein Aufgehen im Hier und Jetzt und durch ein Gefühl der Verbundenheit.

Beide Bewusstseinsformen, meint Deikman, hätten ihren Sinn und ihre Notwendigkeit. Wer eine stark befahrene Straße überquert, schaltet besser sein instrumentelles Bewusstsein ein. Doch wer die Welt auf diese Weise nur als Ansammlung von getrennten Objekten betrachte, mache auch sich selbst letztlich zu einem Objekt. »Und diese Sichtweise fördert ein Gefühl der Vereinzelung und der eigenen Bedeutungslosigkeit – und damit auch die Angst vor dem Altern und dem Sterben.«

Spirituelle Praktiken dienten daher stets der Entwicklung eines rezeptiven Bewusstseinszustandes, meint der Psychiater. »Spirituelle Entwicklung findet statt, wenn man das Ego aufgibt, jenes kleine ›Selbst‹, das sich ständig um sein Leben sorgt und sich als getrennt von den anderen empfindet.« Wer lerne, seine automatisierten Kategorien und damit auch das objektzentrierte Denken aufzugeben, könne sich auf einer tieferen Ebene verbunden fühlen mit einer Realität, die über die normale, »instrumentelle« Wahrnehmung weit hinausgehe.

Was ist für Sie der Kern einer spirituellen Erfahrung?

Meiner Meinung nach kann man alle spirituellen Traditionen in drei Worten zusammenfassen: Vergiss das Selbst! Spiritualität hängt nicht davon ab, ob man Visionen von Engeln hat oder von ekstatischen Emotionen mitgerissen wird; sondern eher von der Erfahrung einer tiefen Verbundenheit mit der Wirklichkeit.

Und wie kommt man zu solchen Erlebnissen?

Ich denke, das variiert sehr stark von Mensch zu Mensch. Frauen erleben so etwas vielleicht bei einer Geburt, andere mit Musik, bei der Liebe oder in der Natur. Stille ist sehr gut, Wandern ist auch gut, wenn man müde wird … Ich selbst hatte einmal ein starkes Erlebnis während einer Massage, die ich am Esalen-Institut erhielt …

… jenem berühmten Zentrum in Big Sur, an der Küste von Kalifornien …

… ein sehr schöner Ort. Ich wurde also massiert und hörte gleichzeitig, wie sich die Wellen unten an der Steilküste brachen. Wundervoll. Aber plötzlich wurde mir bewusst: Auch das geht vorbei. Egal, wie schön es ist, es wird irgendwann vorbei sein. Der Gedanke setzte sich fest und ging mir nicht mehr aus dem Kopf, ich wurde richtiggehend verzweifelt, kämpfte dagegen an – bis ich aufgab und den Wunsch, diesen Moment festzuhalten, losließ. Und plötzlich war mir, als hörte ich den Ozean zu mir sprechen. Natürlich war da keine echte Stimme, aber das Rauschen des Meeres schien zu sagen: »Ich schlage hier mit meinen Wellen seit Tausenden und Tausenden von Jahren gegen die Klippen. Du bist nur ein Staubkorn, völlig unbedeutend. Aber auch du bist Teil dieses großen Ganzen.« Es war ein großartiges Erlebnis. Ich fühlte mich völlig klar und befreit von vielen Ängsten. Und was diese Erfahrung möglich gemacht hat, glaube ich, war genau dieser Moment der Selbstaufgabe.

Diese Vorstellung eines anderen, »rezeptiven« Bewusstseinszustandes erklärt für Deikman nicht nur die tiefe Verbundenheit mit der Natur, von der in den Berichten von Mystikern immer wieder die Rede ist; auf dieser Ebene lasse sich auch eine Brücke zwischen den verschiedenen Religionen schlagen. Denn sie alle verwiesen – in der einen oder anderen Form – darauf, »dass die Realität Aspekte hat, die wir normalerweise nicht wahrnehmen«, wie Deikman sagt. Allerdings betont er selbst immer wieder, dass solche Beschreibungen nur grobe Annäherungen sind und dass dieses Gefühl einer »Verbundenheit« nicht erklärt werden kann, sondern erfahren werden muss. Denn Erklärungen spielen sich immer auf der Ebene des instrumentellen Bewusstseins ab – und eben das versperrt den Zugang zu den tieferen Schichten der Realität.

Für Deikman ist es daher kein Wunder, dass Heilige und Mystiker häufig mit dem jeweils herrschenden religiösen System in Konflikt kamen. Denn die Erfahrung einer Realität, die über die normalen Begriffe unseres selbstzentrierten Lebens hinausgeht, verträgt sich nun einmal schlecht mit theologischen Dogmen von Himmel und Hölle, Belohnung und Strafe.

Auch die Irrwege der Spiritualität sind Arthur Deikman bekannt. Der Psychiater hat nicht nur Drogenabhängige, sondern auch Sektenopfer betreut. Darunter waren ehemalige Anhänger der Moon-Sekte oder Leute, die gerade noch aus Jonestown entkommen konnten, am Abend jenes 18. Novembers 1978, als der Sektenführer Jim Jones mit über 900 Anhängern in Guyana in den Tod ging. In seinen Büchern *The wrong way home* und *Them and Us* hat Deikman die Muster des Sektenverhaltens beschrieben. Und er hat einige untrügliche Kennzeichen abgeleitet, um zwischen »echter« und falsch verstandener Spiritualität zu unterscheiden.

Wie testet man die Ernsthaftigkeit von spirituellen Lehrern?

Wenn Ihnen ein Guru zum Beispiel besondere magische Fähigkeiten verspricht (»Sie werden Gedanken lesen können«) oder die Eitelkeit stimuliert (»Wir gehören zu den Auserwählten«) oder Angst erzeugt (»Wer diesen Regeln nicht folgt, ist verdammt«), dann ist er wohl ein Scharlatan. Denn er stimuliert damit genau die selbstsüchtigen Mechanismen, die es eigentlich zu überwinden gilt. Für mich war es jedenfalls sehr nützlich, so an die Sache heranzugehen: Es hat mich davor bewahrt, zu viel Zeit in verrückten Gruppen zu verbringen.

Und wie schafft man es dann, seine selbstsüchtigen Mechanismen zu überwinden? Durch Askese und Verzicht?

Ich habe im Laufe der Zeit gelernt, dass Selbstlosigkeit nicht bedeutet, auf gutes Essen und jedwede Annehmlichkeiten zu verzichten – sondern dass es auf einer tieferen Ebene um das Aufgeben der Egozentrik geht. Heute glaube ich, dass der vielleicht effektivste Weg dazu das Dienen ist.

Dienen? Wie meinen Sie das? Stur den Befehlen anderer folgen – wie ein Soldat?

Natürlich nicht. Es geht um die richtige Form des Dienens. Damit ist nicht die angestrengte Bemühung gemeint, etwas »Gutes« zu tun. Wer nur gut handelt, weil er meint, dies würde in irgendeinem himmlischen Sündenregister positiv vermerkt, begeht eigentlich ein kommerzielles Tauschgeschäft. Um aus der selbstzentrierten Motivation herauszukommen, muss man sich dem öffnen, was gerade gebraucht wird und im Sinne eines größeren Ganzen handeln. Tun, was getan werden muss.

Wie kann das aussehen?

Ein tibetischer Arzt erklärte mir einmal: Es gibt drei Typen von Menschen. Wenn ein Vertreter des ersten Typs am Strand eine leere Bierdose findet, schaut er sich erst einmal um, ob ihn auch jeder sieht; erst dann hebt er die Dose auf und wirft sie in den Müll. Der zweite Typ hebt sie auf, weil er denkt: Gott sieht alles. Und der dritte Typ wirft die Bierdose einfach in den Müll, ohne an irgendwelche Belohnungen zu denken, weil dies einfach das ist, was die Situation erfordert.

Solch eine selbstlose Haltung zu entwickeln, ist aber nicht einfach!

Stimmt. Doch da, wo das gelingt, kann dies als sehr befriedigend und energetisierend empfunden werden. Das zeigen die Interviews, die ich mit Menschen geführt habe, für die das Dienen die Haupttätigkeit ihres Lebens war – Leute, die sich um Aidskranke kümmern, Vertreter von Non-Profit-Organisationen oder Ärzte in Hilfsprojekten. Sie alle sprachen davon, dass sie durch ihren Einsatz nicht nur eine Verbindung mit der anderen Person gespürt haben, sondern auch mit etwas, das größer ist als sie selbst.

Vielleicht ein ähnliches Gefühl wie das, das Eltern verspüren, die einem Neugeborenen »dienen«?

Warum nicht? Diese Art zu dienen kann alle möglichen Formen annehmen – sie ist möglich, wann immer man ein Bedürfnis in der Welt spürt und wenn es einem möglich ist, ohne selbstsüchtiges Gewinnstreben zu handeln. Das, würde ich sagen, ist vermutlich die effektivste spirituelle Übung, die jemand absolvieren kann; aber natürlich hat sie keinen Glamour.

Es versteht sich per se, dass der Urheber solcher Gedanken selbst auch nicht besonders glamourös auftritt. Überlegenheit und Besserwisserei scheinen Deikman fremd. Vielleicht liegt das am Alter, vielleicht an seinen vielfältigen Erfahrungen. Vielleicht liegt es aber auch an dem tödlichen Schatten, der ihn seit Jahren verfolgt. Denn Anfang der Neunzigerjahre wurde bei ihm Krebs diagnostiziert.

Wie sind Sie damit umgegangen?

Ich war geschockt. Die ganzen spirituellen Bücher, die ich gelesen hatte, haben daran nichts geändert. Und weise Plattitüden konnten mir gestohlen bleiben. Ich hatte schlicht und einfach Angst. Das schwarze Unbekannte kam immer näher. Doch eines Tages dachte ich: Das wäre doch zu komisch, die wenige Zeit, die mir noch bleibt, damit zu verbringen, darüber nachzudenken, wie wenig Zeit mir noch bleibt. Ich begann, mehr und mehr auf die Bäume zu achten, den Himmel, die ganze Natur, die uns umgibt …

Das half enorm. Das hat auch wieder mit den zwei Bewusstseinsformen zu tun. In der einen gibt es die Zeit, die lineare Zeit. In der anderen ist man im »Jetzt«, die Zeit existiert darin nicht in der üblichen Weise. Man kann vielleicht sagen: In diesem Zustand sind wir außerhalb der Beschäftigung mit dem Tod.

Darf ich fragen, was aus Ihrem Krebs wurde?

Ich wurde operiert, bekam Chemotherapie – und bin noch hier.

Und nach dem Tod? Glauben Sie, dass irgendetwas fortdauert?

Ich glaube, dass unser normales Selbst der *Inhalt* unseres Bewusstseins ist. Aber dahinter gibt es noch etwas anderes, nämlich das Bewusstsein selbst, sozusagen die reine Aufmerksamkeit. Und ich glaube, dass man dieses Bewusstsein als fundamentale Konstante des Universums begreifen kann. In diesem Sinne wäre das Bewusstsein – und damit das »Ich« grenzenlos. Aber das sind alles nur Worte.

Sind Worte notgedrungen falsch?

Nein, aber ungenügend. Denn es geht nicht darum, einen solchen größeren Sinnzusammenhang intellektuell beschreiben zu können, sondern darum, ihn zu erfahren! Sehen Sie: Tausende von Philosophiebüchern füllen die Regale unserer Bibliotheken, doch keines von ihnen liefert eine befriedigende Antwort auf die Frage: ›Was ist der Sinn des Lebens?‹ Eine rein sprachliche Antwort reicht niemals aus – deshalb gibt es ja die Tausende von Büchern. Warum? Weil dasjenige Bewusstsein, das diese Frage stellt, eben nicht die Art von Bewusstsein ist, das die Antwort hören kann.

(Lange Pause. Was soll man darauf auch antworten?)
Oh, da draußen fliegt ein Rotschwanzfalke. Sehen Sie ihn?

VII. DIE RELIGIÖSE DIMENSION

»Gedanken und Konzeptionen sind immer Lügen.
Geburt und Tod sind nicht mehr als Gedanken.«
»Das verstehe ich nicht.«
»Selbstverständlich nicht. Wenn du zu verstehen versuchst,
benutzt du automatisch deinen Verstand.
Du benötigst jedoch das entgegengesetzte Instrument, einen Nichtverstand,
ein nützliches Werkzeug, das in der Stille heranwächst.«

Janwillem van de Wetering, *Inspektor Saitos kleine Erleuchtung*

1 Woran wir heute glauben

Es muss eine seltsame Totenfeier gewesen sein, die da am 9. April des Jahres 1991 in der Stiftskirche St. Peter in Zürich zelebriert wurde. Als an diesem Tag der Schweizer Schriftsteller Max Frisch zu Grabe getragen wird, ist kein Pfarrer zugegen, und es gibt keinen Segen. Dafür verliest Frischs Lebensgefährtin Karin Pilliod eine kurze Erklärung des Verstorbenen. »Das Wort lassen wir den Nächsten und ohne Amen«, heißt es darin unter anderem. Posthum dankt Frisch den Pfarrherren von St. Peter »für die Genehmigung, dass während unserer Trauerfeier der Sarg in der Kirche sich befindet« und gibt lapidar bekannt: »Die Asche wird verstreut irgendwo.« Statt eines Geistlichen ergreifen zwei Freunde des Schriftstellers das Wort, Peter Bichsel und Michel Seigner, und sprechen vor einer Trauergemeinde aus Intellektuellen, von denen die meisten mit Religion und Kirche ebenfalls nichts im Sinn haben. Danach wird zum Essen gebeten, für das der Verstorbene noch selbst das Menü zusammengestellt hat.

Aus Max Frischs Perspektive war die gottlose Feier nur konsequent. Der Schriftsteller, der mit Romanen wie *Homo Faber* oder *Stiller* immer wieder das Problem der Identität und ihrer Zerbrechlichkeit umkreiste, hatte zeit seines Lebens jedes Glaubensbekenntnis verweigert. Der Agnostiker wäre sich selbst untreu geworden, hätte er für seinen Abschied von dieser Welt einen geistlichen Segen bestellt. Heute gibt es nicht einmal ein Grab von Frisch. Nur eine Tafel an der Friedhofsmauer des Bergdorfes Berzona im Tessin, in dem er viele Jahre lebte und arbeitete, würdigt ihn.

Auch der Philosoph Jürgen Habermas war 1991 unter den Hinterbliebenen in der Zürcher Stiftskirche. Damals habe er die Trauerfeier nicht für merkwürdig gehalten, erinnert sich der Philosoph in einem Essay für die *Neue Zürcher Zeitung* [1]; doch aus heutiger Sicht betrachte er die Veranstaltung doch als »ein paradoxes Ereignis«, das uns etwas Bedeutsames über die säkulare Vernunft sage. Frisch habe offenbar »die Peinlichkeit nichtreligiöser Bestattungsformen« gespürt, meint Habermas. Und durch die Wahl des Ortes habe der Schriftsteller öffentlich die Tatsache dokumentiert, »dass die aufgeklärte Moderne kein angemessenes Äquivalent für eine religiöse Bewältigung des letzten, eine Lebensgeschichte abschließenden *rite de passage* gefunden hat«.

Was Habermas da anspricht, gilt nicht nur für die letzte Lebensstation. Auch andere einschneidende Ereignisse – eine Heirat, die Geburt des ersten Kindes – lassen heutzutage in vielen Menschen die Frage laut werden, wie man diese Marksteine des Lebens aus dem Alltagseinerlei heraushebt. Wirkt nicht eine Hochzeit alleine auf dem Standesamt schnöde und glanzlos? Lässt nicht ein kirchlicher Rahmen, mit Orgelmusik, Predigt und dem Versprechen vor Gott – »bis dass der Tod euch scheidet« –, ganz andere Saiten in der menschlichen Seele anklingen? Bei solchen Gelegenheiten kommt eben noch etwas Drittes ins Spiel zweier Menschen, eine schwer fassbare transzendente Qualität, die eine Zeremonie zum Sakrament transformiert und auf eine neue Bedeutungsebene hebt. »Denn was Gott zusammengefügt hat, soll der Mensch nicht scheiden.«

Weil viele das Bedürfnis nach einer solch spirituellen Dimension spüren, erleben die Kirchen bei Hochzeiten, Begräbnissen oder Taufen einen Ansturm auch derjenigen, die sonst nie auf den Kirchenbänken zu finden sind. Manche fühlen dabei vielleicht sogar einen religiösen Schauer, erinnern sich an Kindheitserfahrungen oder lassen sich von den ungewohnten Worten einer Predigt kurzzeitig ergreifen. Andere, abgebrühtere Zeitgenossen sehen das heilige Sakrament lediglich als stilvolle Dekoration, die einfach dazugehört. Danach drängt man schnell wieder ins Freie. Jetzt wird aber gefeiert!

Es gehört schon intellektuelle Standfestigkeit dazu, sich auf solche faulen Kompromisse nicht einzulassen und entweder dem religiösen Glauben in seiner ganzen Ernsthaftigkeit zu begegnen – oder, wie Max Frisch, demonstrativ zu seinem Unglauben zu stehen. Denn wer dies tut, sieht sich mit der schwierigen Frage konfrontiert, wie er selbst dem Leben jene heilige Dimension verleiht, die normalerweise die Domäne der Religion ist. Auch Habermas hat in den vergangenen Jahren diese Leerstelle eines rein rationalen Weltbilds thematisiert. Während der einflussreiche Philosoph in den Achtzigerjahren noch jegliches »nachmetaphysische Denken« ablehnte, spricht er inzwischen von der »postsäkularen Gesellschaft« und davon, dass die Auseinandersetzung zwischen aufgeklärter Vernunft und religiöser Überzeugung noch längst nicht abgeschlossen sei. Die Totenfeier von Max Frisch dient ihm als willkommenes Beispiel, um »das Unabgegoltene in den religiösen Menschheitsüberlieferungen« zu thematisieren. *»Ein Bewusstsein, von dem, was fehlt«* ist sein Beitrag in der *NZZ* überschrieben – ebenso wie ein 2008 erschienenes Buch[2] –, und diese Formulierung bringt das moderne Unbehagen treffend zum Ausdruck.

Wie dieses »Fehlende« zu ersetzen, das »Unabgegoltene« zu befriedigen wäre, vermag allerdings auch Habermas nicht so einfach zu sagen. Ein Rückfall in voraufklärerische Glaubensmuster, der die Errungenschaften der modernen Vernunft negiert, kommt für ihn selbstverständlich nicht in Frage. Und anders als Papst Benedikt XVI., mit dem sich Habermas in einer vielbeachteten Diskussion auseinander setzte, beharrt der Philosoph darauf, dass sich »der Riss zwischen Weltwissen und Offenbarungswissen (…) nicht wieder kitten« lässt. Das aufklärerische Denken habe eben nicht nur zu einer Kritik der Gottesbeweise geführt, »sondern auch zu dem Autonomiebegriff, der unser modernes Verständnis von Recht und Demokratie erst möglich gemacht hat«. Und dahinter kann (und will) ein moderner Denker wie Habermas nicht zurück.

So stellt sich die Frage nach dem Verhältnis von *fides* und *ratio*, Glauben und Wissen, heute vielleicht mit größerer Schärfe als jemals zuvor. Denn in einer Zeit, in der das rational-ökonomische Kalkül jeden Bereich unseres Alltags durchdringt, in der wir auch unser eigenes Leben zunehmend dem Effizienz- und Nützlichkeitsdenken unterwerfen, spüren viele schmerzlich das Fehlen einer religiösen Dimension – und fühlen sich doch außerstande, den alten überlieferten Formeln der traditionellen kirchlichen Religiosität ungebrochen Glauben zu schenken. Schließlich hat uns die Wissenschaft gelehrt, auf guten, nachvollziehbaren Gründen für unsere Überzeugungen zu beharren und uns nicht mehr mit dem Verweis auf Dogmen und unüberprüfbare »höhere Wahrheiten« zufriedenzugeben.

Zwar ist seit einigen Jahren allenthalben von der »Rückkehr der Religion« die Rede. Ereignisse wie der 11. September 2001, die Konfrontation mit dem Islam und die Wahl eines deutschen Papstes haben in den Medien und auf dem Buchmarkt zu einer kräftigen Zunahme religiöser Titel geführt. Doch *religiös* heißt in diesem Zusammenhang nicht unbedingt *christlich* (und schon gar nicht *kirchentreu*). Und das verstärkte Interesse an der Religion speist sich eben *auch* aus der Erkenntnis, dass die althergebrachten Glaubensformen ihre Selbstverständlichkeit verloren haben und viele Menschen auf der Suche nach neuer Inspiration sind.

Das lässt sich auch an den immer zahlreicher werdenden Umfragen zum Thema ablesen. So ermittelte 2006 eine Studie der Universität Hohenheim im Auftrag der Identity Foundation das Glaubensprofil der Deutschen. Demnach gehören nur noch etwa 10 Prozent zu den »Traditionschristen«, die ihre Antwort auf den Sinn des Lebens in ihrem Glauben und in einer engen Anbindung an ihre Kirche finden. 10 bis 15 Prozent dagegen sind »spirituelle Sinnsucher«, die sich für Meditation, Esoterik oder fernöstliche Praktiken interessieren, 35 Prozent werden in der Studie als »religiös Kreative« eingestuft, die zwar an Gott glauben, aber nicht in dem Sinne, wie ihn das Christentum predigt. Der Rest gehört den »hedonistischen Alltagspragmatikern« an, die vor allem an ihrer eigenen Zufriedenheit und wirtschaftlichen Lage interessiert sind.

Nun sind solche Einteilungen stets mit einer gewissen Vorsicht zu genießen. Die jeweiligen Kategorisierungen und Prozentzahlen hängen stark von der Fragestellung und dem Design einer Studie ab.[3]

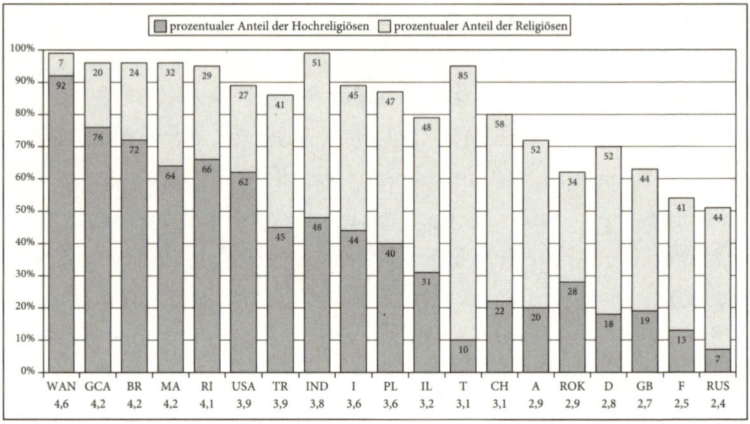

Deutschland (D), England (GB), Frankreich (F) und Russland sind die glaubensschwächsten Nationen, Nigeria (WAN), Guatemala (GCA) und Brasilien die stärksten.

Doch übereinstimmend zeigen alle einschlägigen Untersuchungen, dass die Deutschen im internationalen Vergleich eher zu den Ungläubigen gehören; und dass selbst bei denjenigen, die sich als religiös bezeichnen, der Glaube oft ziemlich vage und unbestimmt ist.

Offiziell gehören noch immer zwei Drittel aller Deutschen einer der beiden großen christlichen Kirchen an. Und etwa ebenso viele geben in Umfragen an, irgendwie an »Gott« zu glauben. Auf die christliche Definition eines personalen, dreieinigen Gottes – Vater/Sohn/Heiliger Geist – beziehen sich dabei allerdings nur die wenigsten. Die meisten assoziieren mit Gott eher abstrakte Werte wie Liebe, Barmherzigkeit oder »das Gute im Menschen«, sehen ihn als Synonym für »Frieden«, »Natur« oder das Universum. Beliebt ist auch das Bekenntnis zu einer nicht näher definierten »höheren Macht«, die nichts fordert und keine Ansprüche stellt.

Das finden selbst hartgesottene Atheisten unbefriedigend. »Wie viel Angst spricht aus dieser Magie, aus dem Anrufen der Macht von Star Wars – und welche Leere aus dem gestaltlosen Bekenntnis: ›Ich glaube an eine höhere Macht‹«, mokiert sich der (selbst areligiöse) Journalist Gero von Randow. »Denn was heißt schon ›höher‹, was ist mit ›etwas‹ gemeint (ein Asteroid vielleicht?), und worauf gründet sich diese Meinung? Und wieso sollte in der Existenz eines höheren Wesens ein Grund zu finden sein, es besonders zu lieben oder seine Liebe gutzuheißen? Die gesündere Reaktion wäre es doch eher, zu hoffen, dass man in Ruhe gelassen wird«, stellt von Randow treffend fest. Und mit einer gewissen Wehmut fühlt sich der bekennende Atheist bemüßigt, seinen glaubensschwachen Zeitgenossen in Erinnerung zu rufen, dass »Glauben« in der theologischen Tradition zweierlei Bedeutung hat: nämlich erstens existenzielle Gewissheit (nach Thomas von Aquin) und zweitens Zugehörigkeit (nach Martin Luther). »Die bloße Meinung, es gebe etwas Höheres als den Menschen, kann keine der beiden Glaubensdefinitionen erfüllen.«

Auch Theologen und Kirchenvertreter sehen den »Megatrend Religion« daher eher skeptisch. Man könne genauso gut von einem »Megatrend Gottvergessenheit« sprechen, meint etwa der evangelische Theologe Ulrich Körtner von der Universität Wien. Und sein katholischer Kollege Heiner Koch, Weihbischof und Domkapitular am Kölner Dom, konstatiert trocken: »Die meisten Menschen sehen heute die Kirche als eine Art Aldi-Laden: Man nimmt die interessanten Angebote mit – Kindergärten, Schulen, besondere Gottesdienste –, lässt die Gebote und den Papst liegen, bezahlt an der Kasse seine Kirchensteuer und erwartet dafür eine prompte Dienstleistung. Dann guckt man im nächsten Laden, was die Astrologie so anbietet, was es bei der Psychotherapie oder dem Buddhismus gibt – und entscheidet sich nächste Woche wieder neu.«

Bei großen Religionstreffen wie etwa dem Weltjugendtag 2005 in Köln kommen zwar Hunderttausende zusammen. Doch das scheint mehr mit dem *event*-Charakter solcher Ereignisse zu tun zu haben als mit tief empfundener Frömmigkeit. Jedenfalls kann alle *Wir sind Papst*-Begeisterung nicht darüber hinwegtäuschen, dass Jahr für Jahr noch immer mehr Menschen aus der Kirchen aus- als eintreten und dass sich nur noch etwa jeder Zehnte regelmäßig im Gottesdienst blicken lässt. Überall im Land müssen heute Pfarrstellen eingespart, Gemeinden zusammengelegt und Kirchen geschlossen werden. Und als der *Spiegel* im Juli 2007 eine Umfrage machte, wen die Deutschen am ehesten als religiöses Vorbild sehen, entschieden sich mehr Bundesbürger für den Dalai Lama als für den Papst. Dabei war Deutschland einstmals stolzes Zentrum des Heiligen Römischen Reiches und Stammland der Reformation.

Der Glaubensverfall scheint kein spezifisch deutscher, sondern ein genereller europäischer Trend. Auch in Großbritannien und Italien geht nur etwa jeder 10. einmal pro Woche zum Gottesdienst, in Frankreich gar nur jeder 20., wie die *European Values Study* vor einigen Jahren feststellte. Die europäischen Kirchen, lästerte die *New York Times*, erschienen »mehr und mehr wie eine Ansammlung von Touristenattraktionen aus der Vergangenheit des Christentums«.

Religionssoziologen beurteilen diese Entwicklung naturgemäß nüchterner. Sie sehen darin einen grundsätzlichen Trend der modernen Gesellschaft, in der ein religiöser Glaube – wie vieles andere – zur individuellen Entscheidung wird. »Was früher als gegeben erlebt wurde, wird nun zu einer Vielfalt von möglichen Entschlüssen und Handlungen«, schreibt etwa der in Boston lehrende Religionssoziologe Peter L. Berger. Denn die Verbote und Strafen der früheren Orthodoxie haben ihren Schrecken verloren. Das macht frei – und heimatlos. Den Kirchen gehe es da nicht anders als anderen Institutionen – Parteien, Gewerkschaften – die ebenfalls um ihre Mitgliederzahlen bangen. Im selben Maße, in dem das Vertrauen in die alten Bindekräfte schwindet, sieht sich der Einzelne gezwungen, seine Identität selbst zu bestimmen, und zwar immer wieder aufs Neue. Die Soziologie spricht von »Patchwork-Religionen«, die in Eigenarbeit zusammengebastelt werden. Peter Berger nennt das den »Zwang zur Häresie«, in Anspielung auf das griechische *hairesis*, was so viel wie »Wahl« bedeutet. »Wir sind alle, jeder auf seine Art, zu ›Häretikern‹ geworden.«

Das schafft Unsicherheit. Darin liegt aber auch eine Chance. Die Chance nämlich, Religion nicht als überlieferten, gesellschaftlichen Zwang zu erleben – wie es jahrhundertelang der Fall war –, sondern sie neu zu entdecken, sich unvoreingenommen auf die Suche nach dem zu machen, was einen »rückbindet« an eine höhere Dimension der Realität. Sicher schwächt der Zwang zur Häresie den *einen* Pfeiler der Religion, die kirchlichen Institutionen und die gesammelte religiöse Tradition. Doch zugleich richtet er das Augenmerk umso stärker auf den zweiten Pfeiler, nämlich das individuelle religiöse Erleben.

Von dieser Sehnsucht nach eigenen religiösen Erfahrungen kündet etwa die neu erwachte Begeisterung für das Pilgern auf dem Jakobsweg ebenso wie das Interesse vieler Westler an der

Meditation. Auch andere alterprobte Rituale wie das Fasten oder die Erfahrung der Stille werden wiederentdeckt, und so mancher Kirchenvertreter erinnert sich daran, dass es solche praktisch erfahrbaren Übungen in der christlichen Mystik immer gegeben hat, dass sie allerdings im klugen theologischen Diskurs häufig untergingen. Die Erkenntnis, dass religiöse Erfahrungen nicht nur eine Sache des bewussten Denkens sind, sondern dass sie den gesamten Menschen einbeziehen, verbreitet sich auch in christlichen Kreisen.

Dass die etablierten Kirchen den Trend zur Patchwork-Religion mit Skepsis betrachten, ist verständlich. Ein unstetes Spiritualitätshopping – heute Schamanenseminar, morgen Zen-Buddhismus, übermorgen Astrologie – führt schließlich kaum zu einer vertieften Religiosität. Dasselbe gilt allerdings auch für ein lauwarmes Gewohnheitschristentum, das seinen Glaubensinhalt verloren hat. Daher eröffnet das Aufbrechen alter Gewissheiten auch den Kirchen die Möglichkeit, ihre ursprüngliche Botschaft auf neue Weise zu formulieren und damit den Kern des Glaubens lebendig zu erhalten. Anders gesagt: Konkurrenz belebt auch auf dem Markt der Sinnstiftung das Geschäft.

»Perlen des Glaubens« und buddhistische Gebetsketten

So sind neuerdings unter evangelischen Christen zum Beispiel die »Perlen des Glaubens« populär, eine aus achtzehn Perlen bestehende Gebetskette, die der schwedische Bischof Martin Lönnebo 1996 entwarf und die zu einer stillen Meditation oder zum Gebet einlädt (*www.perlen-des-glaubens.de*). Sie soll den Glauben »greifbar« machen und dazu anregen, »christliche Tradition neu zu entdecken und zu verstehen«. Unweigerlich erinnert eine solche Perlenkette aber auch an den katholischen Rosenkranz oder an die »Malas«, die tibetische Buddhisten mit sich herumtragen.

Wem das zu spielerisch und kindisch erscheint, der zieht sich vielleicht lieber für einige Tage oder Wochen zu einem *Retreat*, einer Auszeit, zurück. Das bieten buddhistische Schulen ebenso an wie christliche Klöster, die in den vergangenen Jahren ihre Pforten auch für Laien geöffnet haben. Selbst das strenge Wort von den »Exerzitien«, das völlig aus der Mode gekommen zu sein schien, hat plötzlich einen neuen Klang bekommen. Galt es früher häufig als Synonym für eine besonders engstirnige, konservativ-christliche Werthaltung, wird es nun eher wieder im eigentlichen Wortsinn (von lat.: *exercitium* = Übung) als »geistliche Übung« verstanden, die jedem Menschen – unabhängig von politischen oder religiösen Einstellungen – guttun kann.

Ist das Interesse an solchen Methoden nur ein romantischer Affekt, kommt darin lediglich die Sehnsucht nach einem religiösen Halt zum Ausdruck, den viele längst verloren haben? Oder bricht bei solchen Gelegenheiten etwas auf, das die übliche Weltsicht verändert und ein neues Verständnis für die eigentliche Botschaft der Religionen weckt?

Die Antwort fällt je nach Einzelfall aus. Manche entdecken, wie Annegrethe Stoltenberg, das Christentum für sich neu. Anderen, wie William Lobdell, kann die vertiefte Beschäftigung mit religiösen Themen jeden Glauben rauben. Und wieder andere werden sich, wie Arthur Deikman, zeitlebens um eine Synthese unterschiedlicher Einflüsse bemühen. Denn im Spannungsfeld der Religion wirken viele (auch gegensätzliche) Kräfte, und von welchen man sich am stärksten angezogen oder abgestoßen fühlt, hängt stets vom eigenen Standpunkt ab.

Wie dieses Spannungsfeld beschaffen ist, war das Thema der zurückliegenden Kapitel. Ausführlich wurden darin soziale, psychologische, ökonomische und auch biologische Einflussgrößen diskutiert. Eine Frage allerdings blieb bisher offen: Wie steht es um die Seele?

In nahezu allen Religionen ist, auf die eine oder andere Weise, von einem solch unzerstörbaren, »heiligen« Kern des Menschseins die Rede, dessen Bewahrung wichtiger sei als alle äußeren Erfolge. Was kann die Wissenschaft dazu sagen? Kann sie überhaupt dazu irgendetwas sagen?

2 Die Seele in neuem Licht

Wohl alle, die im christlichen Glauben erzogen sind, machen sich im Laufe ihres Lebens Gedanken über die Seele. Was soll man sich darunter um Himmels willen vorstellen? Wo wäre sie zu verorten? Und ist sie wirklich unsterblich? Auch der junge Len Fisher wird von solchen Fragen umgetrieben. Allerdings belässt es Len nicht bei philosophischen Spekulationen, sondern geht die Sache praktisch an. Weil ihm seine Lehrer in der Sonntagsschule erzählen, die Seele hause tief in seinem Inneren, schnappt sich der australische Junge eine Taschenlampe, stellt sich vor den Spiegel und leuchtet tief in seine Kehle hinab, um einen Blick auf seine Seele zu erhaschen, die er sich »ungefähr wie ein Gummibärchen« vorstellt.

Fündig wird er dabei zwar nicht. Aber er entdeckt etwas anderes: die Kunst des wissenschaftlichen Experimentierens. Und die lässt ihn zeit seines Lebens nicht mehr los. Len Fisher wird Physiker, erforscht das Verhalten von Zellen und schreibt kuriose Bücher wie die *Reise zum Mittelpunkt des Frühstückseis.* Die Seele begegnet ihm erst wieder, als er von einem gewissen Duncan MacDougall hört, der offensichtlich ein Verwandter im Geiste war. Denn der amerikanische Arzt hatte Anfang des 20. Jahrhunderts den wohl aufwändigsten Versuch unternommen, die Frage nach der Seele experimentell zu lösen. Seine

Erkenntnis, die Seele habe ein Gewicht von 21 Gramm, geistert bis heute durch die Populärkultur; im Jahr 2003 wurde danach sogar der Spielfilm *21 Gramm* (mit Sean Penn und Naomi Watts) benannt. Und Len Fisher, der heute Physikprofessor an der Universität Bristol ist, hat seinem Verwandten im Geiste in dem Buch *Der Versuch, die Seele zu wiegen* ein Denkmal gesetzt.

DAS GEWICHT DER SEELE

Auch Duncan MacDougall ist sich nicht sicher, ob die Seele existiert. Doch von einem ist der Arzt des kleinen Krankenhauses in Haverhill im US-Bundesstaat Massachusetts überzeugt: Wenn es sie gibt, muss es möglich sein, sie mit wissenschaftlichen Methoden nachzuweisen. Und da die Seele beim Tod eines Menschen dessen Körper verlässt, sollte dieser folglich beim Sterben leichter werden. Gedacht, getan. Auf eine große Balkenwaage, wie sie auch Gemüsehändler benutzen, montiert MacDougall ein Holzgestell, auf das er ein komplettes Gitterbett stellen kann. Am 10. April des Jahres 1901 schließlich schlägt seine Stunde. An diesem Tag liegt in Haverhill ein Tuberkulose-Kranker im Sterben, der zugestimmt hat, der Wissenschaft zu dienen. Um 17.30 Uhr wird er in das Bett gelegt, und MacDougall beginnt, penibel jede Veränderung seines Zustandes zu protokollieren. Schließlich, um 21.10 Uhr, tritt der Tod ein. »Genau mit der letzten Bewegung seiner Atemmuskeln und im gleichen Moment mit der letzten Bewegung seiner Gesichtsmuskeln fiel das Ende des Waagbalkens auf die untere Begrenzungsmarke und blieb dort ohne zurückzuschnellen, wie wenn ein Gewicht vom Bett weggenommen worden wäre«, notiert MacDougall. »Um die Waage wieder auszugleichen, war später das Gewicht von zwei Silberdollar nötig, die zusammen ¾ Unzen wogen.«

¾ Unzen, das entspricht ziemlich genau 21 Gramm, etwa dem Gewicht einer Scheibe Brot. Duncan MacDougall triumphiert. Er ist überzeugt, mit seiner Wiegevorrichtung den »Stoff der Seele« entdeckt zu haben. Aber er weiß auch, dass ihm gewaltige Zweifel entgegenschlagen werden. Also behält er das Ergebnis zunächst für sich und versucht, das Experiment zu wiederholen. Innerhalb eines Jahres kann er fünf weitere Sterbende auf seine Seelenwaage legen – erhält allerdings jedes Mal unterschiedliche Resultate. Mal sinkt das Gewicht um 31 Gramm, mal nur um 10 Gramm, mal ist die Messung ungültig und mal scheint das Gewicht zunächst zu sinken und dann wieder zu steigen. Außerdem bekommt der Arzt Schwierigkeiten mit dem Klinikpersonal. Haverhill ist ein konservatives kleines Städtchen; von solch gottlosen Versuchen ist man nicht sonderlich begeistert. In einem Brief an einen Freund klagt MacDougall über »ein großes Maß von Störversuchen durch Leute, die gegen unsere Arbeit waren«.

Dennoch fühlt er sich auf der richtigen Spur. Als er den gleichen Versuch mit fünfzehn Hunden durchführt, bewegt sich die Waage kein Stück! Damit scheint klar: Der Mensch hat eine gewichtige Seele, der Hund nicht.* 1907 schließlich veröffentlicht MacDougall seine Resultate in den Fachzeitschriften *American Medicine* und *Journal of the American Society for Psychical Research.*

* MacDougall verrät in seinen Versuchsbeschreibungen nicht, wie er die Hunde davon überzeugen konnte, in seiner Waagschale zu sterben. Vermutlich vergiftete er sie.

Wie zu erwarten, gehen die Meinungen der Fachwelt weit auseinander. Manche halten die Experimente für kompletten Unsinn, andere glauben, MacDougall habe »die wichtigste wissenschaftliche Entdeckung aller Zeiten« gemacht. Doch niemand findet sich, der das ungewöhnliche Experiment wiederholt. Erst in den Dreißigerjahren stellt der Lehrer Harry LaVerne Twining in Los Angeles ähnliche Versuche mit Mäusen an – und beweist, dass MacDougall einem Trugschluss aufgesessen ist.

Twinings Experimente scheinen zunächst zu zeigen, dass Mäuse ebenfalls eine Seele haben. Auf eine Balkenwaage stellt er ein Becherglas mit einer lebenden Maus und einem Stück Zyankali, tariert die Waage aus und hebt das Gift dann vorsichtig in das Becherglas. Als nach dreißig Sekunden die unglückliche Maus verendet, schlägt der Waagbalken – wie bei MacDougalls Patienten – nach oben aus. Doch dann ersinnt Twining ein alternatives Verfahren: Er schließt die Maus in eine Glasröhre ein und versiegelt diese, sodass das Tier qualvoll verendet. Und bei diesem Experiment – das heute von keiner Ethik-Kommission gebilligt würde – zeigt die Waage keinerlei Gewichtsveränderung. Daraus schließt Twining, dass eine sterbende Maus – ebenso wie ein Mensch – im Moment des Todes offenbar auf einen Schlag eine größere Flüssigkeitsmenge verliert und dass dies die Gewichtsänderung erklärt. In einem hermetischen Glaszylinder fällt dieser Effekt weg, weil die Flüssigkeit nicht entweichen kann.[4]

So erscheinen aus heutiger Sicht Duncan MacDougalls Ergebnisse, die seinerzeit die Zeitungen füllten, lediglich als Artefakte seiner Versuchsanordnung. Und über das Wesen der Seele sagen sie etwa so viel aus wie der Versuch des jungen Len Fisher, die Seele mit einer Taschenlampe in seinem Inneren zu entdecken.

DER ATEM DES LEBENS

Man fühlt sich bei solchen Experimenten unweigerlich an die Definition Voltaires erinnert, der zum Begriff der Seele schon im 18. Jahrhundert hellsichtig feststellte: »Seele nennen wir das, was mit Leben erfüllt. Mehr wissen wir, weil unser Verstand beschränkt ist, leider nicht. Drei Viertel der Menschheit gehen darüber nicht hinaus und haben an der Seele kein Interesse, das andere Viertel sucht und findet nichts, *noch wird jemals irgend jemand etwas finden* (Hervorhebung durch den Autor).« Liegt es also in der Natur der Sache, dass wir zwar von der Seele reden können, vermutlich alle auch ein bestimmtes, vages Verständnis dieses Begriffs haben, aber ihn eben gerade nicht näher bestimmen oder gar mit wissenschaftlichen Apparaturen nachweisen können?

Woher stammt der Begriff »Seele«? Eine erste Erwähnung findet er im Alten Testament, dort wird für *Seele* das hebräische *näfäsch* verwendet, das mit »atmen« (*nafasch*) zusammenhängt. Im Neuen Testament steht für Seele das griechische Wort *psyche*, das soviel wie Hauch, Atem, Lebenskraft bedeutet, aber auch mit Schmetterling übersetzt werden kann – schon das deutet auf die Flüchtigkeit und Unfassbarkeit der Seele hin. Der Bibel zufolge wurde der Mensch dadurch beseelt, dass ihm Gott den »Lebensatem in seine Nase blies« (Genesis 2,7). Dieses Bild einer »Atemseele« kennt nicht nur das Christentum; auch in anderen Kulturen ist die Vorstellung verbreitet, der Atem sei Sitz einer besonderen Lebenskraft. Im Hinduismus stehen dafür die Begriffe *Prana* oder *Atman*, in China wird der »Lebensatem« durch den Begriff *Qi* (Chi) repräsentiert, in Japan nennt man die Lebensenergie dagegen *Ki*.

Ein Sterbender empfiehlt seine Seele Gott,
Meister von Heiligenkreuz – um 1425

Diese Begriffe haben zwar alle ihre Besonderheiten und können nicht einfach mit der alteuropäischen *Seele* gleichgesetzt werden. Dennoch deuten sie darauf hin, dass der Mensch nicht allein durch seine materielle Zusammensetzung definiert ist, sondern dass ihn darüber hinaus noch eine besondere, feinstoffliche Art von Energie belebt.

In der westlichen Welt ist das heutige Verständnis des Seelenbegriffs allerdings eher durch die psychoanalytische Lehre von Sigmund Freud geprägt. Ihm verdanken wir es im Wesentlichen, dass in der Wissenschaft nicht mehr von Seele, sondern von Psyche gesprochen wird und dass aus der altertümlich klingenden Seelenkunde die moderne Psychoanalyse wurde.

Psyche, das war für Freud ein Apparat voller Spannungen und Konflikte, in dem ein unbewusstes Es mit einem bewussten Ich und einem sozial geprägten Über-Ich um Macht und Einfluss stritt. Von einer unsterblichen Seele im christlichen Sinne wollte der Religionskritiker Freud dagegen nichts mehr wissen. Für ihn war »das Seelische« ein natürlicher Vorgang, der auf der Gehirntätigkeit beruht und letztlich vom neuronalen

Geschehen nicht zu trennen ist. Damit nahm er eine Haltung vorweg, die bis heute in der Wissenschaft als Konsens gilt.

Für die meisten (Natur-)Wissenschaftler ist die Vorstellung einer unsterblichen Seele überholt. Am radikalsten abgerechnet mit der Seele hat der DNA-Entdecker und Nobelpreisträger Francis Crick, der 1994 in seinem Buch *Was die Seele wirklich ist* postulierte: »Sie, all Ihre Freuden und Leiden, Ihre Erinnerungen, Ihre Ziele, Ihr Sinn für Ihre eigene Identität und Willensfreiheit – bei alldem handelt es sich in Wirklichkeit nur um das Verhalten einer riesigen Ansammlung von Nervenzellen und dazugehörigen Molekülen.« Und wenn Olaf Blanke in seinem Labor außerkörperliche Erfahrungen fast auf Knopfdruck erzeugen kann, dann redet dabei niemand mehr von Seelenwanderung; dann zeigt dies eher, wie leicht man die im Gehirn permanent stattfindende Körperrepräsentation stören und verzerren kann.

KONTAKTSTELLE ZUM GÖTTLICHEN

So kommt es, dass man heute vor dem merkwürdigen Paradox steht, dass die Seele in der westlichen Welt »allgegenwärtig und zugleich inexistent« ist, wie die *ZEIT*-Redakteurin Elisabeth von Thadden in einer großen Seelen-Bestandsaufnahme feststellt. »Während im Alltag nichts natürlicher, nichts üblicher ist, als von verletzten Seelen oder von seelischer Balance zu reden, will die exakte Wissenschaft von ihr wenig wissen.« Die naturwissenschaftliche Forschung jedenfalls hat bislang nirgendwo eine Entität gefunden, die einer feststehenden, unwandelbaren Seele gleichen würde. Doch was bedeutet das? Heißt das, dass alles Reden von der Seele Unsinn wäre? Oder zeigt sich in dem Fehlschlag nicht vielmehr, wie naiv die Ansicht ist, die Seele sei etwas materiell Greifbares, das sich mit Präzisionswaagen oder im Kernspintomografen dingfest machen ließe? Wer auf diese Weise nach einer Seele sucht, findet sie ganz offensichtlich nicht. Dem schmetterlinghaften Wesen der Psyche muss man sich wohl anders nähern. Sonst erlebt man, wie sie entflieht – oder dass man ihr die Flügel bricht.

Versuchen wir es also anders. Beobachten wir die Seele zunächst indirekt, im Spiegel der Mythen und Metaphern, die sich um sie gebildet haben, im Prisma der Bilder und Assoziationen, die sie umgeben. Da wäre zum Beispiel das spätantike Märchen des Apuleius von Amor und Psyche, das darauf hinweist, dass beide zusammengehören: Ohne Liebe ist eine Seele nicht lebensfähig, sie verkümmert und verdorrt. Auch Freud erkannte, dass es der zerrissenen Seele wohltun kann, wenn sich ihr andere zuwenden; dass sie sich durch den sprachlichen Austausch berühren lässt und also in der »Redetherapie« geheilt werden kann. Und nicht zuletzt wären da die religiösen Metaphern, die zum Beispiel von der Seele als »Atemwind der Unendlichkeit« sprechen, sie als Garant für eine Verbindung zu einem größeren Ganzen beschreiben, das unsere normale Existenz übersteigt.

Der österreichische Theologe und Psychotherapeut Hubert Findl drückt diesen religiösen Aspekt folgendermaßen aus: »Im Innersten seines Selbst findet der Mensch das Angebot einer Berührung durch ein umfassendes transzendentes Selbst … Inmitten unseres Lebens, auch inmitten allen Unheils, ist da das Angebot von etwas Unverbrüchlichem im Tiefsten unseres Selbst. Christen nennen dieses Etwas Gott, und sie verwenden das Wort Seele, um auszudrücken, dass es da im Innersten jedes Menschen eine Kontaktstelle zu Gott, zum Göttlichen, zu diesem transzendenten und sinnstiftenden Sein in uns gibt.«

Eine Kontaktstelle zum Göttlichen – eine schöne Formulierung, die klarmacht, dass es sich dabei eben gerade nicht um ein »Ding« handelt, sondern eher um eine Potenzialität, eine Fähigkeit, die im Menschen angelegt ist, aber gewissermaßen erst der Aktivierung bedarf. Zugleich kann man diese Art der Beschreibung wohl mit leichten Umformulierungen auch auf andere Religionen übertragen. Selbst der Buddhismus, der weder Gott noch Seele kennt, hält Begriffe für eine solche innere Potenzialität bereit, die einen Kontakt zu einem größeren Ganzen ermöglicht; hier spricht man zum Beispiel von der Buddhanatur, über die jedes fühlende Wesen verfügt, die der Mensch für gewöhnlich aber nicht wahrnimmt. Auch auf sie könnte man Findls Wort von dem »Angebot einer Berührung durch ein umfassendes transzendentes Selbst« anwenden und hätte damit ihren ebenso flüchtigen wie unzerstörbaren Charakter gut beschrieben.

EIN HÖHERER TEIL UNSERER SELBST

Doch wie ließe sich wissenschaftlich über diese Potenzialität reden? Einer der Ersten, der nach einer pragmatischen Erklärung suchte, war der Religionspsychologe William James. In der letzten Vorlesung seiner *Gifford Lectures* beschäftigte er sich mit den Mechanismen des religiösen Erlebens und befand, dabei identifiziere ein Mensch sein wahres Wesen mit einem »höheren Teil seiner selbst«. Voraussetzung für ein solches Erleben sei zunächst ein tief sitzendes Unbehagen, ein »Gefühl, dass mit uns in unserem natürlichen Zustand irgendetwas nicht stimmt«. Doch indem man sich dessen bewusst werde und nach Abhilfe suche, blicke man auch schon darüber hinaus und sei in »zumindest potenzieller Berührung mit etwas Höherem«. Die wesentliche Triebfeder dafür verortete James im »subliminalen Bewusstsein« oder im »unterbewussten Selbst«. Denn James wusste (wie Sigmund Freud), dass nur der geringste Teil der menschlichen Gedanken, Gefühle, Wünsche und Vorstellungen bewusst verarbeitet wird und dass der größte Teil des Seelenlebens im Dunkeln liegt. Dort schlummerten, ihm zufolge, auch jene Vorstellungen eines »höheren« oder »besseren« Teils unserer selbst.

Allerdings behauptete James (anders als Freud) *nicht*, dass sich jedes religiöse Erleben ausschließlich auf unterbewusste Impulse zurückführen ließe. Der amerikanische Psychologe ließ die Möglichkeit offen, ob es nicht auch noch ein »MEHR« außerhalb des Menschen gäbe. So formulierte James in der ihm eigenen, blumigen Art, der Gläubige werde sich in der religiösen Befreiung bewusst, dass der höhere Teil seiner selbst »an ein MEHR derselben Qualität angrenzt und in dieses, das im Universum außerhalb des Individuums tätig ist, übergeht und dass er mit ihm in Berührung bleiben und gewissermaßen bei ihm an Bord gehen und sich selber retten kann, wenn sein ganzes niederes Wesen Schiffbruch erlitten hat«.

Nun möchte man diese Formulierung gerne mit Leben füllen und fragen, worin denn dieses MEHR genau bestehen soll. Doch James formulierte absichtlich so vorsichtig, weil er damit versuchte, den gemeinsamen Kern aller Religionen zu fassen.

Alle Theologien stimmten darin überein, schrieb er damals, »dass das ›MEHR‹ wirklich existiert« – wenn es allerdings darum gehe, dies genauer zu beschreiben, dann »treten die spekulativen Differenzen deutlich zutage«. Die einen identifizieren damit einen persönlichen Gott oder auch mehrere Götter, andere gäben sich damit zufrieden, sich darunter »eine geistige Strömung vorzustellen, die in das ewige Weltgefüge eingebettet ist«. James selbst verweigerte eine klare Antwort, wie er dieses MEHR genau interpretiere, sondern konzentrierte sich als Psychologe ganz auf die diesseitigen Wirkungen eines solchen vermeintlichen Kontakts mit etwas Höherem. Und so gelangte er zu der Definition, »dass das ›MEHR‹, mit dem wir uns in der religiösen Erfahrung verbunden fühlen, was immer es auf der *uns abgewandten* Seite sein mag, auf der *uns zugewandten* Seite die unterbewusste Fortsetzung unseres bewussten Lebens ist«.

MEINE SEELE GEHÖRT NICHT MIR

Aufgrund der in diesem Buch vorgestellten Erkenntnisse können wir heute versuchen, dies schärfer zu fassen, als es James vor hundert Jahren möglich war. Denn tatsächlich hat nicht nur die Psychologie, sondern auch die Neurobiologie in den vergangenen Jahren gezeigt, wie klein der Teil des psychologischen, körperlichen und neuronalen Geschehens ist, der uns zu Bewusstsein kommt. Man könnte sagen: Unser geistiges Geschehen gleicht einem Eisberg, dessen allergrößte Masse unter Wasser verborgen ist. Dies liegt zum einen an der Begrenztheit unserer Wahrnehmung; zum anderen aber, um die Formulierung von

Julian Jaynes aufzugreifen, auch daran, dass »wir kein Bewusstsein davon haben, wovon wir kein Bewusstsein haben«.

Wie in Kapitel VI beschrieben, versorgt uns das Gehirn stets nur mit *Repräsentationen* der Wirklichkeit. Das gilt nicht nur für die äußere Welt, sondern ebenso für die Wahrnehmung unseres Körpers und unseres bewussten »Ich«. Auch diese angeblich unwandelbare Größe, die in Wahrheit steter Wandlung unterliegt, ist nur eine Repräsentation – ein Selbstmodell, wie Thomas Metzinger es nennt – unseres Gehirns. Das heißt *nicht*, dass das Ich nicht existent wäre. Aber es kommt ihm keine eigenständige, unabhängige Realität zu, sondern es entsteht und lebt in einer permanenten wechselseitigen Abhängigkeit. »Alles, was uns ausmacht und beschäftigt, stammt aus Interaktion und Erfahrung«, sagt etwa der Sozialpsychologe Harald Welzer. Für ihn stellt sich daher die Frage, ob man überhaupt von individuellen Seelen reden könne. »Zugespitzt lässt sich sagen: Wenn es sie gibt, meine Seele, gehört sie jedenfalls nicht mir allein«, meint Welzer und postuliert: »Vielleicht *IST* die Seele sogar *IN* der Interaktion.«

Auch wenn Welzer ganz anders argumentiert als Hubert Findl, so betonen doch beide den dynamischen Aspekt des Seelenbegriffs. Und diese Dynamik spielt sich weitgehend unbewusst ab, sie prägt uns, ohne dass wir dies bewusst beeinflussen können. Alleine in der Struktur unseres Gehirns und den neuronalen und biochemischen Regelkreisen unseres Körpers ist ein immenses Wissen gespeichert, das weit über unsere gegenwärtige Existenz hinausreicht. Darin haben zum Beispiel all die Eindrücke, Begegnungen und Erlebnisse unseres eigenen Lebens ihre Spuren hinterlassen. Darin ist aber auch all jenes Erfahrungswissen verborgen, das der Homo sapiens im Laufe der Evolution angesammelt hat und das unsere instinktiven Reaktionen bestimmt. Selbst die Geschichte des Weltalls ist implizit in uns verborgen: In der ausgefeilten Konstruktion unseres Gleichgewichtsorgans spiegelt sich die Wirkung der Schwerkraft wider, im Bau unseres optischen Wahrnehmungsapparats kommt die Natur der elektromagnetischen Strahlung zum Ausdruck, und die chemischen Elemente, aus denen wir bestehen, haben sich zum Teil vor Millionen von Jahren im Inneren von weit entfernten Sternen in der Nukleosynthese gebildet. Wir sind, im wahrsten Sinne des Wortes, Sternenstaub. So gesehen zeigen sich selbst auf der plumpsten, materiellen Ebene Kontaktstellen zu einem sehr viel größeren, kosmischen Sein, das uns nicht nur mit dem Universum, sondern mit allen anderen lebenden Wesen verbindet. Und auch wenn wir dazu meist keinen bewussten Zugang haben, so lässt sich dieser Erfahrungsschatz doch durch geeignete Methoden aktivieren.

Eine dieser Methoden, das lehrt die Placeboforschung (Kapitel I), ist offenbar der Glaube. Schon das Vertrauen in ein heilsames Prinzip – in ein MEHR, wenn man so will – kann Selbstheilungskräfte freisetzen, die zur erhofften Wirkung führen. Manche reden in diesem Zusammenhang von der »Blaupause der Gesundheit«; man könnte dies auch so interpretieren, dass dabei ein »besserer Teil unserer selbst« angesprochen wird, der potenziell zwar immer angelegt ist, der aber der Aktivierung bedarf.

Im religiösen Glauben geht es allerdings um wesentlich mehr als nur um die Besserung von Krankheitssymptomen, es geht um Heilung in einem umfassenden Sinn, der auch unsere existenzielle Einsamkeit, die Angst vor dem Tod und die Grundfrage nach dem tiefen Sinn des Lebens einschließt. Es geht um jenes »tief sitzende Unbehagen«, von dem James sprach, und das in der jeweiligen Religion nach Befreiung strebt. Wie kann diese Befreiung gelingen?

Die Religionen geben darauf jeweils ihre eigenen, dogmatischen Antworten. Mal empfehlen sie das unbedingte Vertrauen auf den dreieinigen Gott, mal die Meditationspraxis des Buddhismus, mal den Dienst am Nächsten, mal die Teilnahme an bestimmten Ritualen. Ob es dabei einen gemeinsamen Kern gibt, ob all diese verschiedenen Heilspfade am Ende zum gleichen Ziel führen, ist eine der großen offenen Fragen der Religionswissenschaft. Eine definitive Antwort wäre wohl nur jemandem möglich, der all diese verschiedenen Wege selbst gegangen ist – und dazu reicht ein Menschenleben einfach nicht aus.

Dennoch scheint es zumindest *einen* gemeinsamen Nenner zu geben: Alle religiösen Praktiken lassen sich als Versuche interpretieren, sich der Begrenztheit des eigenen »Ich«, des Selbstmodells, bewusst zu werden, es zu transzendieren und schließlich zugunsten einer allumfassenderen Wirklichkeit aufzugeben.

DIE ERLEUCHTUNG DES ENTERTAINERS

»Es gibt eine Erkenntnisebene, die das Mentale, das Rationale übersteigt. Und wir haben sie in uns. Was uns daran hindert, ist das Ich-Bewusstsein.« Das sagt der Benediktinerpater und Zen-Meister Willigis Jäger, der sowohl in der christlichen Tradition als auch im japanischen Zen-Buddhismus zu Hause ist. Für diesen modernen Mystiker ist das Ich-Bewusstsein zwar »etwas absolut Positives«, denn es »macht uns zu Menschen« – doch zugleich grenze es den Menschen ein. »Die Wirklichkeit ist etwas ganz anderes als wir meinen, dass sie ist.«

Damit beschreibt er in seinen Worten, was auch die Erkenntnisse der Evolutionsbiologen, Wahrnehmungspsychologen und Bewusstseinsphilosophen nahe legen: Es hat sich für unsere Gattung im Laufe der Evolution als extrem wirkungsvoll erwiesen, ein Modell des »Ich« zu entwickeln. Ein solches Selbstbild erlaubt uns, Zukunftspläne zu schmieden, eigene Interessen zu verfolgen, das Verhalten anderer in Bezug auf uns selbst zu beurteilen und somit das eigene Überleben sicher zu stellen. Doch zugleich führt diese Erfindung des Ich, diese Frucht vom Baum der Erkenntnis, zur Vereinzelung. Wir empfinden uns als getrennt von anderen Existenzen, erleben uns als in die Welt geworfene Objekte, die eine Zeit lang ihre egoistischen Interessen verfolgen und irgendwann zu Staub zerfallen.

Deshalb propagieren die Religionen einen radikalen Perspektivwechsel. Sie erinnern uns daran, dass das Problem der Vereinzelung mit unserer beschränkten Sichtweise zu tun hat und dass es die unbedingte Identifikation mit unserem Selbstmodell, dieses ständige Kreisen um das eigene Ego ist, das Leid erzeugt. Denn wer seine eigene Person als Nabel der Welt betrachtet, ist permanent damit beschäftigt, die Interessen, Wünsche und Begierden dieser Person zu befriedigen, was den wenigsten auf Dauer gelingt. Und selbst wenn es gelingt, muss man doch der verstörenden Tatsache ins Auge sehen, dass all dies am Ende nichts wert ist und im Tod komplett ausgelöscht wird.

Wird dieses »Ich« dagegen nicht als eigenständige, abgetrennte Instanz begriffen, sondern als eine Schöpfung, die in Abhängigkeit von anderen Menschen und letztlich vom ganzen Kosmos existiert, weitet sich der Blick auf einmal; und wir können uns, im besten Falle, als Teil eines großen Ganzen begreifen, das den Tod dieses »Ich« überdauert. Man könnte auch sagen: Unsere wahre Natur ist größer als unser bewusstes Selbst. Und vielleicht soll uns das Wort von der Seele an nichts anderes erinnern, als dass es, im Tiefsten unseres Wesens, dazu einen Schlüssel gibt und dass wir stets auch Teil eines allumfassenden Geschehens sind.

Der Mensch müsse seine »Empfänglichkeitsanlage« vergrößern, um die Wirklichkeit umfassender zu begreifen. So beschrieb Eckhart von Hochheim (1260–1328), einer der bekanntesten christlichen Mystiker des Mittelalters, den Weg zu Gott. Denn, so der als Meister Eckhart bekannt gewordene Theologe: »Soll Gott gesehen werden, so muss es in einem Lichte geschehen, das Gott selbst ist. Über der Vernunft, die sucht, ist noch eine andere Vernunft, die nicht mehr sucht.« Und die höchste Stufe der mystischen Versenkung, die *unio mystica,* versucht er in folgende Worte zu fassen: »Gott muss nah bei mir werden und ich nah bei Gott, so ganz Eines, dass dies ›er‹ und dies ›ich‹ ein ›ist‹ werden und sind.« Da klingt es wie ein Echo, was etwa zur selben Zeit auf der anderen Seite der Erde der japanische Zen-Meister Dōgen Kigen (1200–1253) lehrte: »Den Weg studieren, heißt sich selbst studieren. Sich selbst studieren, heißt sich selbst vergessen. Sich selbst vergessen, heißt, in Harmonie mit dem ganzen Kosmos zu sein.« Auf diese Formel brachte der wohl bekannteste Zen-Mönch Japans in seinem Hauptwerk *Shobogenzo* den Grundgedanken des Zen-Buddhismus.

Dass ähnliche Einsichten nicht nur christlichen und fernöstlichen Mystikern vorbehalten sind, beweist heute ausgerechnet ein Fernsehkomiker. Hape Kerkeling, der in seinem Bestseller *Ich bin dann mal weg* seine Erfahrungen als Pilger auf dem Jakobsweg beschreibt, hat beim wochenlangen Gehen nicht nur Entbehrungen, Fußschmerzen und großartige Landschaften kennengelernt, sondern offenbar auch sich selbst. Als er in einem Interview mit der *ZEIT* gefragt wurde, was er denn nun gelernt habe, antwortete der Entertainer ganz ernsthaft: »Ich kann das nicht in einem Satz beantworten. Vor allem bin ich nicht ich. Verstehen Sie, was ich meine? Man denkt doch immer, man ist ich. Ist man aber nicht. Das ist so ein Aufbau, den man sich macht. Ich bin kein Bestsellerautor, auch wenn das gut klingt, und auch kein Komiker.« Und dann formulierte Kerkeling eine Erkenntnis, die wie einer der paradoxen Sinnsprüche des Zen klingt: »Das Ich ist eigentlich nicht wesentlich und eigentlich nicht da.«

DIE SÜNDE DES »IN-SICH-VERKURVT-SEINS«

Nun ist eine solche Definition der Seele als Potenzial zur Beziehungsfähigkeit, als Kontaktstelle zu etwas Höherem, zunächst frei von jeder religiösen Konnotation. Eine Interaktion, die zur Verbindung mit einem größeren Ganzen führt, kann man schließlich auch im Fußballstadion erleben, bei einem gelungenen Konzert, in der Kunst oder in der Liebe (und genau dieser verbindende Aspekte ist es ja, was deren Reiz ausmacht). Der Unterschied zur Religion, so könnte man sagen, liegt darin, dass diese Zugänge zu einem umfassenden Sein zeitlich begrenzt und stets bedingt sind. Auch das spannendste Fußballspiel, das schönste Konzert enden irgendwann, und in der Liebe gibt es bekanntlich ebenfalls keine Garantie auf Dauerhaftigkeit. Die

Erfahrung einer religiösen Verbundenheit dagegen kennt keine Vorbedingung, sie hängt nicht von Zeiten oder Umständen ab. Vielleicht könnte man das religiöse Erleben daher auch als eine Art »Liebesbeziehung mit dem Universum« beschreiben, die jederzeit allen offensteht.

Und was die Religionen anbieten, wären demnach verschiedene Wege und Methoden, um die Isolierung des »Ich« aufzuheben und in diese kosmische Beziehung einzutreten. Asketische Praktiken, Bußübungen und andere Exerzitien, stundenlange Meditationen oder Rezitationen, aufopferungsvoller Dienst am Nächsten – all das sind Methoden, die dem üblichen Drang zur Ich-Bestätigung und Selbstzentrierung entgegenarbeiten. Sie versuchen, das Selbstmodell zu erschüttern und damit dem – stets um sein Wohlbefinden besorgten – Ego aus seinem selbstgeschaffenen Käfig zu helfen. Gelingt es, so spricht der christliche Mystiker vielleicht vom Zustand des »Eins-Sein«, der Buddhist von »Erleuchtung« und der Bewusstseinsphilosoph von der Erkenntnis der »Illusion des Selbstmodells«. Wesentlich dabei ist die Erkenntnis, dass das gerne so groß geschriebene ICH stets nur im Austausch, in der wechselseitigen Abhängigkeit mit allem, was uns umgibt, existiert. »Liebe deinen Nächsten wie dich selbst« ist, so gesehen, kein moralisches Gebot, sondern eine nüchterne, logisch zwingende Konsequenz aus dieser Erkenntnis.

Freilich sind die Wege zu dieser Art von innerer Befreiung grundverschieden. Während das Christentum dazu das hoffnungsvolle Bild eines unendlich gütigen, allmächtigen Gegenübers entwirft, kennt der Buddhismus kein höheres Wesen, keinen Gott, ja noch nicht einmal eine Seele oder ein (wie auch immer geartetes) dauerhaftes Prinzip hinter den vergänglichen Erscheinungen der Welt. In den buddhistischen Traditionen ist es im Gegenteil die Einsicht in die Vergänglichkeit allen Seins und die damit zusammenhängende Erkenntnis, dass unser »Ich« keinen beständigen Wesenskern aufweist, was einen zum sogenannten »Erwachen« führen soll.

Und doch betonen, trotz dieser Gegensätze, sowohl das Christentum als auch der Buddhismus (und alle anderen Weltreligionen) die Notwendigkeit, vom selbstzentrierten Denken wegzukommen. So sprach beispielsweise Martin Luther davon, dass der Mensch die Sünde des »In-sich-selbst-verkurvt-Seins«[5] ablegen müsse. Dasselbe meint der Buddhismus, wenn in den Belehrungen die Rede davon ist, man müsse die Anhaftung an das Ego aufgeben. Und aus diesem Grund kennen auch alle Religionen klösterliche Traditionen, die es den Nonnen und Mönchen erleichtern sollen, den permanenten Selbstmodellierungsprozess loszulassen.

»WER ERKLÄRT, LÜGT«

Und noch eine Gemeinsamkeit zwischen den Religionen gibt es, und die ist möglicherweise die wichtigste von allen: die Einsicht nämlich, dass eine solch innere Transformation *erfahren* werden muss und nur sehr unzureichend mit Worten und intellektuellen Erklärungen wiedergegeben werden kann. Auch in dieser Hinsicht verhält es sich mit der Religion ähnlich wie mit der Liebe: Diese muss ebenfalls erfahren und gelebt werden und kann nicht aus Büchern gelernt werden.

»Wer erklärt, lügt.« Auf diese knappe, radikale Formulierung brachte die islamische Heilige Rabi'a al-Adawiyya (ca. 717–801) diesen Gedanken von der Beschränktheit des rationalen Denkens. Wer immer versucht, die Erfahrung der Transzendenz in Worte zu fassen, verstümmelt und beschneidet sie derart, dass das Wesentliche daran verloren geht.

Deshalb führt auch die alleinige Beschäftigung mit theologischen Diskursen kaum zu tief greifenden religiösen Erschütterungen. Was diejenigen, die sich auf einem spirituellen oder religiösen Weg befinden, wirklich dazu gebracht hat, sind fast stets Berührungen auf einer anderen als nur der rationalen Ebene. Nicht kluge Argumente, sondern eher persönliche Begegnungen oder dramatische Ereignisse sind es, die einen jenseits des Selbstmodells ergreifen. Nicht immer ist zu einer solchen Begegnung Sprache notwendig, manchmal läuft ein solcher Austausch auch nonverbal ab, und oft findet er sogar unbewusst statt. (Deshalb fällt es vielen Gläubigen auch so schwer, Auskunft über ihren tiefsten Glaubens-Antrieb zu geben.)

Und ähnlich wie es in der Medizin die sogenannten Superheiler gibt, die allein schon durch ihr Auftreten wohltuend auf den Patienten wirken, gibt es offenbar auch im religiösen Bereich Menschen, die über besondere Ausstrahlung verfügen. Die größten dieser Charismatiker dürften die jeweiligen Religionsstifter gewesen sein – Christus, Buddha, Mohammed … – deren Wirkung sich nicht nur auf ihre Mitmenschen, sondern über die Jahrhunderte hinweg erstreckt und die uns allein durch ihr Beispiel daran erinnern, dass wir stets mehr sind als das, was wir von uns denken.

3 Rückblick und Resümee

Mit dem letzten Kapitel ist die wissenschaftliche Betrachtung des religiösen Erlebens an ihre Grenze gekommen. Jenseits davon beginnt das, was William James *overbelief* nannte, den persönlich gefärbten »Über-Glauben« (oder besser: den »Darüberhinaus-Glauben«) – also das individuelle Vertrauen auf die Beschreibung und Dogmatik einer bestimmten Religion. Und da macht es dann eben doch einen Unterschied, ob man an Gott oder an die Leerheit aller Dinge glaubt, ob man sich am Papst oder dem Dalai Lama orientiert. Denn selbst wenn man die unterschiedlichen religiösen Traditionen nur als verschiedene Wegweiser zum selben Gipfel der Transzendenzerfahrung interpretiert, muss sich am Ende doch jede/r Einzelne für einen dieser Wege entscheiden.

Am Schluss dieses Buches soll daher nun Bilanz gezogen und noch einmal daran erinnert werden, welche Einsichten wir der Vermessung des Glaubens verdanken. »Fassen Sie doch Ihr Buch mal in einem Satz zusammen«, forderte mich ein Kollege auf, dem ich von meiner Arbeit erzählte. Dieser Satz müsste wohl lauten: »Die Stärke der Religion besteht darin, dass sie sich eben nicht in einem Satz zusammenfassen lässt.« Denn wie die verschiedenen Zugänge in diesem Buch klargemacht haben, berühren persönlicher Glaube und religiöse Tradition so viele unterschiedliche Aspekte unseres Menschseins – psychologische, kulturelle, biologische, soziale und sogar medizinische –, dass sie sich eben gerade nicht auf eine einzige Ursache oder Wirkung reduzieren lassen. Und genau diese Tatsache sorgt dafür, dass die Religion als gesellschaftliche Macht zwar mal stärker, mal schwächer ist, aber nie ganz verschwinden wird.

Das wird insbesondere bei den Versuchen der »Neurotheologen« deutlich, die das religiöse Erleben mithilfe der Hirnforschung begreifen wollen. Die unterschiedlichen Meditationsstudien und das »Psalm-Experiment« von Nina Azari führen beispielhaft vor, dass man die Vorgänge in unserem Kopf nicht unabhängig vom Inhalt unseres Glaubens untersuchen kann; dass das Gehirn eben gerade keine Maschine ist, die auf einen bestimmten Reiz (Beten, Meditieren, Singen) stets auf dieselbe Weise reagiert, sondern dass die neuronale Aktivität selbst wieder abhängig ist vom kulturellen Umfeld und den geistigen Überzeugungen, die wir hegen. Anders gesagt: Geist und Biologie des Menschen sind nicht zu trennen. Und die Neurobiologie des religiösen Erlebens lässt sich nicht ohne die religiöse Tradition verstehen, die dafür den kulturellen Deutungsrahmen liefert.

Daher entfaltet sich, wie die Ergebnisse der Evolutionsbiologen zeigen, die wahre Kraft des Glaubens auch erst in der Gemeinschaft. Im gemeinsamen Erleben und im Austausch mit anderen wird aus einer individuellen Glaubenserfahrung eine soziale Bewegung, die, wenn sie groß genug geworden ist, als »Religion« bezeichnet werden kann. Eine solche religiöse Tradition dient allerdings nicht nur dazu, Glaubensinhalte und hilfreiche Rituale zu bewahren und weiterzugeben. Das gemeinsame Erleben religiöser Zeremonien kann auch deren Wirkung dramatisch verstärken; mitunter werden dabei sogar (siehe Kapitel IV, 2, S. 300 ff.) Endorphine frei gesetzt, also jene körpereigenen Drogen, die den Menschen physisch und psychisch stärken. Ein gemeinsamer Glaube trägt zudem – wie etwa die Studien von Richard Sosis oder David Sloan Wilson zeigen –, zur Stärkung der gesellschaftlichen Bindekräfte bei und bietet damit den Gläubigen ganz praktische soziale Vorteile.

Außerdem bewahrt einen die Einordnung in eine Tradition davor, sich selbst zum Maß aller Dinge zu erheben, und erweist sich damit selbst als Hilfsmittel auf einem religiösen oder spirituellen Weg. Denn der Wandel von der Ich-Zentriertheit hin zu einer größeren Offenheit, der in den zurückliegenden Kapiteln als gemeinsamer Kern aller Religionen beschrieben wurde, ist nicht immer angenehm. Es gibt innere Widerstände zu überwinden, Zweifel zu klären und alte Gewohnheiten aufzugeben. All das geht in einer Gemeinschaft sehr viel besser als alleine. Der Austausch mit anderen, so beschreiben es Religionssoziologen, kann auf diese Weise auch zu einer »kleinen Transzendenz« führen.

Neben diesen sozialen Aspekten gibt es allerdings auch die individuelle Wirkung eines religiösen Glaubens. Darauf hat schon Wilfred Cantwell Smith mit seiner Unterscheidung von persönlichem Glauben einerseits und gesammelter religiöser Tradition andererseits aufmerksam gemacht (siehe S. 79). Mediziner und Psychologen interpretieren dies heute auf zum Teil überraschende, pragmatische Art. Denn egal, was der Gegenstand des

Glaubens im Einzelnen auch immer sein mag, fast immer bündeln sich darin wünschenswerte, positive oder auch heilende Ideale. Und eine starke geistige Ausrichtung auf solche Ideale kann, wie im Kapitel »Medizin des Glaubens« beschrieben, Kräfte in Gang setzen, die tatsächlich materielle, biologische Wirkungen auf den Einzelnen haben.

Mediziner wissen heute, dass die Wirkung von Medikamenten im Schnitt zu zwanzig bis fünfzig Prozent von jenen Mechanismen beeinflusst wird, die mit dem Schlagwort »Placeboeffekt« bezeichnet werden. Vor allem die individuelle Erwartung eines Patienten und seine Konditionierung auf bestimmte Schlüsselreize spielen dabei eine wichtige Rolle. Und genau diese Mechanismen werden auch im religiösen Glauben angesprochen. Solche Placebowirkungen können nicht nur Wunderheilungen erklären helfen; sie sind auch, in einem größeren Sinne, für unsere Einstellung zum Leben überhaupt relevant.

»Im Grunde genommen geht es der Religion ausschließlich um die Art und Weise, in der wir das Universum akzeptieren«, sagte seinerzeit der Religionspsychologe William James. Für ihn war die grundlegende Frage, ob man daran glauben solle, »dass es bei allem Bösen in der Welt Lebensformen gibt, die uns zum Guten führen?« Die Wissenschaft, so viel ist klar, wird darauf keine abschließende Antwort geben. Die Religionen dagegen bieten uns hoffnungsvolle Ideale an, die man durchaus mit einer Art Placebo vergleichen könnte: Ob sie nämlich ihre heilsame Wirkung entfalten, hängt letztlich von unserem eigenen Glauben daran und unserem Verhalten ab. Wer von einem starken religiösen Glauben beseelt ist, kann – wie Menschen zu allen Zeiten demonstriert haben – über sich selbst hinauswachsen und buchstäblich zum Heiligen werden.

In dieser Perspektive liegt es dann allerdings an uns, ob Gott für uns existiert, ob es so etwas wie Erleuchtung oder »das Heilige« gibt – oder nicht. Wenn sich genügend Menschen im Glauben an ein solches Ideal vereinen, wird es eine (zumindest soziale) Wirklichkeit gewinnen, die unser Zusammenleben ebenso stark beeinflussen kann wie die physikalischen Naturgesetze. Gerinnen aber solche Ideale zu inhaltsleeren Phrasen, werden sie gar im Namen der Kirche verraten – wie es der Reporter William Lobdell erlebt hat –, dann können sie all ihre Kraft verlieren.

Eine völlig glaubenslose Gesellschaft, auch das hat sich gezeigt, ist allerdings kaum vorstellbar. Jede Kultur hegt irgendeine Form von religiöser Vorstellung – auch wenn diese gewaltig von dem abweichen kann, was wir im Abendland als »Religion« bezeichnen. Und ausgerechnet die Evolutionsbiologie lehrt uns, warum das religiöse Denken so universell verbreitet ist. Zum einen haben sich im Laufe der Menschheitsgeschichte just solche geistigen Fähigkeiten entwickelt (wie Intentionalität, kausales Denken oder die Tendenz, auch tote Gegenstände als belebt wahrzunehmen), die einen natürlichen Hang zur Religiosität erzeugen. Zum anderen bietet ein religiöser Zusammenhalt auch einen Überlebensvorteil für die Gruppe. So ist es kein Wunder, dass – wie etwa die Experimente von Jesse Bering zeigen – schon Kinder rudimentäre Vorstellungen von Seele und Unsterblichkeit haben und dass sich – wie der gescheiterte Versuch der Kommunisten in Russland belegt – auch Erwachsenen die Religion nicht so einfach austreiben lässt.

Daher distanzieren sich selbst ungläubige Forscher wie Pascal Boyer oder Scott Atran vom Kreuzzug der »neuen Atheisten«

wider die Religion. »Die natürliche Funktionsweise des Gehirns ist es ja gerade, religiöse Gedanken zu erzeugen«, widerspricht Boyer dem Religionskritiker Richard Dawkins. Daher sei dessen Kampf für eine rein atheistische, humanistische Welt nicht nur ethisch fragwürdig; er sei gerade auch aus Sicht der Evolutionsbiologie nicht zu gewinnen. Andere Biologen wie Lewis Wolpert oder Robin Dunbar halten gar unseren Sinn für Religiosität für jene Fähigkeit, »die uns zu Menschen macht«.

DIE ZWEISCHNEIDIGKEIT DER RELIGION

Auf einem anderen Blatt steht, dass das religiöse Denken stets die Gefahr der Engstirnigkeit und des Fundamentalismus birgt. »Religionen sind nie unschuldig«, sagt zum Beispiel der Münchner Religionswissenschaftler Michael von Brück. »In jeder Religion liegt eine Tendenz zur Verabsolutierung. Sie will einen letzten absoluten Deutungsrahmen für die Welt geben und lässt keine Pluralität zu.« Zwar betonen viele Traditionen, dass die allumfassende Wirklichkeit letztlich nicht beschrieben und benannt werden könne; dennoch bieten sie Bilder, Metaphern und Modelle an, die man als Wegweiser zu einer Transzendierung des »Ich« interpretieren kann. Und wie bei allen sprachlichen Bildern besteht auch hier die Gefahr, sie wortwörtlich zu nehmen. Dann ist plötzlich von »Wahrheit« die Rede und davon, dass die jeweils eigene Religion im Besitz dieser Wahrheit sei. Und schon wird aus der Erkenntnis »Dies ist *mein* Weg zum Heil« die Überzeugung »Das ist *der* Weg zum Heil – auch für alle anderen«.

Tatsächlich sind, wie die Ergebnisse der Religionspsychologie belegen (siehe Kapitel II, S. 115 ff.), Anhänger religiöser Gemeinschaften im Allgemeinen *nicht* toleranter, hilfsbereiter und weltoffener als Ungläubige; häufig trifft sogar das Gegenteil zu, wie das Gute-Samariter-Experiment und das um religiöse Fragestellungen erweiterte Milgram-Experiment zeigten. Ein genauerer Blick lehrt allerdings auch, wie unterschiedlich die verschiedenen »Typen« von Gläubigen ihre Überzeugungen leben und dass mitunter weniger der Glaubensinhalt, sondern eher die Glaubens*entschiedenheit* zählt. Aus den Studien von Elmar Struening und Allport & Ross erfuhren wir, dass die sogenannten *intrinsischen* Gläubigen, die ein tief verwurzeltes religiöses Erleben haben, im Unterschied zu den bloßen Gewohnheitskirchgängern oder *extrinsisch* Gläubigen eine gewisse Resistenz gegen Vorurteile und Autoritätshörigkeit aufweisen (siehe S. 143 ff.).

Und es wird ebenfalls verständlich, warum jene Religionsvertreter, die den individuellen mystischen Zugang betonen, immer wieder in Konflikt mit ihrer jeweiligen Kirchenhierarchie geraten. Gegen Meister Eckhart wurde seinerzeit ein Inquisitionsprozess eröffnet, heute wird ein mystisch orientierter Benediktinerpater wie Willigis Jäger vom Vatikan mit einem Lehrverbot belegt. Denn wer die Menschen dazu aufruft, ihren eigenen inneren seelischen Reichtum zu entdecken und ernst zu nehmen, unterminiert notgedrungen den absoluten Glauben an die Autorität der religiösen Hierarchie. Und das kann keine Kirche zulassen.

So ist jede religiöse Tradition ein zweischneidiges Schwert: Sie kann dem Einzelnen helfen, sich aus seiner Ich-Zentriertheit zu befreien, und kann ihn auf einer anderen Ebene umso mehr versklaven. Ein Patentrezept, wie das eine ohne das andere zu erreichen wäre, ist leider nicht in Sicht. Doch die in diesem Buch vorgestellten Erkenntnisse können uns zumindest für die Gefahren, Illusionen und Irrwege sensibilisieren, die auf dem religiösen Weg lauern. Zugleich, so hoffe ich, wurde in den einzelnen Kapiteln aber auch deutlich, dass nicht jeder religiöse Glaube notgedrungen zu einem verbohrten Fundamentalismus führen muss, sondern dass ein *bestimmtes* Verständnis religiöser Riten und Praktiken durchaus mit einem wissenschaftlichen Weltbild in Einklang zu bringen ist. Und dass es sich insbesondere für Rationalisten lohnen kann, den *eigenen* inneren Reichtum zu entdecken, quasi ihre Kontaktstelle zu einem größeren Sein zu aktivieren.

UND GOTT?

Die »Begegnungen« in diesem Buch zeigen, wie unterschiedlich Menschen solche »Kontakterlebnisse« interpretieren können. Wer nun allerdings selbst einen Zugang zu einem »höheren Sein« sucht und sich weder von einer der großen Weltreligionen angesprochen fühlt, noch in einem der Gespräche und Porträts Inspirierendes zu entdecken vermochte, der mag sich vielleicht an der ebenso knappen wie unideologischen Definition des Theologen Johann Baptist Metz orientieren (siehe »Gretchenfragen«, S. 77), für den »Religion« einfach die *Unterbrechung* des alltäglichen Immer-weiter-so ist. Und er mag sich an die Weisheit des Straßenkehrers Beppo erinnern (siehe Kapitel »Meditationsforschung im Labor«), der das Geheimnis der Meditation mit den Worten beschrieb, man dürfe immer nur an den

»nächsten Schritt, den nächsten Atemzug« denken und nie an die ganze, noch vor einem liegende Arbeit.

Tatsächlich kann jede Handlung eine religiöse Dimension erhalten, vorausgesetzt, sie wird im Geiste ungeteilter Konzentration ausgeführt und lässt sich regelmäßig wiederholen. Wer sich auf solche Momente vollständig einlässt, kann dabei sein stolzes Ich- und Selbstmodell – wenigstens für kurze Zeit – hinter sich lassen und, wie Deikman es ausdrückte, zu einer vorübergehenden »Deautomatisierung«, einer Rückkehr zur »ursprünglichen kindlichen Wahrnehmung« gelangen. Diese Erfahrung immer wieder neu zu machen, gemeinsam mit anderen zu praktizieren und durch entsprechende Rituale und Traditionen von Generation zu Generation weiterzugeben – das ist es, was am Ende »Religion« genannt wird.

Und Gott? Wie steht es mit diesem höchsten aller christlichen Prinzipien? Was diese Frage angeht, muss der Autor passen. Da hört seine Kompetenz auf. Er selbst hält es am ehesten mit dem heiligen Augustinus: *Si comprehendis, non est Deus* – Wenn du verstanden hast, dann ist es nicht Gott.

Damit dies die Leser allerdings nicht als feige Ausflucht verstehen, soll noch einmal ein wissenschaftlich denkender Theologe (beziehungsweise ein gläubiger Wissenschaftler) zu Wort kommen, der zu einer ebenso ungewöhnlichen wie neutralen Gottesdefinition gelangte. Sie kann den Gottesbegriff selbst für jene zugänglich machen, die um Bibel, Kirche und Christentum normalerweise einen großen Bogen machen.

»Viele denken: Gott ist so abstrakt, dass man nicht darüber sprechen kann«, weiß Christian Hoppe. Er selbst sagt: »Gott ist so *konkret*, dass ich nicht darüber sprechen kann.« Anders als viele meinten, sei Gott kein fernes, dunkles Geheimnis, sondern eben das, was direkt vor unseren Augen liege.

Der Neuropsychologe arbeitet heute in der Universitätsklinik für Epileptologie in Bonn; doch die Erfahrungen, die er früher als Mitglied einer katholischen Ordensgemeinschaft und während seines Theologiestudiums machte, wirken nach. Damals beschäftigte er sich lange mit der Theologie Karl Rahners, bis ihm eines Tages klar wurde, dass sein Glaubensverständnis eher theoretisch und auf gewisse Weise unbefriedigend blieb. So kam es, dass er parallel zur Theologie ein Studium der Psychologie aufnahm und sich für die Zen-Meditation zu interessieren begann.

Zazen, die meditative Praxis, sei für ihn so etwas wie ein »Bewusstseinsexperiment« gewesen, sagt Hoppe. Und dieses Experiment ist ganz schlicht: »Einfach dasitzen, ohne irgendetwas zu tun, die Aktivität rausnehmen, wahrnehmen, die Atmung spüren und einmal nur *da sein*.« In diesen einfachen Worten beschreibt der Kognitionspsychologe, was sowohl in der christlichen Mystik als auch im Zen-Buddhismus die wesentliche Grundübung ist. Und dabei machte er eine Erfahrung, die denen der Mystiker durchaus ähnelte. »Mir wurde klar, dass der Satz aus dem Lukasevangelium *Das Reich Gottes ist mitten unter Euch* evident einfach ist«, sagt Hoppe: »Das unmittelbar Nahe, der lebendige Augenblick, das *ist* Gott.« Im religiösen Erleben gehe es um nichts anderes als um Präsenz, um das Gegenwärtigsein im Hier und Jetzt. »Denn das ist der Moment, in dem Zeit sich ereignet, in dem Leben stattfindet.«

Diese Einsicht wurde für Hoppe der Schlüssel zum Verständnis christlicher Texte und mystischer Erfahrungsberichte.

»Man denkt meist, diese Art der religiösen Erfahrung sei etwas sehr Elitäres, das man nur mit viel Glück erreichen kann. Aber es ist etwas ganz Einfaches, jedes Baby bringt es mit sich auf die Welt.« Deshalb auch sei der Geist Jesu ein »Kinder-Geist, ein Anfänger-Geist, nicht der Geist von Könnern oder Gelehrten«. Denn wir sind ja immer schon hier, in der Gegenwart, auch wenn wir uns um die Zukunft sorgen oder uns die Vergangenheit verfolgt. Natürlich gehe es dabei nicht um Geschichtsvergessenheit, sagt Hoppe. »Auschwitz kann mir ja nicht egal sein, nur weil ich jetzt gerade glücklich vor meinem PC im Büro sitze.« Das Erleben trete also nicht an die Stelle von Erfahrung und Wissen; nein, Wissen und Erfahrung entfalten sich gerade in ihrer primären Anbindung an das Erleben. »Das Zeiterleben geschieht jetzt – und so erschließt sich uns die Wirklichkeit auch als Vergangenheit (Gegenwart der Erinnerungen) und Zukunft (Gegenwart der Erwartungen)«, sagt Hoppe. Er selbst habe jedenfalls die Erfahrung gemacht: »Das Wesen des Jetzt ist Berührung, Verbindung, Bejahung.« Und das führe schließlich »zu einer leisen Freude, die mit einem geht«.

Aus diesem Grund verwende auch das Judentum das merkwürdige Tetragramm JHWH, Jahwe, für Gott, was auf Hebräisch so viel bedeutet wie: »Ich bin hier« oder auch: »Ich bin, der ich bin«. Denn der Gott Israels sei nicht mehr an einen heiligen Ort gebunden, sondern ziehe mit seinem Volk und mit jedem Menschen. »Ob ich gehe oder ruhe, es ist dir bekannt; du bist vertraut mit allen meinen Wegen«, zitiert Hoppe einen Psalm aus der Bibel (Buch der Psalmen 139,3), in dem es weiter heißt: »Nehme ich die Flügel der Morgenröte und lasse mich nieder am äußersten Meer, auch dort wird deine Hand mich ergreifen.« (Buch der Psalmen, 139,9–10). Und im apokryphen Thomas-Evangelium (3) heißt es: »Manche sagen, dass Königreich sei im Himmel – aber dort fliegen die Vögel. Andere behaupten, dass Königreich der Himmel sei im Meer – aber da schwimmen die Fische. Das Königreich der Himmel ist vielmehr inwendig in euch und um euch herum.«

Doch warum sollte man mit dieser Allgegenwart das Bild eines gütigen Gottes verbinden, der den Menschen liebt? »In der Bibel steht nirgendwo: Gott liebt dich. Es heißt vielmehr: Gott *ist* die Liebe. Und das ist etwas ganz anderes«, sagt Hoppe. »Wir machen die Liebe nicht, wir können sie nur entdecken oder übersehen.« Und wenn man »Gott« als »Gegenwart« denke, zeige sich, wie unsinnig der Versuch sei, Gott in das Raster menschlicher Begriffe zwängen zu wollen. »Warum auch sollte man sich von etwas ein Bild machen, das man beständig vor Augen hat?«, fragt Hoppe. »Die Gegenwart lässt sich ja schon deshalb nicht auf einen Begriff bringen, weil sie sich niemals wiederholt.« Und genauso sei es auch mit Gott, meint der Theologe: »In dem Moment, in dem ich mir ein Bild, einen Begriff von Gott mache, verfehle ich genau diese besondere, unmittelbare Qualität der Gegenwart.«

Nur im Erleben der Gegenwart könnten wir den einzigen Moment, in dem unser Leben real ist, ganz ausschöpfen. Daher auch seien im »Jetzt« all die traditionell göttlichen Attribute verwirklicht, meint Hoppe, und zählt auf: »das Aufgehobensein der Zeit in der Gegenwart, das heißt: Ewigkeit; die leibhaftige Einheit von Materie und Geist, Körper und Seele, von Ich und Welt, von Innen und Außen, Raum und Zeit.« Selbst die Angst vor dem Tod relativiere sich aus Sicht der Gegenwart: »Alle Menschen leben ihr endliches Leben in dieser grundlegenden ewigen Gegenwart; das ewige Leben ist also nicht eine Fortsetzung – sozusagen Teil 2 – unseres Lebens, sondern genau *dieses Leben jetzt*, von der Gegenwart her gesehen.« Aus der Außenperspektive möge es so aussehen, als ob man eines Tages stirbt. Doch aus der Innenperspektive stelle sich das anders dar: »Ich werde nie *erleben*, dass ich tot bin«, sagt Hoppe schlicht. Die Anerkennung des »Dies-Hier-Jetzt«, so drückt es der Theologe-Psychologe aus, erschließe daher »eine ursprünglichere Lebendigkeit jenseits der Dichotomie von Leben und Tod. Und dazu sagen Christen: ›Gott‹«.

Nun kann man kaum verlangen, dass man alleine durch die Lektüre einer solchen Gottesinterpretation zur selben Einsicht wie Christian Hoppe käme. Doch zumindest zeigt sein Beispiel, wie man heute *auch* über Gott reden kann und dass die endlos diskutierte Frage, ob es jenseits der »normalen« Wirklichkeit noch einen Gott gibt, theologisch falsch gestellt sein könnte; dass nämlich die eigentliche Frage lautet, was es für uns Menschen bedeutet, in der Wirklichkeit zu *sein*.

Wer wirklich wissen will, was es damit auf sich hat, muss dies wohl für sich selbst erforschen. Dazu reicht es nicht, den klugen Gedanken anderer zu folgen. Als Basis eines echten Verständnisses taugt ja nur, was man selbst als gültig und wahrhaftig erlebt.

Vielleicht ist es kein schlechter Anfang, in der Gegenwart zu beginnen; einmal weniger im Gestern oder Morgen zu leben, sondern zu versuchen, die Welt so unmittelbar und unverstellt wahrzunehmen, wie Kinder sie sehen. Nicht jeder wird dabei von einer Begegnung mit Gott reden wollen. Aber einem begegnet man auf jeden Fall: dem eigenen Leben. Dies findet schließlich nirgendwo anders statt als jetzt, in der Gegenwart des Gegenwärtigen.

EPILOG

Gott ist ein Komödiant, der vor einem Publikum spielt,
das zu ängstlich zum Lachen ist.

Voltaire

Darf über Religion gelacht werden?

Vom Frohsinn im heiligen Ernst

Lieber Gott, nimm es hin,
dass ich was Besond'res bin.
Und gib ruhig einmal zu,
dass ich klüger bin als du.
Preise künftig meinen Namen,
denn sonst setzt es etwas. Amen.

Robert Gernhardt: Gebet

Auch so kann man ein Kindheitstrauma verarbeiten. Mit diesem »Gebet« setzte sich der Dichter und Satiriker Robert Gernhardt gegen den religiösen Druck zur Wehr, dem er als Kind ausgesetzt gewesen war. Damals habe man ihm die Vorstellung eines »Stasi-Gottes« eingeimpft, der »alles sieht und nichts verzeiht«, bekannte der Mitbegründer der Satirezeitschrift *Titanic* einmal in einem Interview. Ein solches Gottesbild müsse man einfach lächerlich machen dürfen.

Ein harmloses Scherzchen – sollte man meinen. Doch unter frommen Christen war die Aufregung groß. Manche hätten ihm wegen dieses Gebets »Höllenstrafen« angedroht, erzählte Gernhardt. Sie fühlten sich in ihren Gefühlen offenbar ähnlich verletzt wie die Muslime von den dänischen Karikaturen, die im September 2005 den Propheten Mohammed mit einer Bombe als Turban zeigten.

Muss man religiöse Gefühle um jeden Preis respektieren? Oder darf man ihnen auch mal zu nahetreten? Für den (im Juni 2006 verstorbenen) Dichter Gernhardt war das keine Frage. Ein Satiriker müsse schon qua Profession Gefühle verletzen. »Wenn er es nicht tut, kann er gleich Heiligenbilder malen.« Doch religiöse Menschen sehen das meist anders. Für sie hört beim Thema Religion (besser: bei *ihrer* Religion) definitiv der Spass auf. Und selbst in einer Mediengesellschaft, der nichts mehr heilig scheint, kann die humoristische Verfremdung religiöser Inhalte noch immer heftige Emotionen frei setzen.

Das drastischste Beispiel ist natürlich der Konflikt um die dänischen Mohammed-Karikaturen, der bis heute immer wieder aufflammt. Nachdem die dänische Zeitung *Jyllands-Posten* die provokativen Zeichnungen veröffentlicht hatte, fegte ein wahrer Sturm muslimischer Empörung durch die arabische Welt. In vielen Ländern kam es zu gewalttätigen Demonstrationen, in Beirut, Gaza und Jakarta wurden europäische Konsulate gestürmt, eine irakische Terrorgruppe drohte, alle Dänen zu töten, und in der Türkei erschoss ein Sechzehnjähriger einen katholischen Priester – alles angeblich wegen der Zeichnungen (die viele Muslime gar nicht selbst gesehen hatten). Im Iran wurde sogar »dänisches Plundergebäck« für tabu erklärt, die feindliche Backware musste fortan arabisch produziert und umbenannt werden in *gul-e-muhammadi* – »Rosen von Mohammed«.

Das alles könnte man, wäre es nicht so traurig, als Realsatire bezeichnen. Doch sind für derart aggressive religiöse Empfindlichkeiten lediglich die Vertreter des Islam anfällig? Wer die dänischen Mohammed-Krisen – die im Juni 2008 in einem blutigen Anschlag auf die dänische Botschaft in Pakistan gipfelten –, als Zeichen dafür gewertet hatte, dass nur Muslime ihre Schwierigkeiten mit Religions- und Pressefreiheit hätten, geriet einige Wochen später ins Nachdenken. Da führte die Ankündigung der britischen Zeichentrickserie *Popetown* auch in Deutschland zu einem Aufschrei religiöser Entrüstung. Die »ultimativ-abgefahrene Cartoonserie über das Leben im Vatikanstaat« (so die Ankündigung des Fernsehsenders MTV) zeigte einen infantilen Papst, seinen trotteligen Bürochef und drei korrupte Kardinäle, die unter anderem Waisenkinder in die Sklaverei verkaufen. Das ging katholischen Standesorganisationen eindeutig zu weit. Noch vor der ersten Ausstrahlung protestierten sie vehement, das Erzbischöfliche Ordinariat in München klagte, die Comicserie verstoße gegen den grundgesetzlich garantierten Schutz der Glaubensfreiheit, und Edmund Stoiber, damals noch bayrischer Ministerpräsident, kündigte prompt ein Gesetz an, um die Beleidigung religiöser Symbole schärfer zu ahnden.

Besonderen Anstoß erregte das Werbeplakat zur Serie. Es zeigte einen vom Kreuz herabgestiegenen Christus, der unter dem Slogan »Lachen statt rumhängen« vor einem Fernseher sitzt und sich offenbar prächtig amüsiert. Nachdem sogar der deutsche Werberat dagegen protestiert hatte, zog der Fernsehsender MTV das Plakat schnell wieder zurück.

Kein Zweifel, einem tief gläubigen Christen muss dieses Plakat (und die ganze Comicserie) wie eine Verhöhnung all dessen erscheinen, was ihm heilig ist. Der leidende Christus als lachender Fernsehzuschauer – das ist nicht nur eine groteske Verfremdung, sondern auch die Indienstnahme der christlichen

Botschaft für einen billigen Werbeeffekt. Dennoch lohnt es sich, der christlichen Aufregung auf den Grund zu gehen. Woher rührt sie genau? Und inwiefern unterscheidet sie sich vom Zorn der Muslime, die ebenfalls fordern, ihren religiösen Symbolen mit mehr Respekt zu begegnen?

Die offiziellen Begründungen der katholischen Empörung blieben seinerzeit merkwürdig unbefriedigend. Warum etwa sollte, wie das Erzbistum München geklagt hatte, die Ausstrahlung von *Popetown* gegen den Schutz der Glaubensfreiheit verstoßen? Kein einziger Christ wurde durch die Serie an der Ausübung seiner Religion gehindert. Ähnlich steht es mit dem Argument, es handle sich dabei um eine unzulässige »Verächtlichmachung des katholischen Glaubens«. Dabei wurde in der Comicserie ja nicht der Glaube an sich auf die Schippe genommen, sondern nur das menschliche Bodenpersonal. Und das ist nun einmal – wie die Geschichte hinreichend gezeigt hat – durchaus fehlbar. Selbst bei dem Werbeplakat könnte man wohl streiten, ob es tatsächlich eine Verächtlichmachung darstellt. Der dargestellte Christus ist zwar seiner Symbolträchtigkeit und der Aura des Heiligen beraubt – aber wird nicht im eigentlichen Sinne beschimpft (anders etwa als der Prophet Mohammed mit dem Bombenturban).

DER LACKMUSTEST DER RELIGIONEN

Zugegeben, die Zeichentrickserie war keine anspruchsvolle Satire, sondern alberner Klamauk. Doch was ihren Grad religiöser Verunglimpfung angeht, war sie ungleich harmloser als die

Mohammed-Karikaturen. Es ist also nicht recht einzusehen, warum ein und dieselben Politiker im Streit um die Propheten-Karikaturen betonten, ein Verzicht auf die westliche Meinungsfreiheit sei unvorstellbar – und im Zusammenhang mit *Popetown* plötzlich dieses Recht einschränken wollten. Da liegt der Verdacht nahe, dass es bei der Beurteilung von Religionssatiren offenbar einen großen Unterschied macht, ob sie sich gegen einen fremden Glauben richten – oder gegen den eigenen. Und es scheint, als ob die ironische Darstellung religiöser Themen einen Nerv berührt, der viele Gläubige einfach rotsehen lässt.

Das bekam auch der österreichische Grafiker und Karikaturist Gerhard Haderer zu spüren, als er 2002 einen Bilderzyklus über »das Leben des Jesus« konzipierte. Die (eher harmlosen) Bildchen zeigen Jesus als freundlichen Hippie, der sich am Weihrauch berauscht oder als leicht bekleideter Surfer über den See Genezareth schwebt.

Gerhard Haderer: *Jesus überquert den See Genezareth*

Prompt bekam Haderer in Wien eine Strafanzeige wegen »Herabwürdigung religiöser Lehren« an den Hals, und als er seine umstrittenen Zeichnungen in Deutschland ausstellen wollte, erhielt die Kasseler Galerie für Komische Kunst anonyme Bombendrohungen und musste zeitweise vom Bundesgrenzschutz gesichert werden.

Dabei, so könnte man meinen, sollten gerade Christen solchen Affronts mit Gelassenheit begegnen. Verehren sie nicht einen Erlöser, der weltweit als Vorbild für Sanftmut und Duldsamkeit gilt? »Ich aber sage euch: Leistet dem, der euch etwas Böses tut, keinen Widerstand, sondern wenn dich einer auf die rechte Wange schlägt, dann halt ihm auch die andere hin«, betont Jesus (Matthäus 5,39). Oder er sagt: »Wenn man euch aber in einem Ort nicht aufnimmt und euch nicht hören will, dann geht weiter und schüttelt den Staub von den Füßen, zum Zeugnis gegen sie.« (Markus 6,11). Diese Art von Gleichmut scheint einigen Kirchenvertretern heute erstaunlich fremd. Während sie sonntags die Geschichte vom Gekreuzigten verkünden, der sich ohne Gegenwehr demütigen und auspeitschen ließ, fühlen sie selbst sich im Alltag schon von simplen Zeichnungen derart provoziert, dass sie mit der ganzen Härte des Gesetzes zurückschlagen wollen.

Vielleicht hat ja der Redakteur der *Badischen Zeitung*, Jens Schmitz, ganz recht, wenn er den Verdacht formuliert, dass sich hinter der moralischen Entrüstung hauptsächlich Unsicherheit verbirgt. Es seien »die Kindlichkeit des eigenen Glaubens, die Wehrlosigkeit jedes religiösen Vertrauens«, die hinter dem geforderten Tabu Schutz suchten. Denn Glaube vermittelt ja nicht nur Sicherheit, sondern enthält immer auch ein Stück Ungewissheit. Doch statt diese produktive Spannung zu thematisieren, schwängen die Kirchenvertreter lieber »mit breiter Brust die Blasphemiekeule«, schreibt Schmitz. So herrscht zwischen innerer Empfindsamkeit einerseits und auftrumpfender Autoritätsbehauptung andererseits ein peinlicher Widerspruch – und genau der reizt den Satiriker. »Gott«, so stellte Robert Gernhardt fest, »lässt sich ohnehin nicht beleidigen. Beleidigen lassen sich nur Menschen, die sich bestimmte Vorstellungen von Gott machen.«

Von dem britischen Schriftsteller und Journalisten Gilbert Keith Chesterton (1874–1936) stammt der schöne Satz, es sei »der Test jeder guten Religion, ob man über sie scherzen kann«. Denn ein Glaubensgebäude, das unter der Leichtigkeit eines Scherzes kollabiere, stehe offenbar nicht auf stabiler Grundlage. Chesterton selbst gab für diese Haltung das beste Beispiel ab. Er war nicht nur ein tief gläubiger Christ, der Biografien über Franz von Assisi und Thomas von Aquin verfasste, sondern auch ein humorvoller Autor, der mit der Romanfigur des pfiffig-gläubigen Pater Brown einen Klassiker der Detektivliteratur schuf. Für Chesterton – wie für Pater Brown – war der Humor eine »ernsthafte theologische Angelegenheit«. Nicht nur, weil er stets die Unvollkommenheit des Menschen zum Thema habe, sondern auch, weil sich im Witz »die Wahrheit, aber nicht die Fakten« widerspiegeln.

Das gilt ebenso für die genannten Karikaturen. Einmal völlig unabhängig von der Qualität dieser Satiren: In allen spiegelt sich ein bestimmter Teil der Wahrheit (wenn auch nicht die Fakten) wider. Thematisiert werden dabei aber fast immer nur die menschlichen Seiten der Religiosität und niemals die Inhalte des Glaubens. Auch die großen Religionsspötter der Geschichte – Voltaire, Heine, Erasmus von Rotterdam – haben sich vor allem über die Art und Weise lustig gemacht, *wie* kirchliche Autoritäten die Heilsbotschaft des Christentums für ihre Zwecke instrumentalisierten, nicht jedoch über die Heilsbotschaft selbst. Satire war für sie auch ein Mittel, mit dem Machtlose gegen die Mächtigen aufbegehren konnten – und dieses Recht auf Satire haben sich abendländische Humanisten und Freigeister in einem zähen Ringen mit den Autoritäten ihrer Zeit erkämpfen müssen.

Dass heute längst nicht jeder Satiriker auf der Höhe eines Voltaire ist und mancher angebliche Witz nur eine plumpe Geschmacklosigkeit darstellt, ändert an dem Grundsatz nichts. Die satirische Relativierung muss sich die Religion (ebenso wie die Wissenschaft oder die Politik) heute nun einmal gefallen lassen – auch wenn das für Gläubige mitunter schmerzlich zu ertragen ist. Die Reaktionen auf solche Respektlosigkeiten sind jedenfalls immer ein Gradmesser für die Freiheit, die eine Gesellschaft ihren Mitgliedern zubilligt.

DAS OSTERLACHEN

Doch genug der Betrachtungen, ob das Lachen *über* die Religion erlaubt sein soll. Viel interessanter ist nämlich eine ganz andere Frage: Wie ist es um das Lachen *innerhalb* der Religionen bestellt? Dieses Thema berührt tatsächlich den Kern der religiösen Botschaft und ist zugleich ein Maßstab für die Art und Weise, wie ein bestimmter Glaube verstanden und gelebt wird.

Da sieht es, insbesondere im deutschen Christentum, nicht besonders fröhlich aus. Noch immer scheint hierzulande das

Diktum des Kirchenvaters Johannes Chrysostomus zu gelten, der um 400 n. Chr. proklamierte: »Nicht dazu sind wir beisammen, um schallendes Gelächter anzuschlagen, sondern um zu seufzen, und mit diesem Seufzen werden wir uns den Himmel erwerben.« Trauriger kann man den Anspruch der Religion kaum formulieren. Sicher, auch in anderen Glaubensschulen geht es ums Leiden, Trauern und Wehklagen. Doch zugleich haben dort fröhliche Elemente ihren Platz.

Im bunten Hinduismus freut man sich zum Beispiel über die Späße Krischnas oder verehrt den elefantenköpfigen Gott Ganescha als Ausdruck der Freude von Schiwa; auch der Buddha wird stets mit einem hintergründigen Lächeln abgebildet, das sich bei einem modernen Vertreter wie dem Dalai Lama zu einem dröhnenden Lachen steigern kann. Und der geistreiche Humor des Judentums ist schon fast sprichwörtlich. Dabei spiegelt sich auch im jüdischen Witz stets ein Teil der Wahrheit – etwa in jenem von dem alten Rabbiner, der auf dem Sterbebett plötzlich um einen Priester bittet und christlich getauft werden möchte. »Bist du meschugge?«, empört sich seine Frau, »dein ganzes Leben hast du für Gott gearbeitet, und jetzt möchtest du plötzlich Christ werden?« – »Ich hab nicht viel Zeit und muss gleich sterben«, entgegnet der Rabbi, »besser einer von denen als einer von uns.«

Und wie steht es mit dem Islam, der im Westen heute als Hort freudloser Fanatiker gilt? In den *Hadithen*, den Überlieferungen aus dem Leben Mohammeds, finden sich immerhin rund 50 Belege dafür, dass Mohammed gelacht hat, zum Teil so sehr, dass man seine Weisheitszähne sah (zum Vergleich: Von einem Lachen Jesu ist in der Bibel an keiner Stelle die Rede). Die Aleviten, ein Zweig der islamischen Tradition, haben den

Der elefantenköpfige Hindu-Gott Ganescha

Lachender Buddha

Humor sogar regelrecht zur Kunstform erhoben, weil sie überzeugt sind, dass die Gläubigen dadurch toleranter und offener werden. Den bekanntesten Ausdruck findet diese Haltung in der Figur des legendären Mullah Nasrudin, einer Art islamischer Till Eulenspiegel, der angeblich im 13. Jahrhundert lebte und als gleichermaßen weiser wie närrischer Lehrer gilt. »Wenn ich wüsste, wie viel zwei mal zwei ist – würde ich sagen: vier!«, lautete etwa eine seiner paradoxen Weisheiten. Und einem besonders eifrigen Mönch, der ihm vorschwärmte, er sei innerlich so frei und losgelöst, dass er nie an sich selbst denke, antwortete Nasrudin: »Ich bin so objektiv, dass ich mich betrachten kann, als wäre ich eine andere Person; daher kann ich es mir auch leisten, an mich selbst zu denken.«

Wer dagegen als christlicher Pastor seinen Gottesdienst mit heiteren Bemerkungen aufzulockern versucht, hat es nicht leicht. »Da kann einem schon das Lachen vergehen«, beschreibt der Gießener Theologe Stephan Holthaus seine Erfahrungen beim Versuch, Humor in seine Predigten einfließen zu lassen. Wütende Reaktionen habe er danach aus seiner Gemeinde bekommen, berichtet Holthaus in seinem Buch *Das Lachen der Erlösten*. Denn noch immer herrsche unter deutschen Christen die Meinung vor: »In der Kirche darf man nicht lachen – und vor allen Dingen nicht über die Kirche.«

Das war nicht immer so. Im Mittelalter dröhnten die Kirchen noch von dem Gelächter der Gläubigen wider – jedenfalls am Ostersonntag. Dann wurde der Gottesdienst nach dem »Risus Paschalis« begangen, einer besonderen Osterliturgie, die darauf angelegt war, nach der ernsten Karwoche bei den Gläubigen Freude und Heiterkeit über die Auferstehung Jesu hervorzurufen. Da durften auf der Kanzel alle Register gezogen werden. Scherze, Anekdoten und humoristische Anspielungen waren ebenso erlaubt wie komödiantische Vorführungen, die den Sieg Christi über Tod und Teufel pantomimisch darstellten. Und das sonst so brave Kirchenvolk durfte sich dazu vor Lachen biegen, sich wie in einem Bauernschwank auf die Schenkel klopfen und nach Zugaben rufen.

Vom 12. bis ins 17. Jahrhundert war dieses »Ostergelächter« in den christlichen Kirchen verbreitet, allerdings gab es auch damals schon Kritik an dem »närrisch lächerlichen Geschwätz«, wie Luther es nannte. Manche Prediger trieben es nämlich gar zu bunt. »Einer schrie immer Kuckuck. Ein anderer legte sich auf Rindermist, tat, als sei er im Begriff, ein Kalb zu gebären. Wieder einer erzählte, mit welchen Mitteln der Apostel Petrus die Wirte um die Zeche betrog«, klagte im 16. Jahrhundert der Basler Pfarrer und Reformator Johannes Ökolampad in einem Brief an seinen Kollegen Wolfgang Capito. Sogar zu Obszönitäten hätten sich manche Oster-Prediger hinreißen lassen, entrüstete sich Ökolampad, worauf Capito gelassen antwortete, wenigstens hindere das Osterlachen die Leute in der Kirche am Einschlafen – und es sei allemal besser, vor lachenden Menschen zu predigen als in leeren Kirchen.

Spätestens im 18. Jahrhundert war jedoch Schluss mit dem gläubigen Gelächter. Nicht nur Theologen ging die Ausgelassenheit zu weit, auch Vertreter der Aufklärung machten sich dafür stark, fortan Vernunft und Ernsthaftigkeit walten zu lassen. Zugelassen war nur noch das »Ostermärlein«, ein harmloses Geschichtchen, das allenfalls artiges Schmunzeln hervorrief. Und so kommt es, dass sich heutzutage Priester und Pastoren insbesondere in Deutschland – das ohnehin nicht als Speerspitze des Humors gilt – eher schwertun, die frohe Botschaft des Christentums auch wirklich froh zu vermitteln. Das zeigt schon die Sprache. Während man etwa in Lateinamerika, den USA oder Afrika Gottesdienste richtiggehend »feiert«, werden sie hierzulande ordnungsgemäß »abgehalten«.

DAS LACHEN DER HEILIGEN

Wozu aber, so könnte man fragen, soll in der Religion auch gelacht werden? Schließlich geht es doch dabei, im wahrsten Sinne des Wortes, um todernste Dinge. Was, um Gottes willen, soll etwa am Martyrium Jesu lustig sein? Um Missverständnissen vorzubeugen: Natürlich geht es in religiösen Dingen nicht um ein Lachen auf Teufel komm raus, das krampfhaft jedem Thema (oft auf Kosten anderer) eine lächerliche Note abzugewinnen versucht; es geht auch nicht um eine aufgesetzte Lustigkeit, die tiefere Gefühle unterdrückt. Aber da gibt es eben auch noch eine andere Art von Humor, eine, die erhellend wirkt, die Verspannungen und Verkrustungen lösen und im besten Falle befreiend, ja erlösend sein kann.

What is better – to understand or to have a good laugh? So fragte einmal ein indischer Hindu-Priester, den ich während einer mehrmonatigen Indienreise Anfang der Neunzigerjahre in seinem kleinen Tempel außerhalb von Bombay besuchte. Die rhetorische Frage – ob intellektuelles Verstehen oder herzhaftes Lachen vorzuziehen sei – beantwortete sich in dem Gespräch von selbst. Immer wieder wurde der heilige Mann, der halb nackt und mit Asche im Haar vor mir saß, von dröhnendem Lachen geschüttelt. Etwa über den »spirituellen Materialismus« jener Touristen, die meinen, in Indien sei mehr Erleuchtung zu finden als anderswo. Oder über meine Erlebnisse mit selbst ernannten Gurus, die mir mit heiligen Sprüchen das Geld aus der Tasche zu ziehen versucht hatten. Das Schöne an dem Gespräch war: Ich musste genauso mitlachen – über meine eigene Naivität, über die Schlitzohrigkeit der Betrüger und selbst über das – eigentlich tragische – Einkommensgefälle, das die westlichen Touristen in den Augen mancher Inder zu wandelnden Jackpots macht, die es mit allen Methoden zu knacken gilt.

Dass sich in dem Lachen darüber nach und nach aller Ärger und alle Beschämung auflösten, hatte aber nicht nur mit der gemeinsamen Heiterkeit zu tun. Entscheidend war vielmehr die Haltung, die dahinter spürbar wurde: Der Hindu-Priester lachte nicht etwa aus Überheblichkeit oder gar Schadenfreude, sondern aus Mitgefühl und Herzensgüte. Mit seinem Lachen schloss er gewissermaßen alle menschlichen Schwächen dieser Welt mit ein und brachte dennoch einen ungebrochenen Glauben an das Gute zum Ausdruck.

Was ist besser – rational zu verstehen oder intuitiv im Lachen die eigene Person zu transzendieren? Wer versteht, versucht die Welt in den Kategorien seines eigenen Denkens zu begreifen; wer lacht, kann darüber hinausschauen. Deshalb definiert Chestertons Pater Brown Humor auch als »eine Erscheinungsfigur der Religion – denn nur der, der über den Dingen steht, kann sie belächeln«. Dies gilt insbesondere dann, wenn man über *sich selbst* lachen kann. Denn das heitere Erkennen der eigenen Schwächen ist das beste Mittel gegen eine allzu ichzentrierte Haltung, die sich selbst als Maß aller Dinge begreift. Der evangelische Theologe Karl Barth formulierte diesen Gedanken, in aller gebotenen Ernsthaftigkeit, folgendermaßen: »Humor ist das Gegenteil von aller Selbstbestaunung und Selbstbelobigung.« Der bereits erwähnte Mullah Nasrudin drückt das auf seine Weise aus: »Wenn ich dieses Leben überlebe, ohne zu sterben, sollte mich das überraschen.«

Wer lernt, über sich selbst zu lachen, beweist damit nicht nur, dass er sich nicht mehr so wichtig nimmt; er zeigt auch, dass er die eigenen Fehler ebenso akzeptiert wie die seiner Mitmenschen. Und er lässt es zu, dass die eigenen Denkkategorien im Moment des Lachens erschüttert werden, dass die nüchterne Ratio (wenigstens für einen kurzen Augenblick) die Führung einmal dem Zwerchfell überlässt – und da dort der Atem sitzt, kann man durch das Lachen sogar in Kontakt mit seiner fundamental-belebenden Kraft kommen, sozusagen mit der »Atemseele«. Eine heitere Einstellung ließe sich demnach definieren als Zeugnis von Toleranz, innerer Größe und dem Vertrauen auf eine grundsätzlich positive Lebenskraft.

Humorlosigkeit dagegen erscheint häufig als Ausweis eines kleinmütigen Perfektionismus, der von der Rechthaberei bis hin zum Fanatismus reichen kann. Nicht umsonst verbieten totalitäre Systeme jeglichen politischen Witz (dem das Volk dann nur noch in Flüsterwitzen Luft verschafft). Auch in der Religion hat eine humorlose Frömmigkeit oft nichts mit der Ernsthaftigkeit des Glaubens zu tun, sondern eher mit Besserwisserei und Autoritätsgehabe. Wer sich selbst für unfehlbar hält, findet an seiner Person auch nichts mehr zu lachen. Und diese Haltung ist die beste Basis für die Entwicklung eines fundamentalistischen Weltbilds.

Denn was immer Fundamentalisten auch denken oder vertreten mögen: Sie alle eint die Überzeugung, ihre persönliche Glaubensform habe bereits die perfekte Form gefunden, von der niemand abweichen darf. Ihre Verkündigungen *ex cathedra* lassen keinen Zweifel, keinen Widerspruch zu, sondern demonstrieren mit ihrem Absolutheitsanspruch zugleich Autorität und Machtbewusstsein. Die subversive Kraft des Humors ist daher allen Fundamentalisten zutiefst suspekt; nichts unterminiert ihren Machtanspruch stärker als eine heiter vorgetragene Kritik. Deshalb auch wird in Umberto Ecos großem historischen Roman *Der Name der Rose* das verloren geglaubte Buch des Aristoteles über die Komödie um jeden Preis vor den Gläubigen verborgen gehalten. Denn die Fanatiker unter den Ordensleuten haben vor nichts mehr Angst als vor dem Lachen: »Lachen tötet die Furcht, und wenn es keine Furcht gibt, wird es keinen Glauben mehr geben.«

Ein Glaube, der auf Furcht beruht, mag zwar die Gläubigen einen und damit den Machtanspruch eines religiösen Systems aufrechterhalten. Er kann jedoch kaum jene erlösende Qualität freisetzen, die den Einzelnen von seinem kleinen Ich befreit und ihn für eine größere, transzendente Wirklichkeit öffnet. Wer also *einen* einfachen Test sucht, um wahre Religiosität von fundamentalistischer Engstirnigkeit zu unterscheiden, kann sich getrost daran orientieren, wie offen und heiter die jeweilige Religion gelebt wird.

Anmerkungen

Kapitel I Die Medizin des Glaubens

1 Die Positronen-Emissions-Tomografie (PET) ist ein bildgebendes Verfahren der Nuklearmedizin, das den Zerfall schwach radioaktiv markierter Substanzen (Tracer) im Gehirn als Datenquelle nutzt. Spritzt man Patienten eine solche Substanz ins Blut, sendet sie Positronen aus, kurzlebige subatomare Teilchen, die sich mithilfe geeigneter Detektoren nachweisen lassen. Damit kann man nicht nur den Blutfluss im Gehirn bildlich darstellen, sondern auch verschiedene Stoffwechselprozesse, die mit bestimmten Erkrankungen einhergehen.

2 Diese wortlose Antwort besteht darin, dass Christus den Inquisitor auf die Lippen küsst und schweigend den Kerker verlässt.

3 Der Religionsphilosoph Loyal Rue vom Luther College in Iowa prophezeit gar das Entstehen ganz neuer Religionen. So entwirft Rue in seinem Buch *Religion is not about God* die Option eines »religiösen Naturalismus«, in dem die Natur selbst »das heilige Objekt« ist. Diese Religion entstehe, meint Rue, nachdem Umweltzerstörung, Klimakatastrophe und Überbevölkerung zu einem ökologischen »Holocaust« geführt hätten; danach breite sich die Erkenntnis aus, dass die Natur – ähnlich wie Gott – letztlich nicht wirklich zu verstehen ist, dass sie aber auch nicht alles toleriert. Die Gesetze der Natur würden daher zum »höchsten Ziel religiöser Naturalisten«.

4 Dieser Fragebogen ist von einem Test inspiriert, den der Medienkünstler Michael Hüners 2007 für eine Religionsserie in der *ZEIT* entwarf, allerdings ist er durch zusätzliche Antworten ergänzt, an manchen Stellen auch verändert und neu konzipiert worden.

Kapitel II Zwischen Nächstenliebe und Fanatismus

1 Allerdings konnten die meisten Vorwürfe nicht mehr aufgeklärt werden: 3300 der Beschuldigten waren mittlerweile gestorben, viele ihrer mutmaßlichen Taten verjährt. Nur 384 Priester wurden noch angeklagt, 252 verurteilt. Ein Freispruch war das für die Kirche nicht.

2 Erich Fromm beschrieb in den Dreißigerjahren die autoritäre Persönlichkeit in mehreren Aufsätzen als Menschen, der Angst vor der Freiheit und Lust an der Unterwerfung hat.

3 Batsons 12-Punkte-Skala (aus dem Amerikanischen übersetzt):

Vielschichtigkeit

1. Ich habe mich nicht für Religion interessiert, bis ich anfing, mir Fragen über den Sinn und Zweck meines Lebens zu stellen.
2. Ich stellte mir religiöse Fragen, weil ich mir zunehmend der Spannungen in der Welt und der Spannung in meinem Verhältnis zur Welt bewusst wurde.
3. Meine Lebenserfahrungen zwangen mich, meine religiösen Überzeugungen zu überdenken.
4. *Gott war für mich nicht sehr wichtig, bis ich anfing, nach dem Sinn meines Lebens zu fragen.

Zweifel

5. *Man kann sagen, dass ich meine religiösen Zweifel und Unsicherheiten zu schätzen weiß.
6. Für mich sind die Zweifel ein wichtiger Bestandteil dessen, was Religion ausmacht.
7. Ich finde religiöse Zweifel bestürzend (die Bewertung kehrte sich während der Umfrage um).
8. *Fragen sind für mein religiöses Erleben wichtiger als Antworten.

Zögern, Versuchen

9. Da ich wachse und mich verändere, gehe ich davon aus, dass auch mein Glaube wachsen und sich verändern wird.
10. Ich hinterfrage ständig meine religiösen Gewissheiten.
11. Ich glaube nicht, dass sich meine religiösen Überzeugungen in den nächsten Jahren ändern werden (die Bewertung kehrte sich im Laufe der Umfrage um).
12. *Es gibt viele religiöse Themen, zu denen sich meine Ansichten immer noch ändern.

* Diese Punkte wurden der Sechs-Punkte-Quest-Skala entnommen

Kapitel III Hirnforschung und Transzendenz

1 Vielleicht haben Sie bemerkt, dass sich außerkörperliche Erfahrungen und die Wahrnehmung eines schattenhaften Doppelgängers in einem wesentlich Punkt unterscheiden: Wer meint, eine Art Präsenz neben sich zu spüren, befindet sich mit dem Bewusstsein noch immer im eigenen Körper und erlebt nur eine räumliche Verschiebung des eigenen Selbstmodells. In der Außerkörperlichen Erfahrung dagegen meint man ja wirklich, den eigenen Körper von außen zu sehen. Da scheint tatsächlich etwas den Körper zu verlassen, oder? Die britische Psychologin Susan Blackmore, die sich intensiv mit solchen Phänomenen auseinandersetzte, hat dazu schon vor über zehn Jahren eine Theorie entworfen, die diesen »Blick von außen« erklärt. Ihrer Meinung nach erzeugt das Gehirn dabei nämlich ein Bild aus der Erinnerung. Da die Integration von äußeren und inneren Sinnesinformationen gestört ist, ersetzt das

Gehirn kurzerhand fehlende Sinnesdaten durch simulierte und übernimmt das visuelle Bild der Umwelt einfach aus seinem Gedächtnis. Und räumliche Erinnerung wird offenbar häufig von oben konstruiert. Deshalb erscheine ein solches Erinnerungsbild meist aus der Vogelperspektive, meint Blackmore. Die selbsterzeugte Illusion des Gehirns ist dabei so perfekt, dass nur eine genaue Selbstbeobachtung Anhaltspunkte dafür liefert, wie der menschliche Geist sich selbst täuscht. Blackmore hat bei ihrer Auswertung von *Out-of-body*-Berichten etwa festgestellt, dass die betreffenden Personen keine kontinuierliche Bewegungswahrnehmung haben. Ihr scheinbares Schweben ist in Wahrheit ein ruckartiges Springen von einer markanten Erinnerung zur nächsten – etwa vom Lichtschalter zum Fenstergriff zur Straßenlaterne zum Briefkasten … Was als kontinuierliches Schweben erscheine, so meint Blackmore, sei in Wahrheit nur eine mentale Bewegung durch die kognitive Landkarte des Gehirns. Und wer daran Zweifel hegt, den mag vielleicht ein Gedankenexperiment des (verstorbenen) Bonner Hirnforschers Detlef Linke überzeugen: Stellen Sie sich vor, Sie sehen sich selbst beim Schwimmen im Freibad zu. Aus welcher Perspektive nehmen Sie sich wahr? Vom Wasser aus (wie Sie das Schwimmbad normalerweise erleben) oder von außen, vom Beckenrand aus (wie es einer Erinnerung aus der Vogelperspektive entspricht)?

2 Vgl. die Reportage in der *ZEIT* vom 22. April 2004 »Wird die amerikanische Wahl im Kernspintomografen entschieden?«

3 Der (verstorbene) Altersforscher Paul B. Baltes und der Neuropsychologe Frank Rösler haben dafür den Begriff des »biokulturellen Ko-Konstruktivismus« geprägt. Sie sind überzeugt, dass sich Biologie und Kultur nicht nur beeinflussen, sondern sogar gegenseitig erst erschaffen. »Das Gehirn selbst ist eine Konstruktion von biologischer Prädisposition und kultureller Wirklichkeit«, lautet ihre Prämisse, die sie in ihrem Buch *The Perspective of Biocultural Co-Constructivism* ausführen. Es ist eben nicht nur, wie Marx dachte, das Sein der Menschen, das ihr Bewusstsein bestimmt, sondern auch umgekehrt das Bewusstsein, das ihr Sein bestimmt.

4 Ähnlich sieht es übrigens selbst der Neurophysiologe Benjamin Libet, der mit einem Aufsehen erregenden Experiment in den Siebzigerjahren die ganze moderne Debatte um den freien Willen überhaupt erst lostrat. Denn Libet zeigte damals, dass einem bewusst gefällten Entschluss bereits eine längere Aktivität im Gehirn vorausgeht, die nicht willentlich gesteuert wird. »Offenbar ›beschließt‹ das Gehirn, die Handlung zu initiieren, bevor ein mitteilbares subjektives Bewusstsein vorliegt, dass ein solcher Entschluss gefasst worden ist«, schrieb Libet 1983. Ende der Neunzigerjahre, als ich den mittlerweile emeritierten Pionier der Hirnforschung in San Francisco besuchte (siehe Schnabel/Sentker: *Wie kommt die Welt in den Kopf?*), stellte Libet im Gespräch allerdings klar: »Manche Leute interpretierten das dahingehend, der freie Wille sei eine Illusion. Ich sage nur: Es zeigt, dass der freie Wille nicht den freiwilligen Akt initiiert. Die Handlung beginnt unbewusst – aber immerhin werden wir uns dessen bewusst, bevor wir sie tatsächlich ausführen. Uns bleibt immer noch Zeit, um die geplante Bewegung vor der tatsächlichen Ausführung zu stoppen.«

5 Ironischerweise hat sich Newbergs Botschaft in der deutschen Ausgabe seines Buches fast ins Gegenteil verkehrt. Dessen Titel – *Der gedachte Gott*, Piper Verlag,

2004 – legt nämlich nahe, dass die Gottesvorstellung nur eine Illusion ist, die nun von der Neurobiologie demontiert werde (Zitat S. 229).

6 Da ihm die Nonnen versicherten, dass sich ein solcher Zustand nur mit Gottes Gnade einstelle und man »Gott nicht auf Befehl« herbeizitieren könne, bat Beauregard seine Probandinnen, sich an ihr intensivstes Erlebnis einer Vereinigung mit Gott zu erinnern. (Frühere Versuche, etwa mit Schauspielern, hatten gezeigt, dass bei der Erinnerung an eine bestimmte Situation dieselben Hirnregionen aktiv werden, wie wenn man diese Situation tatsächlich erlebt.) Diesen Zustand untersuchte er mit bildgebenden Verfahren und verglich ihn – um den religiösen Aspekt von reinen Erinnerungsaktivitäten zu unterscheiden – mit einem zweiten Versuch, in dem er die Nonnen bat, sich an die intensivste Begegnung mit anderen Menschen zu erinnern.

7 Detlef Linke baute eine Brücke von der Neurobiologie zur Kultur. Seine Theorie zeigte, wie fruchtbar die Beiträge der Hirnforschung zum Verständnis der Religion sein können und stellt einen verblüffenden Zusammenhang von Neurobiologie, Schrift und Monotheismus her.

Detlef Linke hatte Medizin, Philosophie und Kommunikationsforschung studiert und war ein Querdenker par excellence. Der Professor für klinische Neurophysiologie und neurochirurgische Rehabilitation an der Universität Bonn konnte in einem Atemzug über verschiedenste Themen – Hirntransplantationen, Kunst, Ethik – philosophieren, und manchmal war man sich als Zuhörer nicht ganz sicher, ob man einem Genie oder einem Wirrkopf lauschte. Außerdem verband Linke sein neurobiologisches Fachwissen mit einer tief christlichen Ethik und stand dem materialistischen Weltbild der meisten Hirnforscher äußerst misstrauisch gegenüber. Seine eigenen Überzeugungen, die er in Büchern wie *Das Gehirn – Schlüssel zur Unendlichkeit* oder *Religion als Risiko* darlegte, formulierte er eher zurückhaltend und skeptisch. Der große Gestus der Welterklärung blieb ihm zeit seines Lebens fremd.

In seiner Theorie, die er bereits 1995 entfaltete, ging Linke vom Thema seiner Habilitationsarbeit aus, in der er sich mit den Sprachzentren des Gehirns und dessen Lateralität beschäftigte, also der unterschiedlichen Ausrichtung der beiden Hirnhälften. Wie wir es in Kapitel III. 3 (s. S. 193 f.) beschrieben haben, ist die Fähigkeit zur Sprachanalyse in der Regel in der linken Hemisphäre verortet, die mit dem rechten Auge und der rechten Körperhälfte in Verbindung steht. Aus diesem Grund, so meint Linke, schreiben wir in der Regel auch von links nach rechts. Denn die sprachbegabte Hirnhälfte steuere das »beim Lesen und Schreiben vorauseilende Auge« (also im Normalfall das rechte), ergo erfolgt der Schreibfluss von links nach rechts.

Eine Besonderheit bilden allerdings vokalarme Alphabete wie das Hebräische oder Arabische. In diesen Sprachen, so meint Linke, müsse zur Lesung der Konsonanten eine intensive, bildhafte Assoziierung der Vokale erfolgen. Bilder werden jedoch (ebenso wie Musik und Emotionen) in der rechten Hemisphäre verarbeitet. Deshalb tendiere in diesen Sprachen das linke Auge zur Führungsrolle; und aus diesem Grund würden sie von rechts nach links geschrieben.

Lässt man sich auf diesen Gedanken ein, folgt der nächste fast zwangsläufig: Für die Leser eines Konsonantenalphabets ist die rechte Hirnhälfte mit der Vokalassoziation weitgehend ausgelastet; jedes zusätzliche Reizangebot von Bildern oder Musik muss beim Lesen als störend empfunden werden (anders als bei den Lesern von Vokalalphabeten). Sprecher und Schreiber des Hebräischen werden somit zu einer Bilderfeindlichkeit neigen; die Idee eines Gottes, von dem man sich kein Bild machen soll, passt hervorragend in dieses Schema.

Nur eine neurobiologische Spinnerei? Erstaunlicherweise kommt der Ägyptologe Jan Assmann – ohne Kenntnis von Linkes Theorie und auf ganz anderem Wege – in seinem Vergleich der Schriftkulturen des Vorderen Orients zu einem ganz ähnlichen Ergebnis. »Vieles spricht dafür, dass der jüdische Monotheismus, das Prinzip der Offenbarung und der aus diesem Prinzip entwickelte und sich immer mehr steigernde Abscheu gegen traditionelle Formen des Kultes aus dem Geist der Schrift geboren sind oder doch in dem Medium der Schrift in einer sehr tiefen Weise verbunden sind«, schreibt Assmann in seinem Buch *Religion und kulturelles Gedächtnis*. »Der Schritt in die Religion der Transzendenz war ein Schritt aus der Welt«, fährt Assmann fort, »man möchte fast von einer Auswanderung, einem Exodus sprechen – in die Schrift.«

Nicht nur aus dem Blickwinkel des Schriftgelehrten, sondern auch aus dem des Neurobiologen muss demnach die Übersetzung der hebräischen Bibel in die vokalbetonte Sprache des Griechischen als dramatische Zäsur gesehen werden. In seiner griechischen Form, der sogenannten Septuaginta, ist der Bibeltext erstmals in einem Vokalalphabet verfügbar; die rechte Hirnhälfte, die beim hebräischen Urtext mit bildhaften Vokal-Assoziationen ausgelastet war, wird dadurch gewissermaßen arbeitslos. Leser des griechischen Textes dürften also einen gewissen Mangel empfinden; für sie ist der reine Buchstabe anstrengend und tot, während die Leser des hebräischen Textes – dank der gleichmäßigen Auslastung ihrer Hirnhemisphären – alleine schon bei der Lektüre in eine Art euphorischen *Flow*-Zustand geraten können.

Und nun kommt Linkes kühner Schluss: Genau aus diesem Grund, so meinte der Hirnforscher, sei die »Inkarnation des Wortes«, die Passion Christi und das Bild des Gekreuzigten, im griechischen Sprachraum auf so große Resonanz gestoßen. »In der neuropsychologischen Diktionsweise wäre dann das Christusereignis ein Geschehen der durch die griechische Schrift unzureichend ausgelasteten rechten Hirnhälfte, die bei der hebräischen Schrift, man denke an die einen Freudentanz aufführenden Thoraschüler, bereits begeistert mitaktiviert war«, schreibt Linke. Die jüdische und die christliche Religion kämen demnach »erst dann zu ihrer Entfaltung, wenn sie sich auf ihren eigenen (Thora-)Text oder auf ihren ›griechischen‹ Gott bezögen«.

Wie ein Echo klingt da eine Bemerkung von Papst Benedikt XVI. bei seiner Regensburger Rede, auf die der Religionswissenschaftler Michael Blume hinweist. »Das Zusammentreffen der biblischen Botschaft und des griechischen Denkens war kein Zufall«, sagt Benedikt da. »Die Vision des heiligen Paulus (…) darf als Verdichtung des von innen her nötigen Aufeinanderzugehens zwischen biblischem Glauben und griechischem Fragen gedeutet werden.« Und der Papst fährt fort, als habe er soeben Linkes Theorie gelesen: »Heute wissen wir, dass die in Alexandrien entstandene griechische Übersetzung des Alten Testaments – die Septuaginta – mehr als eine bloße (vielleicht wenig positiv zu beurteilende) Übersetzung des hebräischen Textes, sondern ein selbstständiger Textzeuge und ein eigener wichtiger Schritt der Offenbarungsgeschichte ist, in dem sich diese Begegnung auf eine Weise realisiert hat, die für die Entstehung des Christentums und seine Verbreitung entscheidende Bedeutung gewann.«

Man darf getrost davon ausgehen, dass der Papst bei seiner Rede keine Sekunde an Neurobiologie dachte. Und doch greifen seine Interpretation dieses historischen Umbruches und Detlef Linkes Überlegungen wie Puzzleteile ineinander. Dass Linkes Theorie dennoch seither von der *scientific community* kaum aufgegriffen wurde, führt der Religionswissenschaftler Michael Blume unter anderem darauf zurück, dass sie »so bestürzend einfach klingt, dass man intuitiv skeptisch reagiert«. Blume selbst hat sich nach eigenen Worten an dieser Theorie »über Monate abgearbeitet«, bevor er im Frühjahr 2005 ein »Kapitulationsschreiben« an den Hirnforscher aufsetzte. Doch der Brief kam zu spät. Wenige Wochen zuvor war Detlef Linke gestorben.

Blume, der als Christ mit einer Muslimin verheiratet ist, zieht sogar noch die Parallele zum Islam. Linkes These passe genau zum Koran, der arabischen Antwort auf die Evangelien. Denn auch der Koran werde vokalarm und von rechts nach links gelesen, könne nur in Arabisch gültig rezitiert werden und lehne wieder strikt Gottesinkarnation, Passionserzählung und jede Bilddarstellung ab. Und während es sowohl im Judentum als auch im Islam die Tradition der reinen Schriftrezitation gäbe, würden christliche Bibellesungen stets mit Bildern, Musik und Liturgie versetzt. »Auch Christen mit größter Liebe zur Heiligen Schrift müssen sich nach wenigen Stunden ›Bibelmarathon‹ ablösen lassen«, bemerkt Blume, »wogegen Juden und Muslime allein über einer langen Lesung in Verzückung geraten können.« Betrachtet man diese Tatsache vom Standpunkt der Neurobiologie, erklärt sich dieser merkwürdige Unterschied fast von selbst.

Natürlich ist all dies noch kein strenger wissenschaftlicher Beweis für Detlef Linkes Theorie. Doch die Parallelen zwischen neurobiologischer, kulturhistorischer und theologischer Sichtweise sind schon erstaunlich. Michael Blume führt noch eine ganze Reihe weiterer historischer Phänomene an, die im Lichte von Linkes These plötzlich eine Erklärung finden; etwa die plötzliche Aversion der früh-israelitischen Schriftgelehrten gegen die etablierten Kultbilder; oder die Tatsache, dass »ebenjener Pharao Echnaton, der die etablierte Göttervielfalt Ägyptens im Namen des Aton proto-monotheistisch attackierte, auch eine proto-alphabetisierende Schriftreform durchführte«. Blume glaubt jedenfalls, »dass uns das ›X‹, das uns Detlef Linke auf der noch frischen Schatzkarte der Neurotheologie hinterlassen hat, den Weg zu faszinierenden Funden weisen kann«.

8 Wolf Singer, Matthieu Ricard: *Hirnforschung und Meditation. Ein Dialog*. Edition unseld. Suhrkamp Verlag, 2008.

Kapitel IV Wie das religiöse Denken begann

1 Montaigne, Essais (»Von der Frömmigkeit«), Zürich 1992, (Diogenes) S. 66. Montaigne bezieht sich hier auf Claudius Aelianus, *De natura animalium* IV,20 und VII,44.

2 Die Venus von Willendorf ist im Naturhistorischen Museum in Wien ausgestellt.

3 Heute übersetzt die Einheitsbibel auch wieder »mago« mit »Sterndeuter aus dem

Osten« (vgl. Die Bibel. Altes und Neues Testament. Einheitsübersetzung, Freiburg, Basel, Wien, Herder Verlag, 1999 (Matthäus 2,1).

Kapitel V Die Evolution des Glaubens

1 Karl Marx, *Einleitung zur Kritik der Hegelschen Rechtsphilosophie,* MEW I, S. 378.

2 Illustrieren lässt sich dieser Mechanismus auch mit einem Erlebnis des Anthropologen E. E. Evans-Pritchard bei den Zande im Sudan: Als dort eines Tages das Dach eines Lehmhauses zusammenbricht, erklären die Einheimischen sofort, dies sei das Werk von Hexen; offenbar hätten die Unglückseligen, die unter dem Dach begraben worden waren, mächtige Feinde! Als Evans-Pritchard mit britischer Nüchternheit anmerkt, das Lehmhaus sei schon seit längerem von Termiten unterminiert und sein Zusammenbruch daher alles andere als Hexerei, zeigen sich die Zande unbeeindruckt. Sie wüssten sehr wohl, dass das Haus termitenzerfressen sei; die Frage sei, doch aber, warum es gerade zu diesem speziellen Zeitpunkt zusammengebrochen sei, als ausgerechnet diese Menschen darunter saßen! In der Tat, für dieses Problem liefert die Hexerei durchaus eine Erklärung. »Aber was erklärt den Ursprung der Hexerei?«, fragt Boyer. »Das scheint für niemanden interessant oder verstörend zu sein.« Die Existenz solcher rätselhafter Wesen werde einfach als gegeben hingenommen. Sie werden, genauso wie die Mythen anderer Religionen, gerne herangezogen zur Deutung einzelner, spezieller Vorkommnisse. Doch ihre Voraussetzungen selbst werden kaum hinterfragt – oder wenn, dann wiederum mit neuen Mythen erklärt.

3 Dass wir im Christentum noch eine Art Familienstruktur nachgebildet finden, mit Gott Vater, seinem Sohn und dessen Mutter Maria, ist für Evolutionsbiologen ebenfalls kein Zufall.

4 Interview mit David Sloan Wilson in der *ZEIT*, Nr. 52, 2005.

5 Dieses Problem ist als *tragedy of the commons* bekannt, als »Öffentliches-Gut-Dilemma«, und wurde 1833 von dem Ökonomen William Forster Lloyd mit der Parabel der öffentlichen Weide beschrieben: Für jeden einzelnen Farmer scheint es günstig, möglichst viel Vieh auf der öffentlichen Weide fressen zu lassen, auch wenn am Ende die Überweidung aller das öffentliche Gut schädigt oder gar zerstört.

6 In der Natur finden sich »teure Signale« auf Schritt und Tritt. Ein Paradebeispiel ist das Verhalten der Springböcke: Wenn diese ein Raubtier entdecken, ergreifen sie nicht etwa die Flucht, sondern machen hohe Luftsprünge, um extra auf sich aufmerksam zu machen – sie »prunken«, wie es in der Fachsprache heißt. Die scheinbar paradoxe Angeberei macht aus biologischer Sicht durchaus Sinn. Denn damit signalisiert ein Springbock seinem Feind: »Schau her, wie kräftig ich bin. Spar dir die Jagd, du fängst mich ohnehin nicht.« Tatsächlich drehen die Räuber häufig ab und jagen lieber Springböcke, die zu alt oder krank sind, um sich das anstrengende Prunken leisten zu können. Dieses Signal bezieht also seine Wirkung gerade aus der Tatsache, dass es für das Individuum ein so »teurer Luxus« ist.

Viele Tiere tragen solche scheinbar unnützen Merkmale zur Schau – der Hirsch sein gewaltig schweres Geweih, der Pfau seinen prächtigen, hinderlichen Pfauenschwanz –, um damit ihre körperliche Fitness und Attraktivität zu demonstrieren. Der israelische Biologe Amotz Zahavi hat dafür den Begriff des *Handicap-Prinzips* geprägt und gezeigt, dass die Evolution tatsächlich die Entwicklung solcher Merkmale fördert. Für Evolutionsbiologen lässt sich in diesem Sinne auch die Religion als nützliches »Handicap« betrachten.

7 Es scheint, als ob diese Entwicklung bereits beginne. Vgl. die vierteilige Serie von W. Büscher/A. Köcknitz, *Woran glaubt China?*, *Die ZEIT*, Nr. 20–23, 2008.

8 Daten der Schweizer Volkszählung zum Zusammenhang von religiöser Einstellung und Geburtenrate:

Religion und Demografie

Daten Zensus Schweiz (2000)

Religiöse Zugehörigkeit	*Lebendgeburten pro Frau (Rang)*	*Reproduktiver Vorteil zu »keine Zugehörigkeit«*
Hinduistische Vereinigungen* (Hin)	2,79 (1)	+151,4%
Islamische Glaubensgemeinschaft* (Isl)	2,44 (2)	+119,8%
Jüdische Glaubensgemeinschaft (Jüd)	2,06 (3)	+86,6%
Übrige protestantische Kirche (ÜpK)	2,04 (4)	+83,8%
Neupietistisch-evangelikale Gem. (Np)	2,02 (5)	+82,0%
Pfingstgemeinden (Pfg)	1,96 (6)	+76,6%
Evang.-methodistische Kirche (EmK)	1,90 (7)	+71,2%
Andere christl. Gemeinschaften (Ac)	1,82 (8)	+64,0%
Christlich-orthodoxe Kirchen* (CoK)	1,62 (9)	+45,9%
Übrige Kirchen und Rel.gem.* (ÜKR)	1,44 (10)	+29,7%
Schweiz Gesamt (ScG)	**1,43**	**+28,8%**
Buddhistische Vereinigungen* (Bud)	1,42 (11)	+27,9%
Römisch-Katholische Kirche (RkK)	1,41 (12)	+27,0%
Neuapostolische Kirche (NaK)	1,39 (13)	+25,2%
Evangelisch-Reformierte Kirche (ErK)	1,35 (14)	+21,6%
Zeugen Jehovas (ZeJ)	1,24 (15)	+11,7%
Christkatholische Kirche (CkK)	1,21 (16)	+9,0%
Keine Zugehörigkeit (KeZ)	**1,11 (17)**	–

Hinweis: Mit * gekennzeichnete Konfessionen sind noch mehrheitlich durch Migranten geprägt.

Entnommen aus Blume, Michael: Freiheit, Religion und demografische Entwicklung. Vortrag zu den Hayek-Tagen, Potsdam, 7. Juni 2007.

Kapitel VI Zwischen Mystik und Ratio

1 In: *Die ZEIT*, Nr. 17/2007, 19. April 2007, S. 55 (»Erst leben, dann schreiben«).

2 Interessanterweise berichten auch vier der Versuchsteilnehmer, die nur ein harmloses Placebo erhalten haben, von einem mystischen Erlebnis. Das beweist einmal mehr, wie sehr eine Erwartungshaltung das Erleben prägt. Menschen können einen Rausch buchstäblich aus dem Nichts erzeugen – wenn sie nur daran glauben. Doch diese Kunst ist offenbar nur wenigen vergönnt; bei den allermeisten wirkt die Droge eben doch stärker als die Phantasie.

3 Dass Licht aus Energie-Partikeln besteht, zeigt sich zum Beispiel beim fotoelektrischen Effekt: Trifft ein (extrem dünner) Lichtstrahl auf eine Fotoplatte, wird diese nicht kontinuierlich geschwärzt, sondern es werden nach und nach an verschiedenen Stellen schwarze Punkte sichtbar. Dies erklärte 1905 Albert Einstein damit, dass das Licht seine Energie nur in diskreten Portionen – sogenannten Quanten – abgeben könne. Auf ähnliche Weise erwiesen sich bald alle elektromagnetischen Wellen, vom sichtbaren Licht bis zur Röntgenstrahlung, als »gequantelt«.

Umgekehrt offenbaren auch Elektronen und andere atomare Partikel bei näherem Hinsehen eine Wellennatur. Schießt man beispielsweise Elektronenstrahlen auf ein Hindernis, das zwei schmale Schlitze aufweist, scheinen sich die Elektronen hinter dem Hindernis mal gegenseitig zu verstärken, mal auszulöschen, ganz so, als ob man Wasserwellen überlagerte.

Dass diese Doppelgesichtigkeit der Materie in unserem Alltag keine Rolle spielt, liegt an der schieren Größenordnung unserer Alltagsgegenstände. Eine Analogie mag das verdeutlichen: Dass auch unsere Atemluft »gequantelt« ist (also aus einzelnen Luftteilchen besteht), merkten wir erst, wenn unsere Lungen so klein wären, dass darin gerade jeweils ein Luftmolekül Platz fände. In der Makrowelt jedoch können wir Luft getrost als kontinuierlich fließenden Strom betrachten und die Quantelung vergessen. Wir leben, physikalisch gesprochen, in einer Erfahrungswelt, die von den Gesetzen der klassischen Physik geprägt ist. Erst wenn man mit Röntgenstrahlen und radioaktiven Zerfällen in den Mikrokosmos blickt und in den winzigen Bereich des Planckschen Wirkungsquantums vorstößt (einer Zahl, die mehr als 30 Stellen hinter dem Komma beginnt), verlieren die Alltagsgesetze ihre Gültigkeit. Genauer: Die klassische Mechanik ist ein Spezialfall der viel komplexeren Quantenmechanik.

4 Die Wissenschaftsgeschichte liefert zahlreiche Beispiele für Theorien, die eine Zeit lang gültig waren und dann von neueren, besseren Theorien ersetzt wurden. Dabei werden die alten Theorien nicht notwendigerweise falsch, sondern zuweilen auch nur in ihrem Wirkungsbereich eingeschränkt. Ein Beispiel dafür ist die sogenannte klassische Mechanik von Isaac Newton, die von einer »absoluten Zeit« und einem »absoluten Raum« ausgeht und alle physikalischen Phänomene mit Kräften und Massepunkten beschreibt. Jahrhunderte lang war diese Art der Naturbeobachtung extrem erfolgreich. Heute weiß man jedoch, dass sie im sowohl atomaren Bereich nicht mehr funktioniert (Kräfte und Massepunkte lösen sich im Welle-Teilchen-Dualismus auf), als auch im astronomischen (wo laut Einsteins Relativitätstheorie

Zeit und Raum vom Bewegungszustand eines Beobachters abhänge.) Dennoch lassen sich viele Phänomene unserer Alltagswelt immer noch gut mit Newtons Physik beschreiben.

5 Ein Beispiel für eine solcher Reorganisation des Gehirns liefern zum Beispiel Patienten mit chronischen Schmerzen. Durch jahrelang andauernde Schmerzen kann sich das für den entsprechenden Körperteil zuständige Wahrnehmungsareal im Gehirn immer mehr vergrößern. Damit steigt wiederum die Sensibilität für eben diesen Körperteil. Am Ende wird dort selbst die allerkleinste Berührung als unerträglich empfunden.

Kapitel VII Die religiöse Dimension

1 Ausgabe vom 10. Februar 2007.

2 Michael Reder/Josef Schmidt (G): *Ein Bewusstsein von dem, was fehlt. Eine Diskussion mit Jürgen Habermas*. Suhrkamp, Frankfurt/M., 2008.

3 So teilte der »Religionsmonitor 2008« der Bertelsmann-Stiftung die Deutschen zum Beispiel in drei Gruppen ein. Demnach wären 30 Prozent aller Deutschen »nicht-religiös«, 52 Prozent »religiös« und 18 Prozent sogar »hochreligiös«. Allerdings hatten die Bertelsmänner keine Rubrik für »religiös Unentschiedene« vorgesehen. Dabei machen solche indifferenten Gläubigen in Deutschland einen großen Prozentsatz aus. Das belegt auch die Allgemeine Bevölkerungsumfrage der Sozialwissenschaften (ALLBUS) im Jahr 2002. Diese hatte die Deutschen in vier Gruppen eingestuft – »nicht-religiös« (26 Prozent), »eher nicht/weniger religiös« (22 Prozent), »eher/mehr religiös« (34 Prozent) und »religiös« (18 Prozent). Das ist nahezu dasselbe Ergebnis wie im Religionsmonitor – lediglich mit anderen Bezeichnungen.

4 Bei MacDougalls Hunden dagegen hat offenbar das Fell einen isolierenden Effekt gehabt und verhindert, dass Flüssigkeit entweicht. Eine alternative Erklärung wäre noch, wie Len Fisher in seinem Buch argumentiert, dass im Moment des Todes die Körpertemperatur deutlich absackt und dadurch leichte Luftbewegungen angeregt werden (sogenannte Konvektionsströme), die die Messung verfälschen. Auch diese Konvektionsströme wären bei Twinings Mäusen durch den Glaszylinder unterbunden worden – bei MacDougalls Hunden dagegen hätte das wärmedämmende Fell die Konvektion verhindert.

5 »Incurvatus in se ipsum« wird oft auch mit »in sich selbst verkrümmt sein« übersetzt. Martin Luthers Werke, Weimar 1883 ff., Bd. 56, 304, 25–29.

Literaturverzeichnis

Zu I. Die Medizin des Glaubens

Albrecht, Harro: Die Heilkraft des Vertrauens. In: *Die ZEIT*, Nr. 32, 2006

Albrecht, Harro: Apotheke im Kopf. In: *Die ZEIT*, Nr. 32, 2006

Beecher, Henry: The Powerful Placebo. *Journal of the American Medical Association*, 1955

Benedetti, F.: Mechanisms of Placebo and Placebo-Related Effects Across Diseases and Treatments. *Annu Rev Pharmacol Toxicol.* 2007 July 31

Benedetti, F. et al.: When words are painful: Unraveling the mechanisms of the nocebo effect; *Neuroscience*, Vol. 147 (2), S. 260–271, 2007

Benedetti, F. et al.: Opioid-Mediated Placebo Responses Boost Pain Endrunde and Physical Performance: Is it Doping in Sport Competitions? *The Journal of Neuroscience*; Vol, 27 (44), S. 11934–11939, 2007

Benedetti, F.: What do you expect from this treatment? Changing our mind about clinical trials. *Pain.* 2007 Apr; 128 (3): S. 193–4. Epub. 2007 Feb 9

Benson, H. et al.: Study of the Therapeutic Effects of Intercessory Prayer (STEP) in cardiac bypass patients: a multicenter randomized trial of uncertainty and certainty of receiving intercessory prayer. *Am Heart J.* Bd. 151, S. 934–42, 2006

Blech, Jörg: Die Heilkraft der Einbildung. In: *Der Spiegel*, Nr. 26, 2007

Büssing, Arndt: Spiritualität, Religiosität und Krankheitsumgang. In: *Lebendiges Zeugnis*, Bd. 62, 2007

Büssing, A., Ostermann, Th., Matthiessen, P. F.: Spirituelle Bedürfnisse krebskranker Menschen. *Deutsche Zeitschrift für Onkologie* 2005; 37 (1): S. 13–22

Büssing, A., Ostermann, Th., Koenig, H. G.: Relevance of spirituality and religion in German patients with chronic diseases. *International Journal of Psychiatry and Medicine* 2007; 37 (1): S. 39–57

Byrd, R. C.: Positive Therapeutic Effects of Intercessory Prayer in a Coronary Care Unit Population. *Southern Medical Journal*, Bd. 81, S. 826 ff., 1988

Colloca, L., Benedetti, F.: Placebos and painkillers: is mind as real as matter? *Nat Rev Neurosci.* 2005 July; 6 (7): S. 545–52

Colloca, L., Benedetti, F.: How prior experience shapes placebo analgesia. *Pain.* 2006 Sep; 124 (1–2): S. 126–33. Epub. 2006 May 15

De la Fuente-Fernández, Raúl, Stoessl, A. J.: The placebo effect in Parkinson's disease. *Trends in Neurosciences*, Vol. 25, No. 6, 2002

De la Fuente-Fernández, Raúl et al.: Expectation and Dopamine Release: Mechanism of the Placebo Effect in Parkinson's Disease. *Science* Vol. 293, S. 1164–1166, 2001

De la Fuente-Fernández, R., Schulzer M., Stoessl A. J.: The placebo effect in neurological disorders. *Lancet Neurology*, Vol. 1, S. 85–91, 2002

Faulstich, Joachim: Das heilende Bewusstsein. Wunder und Hoffnung an den Grenzen der Medizin, Knaur Verlag, München, 2006

Goebel, M. U., Trebst, A. E., Steiner, J., Xie, Y. F., Exton, M. S., Frede, S., Canbay, A. E., Michel, M. C., Heemann, U., Schedlowski, M.: Behavioral conditioning of immunosuppression is possible in humans. *FASEB Journal* 16, 2002, S. 1869–1873.

Kaptchuk, Ted J.: Intentional Ignorance: A History of Blind Assessment and Placebo Controls in Medicine. *Bulletin of the History of Medicine* – Vol. 72, No 3, Fall 1998, S. 389–433

Kaptchuk, Ted J.: The placebo effect in alternative medicine: Can the performance of a healing ritual have clinical significance? *Annals of Internal Medicine*, 347, 2002, S. 81–88

Kaptchuk, Ted J. et al.: Components of placebo effect. Randomised controlled trial in patients with irritable bowel syndrome. *British Medical Journal*, Vol. 336, S. 999, 2008

Klein, C., Albani, C.: Religiosität und psychische Gesundheit. Eine Übersicht über Befunde, Erklärungsansätze und Konsequenzen für die klinische Praxis. *Psychiatrische Praxis, 33,* 2007, S. 58–65

Koenig, Harold G.: The Handbook of Religion and Health, Oxford University Press, 2001

Koenig, Harold G.: The Healing Power of Faith, Simon & Schuster, New York, 2001

Koenig, Harold G.: Religion, Spirituality and Medicine: Research Findings and Implications for Clinical Practice, In: *Lebendiges Zeugnis*, 2007, Bd. 62

Krucoff, M. W. et al.: Music, imagery, touch, and prayer as adjuncts to interventional cardiac care: the Monitoring and Actualisation of Noetic Trainings (MANTRA) II randomised study. *Lancet.* 2005, Bd. 366 (9481), S. 211–217

Langer, Ellen J., Crum, Alia J.: Mind-Set Matters: Exercise and the Placebo Effect. *Psychological Science* Vol. 18 (2), 2007, S. 165–171.

McManus, C. A., Kaptchuk, T. J., Schnyer, R. N., Goldman, R., Kerr, C. E., Nguyen, L. T., Stason, W. B.: Experiences of acupuncture practitioners in a placebo-controlled randomized clinical trial. *Journal of Alternative Complementary Therapy*. 13, 2007, S. 533–537.

McRae, Cynthia, Effects of Perceived Treatment on Quality of Life and Medical Outcomes in a Double-blind Placebo Surgery Trial, *Archives of General Psychiatry*, April 2004; Vol 61: S. 412–420.

Murken, S., Rüddel, H.: Wie kann Religion gesundheitsfördernd sein? In H.-Ch. Deter (Hrsg.): *Psychosomatik am Beginn des 21. Jahrhunderts. Chancen einer biopsychosozialen Medizin* (S. 540–548). Huber, Bern, 2001

Murken, S., Müller, C., Huber, S., Rüddel, H., Körber, J.: The Role of Religion for Coping with Breast Cancer. *International Journal of Behavioral Medicine,* 11, 2004, Supplement, S. 332

Murken, S., Müller, C.: »Gott hat mich so ausgestattet, dass ich den Weg gehen kann.« Religiöse Verarbeitungsstile nach der Diagnose Brustkrebs. *Lebendiges Zeugnis, 62,* 2007, S. 115–128

Pacheco-Lopez, G., Engler, H., Niemi, M. B., Schedlowski, M.: Expectations and associations that heal: Immunomodulatory placebo effects and its neurobiology. *Brain Behav Immun.* 2006 Sep; 20 (5): S. 430–446. Epub. 2006 Aug 2. Review

Pierre, Marie-Simon: Témoignage. J'etais atteinte d'une maladie de Parkinson. Siehe: Cause de Beatification et Canonisation du Serviteur der Dieu Johannes Paul II. *http://www.diocesidiroma.it/Beatificazione/Francais/LesTemoignages/SoeurMarieSimon Pierre.htm*
Siehe auch: Radio Vatican. Dossier: Sœur Marie Simon Pierre, une guérison inexpliquée. *http://www.oecumene.radiovaticana.org/fr1/Articolo.asp?c=125994*

Price, D. D., Finniss, D. G., Benedetti, F.: A Comprehensive Review of the Placebo Effect: Recent Advances and Current Thought. *Annu Rev Psychol.* 2007 June 5

Ravinel, Sophie de: Sœur Marie-Simon Pierre, de l'ombre à la lumière, *Le Figaro*, 31 mars 2007

Schedlowski M. Insecta immune-cognitive interactions. *Brain, Behavior, and Immunity* Bd. 20, p. 133–134, 2006

Scott, D. J., Zubieta, J. K. et al.: Individual Differences in Reward Responding Explain Placebo-Induced Expetations and Effects. *Neuron*, 2007, Vol. 55, S. 325–336

Shapiro, Arthur K., Shapiro, Elaine: The Powerful Placebo: From Ancient Priest to Modern Physician. The Johns Hopkins University Press; New Edition, 2000

Sloan Richard: Blind Faith. The unholy alliance of Religion and Medicine. St. Martin's Press, 2006

Straube, Eckart R.: Heilsamer Zauber. Psychologie eines neuen Trends. Spektrum Akademischer Verlag, München, 2005

Utsch, Michael: Religiöse Fragen in der Psychotherapie. Psychologische Zugänge zu Religiosität und Spiritualität. Kohlhammer, Stuttgart, 2005

Utsch, M., Ehm, S. (Hrsg.): Macht Glauben gesund? Spiritualität und moderne Medizin. Berlin: EZW-Texte (Nr. 181), S. 6–17, 2005

Utsch, M.: Hilfe von oben. *Gehirn und Geist*, No. 1–2, 2006, S. 12–16

Utsch, M.: Herbeigebetete Heilung? Religiöse Übungen können nicht wie Antibiotika verordnet werden. *zeitzeichen* 7, 2006.

Utsch, M.: Heile, heile Segen. Interview über die heilende Kraft des Glaubens. *Tagesspiegel* vom 2. April 2007.

Zwingmann, C., Wirtz, M., Müller, C., Körber, J., Murken, S.: Positive and negative religious coping in German breast cancer patients. *Journal of Behavioral Medicine, Vol. 29*, 2006, S. 533–547

Zum Religionstest

Die Religionen der Welt. Verlag der Weltreligionen, Insel Verlag, Frankfurt/M., 2007

Dostojewski, Fjodor: Der Großinquisitor, Insel Verlag, Frankfurt/M., 2. Aufl., 2003

Glasenapp, Helmuth v.: Die fünf Weltreligionen, Diederichs Verlag, Düsseldorf, 1963
Hutter, Manfred: Die Weltreligionen, Beck Verlag, München 2005
Ross, Jan, Schwarz, Patrick (Hrsg.): Was soll ich glauben? – Die Weltreligionen. Informationen, Gründe, Einblicke. Das Buch zur ZEIT-Serie. Herder Verlag, Freiburg, 2008
Rue, Loyal: Religion Is Not About God: How Spiritual Traditions Nurture Our Biological Nature And What to Expect When They Fail, Rutgers, 2005
Smith, W. C.: The meaning and end of religion. A new approach to the religious traditions of mankind. Macmillan, New York, 1963
Smith, W. C.: Faith and belief. Princeton University Press, Princeton, N.J., 1979
Wehr, Gerhard: Die sieben Weltreligionen. Hugendubel Verlag, München, 2002

Zu II. Zwischen Nächstenliebe und Fanatismus

Adorno, T.: Studien zum autoritären Charakter, Suhrkamp Verlag, Frankfurt/M., 1995
Altemeyer, B.: Enemies of freedom; Understanding Right-Wing Autoritarianism, Josey-Bass, San Francisco, 1988
Altemeyer, B., Hunsberger, B.: Authoritarianism, Religious Fundamentalism, Quest and Prejudice. *International Journal for the psychology of religion*, 1992, Bd. 2, S. 113–133
Angenendt, Arnold: Toleranz und Gewalt. Das Christentum zwischen Bibel und Schwert. Aschendorff, Münster, 2008
Baier, Colin J., Wright, Bradley, R. E.: »If You Love Me, Keep My Commandments«; A Meta-Analysis of the Effect of Religion on Crime. *Journal of Research in Crime and Delinquency*, 2001, Vol. 38, No. 1, S. 3–21
Bock, D. C., Warren, N. C.: Religious Belief as a Factor in obedience to destructive commands. *Review of religious research*, 1972, Bd. 13, S. 185
Darley, J. M., Batson, C. D.: »From Jerusalem to Jericho«: A study of situational and dispositional variables in helping behaviour. *Journal of personality and social psychology* (1973), Vol. 27, S. 100–108
Dörr, Annette: Religiosität und Depression. In: Edgar Schmitz (Hrsg.): Religionspsychologie, Hogrefe Verlag, Göttingen, 1992
Henning, C., Murken, S., Nestler, E. (Hrsg.): Einführung in die Religionspsychologie; Verlag Ferdinand Schöningh, Paderborn, 2003
Hoffman, Bruce: Terrorismus – Der unerklärte Krieg. Neue Gefahren politischer Gewalt, S. Fischer Verlag, Frankfurt/M., 2006
Galton, Francis: Statistical Inquiries into the Efficacy of Prayer. *Fortnightly Review*, 12, 1872; zitiert nach: D. Wulff: Psychology of religion
Gillham, N. W.: *The Life and Works of Francis Galton. From African Exploration to the Birth of Eugenics.* New York 2001
Goldsen, Rose K., Rosenberg, Morris, Williams, Robin M. Jr., Suchman, Edward A.: What College Students think about such provocative subjects as love, marriage, education, religion, society, and life goals. D. van Nostrand Company, Princeton, Toronto, New York, and London, 1960

Huber, Stefan: Religionspsychologie. Eine Anleitung zur Selbstreflexion, Verlag Hans Huber, Bern, 2007

Hunsberger, R., Platonow, E.: Religion and Helping Charitable Causes. *Journal of Psychology*, 1986, Bd. 120, S. 517–528

McKenna, Ralph: Good Samaritanism in Rural and Urban Settings, *Representative Research in Social Psychology*, 1976, Bd. 7, S. 58–65

Milgram, Stanley: Behavioral study of obedience. in: *Journal of abnormal and social psychology.* Lancaster, Pa 67, 1963

Milgram, Stanley: Das Milgram-Experiment. Zur Gehorsamsbereitschaft gegenüber Autorität. Reinbek bei Hamburg, 2004 (Orig.: *Obedience to Authority. An Experimental View.* Harper, New York 1974)

Kollmar-Paulenz, Karénina, Prohl, Inken: Buddhismus und Gewalt. *Zeitschrift für Religionswissenschaft*, Nr. 2, 2003

Lobdell, William: Religion beat became a test of faith. A reporter looks at how the stories he covered affected him and his spiritual journey. In: *Los Angeles Times*, 21. Juli 2007

Pearson, K.: The life, letters and labours of Francis Galton, Vol. 3A, Cambridge University Press, London, 1930

Russell, E. W.: Christentum und Militarismus. In W. Huber, G. Liedke (Hrsg.): Christentum und Militarismus, Klett/Kösel, Stuttgart, München, 1974 (Original erschienen 1971)

Shaver, P., Lenauer, M., Sadd, S.: Religiousness, conversion and subjective well-being: The »healthy-minded« religion of modern american women. *American Journal of Psychiatry*, 1980, Vol. 137 (12) S. 1563–1568

Smith, R. E., Wheeler, G., Diener, E.: Faith without works. *Journal of applied Social psychology*, Bd. 5, 1975, S. 320

Spilka, B., Hood, R. W., Gorsuch, R. L.: The psychology of religion. An empirical approach. Prentice Hall, New Jersey, 1983

Struening, E. L.: Anti-Democratic Attitudes in Midwest University. In H. H. Remmers (Ed.): Anti-Democratic Attitudes in American Schools, Northwestern University Press, Evanston, Ill., 1963

Stack, Steven, Kposowa, Augustine: The Effect of Religiosity on Tax Fraud Acceptability: A Cross-National Analysis; *Journal for the Scientific Study of Religion*, Vol. 45 Issue 3, S. 325, September 2006

Tutu, Desmond: »Warum waren wir so lange so dumm?« Interview in: *Chrismon* 07, 2007

Wright, D.: Morality and Religion, A review of empirical studies, *Rationalist Annual*, 1967, S. 26–36

Wulff, David M.: Psychology of religion: classic and contemporary. 2nd ed., John Wiley & Sons, 1997

Wulff, D. M.: A field in crisis. Is it time for the psychology of religion to start over? (unveröffentlichtes Vortragsmanuskript)

Zwingmann, Ch., Hellmeister, G., Ochsmann, R.: Intrinsische und extrinsische religiöse Orientierung: Fragebogenskalen (Beiträge zur Sozialpsychologie 1/1993). Universität Mainz, Psychologisches Institut.
Siehe: *http://www.uni-muenster.de/PeaCon/wuf/wf-94/9410201m.htm*

Zu William James

Blum, Deborah: Geister-Jäger. William James und die Jagd nach Beweisen für ein Leben nach dem Tod, Arkana, München, 2007
Gardner, Martin: »How Mrs. Piper Bamboozled William James« In: Are Universes Thicker Than Blackberries?, W. W. Norton, New York, 2003
James, William: Die Vielfalt religiöser Erfahrung. Insel Verlag, Frankfurt/M., 1997
James, William: The will to believe and others essays in popular philosophy; Harvard University Press, Cambridge, Mass., 1979
James, Henry (ed.): The letters of William James; Little, Brown, Boston, 1920
Mackie, John Leslie: Das Wunder des Theismus. Argumente für und gegen die Existenz Gottes; Reclam, 1985
Taylor, Charles: Die Formen des Religiösen in der Gegenwart; Suhrkamp, Frankfurt/M., 2002
Wulff, David M.: Psychology of Religion. Classic & Contemporary; Second edition; John Wiley & Sons, 1997

Zu III. Hirnforschung und Transzendenz

Agency for Healthcare Research and Quality (AHRQ): Meditation Practices for Health. The state of Research. AHRQ Publication No. 07-E010. June 2007
Ashbrook, James B.: Neurotheology: The working brain and the work of theology, *Zygon*. Journal of Religion and Science, Vol. 19 (3), 1984
Azari, N. P. et al.: Neural correlates of religious experience. *European J Neurosci*. Vol. 13 (8): 2001, S. 1649–1652
Azari, N. P., Slors, M.: From brain imaging religious experience to explaining religion: A critique. *Archiv für Religionspsychologie*, 2007, Vol. 29, S. 67–85
Azari, N. P., Missimer, J., Seitz, R. J.: Religious experience and emotion: Evidence for distinctive neural patterns. *International Journal for the Psychology of Religion*. Vol. 15 (4), 2005, S. 263–281
Azari, N. P., Birnbacher, D.: The role of cognition and feeling in religious experience: An interdisciplinary inquiry. *Zygon* 39 (4): 2004, S. 901–918
Baltes, Paul B., Reuter-Lorenz, Patricia A., Rösler, Frank (Hrsg.): Lifespan development and the brain: The perspective of biocultural co-constructivism. Cambridge University Press, Cambridge, 2006
Blackmore, Susan: Alien abduction; in: New Scientist, 19. November 1994
Blackmore, Susan: Beyond the Body: an investigation of out-of-the-body experiences. Academy Chicago Publishers, 1992
Blanke, Olaf: The Out-of-Body Experience: Disturbed Self Processing at the Temporo-Parietal Junction, *The Neuroscientist*, Bd. 11, 2005, S. 16–24
Blanke, Olaf: Stimulating illusory own-body perceptions. *Nature*, Vol. 419, 2002, S. 269
Blakeslee, Sandra: Out-of-Body Experience? Your Brain is to blaim. *New York Times*, 3. Oktober 2006

Blume, Michael: Neurotheologie zwischen Religionskritik und -affirmation. Dissertation an der Fakultät für Kulturwissenschaften der Eberhard-Karls-Universität Tübingen, Juni 2005

Blume, Michael: Hirn und Religion aus wissenschaftlicher Sicht; Vortrag zur Generalversammlung der Görres-Gesellschaft; Universität Regensburg, 25. September 2006

Brugger, Peter: Hallucinatory Experiences in Extreme-Altitude Climbers. In: *Neuropsychiatry, Neuropsychology, and Behavioural Neurology*. Vol. 12, 1999, No. 1

Brugger, Peter: Neuropsychiatrie und Parapsychologie autoskopischer Phänomene. Der Nervenarzt, No. 3, 2003

Dalai Lama: Die Welt in einem einzigen Atom. Theseus Verlag

Freud, Sigmund: Massenpsychologie und Ich-Analyse. Die Zukunft einer Illusion, S. Fischer Verlag, Frankfurt/M., 2005

Graf, Friedrich W.: Denk mal höher. Gibt es einen neurobiologischen Gottesbeweis? In: FAZ, 23. Juli 2004

Granqvist, Pehr et al.: Sensed presence and mystical experiences are predicted by suggestibility, not by the application of transcranial weak complex magnetic fields; *Neuroscience Letters*, Vol. 379, 2005, S. 1–6

Granqvist, P., Larsson, M.: Contribution of religiousness in the prediction and interpretation of mystical experiences in a sensory deprivation context: activation of religious schemas. *The Journal of Psychology*, Vol. 140 (4), 2006, S. 319

Hill, D. R., Persinger, M. A.: Application of transcerebral, weak (1 microT) complex magnetic fields and mystical experiences; are they generated by field-induced dimethyltryptamine release from the pineal organ? *Percept. Motor Skills*, Vol. 97, 2003

Jaynes, Julian: The Origin of Consciousness in the Breakdown of the Bicameral Mind (deutsche Ausgabe: Der Ursprung des Bewusstseins, Rowohlt Verlag), Reinbek

Lutz, A., Davidson, R. J., Rawlings, N. B., Ricard, M., Davidson, R. J.: Long-term meditators self-induce high-amplitude gamma synchrony during mental practice. PNAS 101, 2004, S. 16369–16373

Murken, S.: Die John Templeton Foundation. EZW *Materialdienst, 62*, 1999, S. 313–315

Penfield, Wilder u. Perot, Phanor: The Brain's Record of Auditory and Visual Experience: A Final Summary and Discussion. *Brain* Bd. 86, 1963, S. 595

Persinger, Michael A. & Koren, S. A.: A response to Granqvist et al; *Neuroscience Letters,* Vol. 379, 2005, S. 346–347

Persinger, Michael A.: Neuropsychological Bases of God Beliefs; Praeger 1987

Persinger, Michael A.: Experimental simulation of the God experience: implications for religious beliefs and the future of the human species, in: R. Joseph (Ed.): Neurotheology, University Press, California, 2002

Ramachandran, Vilajanur S., Blakeslee, Sandra: Phantoms in the Brain: Human Nature and the Architecture of the Mind, Fourth Estate, 1998

Rosch, Eleanor. How to catch James's mystic germ: Religious experience, Buddhist meditation, and psychology. *Journal of Consciousness Studies*, 9, No. 9–10, 2002, S. 37–56

Saver, Jeffrey L., Rabin, John: »The neural substrates of religious experience«. In: Salloway, Malloy, Cummings: The neuropsychiatry of limbic and subcortical disorders, American Psychiatric Press, 1997, S. 195 ff.

Schnabel, U.: Knetmasse der Kultur. Das Gehirn ist erstaunlich formbar. In: *Die ZEIT*, Nr. 7, 10. Februar 2005

Schnabel, U., Sentker, A.: Wie kommt die Welt in den Kopf? Reise durch die Werkstätten der Bewusstseinsforscher. Rowohlt, Reinbek, 1997

Schneider, Reto U.: Zufälle gibt's. Der Neurologe Peter Brugger ist sich sicher, dass es nicht in der Welt spukt, sondern im Kopf. In: *Neue Zürcher Zeitung Folio* Nr. 12, 2004

Seitz, R. J., Nickel, J., Azari, N. P.: Functional modularity of the medial frontal cortex: Involvement in human empathy. *Neuropsychology* Vol. 20 (6): 2006, S. 743–751

St-Pierre, L. S., Persinger, M. A.: Experimental facilitation of the sensed presence is predicted by the specific patterns of the applied magnetic fields, not by suggestibility: re-analyses of 19 experiments. *Int J Neurosci.* Sep; 116 (9): 2006, S. 1079–1096

Varela, F., Thompson, E., Rosch, E.: Der mittlere Weg der Erkenntnis: die Beziehung von Ich und Welt in der Kognitionswissenschaft. Goldmann, München 1995, (orig.: The embodied mind)

Weidmann, Anke: Ein Mantra für die Lebensfreude. In: *Die ZEIT*, 24/2005

Welzer, H., Roth, G.: »Die Seele gehört nicht mir«. In: *Die ZEIT*, Nr. 9, 2006

Literatur speziell zur Meditationsforschung

Agency for Healthcare Research and Quality (AHRQ): Meditation Practices for Health. The stare of Research. AHRQ Publication No. 07-E010, June 2007

Beauregard, M., Paquette, V.: Neural correlates of a mystical experience in Carmelite nuns. *Neuroscience Letters*, Vol. 405, 2006, S. 186–190

Benson, H. et. al.: Body temperature changes during the practive of g Turn-mo yoga. *Nature*, Bd. 295, (5846), S. 234

Benson, H: The relaxation response. HarperTorch, 1976 (dt.: Gesund im Streß. Eine Anleitung zur Entspannungsreaktion, Ullstein, 1978)

Benson H., Wallace, R. K.: Decreased Drug Abuse with Transcendental Meditation: A Study of 1862 Subjects, In: Drug Abuse: Proceedings of the International Conference, ed., Chris J. D. Zarafonetis, Philadelphia, Pennsylvania, USA: Lea and Febiger, 369–376 and Congressional Record, Serial, No. 92-1, Washington, D.C., USA: Government Printing Office

Coromaldi, E., Basar-Eroglu, C., Stadler, M.: EEG-Rhythmen während tiefer Meditation. Eine Einzelfallstudie mit einem Zen-Meister. *Hypnose und Kognition*, Bd. 21 (1 + 2), Oktober 2004

Cahn B. R., Polich J.: Meditation States and Traits: EEG, ERP, and Neuroimaging Studies, *Psychological Bulletin*, Vol. 132, No. 2, 2006, S. 180

Dalai Lama: Mehr Licht im Labor. In: *Die ZEIT*, Nr. 38, 2005

Dalai Lama: Die Welt in einem einzigen Atom. Theseus Verlag, 2005

Davidson, R. J., Tomarken, A. J., Henriques, J. B.: Resting frontal asymmetry predicts affective response to films. *Journal of Personal and Social Psychology*, Bd. 59, S. 791 ff.

Davidson, R. J., Fox, N.: Frontal brain asymmetry predicts infants' response to maternal separation. *Journal of Abnormal Psychology*, Bd. 89, 1989, S. 127–131

Davidson, R., Kabat-Zinn, J. et. al.: Alterations in Brain and Immune Function Produced by Mindfulness Meditation; *Psychosomatic Medicine*, Bd. 65, 2003, S. 564

Deshimaru. T. D., Chauchard, P.: Zen et cerveau, Le Courrier du Livre Paris, 1976

Goleman, David: Finding Happiness: Cajole Your Brain to Lean to the Left. In: *New York Times*, 2. April 2003

Heuser, Uwe: Der Mönch als Philosoph. Matthieu Ricard war Genforscher und ist Übersetzer des Dalai Lama. Nun hat er über das Glück geschrieben. In: *Die ZEIT*, 19. 07. 2007, Nr. 30

Hirai, Tomio: Psychophysiology of Zen, *Igaku Shoin*, Tokyo, 1974

Hölzel, Britta: Eine betörende Flucht aus der Gedankenflut. In: *Frankfurter Allgemeine Zeitung*, 3. April 2008, S. 35

Kasamatsu, A., Hirai, T.: An electroencephalographic study on the Zen meditation (Zazen), *Folio Psychiatrica et Neurologica Japonica*, Bd. 30, 1966, S. 315

Klein, Stefan: Die Glücksformel. Oder: Wie die guten Gefühle entstehen. Rowohlt Verlag, 2002

Lazar, Sara et. al.: Meditation experience is associated with thickening of brain structures, *NeuroReport*, Vol. 16 (17), 2005, S. 1893–1897

Linke, Detlef: Religion als Risiko. Geist, Glaube und Gehirn. Rowohlt Taschenbuch Verlag, Reinbek, 2003

Linke, Detlef, Eibach, Ulrich: Die Kopflastigkeit der Religion. Ein Streitgespräch über Gott, mystische Gefühle und neuronale Korrelate des Glaubens im menschlichen Gehirn. *Gehirn & Geist* 02/2002

Lutz, A., Ricard, M., Davidson, R. J. et. al.: Long-term meditators self-induce high-amplitude gamma synchrony during mental practice. *PNAS*, Vol. 101, No. 46, 2004, S. 16369–16373

Lutz, A., Dunne, J. P., Davidson, R. J.: Meditation and the Neuroscience of Consciousness: An Introduction. In P. Zelazo, M. Moscovitch, & E. Thompson (Eds.), *Cambridge Handbook of Consciousness*. New York: Cambridge University Press, 2007

Lutz, A., Davidson, R. J. et. al.: Regulation of the Neural Circuitry of Emotion by Compassion Meditation: Effects of Meditative Expertise. PloS ONE. Vol. 3 (3), e1897, March 2008

Newberg, Andrew: Why God Won't Go Away, Ballantine, Random House, 2001. Dt. Fassung: Der gedachte Gott. Wie Glaube im Gehirn entsteht. Piper Verlag, 2003

O'Hara Bruce: persönliche Mitteilung. Siehe auch: Motluk, A.: Meditation builds up the brain. *NewScientist*, 15. Nov. 2005

Ricard, Matthieu: Glück. Nymphenburger Verlag, 2007 (engl. Original: Happiness. Little, Brown and Company, 2006)

Revel, Jean-François und Ricard, Matthieu: Der Mönch und der Philosoph – Buddhismus und Abendland – Ein Dialog zwischen Vater und Sohn, Kiepenheuer und Witsch Verlag, Köln, 1999

Stein, Joel: Just say OM. *Time* (International), Nr. 43, 2003

Singer W., Ricard M.: Hirnforschung und Meditation. Ein Dialog. Edition unseld. Suhrkamp Verlag, 2008

Varela F., Thompson E., Rosch E.: Der mittlere Weg der Erkenntnis. Goldmann, München, 1995

Zu Wolf Singer

Prinz, W., Schnabel, U., Singer, W.: Wer deutet das Denken? Ein Streitgespräch über Neurowissenschaften und den freien Willen. In: *Die ZEIT*, Nr. 29, 14. Juli 2005

Singer, Wolf, Ricard, Matthieu: Hirnforschung und Meditation. Ein Dialog. Edition Unseld. Suhrkamp, Frankfurt/M., 2008

Singer, W.: Das Gehirn – ein Orchester ohne Dirigent. Max Planck Forschung. Das Wissenschaftsmagazin der Max-Planck-Gesellschaft. 2/2005, S. 15–18

Singer, W.: Keiner kann anders als er ist. Verschaltungen legen uns fest: Wir sollten aufhören, von Freiheit zu reden. In: C. Geyer (Hrsg.): Hirnforschung und Willensfreiheit, Zur Deutung der neuesten Experimente. Edition Suhrkamp, Frankfurt/M., 2004

Singer, W.: Ein neues Menschenbild? Gespräche über Hirnforschung. Suhrkamp, Frankfurt/M., 2003

Singer, W.: Der Beobachter im Gehirn. Essays zur Hirnforschung. Suhrkamp, Frankfurt/M., 2002

Singer, W., L. Wingert: Wer deutet die Welt? Ein Streitgespräch. In: *Die ZEIT*, Nr. 50, 7. Dez. 2000

Singer, W.: Vom Geschöpf zum Schöpfer. Wie die Entzauberung des Lebendigen das Selbstbild des Menschen verändert. In: *Die ZEIT,* Nr. 27, 28. Juni 1996

Zu IV. Wie das religiöse Denken begann

Assmann, Jan: Die Mosaische Unterscheidung – oder der Preis des Monotheismus. Carl Hanser Verlag, München, 2003

Bahnsen, Ulrich: Grundpfeiler des Glaubens. In: *Die ZEIT*, Nr. 7, 2006

Boas, Franz: The Religion of the Kwakiutl, in: Columbia Univ. Contributions to Anthropology, Bd. X, New York, 1930

Büscher, Wolfgang: Unterwegs in magischen Welten. In: GEO, Nr. 9, 1999

Clottes, Jean, Lewis-Williams, David: Schamanen. Trance und Magie in der Höhlenkunst der Steinzeit; Thorbecke, Sigmaringen, 1997

Conard, N. J. (Ed.): When Neanderthals and Modern Humans Met. Kerns Verlag: Tübingen, 2006

Conard, N. J. (Hrsg.): Woher kommt der Mensch? Attempto Verlag: Tübingen, 2004

Conard, N. J.: Paleolithic ivory sculptures from southwestern Germany and the origins of figurative art. *Nature* Vol. 426: 2003, S. 830–832

Dunbar, Robin: The human story. A new history of mankind's evolution; Faber & Faber Ltd., London, 2004
Dunbar, Robin (2003): The social brain: mind, language and society in evolutionary perspective. Annual Review of Anthropology 32, 2003, S. 163–181
Dunbar, Robin: We Believe, *New Scientist*, 28. Jan. 2006, S. 30 ff.
Hardy, Alister: Der Mensch – das betende Tier. Religiosität als Faktor der Evolution; Klett-Cotta, Stuttgart, 1979
Henig, Robin M.: Darwin's God. *New York Times Magazine*, 4. März 2007
Huber, Wolfgang: »Glauben ist mehr als ein Körperzustand«. Interview in: *Die ZEIT*, Nr. 20/2005
Hume, David: Dialoge über natürliche Religion. 7. Aufl. Meiner, Hamburg, 1993
Hume, David: Die Naturgeschichte der Religion. Über Aberglaube und Schwärmerei. Über die Unsterblichkeit der Seele. Über Selbstmord. 2. Aufl. Meiner, Hamburg, 2000
Lewis-Williams, David, Pearce, David: Inside the Neolithic Mind: Conciousness, Cosmos and the Realm of the Gods. Thames & Hudson, 2005
McNamara, Patrick (Ed.): Where God and Science meet. How Brain and Evolutionary Studies alter our Understanding of Religion. Praeger, Westport, Conneticut, 2006
Michel de Montaigne: Essais, Zürich 1992, S. 66
Rohl, David: Legend. The Genesis of Civilisation. Random House, London, 2006
Schmidbauer, Wolfgang: Warum der Mensch sich Gott erschuf, Kreuz Verlag, Stuttgart, 2007
Schmidt, Klaus: Sie bauten die ersten Tempel. Das rätselhafte Heiligtum der Steinzeitjäger. C. H. Beck, München, 2006
Schulz, Matthias: Wegweiser ins Paradies. In: *Der Spiegel*, Nr. 33, 2006
Sinclair, Anthony: Archaeology: Art of the ancients. *Nature* Vol. 426, 2003, S. 774–775
Willmann, Urs: Der Urknall in Schwaben, *Die ZEIT*, Nr. 1, 2003

Zu Jürgen Hamel

Hamel, Jürgen: »Unter kosmischem Einfluss«. Wie die Astrologie entstand und warum sie bis heute fasziniert: In: *Die ZEIT*, Nr. 52, 20. Dezember 2006
Hamel, Jürgen: Meilensteine der Astronomie. Von Aristoteles bis Hawking. Kosmos/Franckh-Verlag, 2006
Hamel, Jürgen: Geschichte der Astronomie. In Texten von Hesiod bis Hubble, Magnus Verlag, Essen, 2004
Hamel, Jürgen: Astrologie – Tochter der Astronomie? Pabel-Moewig Verlag, 1990

Zu V. Die Evolution des Glaubens

Atran, Scott: In gods we trust. The evolutionary landscape of Religion. Oxford University Press, 2002

Barash, David P.: The DNA of Religious Faith, in: *The Cronicle Review*, 20. April 2007
Barrett, Justin: Why Would Anyone Believe in God? Altamira Press, 2004
Barro, R., McCleary, R.: Religion and Economic Growth. NBER Working Paper No 9682, National Bureau of Economic Research
Barro, R., McCleary, R.: »Der Glaube an Gott beflügelt das Wachstum«. In: *Frankfurter Allgemeine Sonntagszeitung*, S. 35, 28. Jan. 2007
Bering, J. M., Bjorklund, D. F.: The natural emergence of reasoning about the afterlife as a developmental regularity. *Developmental Psychology 40(2)*, 2004, S. 217–233
Bloom, Paul: Descartes' Baby: How the science of child development explains what makes us human. Basic Books, New York, 2004
Blume, Michael, Ramsel, Carsten, Graupner, Sven: Religion als demographischer Faktor – ein unterschätzter Zusammenhang? *Marburg Journal of Religion*, Vol. 11. Nr. 1, Juni 2006
Blume, Michael: Freiheit, Religion und demografische Entwicklung. Vortrag zu den Hayek-Tagen, Potsdam, 7. Juni 2007
Bouchard, Thomas Jr., Koenig, Lars B.: Genetic and Environmental Influences on the traditional moral value triad – authoritarianism, consevatism, and religiousness – as assessed by quantitative behavior genetic methods. In: McNamara, Patrick (Ed.): Where God and Science meet. Praeger, Westport, Conneticut, 2006
Boyer, Pascal: Religion explained. The Evolutionary Origins of Religious Thoughts. Basic Books, 2002. Dt. Fassung: Und Mensch schuf Gott, Klett-Cotta, Stuttgart, 2004
Collins, Francis: The Language of god. A scientist presents evidence for belief; Free Press, 2006
Darwin, Charles: Die Abstammung des Menschen. Fischer, Frankfurt/M., 2006
Dawkins, Richard: Der Gotteswahn, Ullstein, Berlin, 2007 (Orig.: The God Delusion. Houghton Mifflin, 2006)
Dennett, Daniel: Breaking the spell. Religion as a Natural Phenomenon, Viking Press, 2006
Diamond, Jared: Kollaps. Warum Gesellschaften überleben oder untergehen. S. Fischer, Frankfurt/M., 2005
Gabel, Paul: And God created Lenin. Marxism vs. Religion in Russia, 1917–1929, Prometheus Books, 2005
Graf, Friedrich W.: Und der Mensch schuf Gott. Pascal Boyer erklärt Religion als Nebenprodukt der Evolution. Rezension in: *Neue Zürcher Zeitung*, Nr. 232, 5. Oktober 2004
Hamer, Dean: Das Gottes-Gen. Kösel, 2006
Harris, Sam: Das Ende des Glaubens: Religion, Terror und das Licht der Vernunft. Edition Spuren, Winterthur, 2007 (Orig.: The end of faith)
Harris, Sam: Letter to a christian Nation. Knopf, 2006
Henderson, Bobby: Das Evangelium des Fliegenden Spaghettimonsters. Manhattan-Verlag, 2007
Hitchens, Christopher: Der Herr ist kein Hirte, Blessing, München, 2007 (Orig.: God is not Great. Atlantic Books, 2007)

Holzach, Michael: Das vergessene Volk: Ein Jahr bei den deutschen Hutterern in Kanada. dtv, München, 1982
Joseph, Jay: The gene illusion. Genetic Research in Psychiatry and Psychology under the Microscope. PCCS Books, 2003
McNamara, Patrick (Ed.): Where God and Science meet. How Brain and Evolutionary Studies alter our Understanding of Religion. Praeger, Westport, Conneticut, 2006
Norris, P., Inglehart, R.: Sacred and Secular, Cambridge University Press, 2004
Pinker, Steven: The Evolutionary Psychology of Religion. Vortrag anlässlich des *Annual meeting of the Freedom from Religion Foundation,* Madison, Wisconsin, 29. Oktober 2004
Roughgarden, Joan: Evolution and Christian Faith. Reflections of an Evolutionary Biologist. Island Press, 2006
Sagan, Carl: The Varieties of Scientific Experience. A Personal View of the Search for God. Penguin Press, 2006
Sosis, Richard: Does it pay to pray? Costly Ritual and Cooperation. *The B. E. Journal of Economic Analysis & Policy:* Vol 7: Iss 1, art. 18, 2007
Sosis, R., Bressler, E.: Cooperation and Commune Longevity: A Test of the Costly Signaling Theory of Religion. *Cross-Cultural Research*, Vol. 37, No. 2, May 2003
Sosis, Richard: Religion and intra-group cooperation: preliminary results of a comparative analysis of utopian communities. *Cross-Cultural Research,* Vol. 34, 2000, S. 70–87
Sosis, Richard: Teure Rituale. In: *Gehirn & Geist.* Nr. 1–2, 2005
Vaas, Rüdiger: Warum Glaube nützt. *Bild der Wissenschaft*, Nr. 2, 2007
Wilson, David Sloan: Darwin's Cathedral: Evolution, Religion and the Nature of Society. University of Chicago Press, 2002
Wilson, David Sloan: Vom Nutzen der Frommen. In: *Die ZEIT*, Nr. 52, 2005
Wilson, Edward: The creation. An appeal to save life on earth. W. W. Norton, 2006
Wolf, Gary: The church of the Non-Believers. *Wired.* Nr. 11, 2006
Wolpert, Lewis: Six impossible things before breakfast. The evolutionary origins of belief; Faber & Faber Ltd., London, 2006
Wolpert, Lewis: The Unnatural Nature of Science. Faber & Faber Ltd., London, 2000

Zu VI. Zwischen Mystik und Ratio

Blanke, O., Arzy, S., Landis, T.: Illusory perceptions of the human body and self. In: Handbook of Clinical Neurology, Vol. 88 (3rd series), Elsevier B.V., 2008
Broeckers, Mathias, Liggenstorfer, Roger: Auf dem Weg nach Eleusis. Albert Hofmann und die Entdeckung des LSD. AT Verlag Baden, 2006
Buettner, Jean-Martin: Halluzinogene als Medikament und Sakrament. In: *Tages-Anzeiger*, 18. Januar 2006
Buettner, Jean-Martin: LSD als Medikament einsetzen gegen die Todesangst. In: *Tages-Anzeiger*, 12. Januar 2008
Cloud, John: Was Timothy Leary right? In: *Time*, 19. April 2007

Botvinick, M., Cohen, J.: Rubber hand »feels« touch that eyes see. *Nature*, Bd. 391, 1998, S. 756

Brugger, Peter: From Haunted Brain to Haunted Science. A Cognitive Neuroscience View of Parnormal and Pseudoscientific Thought. IN: J. Houran & R. Lange (Eds.) Spirited Exchanges. Multidisciplinary Perspectives on Hauntings and Poltergeists. McFarland, Jefferson, NC, 2001

Brugger, Peter: Das gläubige Gehirn. In: Matthiesen, S. & Rosenzweig, R. (Hrsg.): Von Sinnen. Traum und Trance, Rausch und Rage aus Sicht der Hirnforschung. mentis, Paderborn, 2007

De Wit, Harriet: Towards a science of spiritual experience. *Psychopharmacology*, Vol. 187, 2006, S. 267

Doblin, R.: Pahnke's »Good Friday Experiment«: A Long-Term follow-Up and Methodological Critique. In: *The Journal of Transpersonal Psychology*, Bd. 23 (1), 1991

Ehrsson, H. H.: The experimental induction of out-of-body experiences. *Science*, Vol. 317, 2007, S. 1048

Ehrsson, H. H., Spence, C., Passingham, R. E.: ›That's my hand!‹ Activity in the premotor cortex reflects feeling of ownership of a limb. *Science*, Vol. 305, 2004, S. 875–877

Foerster, Heinz von, Pörksen, Bernhard: Wahrheit ist die Erfindung eines Lügners. Gespräche für Skeptiker. Carl-Auer Verlag. Heidelberg, 6. Aufl., 2004

Griffiths, R. R., Richards, W. A. et al.: Psilocybin can occasion mystical-type experiences having substantial and sustained personal meaning and spiritual significance. *Psychopharmacology*, Vol. 187, 2006, S. 268–283

Hofmann, A.: Die Erforschung der mexikanischen Zauberpilze. Schweizer Zeitschrift für Pilzkunde, Bd. 1, 1961

Hofmann, A.: LSD mein Sorgenkind. Klett-Cotta, Stuttgart, 1979

Hofmann, A.: Einsichten Ausblicke. Sphinx Verlag, Basel. Neuauflage Nachtschatten Verlag, Solothurn, 1986

Huxley, Aldous: Moksha, Parkstreet Press, Vermont, 1999

Jünger, Ernst: Besuch auf Godenholm, in: Sämtliche Werke, Bd. 15, S. 363–420

Kiesel, Helmuth: Ernst Jünger. Die Biographie, Siedler-Verlag, München 2007

Kohler, I.: Über Aufbau und Wandlungen der Wahrnehmungswelt. Österr. Akademie d. Wissenschaften, 1951

Lenggenhager, B., Tadi, T., Metzinger, T., Blanke, O.: Video ergo Sum: Manipulating Bodily Self-Consciousness. *Science*, Vol. 317, 2007, S. 1096

Metzinger, T.: Subjekt und Selbstmodell. Schöningh, Paderborn, 1993

Metzinger, T: Being no One – The Self-Model Theory of Subjectivity. Cambridge, MA, MIT Press, 2003

Metzinger, T.: Out-of-Body Experiences as the Origin of the Concept of a »Soul«. *Mind & Matter*, Vol. 3 (1), 2005

Metzinger, T.: Der Ego Tunnel. Berlin Verlag, *in Vorbereitung*

Pahnke, Walter N.: Drugs and mysticism. An analysis of the relationship between psychedelic drugs and the mystical consciousness. Ph. D. thesis, Harvard University, 1963

Pahnke, Walter N.: Psychedelic drugs and mystical experience. *Int Psychiatry Clinic*, Bd. 5, 1969, S. 149–162

Pahnke, Walter N., Richards, W. A.: Implications of LSD and experimental mysticism. In: C. T. Tart (ed.): Altered states of consciousness. Anchor Books, Garden City, N.Y., 1969

Passie, T.: Psilocybin in der modernen Psychotherapie. *Curare* Vol. 18, 1995, S. 131–153

Passie, T.: Psycholytic and Psychedelic Therapy Research 1931–1995: A Complete International Bibliography. Laurentius Publishers, Hannover, 1997

Schlichting, M.: Die Bedeutung der Halluzinogenforschung für die klinische Psychiatrie und Psychotherapie. Göttingen: Med. Dissertation, 1997

Schnabel, Ulrich: Die Kernkraft der Seele. In: *Die ZEIT*, Nr. 3, 2006

Schneider, Reto U.: Karfreitag auf Drogen. In: Das Buch der verrückten Experimente. C. Bertelsmann, 2004

Schuhmacher, Andrea: Das betrogene Ich. In: *Die ZEIT Wissen*. Nr. 5/2005

Schultes, R., Hofmann, A.: Pflanzen der Götter. Die magischen Kräfte der Rausch- und Giftgewächse. Hallwag, 1980

Shulgin, Alexander u. Ann: PHIKAL. A Chemical Love story. Transform Press, Berkeley 1995

Snyder, Solomon: Chemie der Psyche. Drogenwirkungen im Gehirn. Spektrum Akademischer Verlag. 1988

Sosis, R., Bressler, E.: Cooperation and Commune Longevity: A Test of the Costly Signaling Theory of Religion. Cross-Cultural Research, Vol. 37, No. 2., 2003

Sosis, Richard: Religion and intra-group cooperation: preliminary results of a comparative analysis of utopian communities. Cross-Cultural Research, Vol. 34, S. 70–87, 2000

Steindl-Rast, David: Psychoaktive Sacramentals. Foreword. In: Roberts, Thomas B. (ed.): Psychoactive Sacramentals. Essays on entheogens and religion. Council on spiritual Practices. San Francisco, 2001

Vollenweider, F. X. et al.: Positron emission tomography and fluorodeoxyglucose studies of metabolic hyperfrontality and psychopathology in the psilocybin model of psychosis. *Neuropsychopharmacology*, Bd. 16., 1997, S. 357–372

Vollenweider, F. X., Liechti, M. E., Gamma, A., Greer, G., Geyer, M.: Acute psychological and neurophysiological effects of MDMA in humans. *Journal of Psychoactive Drugs*. Bd. 34, 2002, S. 171–184

Wasson, R. G., Hofmann, A. & Ruck, C. A. P.: The road to Eleusis: Unveiling the Secret of the Mysteries. Harcourt Brace Jovanovich, New York, 1978

Young, Mike: If I could change your mind. In: Roberts, Thomas B. (ed.): Psychoactive Sacramentals. Essays on entheogens and religion. Council on spiritual Practices. San Francisco, 2001

Zarate, Carlos A. et al.: Randomized Trial of an N-methyl-D-aspartate Antagonist in Treatment-Resistant Major Depression. *Arch Gen Psychiatry;* 63, 2006, S. 856–864

Zu A. Deikman

Deikman, Arthur J.: Experimental meditation. Journal of Nervous and Mental Disease, Bd. 136, 1963, S. 329–343
Deikman, Arthur J.: Deautomatization and the mystic experience, Psychiatry, Bd. 29, 1966, S. 324–338
Deikman, Arthur J.: The observing Self, Beacon Press, Boston, MA, 1982
Deikman, Arthur J.: »I« equals awareness; Journal of Consciousness Studies, Bd. 3 (4), 1996, S. 350–356
Deikman, Arthur J.: A Functional Approach to Mysticism, Journal of Consciousness Studies, Bd. 7 (11–12), 2000, S. 75–91
Deikman, Arthur J.: The Wrong Way Home: Uncovering the Patterns of Cult Behavior in American Society, Beacon Press, 1990
Deikman, Arthur J.: Them and Us: Cult Thinking and the Terrorist Threat. Bay Tree Publishing, Berkeley, 2003
Deikman, A.: Service as a way of knowing. In: Transpersonal Knowing. Exploring the Horizons of Consciousness. Hart, Tobin et al. New York, State University Of New York Press, 2000
Suzuki, Shunryu: Zen-Geist. Anfänger-Geist, Theseus Verlag, Stuttgart, 2000

Zu VII. Die religiöse Dimension

Angel, Hans-Ferdinand et al.: Religiosität. Anthropologische, theologische und sozialwissenschaftliche Klärungen. Kohlhammer, 2006
Berger, Peter: Sehnsucht nach Sinn. Glauben in einer Zeit der Leichtgläubigkeit. Gütersloher Verlagshaus, 1999
Berger, Peter: Sinnsuche in einer Zeit der Globalisierung. In: *Stimmen der Zeit.* Heft 12, 2000
Berger, Peter: Zur Dialektik von Religion und Gesellschaft. Elemente einer soziologischen Theorie. S. Fischer, Frankfurt/M., 1982
Berger, Peter: Der Zwang zur Häresie. Religion in der pluralistischen Gesellschaft. S. Fischer, Frankfurt/M., 1980
Bertelsmann Stiftung (Hrsg.): Religionsmonitor 2008. Gütersloh, 2007
Brück, Michael von: Ewiges Leben oder Wiedergeburt? Sterben, Tod und Jenseitshoffnung in europäischen und asiatischen Kulturen. Herder, Freiburg, 2007
Buruma, Ian: Religion as a Force for Good. In: *Los Angeles Times*, 29. September 2007
Caplan, Mariana: Auf halbem Weg zum Gipfel der Erleuchtung. Die Gefahren und Irrtümer verfrühter Ansprüche, erleuchtet zu sein. Vianova, Petersberg, 2002
Coupey, Philippe: Zen. Simply Sitting. A Zen Monk's commentary on the Fukanzazengi by Master Dogen. Hohm Press, 2006
Coupey, P., Deshimaru, T.: Sitzender Drache. Lehren von Meister Deshimaru. Angkor Verlag, 2001
Deshimaru, Taisen: Die Stimme des Tales. Ein Sesshin Tagebuch. Kristkeitz, 1984

Deshimaru, Taisen: Zazen. Die Praxis des Zen. Kristkeitz, 1991

Dogen, Eihei: Shobogenzo. Die Schatzkammer des wahren Dharma-Auges von Meister Dogen, vollständige Ausgabe in 4 Bänden, Kristkeitz Verlag, 2003 ff.

Dogen, Eihei: Shobogenzo Zuimonki. Kristkeitz Verlag, 1997

Drewermann, Eugen: Am anderen Ende anfangen. Seele als mythisches Bild. In: *zeitzeichen*, 12, 2006

Dürckheim, Karlfried Graf von: Von der Erfahrung der Transzendenz. Herder, Freiburg, 1993

Dürckheim, Karlfried Graf von: Der Alltag als Übung. Vom Weg zur Verwandlung. Huber, 2001

Findl, Hubert: Über die Grenze. Von der Seele reden – im christlichen Glauben und in der Psychotherapie. In: *zeitzeichen*, 12, 2006

Fisher, Len: Der Versuch, die Seele zu wiegen. Campus Verlag, Frankfurt/M., 2005

Flasch, Kurt: Meister Eckhart. Die Geburt der »Deutschen Mystik« aus dem Geist der arabischen Philosophie. C. H. Beck, München, 2006

Gestrich, Christoph: Was hülfe es dem Menschen. Zur Wiederherstellung der theologischen Rede von der Seele. In: *zeitzeichen*, 12, 2006

Graf, Friedrich Wilhelm: Moses Vermächtnis. Über göttliche und menschliche Gesetze. C. H. Beck, München, 2006

Habermas, Jürgen: Ein Bewusstsein von dem, was fehlt. In: *Neue Zürcher Zeitung*, 10. Februar 2007

Habermas, Jürgen: Glauben und Wissen. Rede zum Friedenspreis des deutschen Buchhandels. Suhrkamp, Frankfurt/M., 2001

Habermas, Jürgen: Zwischen Naturalismus und Religion. Suhrkamp, Frankfurt/M., 2005

Habermas, J., Ratzinger, J./Benedikt XVI.: Dialektik der Säkularisierung. Über Vernunft und Religion (Taschenbuch), Herder Verlag, Freiburg, 7. Aufl., 2005

Hell, H.: Seelenhunger. Der fühlende Mensch und die Wissenschaft vom Leben. Bern, 2003

Hinterhuber, H.: Die Seele. Natur- und Kulturgeschichte von Psyche, Geist und Bewusstsein. Wien, 2001

Hoppe, Christian: Gott ist dies-hier-jetzt. Glauben an den lebendigen Gott in Zeiten der Hirnforschung. In: *Christ in der Gegenwart.* 42, 2003

Hoppe, Christian: Ein Blick ins Jenseits? Nahtod-Erlebnisse und christlicher Gottesglaube. In: *Christ in der Gegenwart.* 20. November 2005

Hoye, William J.: Liebgewordene theologische Denkfehler; Aschendorff, 2006

Hüther, G., Roth, W., von Brück, M.: Damit das Denken Sinn bekommt. Spiritualität, Vernunft und Selbsterkenntnis. Herder, Freiburg, 2007

Identity Foundation: Spiritualität und Religiosität der Deutschen. 2006. Siehe: *ttp://www.identityfoundation.de/was-wir-tun.0.html piritualitaet*

Joas, Hans: Braucht der Mensch Religion? Über Erfahrungen der Selbsttranszendenz. Herder, Freiburg, 2004

Kakar, Sudhir: Der Mystiker oder die Kunst der Ekstase. C. H. Beck, München, 2001

Kallscheuer, Otto: Die Wissenschaft vom lieben Gott. Eine Theologie für Recht- und Andersgläubige, Agnostiker und Atheisten. Eichborn, 2006

Kerkeling, Hape: »Vor allem bin ich nicht ich.« In: *Die ZEIT*, Nr. 46, 2006
Klein, Mechthild: Mystik, Meditation und das Mentale. Wie mystische Erfahrungen zu einem neuen religiösen Bewusstsein führen. Deutschlandfunk, 3. November 2007
Knoblauch, Hubert: Berichte aus dem Jenseits. Mythos und Realität der Nahtoderfahrung. Herder, Freiburg, 2002
Körtner, Ulrich: Wiederkehr der Religion, Gütersloh, 2006
Kurzke, H., Wirion, J.: Unglaubensgespräche. C. H. Beck, München, 2005
Leong, Kenneth S.: Jesus – der Zenlehrer. Das Herz seiner Lehre. Herder, Freiburg, 2006
Lommel, Piet van, et al.: Near-death experience in survivors of cardiac arrest: A prospective study in the Netherlands. The Lancet. Vol. 358, 2001, S. 2039–2044
MacDougall, Duncan: »Hypothesis concerning soul substance together with experimental evidence of the existence of such substance.« In: *Journal of the American Society for Psychical Research*, Bd. 1 (5), 1907, S. 237–244
Quint, Josef (Hrsg.): Meister Eckehart. Deutsche Predigten und Traktate. Hanser, München, 1963, und Diogenes, Zürich, 1979
Randow, Gero von: Wie Jesus auf das T-Shirt kam. In: *Die ZEIT*, 6. April 2000
Randow, Gero von: Ungläubige Demut. In: *Die ZEIT*, 22. März 2007, Nr. 13
Reder, Michael, Schmidt, Josef: Ein Bewußtsein von dem, was fehlt: Eine Diskussion mit Jürgen Habermas. Suhrkamp, Frankfurt/M., 2008
Reschika, Richard: Praxis christlicher Mystik. Einübungen – von den Wüstenvätern bis zur Gegenwart. Herder Verlag, Freiburg, 2007
Rinpotsche, Gendün: Herzensunterweisungen eines Mahamudra-Meisters. Theseus, 2001
Rorty, Richard, Vattimo, Gianni: Die Zukunft der Religion, Suhrkamp, Frankfurt/M., 2006
Roth, Gerhard: Hat die Seele in der Hirnforschung noch einen Platz? Universitas 663, 2001
Roth, G., Welzer, H.: »Die Seele gehört nicht mir«. In: *Die ZEIT*, Nr. 9, 2006
Schimmel, Annemarie: Gärten der Erkenntnis. Das Buch der vierzig Sufi-Meister. Diederichs, 1991
Schnabel, Ulrich: Wie man in Deutschland glaubt. In: *Die ZEIT*, Nr. 1, 2003
Schnabel, Ulrich: Eine Religion ohne Gott. In: *Die ZEIT*, Nr. 12, 2007
Schnädelbach, Herbert: Wiederkehr der Religionen. In: *Die ZEIT*, Nr. 33, 2005
Schwarz, Ernst (Hrsg.): Bi-Yän-Lu. Aufzeichnungen des Meisters vom Blauen Fels. Koan-Sammlung. Kösel, 1999
Scruton, Roger: The sacred and the human. *Prospect Magazine*. Issue 137, August 2007
Shah, Idries: Die Sufis. Botschaft der Derwische, Weisheit der Magier. Diederichs Gelbe Reihe, 2006
Smith, Margaret: The Way of the Mystics: The Early Christian Mystics and the Rise of the Sufis: Oxford University Press, NY, 1978
Steffensky, Fulbert: Vom Handwerk des Betens. In: *Chrismon* 11, 2005
Thadden, Elisabeth von: Wie der Atem, wie der Wind. *ZEIT*-Bildungskanon, Folge 11: Die Seele. In: *Die ZEIT*, Nr. 2, 2008
Utsch, Michael: Was weiß die Psychologie über die Seele? In: *Psychotherapie & Seelsorge* Nr. 1, 2005

Wehr, Gerhard: Die deutsche Mystik. Leben und Inspirationen gottentflammter Menschen in Mittelalter und Neuzeit. Anaconda Verlag, 2006
Wehr, Gerhard: Meister Eckhart. Rowohlt, Reinbek, 2004
Wenzel, Knut: Die Religionen und die Vernunft. Die Debatte um die Regensburger Vorlesung des Papstes, Herder Verlag, Freiburg, 2007

Zum Epilog: Darf über Religion gelacht werden?

Baumann, Christoph Peter: Humor und Religion. Worüber man lacht – oder besser nicht. Kreuz Verlag, Stuttgart, 2008
Berger, Peter L.: Erlösendes Lachen. Das Komische in der menschlichen Erfahrung. Walter de Gruyter, Berlin, 1998
Chesterton, G. K.: Autobiographie. nova & vetera, 2002
Chesterton, G. K.: Erzählungen um Father Brown, dt. Gesamtausgabe bei Haffmans, Zürich
Dietrich, Kirsten: Humor in den Religionen. Eine fünfteilige Serie, Deutschlandfunk, Januar 2008. Siehe: *http://www.dradio.de/dkultur/sendungen/religionen/732799/*
Eco, Umberto: Der Name der Rose, Hanser Verlag, München 1982; dtv, München, 1986 ff.
Gernhardt, Robert: »Die Islamisten haben die Medien eingeschüchtert«; In: FAZ, 2. März 2006
Haderer, Gerhard: Das Leben des Jesus, Verlag Carl Ueberreuter, 2002
Holthaus, Stephan: Das Lachen der Erlösten. Warum Glaube und Humor zusammengehören. Brunnen-Verlag, Gießen, 2003
Jacobelli, Maria Caterina: Ostergelächter. Sexualität und Lust im Raum des Heiligen. Pustet, Regensburg, 1992
Landmann, Salcia: Der jüdische Witz. Soziologie und Sammlung. Patmos Verlag, Düsseldorf 2001 (1. Auflage 1960)
Schah, Idries: Die fabelhaften Heldentaten des vollendeten Narren und Meisters Mulla Nasrudin; Herder Verlag, Freiburg, 1984
Schmitz, Jens: Ein heikles Verhältnis: Religion und Ironie. In: *Badische Zeitung*, 20. April 2006
Thielicke, Helmut: Das Lachen der Heiligen und Narren. Herder, Freiburg, 1974
Veitschegger, Karl: Späße von der Kanzel – Lachen im Kirchenschiff. Der verschwundene Brauch des »risus paschalis«. *kirche:konkret*, 2004
Zander, Hans Conrad: Darf man über Religion lachen? Eine Kreuzfahrt von Voltaire über Wilhelm Busch bis zu Joachim Kardinal Meisner. Kiepenheuer & Witsch, Köln, 2005

*

Alle Bibelzitate nach: Die Bibel. Altes und Neues Testament. Einheitsübersetzung. Herder-Verlag, Freiburg, Basel, Wien, 1999

Bildnachweis

017	IFA-Bilderteam / Keribar
032	Corbis / Reuters / Stringer France
065	picture-alliance / dpa / EPA / Caroline Blumberg
082	aus SPIEGEL special 9/2006 »Weltmacht Religion«, S. 9
098	Los Angeles Times / Mark Boster
110	AP Photo
113	AP Photo
116	Courtesy C. Daniel Batson u. John M. Darley
119	Karl Blessing Verlag / Veronika Moga nach Henning et. al., 2003
123	aus Fonvielle, Wilfrid de: Thunder and lightning. Scribner, New York, 1886, S. 173
124	akg-images
131	Karl Blessing Verlag / Veronika Moga nach Wulff, 1997
132	Karl Blessing Verlag / Veronika Moga nach Wulff, 1997
134	Karl Blessing Verlag / Veronika Moga nach Milgram, 2004
151	ullstein bild / Granger Collection
178	Rick Chard
191	Corbis / Roger Ressmeyer
193	Regina Otteni
195	Karl Blessing Verlag / Veronika Moga nach Jaynes, 1993
199	Alamy / M. Timothy O'Keefe
204	akg-images / Electa
206	Courtesy Prof. V. S. Ramachandran / University of California
211	Olaf Blanke / EPFL
214	Olaf Blanke / EPFL
228	picture-alliance / akg-images
234	© 2001 Jeff Miller / University of Wisconsin-Madison
241	laif / Ronald Frommann
246 l.	James Schnepf
246 r.	Karl Blessing Verlag / Veronika Moga nach Lutz et.al., *PNAS*, 2004, S. 16371
266	Max-Planck-Institut für Hirnforschung

288 akg-images / Erich Lessing
291 Karl Blessing Verlag / Veronika Moga nach Dunbar, *New Scientist*, 2006, S. 33
293 l. Karl Blessing Verlag / Veronika Moga nach Dunbar, 2004, S. 29
293 r. Karl Blessing Verlag / Veronika Moga nach Dunbar, *New Scientist*, 2006, S. 33
297 Corbis Sygma / Pierre Vauthey
299 Ulmer Museum / Thomas Stephan
302 Agentur Focus / Cosmos / Pascal Maitre
308 Corbis / Hans Georg Roth
311 l. u. r. DAI / Klaus Schmidt
314 Ostkreuz / Dawin Meckel
357 © 2005 First Church of Flying Spaghetti Monster (www.venganza.info)
362 IFA-Bilderteam / Keribar
366 Getty Images / AFP / Raveendran
369 Corbis / Reuters
371 l. u. r. Karl Blessing Verlag / Veronika Moga nach Sosis, *Cross-Cultural Research*, 2000 & 2003
372 action press / Canadian Press Ltd
376 Corbis / Atlantide Phototravel
380 l. u. r. Karl Blessing Verlag / Veronika Moga nach Barro et.al., *NBER Working Paper*, 2003
384 Karl Blessing Verlag / Veronika Moga nach Blume et.al., *Marburg Journal of Religion*, 2006
388 Diakonisches Werk Hamburg
418 picture-alliance / dpa / EPA / Keystone / Walter Bieri
422 akg-images / Nimatallah
428 aus Thurston, J.B., Carraher, R.G.: Optical illusions and the Visual Arts. Van Nostrand Reinhold, New York, 1986
443 aus Lenggenhager et al., *Science* 317, S. 1096–1099 (24. 8. 2007). Illustration by Olaf Blanke / EPFL & M. Boyer / EPFL. Reprinted with permission from *AAAS*.
449 © 2008 by Lila Sparks-Daniels
474 © 2007 by Bertelsmann Stiftung, Gütersloh aus: Religionsmonitor 2008, Bertelsmann Stiftung Hrsg. Erschienen im Gütersloher Verlagshaus, Gütersloh, in der Verlagsgruppe Random House GmbH, München.
478 l. epd-bild / Stephan Wallocha
478 r. Wikimedia Foundation Inc.
486 Wikimedia Foundation Inc.
521 © 2002 by Verlag Carl Ueberreuter, Wien
526 l. Shutterstock / Sebastian Knight
526 r. Shutterstock / Nick Jay

Dank

Wenn es stimmt, dass die Seele vor allem *in* der Interaktion ist, wie Harald Welzer sagt, dann muss dies ein seelenvolles Buch sein. Denn es entstand zu einem wesentlichen Teil aus Begegnungen, Gesprächen und zum Teil längeren E-Mail-Wechseln mit einer Vielzahl all jener Menschen, die in diesem Buch erwähnt sind.

Ihnen allen danke ich nicht nur für die Zeit, die sie diesem Projekt zur Verfügung stellten, sondern auch für ihre Offenheit, mit der sie zum Teil über ihre tiefsten Glaubensüberzeugungen Auskunft gaben. Dies betrifft insbesondere jene, die in einem eigenen Unterkapitel vorgestellt wurden (Annegrethe Stoltenberg, Wolf Singer, Jürgen Hamel und Arthur Deikman), aber auch all jene Wissenschaftler oder Religionsvertreter, die nicht so prominent erwähnt werden, die sich aber zum Teil ebenso viel Zeit nahmen für die Diskussion einzelner inhaltlicher Aspekte: Hans-Ferdinand Angel, Nina Azari, Olaf Blanke, Michael Blume, Pascal Boyer, Michael von Brück, Peter Brugger, Antonio Damasio, Friedrich Wilhelm Graf, Wolfgang Huber, Christian Hoppe, Thomas Metzinger, Sebastian Murken, Benjamin Libet, Ulrich Körtner, Michael Persinger, Matthieu Ricard, Eleanor Rosch, Michael Sabaß, Manfred Schedlowski, David C. Wulff.

Abgesehen davon ist es vor allem drei Menschen zu verdanken, dass dieses Buch überhaupt existiert: Michael Gaeb, der den Anstoß dazu gab, Elisabeth Beszterda, die mir half, den Schwung zur Umsetzung zu finden, und vor allem Edgar Bracht – ein Lektor, wie man ihn sich nicht besser wünschen könnte –, der mit klugen Anregungen und Kritiken den Prozess der Entstehung maßgeblich beförderte.

Ebenso wichtig waren jene Freunde und Kollegen, die mit journalistischem Rat und als kritische Testleser zur Verfügung standen: Harro Albrecht, Jürg Augstburger, Michael Huhn, Bertrand Schütz und Urs Willmann.

Ihnen allen gebührt mein Dank; ebenso all jenen Lesern, die sich nun auf den Dialog mit den hier vorgestellten Gedanken einlassen.

Personenregister

F

G

H

I

J

K

L

M

N

O

P

T

U

V

W

Y

Z